21世纪普通高等教育
法 学 系 列 教 材

外国宪法（第三版）

主 编 张 震 刘泽刚

撰稿人 （以撰写章节先后为序）

陈兴立 何永红 冉思东 雷 振
温泽彬 刘泽刚 于 浩 梁洪霞
李鼎楚 邬 蕾 张 震 石逸群
赵 谦

中国人民大学出版社
·北京·

作者简介

（按照所写章节顺序排列）

陈兴立，女，1965 年出生，重庆市人。西南政法大学法学学士、法学硕士。现为西南政法大学行政法学院副教授，硕士生导师。主要研究领域为选举制度、中国基层民主、村民自治。曾在《南京社会科学》《探索》《西南大学学报（社会科学版）》《行政法学研究》《学习与研究》等刊物上发表论文十余篇，主持重庆市社科规划项目 1 项。

何永红，男，1981 年出生，湖北建始人。华中科技大学法学学士，西南政法大学法学硕士、法学博士，重庆大学法学博士后，英国剑桥大学访问学者。现为西南政法大学行政法学院副教授、硕士生导师，宪法教研室主任。研究领域为公法的比较与历史、宪法学基本原理和英国宪法。著有《戴雪宪法理论研究》（知识产权出版社 2015 年版），译有《英国宪法研究导论》（《英宪精义》全新译本，商务印书馆 2020 年版）、《法治：维多利亚时代的法学家戴雪》（第一译者，华东师范大学出版社 2021 年版）。主持完成国家社科基金项目“宪法惯例规范研究”。在《政法论坛》《清华法学》《现代法学》《法学评论》等刊物上发表论文十余篇。

冉思东，女，1962 年出生，四川宣汉人。西南政法大学法学学士、法学硕士。现为西南政法大学行政法学院副教授，硕士生导师。主要研究方向为宪法学。在《法学家》《现代法学》等刊物上发表多篇论文。

雷振，男，1978 年出生，重庆市长寿区人。中国政法大学法学学士，中国人民大学法学硕士、法学博士。现为西南政法大学行政法学院讲师。主要研究方向为宪法学原理、应急法治、行政程序法等。在《南开学报（哲学社会科学版）》《行政法学研究》《法制日报》等公开发表论文若干篇。主要社会兼职：中国人民大学中国行政法研究所研究员。

温泽彬，男，1977 年出生，江西瑞金人。西南政法大学行政法学院教授、博士生导师，西南政法大学全面依法治国研究院副院长、重庆市宪法国民教育科普基地主任。主要从事宪法基础理论、国家制度、法治政府、纪检监察等领域的理论研究及法治实践工作。近年来，主持完成国家社科基金规划项目一项，主持省部级社科项目六项，并在《现代法学》《法学》《法商研究》《政治与法律》《华东政法大学学报》等法学核心期刊发表论文三十余篇，其中多篇为《新华文摘》“中国人民大学复印报刊资料”、《高等学校文科学术文摘》等学术刊物全文转摘。

刘泽刚，男，1974 年出生，湖北十堰人。西南政法大学法学学士、法学硕士，武汉大学哲学博士，中国人民大学法学院访问学者。现为西南政法大学行政法学院副教授，硕士生导师，西南政法大学行政法学院信息法研究主任，西南政法大学宪政与人大制度研究中心研究员。主要研究领域为宪法权利、德国宪法、康德法哲学、隐私法、信息法。主持与主研多项国家和省部级项目。在《现代法学》《华东政法大学学报》《哲学评论》《德国哲学》等期刊上发表论文十余篇，其中有数篇被《中国社会科学文摘》“中国人民大学复印报刊资料”《宪法学、行政法学》全文转载。

于浩，男，1988 年出生，山东泰安人。西南政法大学法学学士，中国人民大学法学硕士、法学博士。现为华东师范大学法学院研究员、博士生导师。曾任《人大法律评论》主编。主要研究方向为法理学、法治与公共政策、司法原理与司法制度。主持国家社科基金、司法部、中国法学会等课题多项。在《法学评论》《法制与社会发展》《政法论坛》《法商研究》等法学类核心期刊发表论文多篇。

梁洪霞，女，1978 年出生，辽宁铁岭人。先后在中南财经政法大学、西南政法大学学习，获得法学学士、硕士、博士学位。现为西南政法大学行政法学院副教授、硕士生导师，西南政法大学行政法学院党委委员、分工会主席，西南政法大学人权研究院研究员，北京航空航天大学备案审查制度研究中心研究员。主要研究方向为公民基本权利和义务理论与实践、合宪性审查和备案审查制度、民族区域自治制度、弱势群体人权保护、宪法实施等。主持、参加国家社科基金项目、教育部项目、中国法学会项目等省部级项目十余项。出版个人学术专著 2 部：《公民基本义务：原理、规范及其应用——一个宪法学的视角》（中国政法大学出版社 2011 年版）、《城市流浪乞讨人员行政救助制度研究》（法律出版社 2014 年版）。并在《法律科学》《政治与法律》等刊物发表论文数二十余篇，其中有多篇被“中国人民大学复印报刊资料”转载。

李鼎楚，男，1980 年出生，湖南新邵人。湘潭大学法学博士，吉林大学法学博士后，日本东京大学访问研究员。先后获得法学学士学位（2002 年）、法律史学硕士学位（2005 年）和诉讼法学博士学位（2008 年）。现为西南政法大学教授、硕士生导师。2011—2013 年挂职于湖南省益阳市人民检察院，任检察长助理；2013—2014 年挂职于湖南省郴州市中级人民法院，任院长助理；2019 年受聘为重庆市人民检察院第五分院咨询专家。主要从事中国传统及近现代宪制理论与实践的研究。主持 2 项国家社科规划一般课题，1 项良好结项；主持 5 项省部级课题，已全部结项；获 1 项全国博士后面上资助，已完成。现已出版专著 1 部（法律出版社），在《政法论坛》《法商研究》《法律科学》《政治与法律》《光明日报》等报刊发表 CSSCI 论文近 20 篇，其中 3 篇被“中国人民大学复印报刊资料”《法理学、法史学》全文转载；《清末宪政语境中“司法独立”的三种认知倾向》一文荣获“中国法律文化研究成果奖”之“青年奖”。

邬蕾，男，1985 年出生，湖北武汉人。武汉大学管理学学士，北京大学哲学博士。2015 年至西南政法大学行政法学院宪法教研室任教至今。现为西南政法大学讲师。主要研究方向：法哲学、宪法学、政治哲学。

张震，男，1977 年出生，河南南阳人。中南财经政法大学法学学士、法学硕士，中国人民大学法学博士，西南政法大学法学博士后，日本早稻田大学访问学者。现为西南政法大学学术委员会委员，教授、博士生导师，宪法学带头人，《现代法学》编委，《人权法学》编委。主要社会兼职：中国宪法学研究会理事，海峡两岸关系法学研究会理事，中国行政执法行为研究会常务理事，最高人民法院国家责任研究基地特别研究员，重庆市政府立法评审委员，重庆市教指委委员，重庆市宪法宣讲团成员。入选中国法学会研究会青年人才，重庆市第三届学术技术带头人及后备人员等。主要研究方向：宪法学、人权法学、监察法学。近年来，主持国家社科基金、司法部、国家安全部、中国法学会、全国博士后科学基金、重庆市博士后特别资助项目等多项。出版个人学术专著 4 部：《作为基本权利的环境权研究》（法律出版社 2010 年版）、《1982 年宪法与人权保障》（法律出版社 2012 年版）、《宪法视野下的国家安全制度研究》（知识产权出版社 2015 年版）、《社会权层面的住宅权宪法保障研究》（中国人民大学出版社 2016 年版）。主编教材 2 部：——《外国宪法》（中国人民大学出版社 2014 年版和 2017 年版）、《监察法学》（高等教育出版社 2020 年版），中央马克思主义理论研究和建设工程重点教材《宪法学》

（第二版）主要编写人员。在《中国法学》《人民日报》《现代法学》《法商研究》《法学评论》《政治与法律》《当代法学》《法学论坛》《法学杂志》《东方法学》《人民法院报》《检察日报》《法治日报》等核心报刊公开发表文章六十余篇，被《新华文摘》、《中国社会科学文摘》、《高等学校文科学术文摘》、"中国人民大学复印报刊资料"《宪法学、行政法学》等全文转载近10篇。荣获环境保护部、中国法学会等省部级科研奖励8项，两次荣获西南政法大学优秀教师，荣获西南政法大学首届"西政好老师"，荣获金平法学基金教学贡献奖等。

石逸群，女，1994年出生，湖北广水人。西南政法大学博士。先后获得法学学士（2016年）、宪法学与行政法学硕士（2019年）、宪法学与行政法学博士（2022年）。研究领域为宪法生态文明、宪法基础理论、区域法治等。在《重庆大学学报（社会科学版）》《学习与探索》等期刊发表论文两篇。参与重庆市课题1项。

赵谦，男，1981年出生，湖北荆州人。中南财经政法大学法学学士、法学硕士、法学博士，西南政法大学法学博士后。现为西南大学法学院教授、博士生导师，台湾地区东吴大学法学院访问学者。主要社会兼职：中国法学会宪法学研究会理事、中国法学会立法学研究会常务理事、中国法学会董必武法学思想（中国特色社会主义法治理论）研究会理事、海峡两岸法学交流促进会理事、中国计算机学会法学分会执行委员、重庆市法指委委员、重庆市人民检察院第一届民事行政检察专家委员会委员、重庆市委网信办网络法治专家咨询委员会副主任委员、重庆市土地征收成片开发方案论证专家委员会专家、重庆市自然遗产和风景名胜区专家委员会委员、最高人民法院国家责任研究基地研究员。入选"重庆英才计划青年拔尖人才""第二批重庆市高等学校青年骨干教师资助计划""中国法学会研究会青年人才""重庆市宪法宣讲专家团"，荣获西南大学"名师奖""第二届青年教师成才奖""首届青年教师成才奖提名奖"。主要研究方向为宪法学与行政法学、土地法学、文化法学、党内法规。近年来，出版专著3部，主编教材3部，主编社科普及读物4本，在《中国法学（英文版）》《法商研究》《法学》《政治与法律》《当代法学》《东方法学》《法学杂志》《中国土地科学》等刊物，以及《人民日报》《光明日报》等重要报纸的理论版公开发表论文一百三十余篇，主持国家社科基金项目2项、省部级课题10项、研究基地课题3项、校级课题7项、横向委托课题2项，获得20项奖励，指导重庆市优秀硕士学位论文3篇。

编写说明

外国宪法知识是宪法学知识体系的重要组成部分，是深入学习本国宪法知识的必要途径，是开展比较宪法研究的基础。全面推进依法治国是新时代的战略布局之一。习近平法治思想明确提出："坚持依宪治国、依宪执政"。维护宪法法律权威是坚持依宪治国最基础、最关键的环节。而要进一步健全宪法全面实施的体制机制，必须关注并熟知外国宪法的相关知识。

西南政法大学作为全国规模最大的专门政法院校，自20世纪80年代以来，一直在本科生及研究生中开设外国宪法相关课程。姚登奎教授、郑全咸教授、文正邦教授、唐忠民教授、汪太贤教授、朱福惠教授、莫江平副教授等均为课程开设及讲授作出了重大贡献。经过多年教学经验的积累，根据教育部法学专业核心主干课程的教学要求，以及西南政法大学本科人才培养方案改革的需要，外国宪法成为法学专业必修课"宪法学"的重要组成部分。基于此，西南政法大学宪法教研室即组织讲授外国宪法课程的老师编写本教材，并吸收华东师范大学、西南大学等兄弟院校的同行参与编写工作。

本教材可供法学专业本科及研究生阶段使用，并可作为外国宪法学习爱好者的参考书。本教材吸收借鉴了韩大元教授主编的《外国宪法》（中国人民大学出版社）、胡锦光教授主编的《外国宪法》（法律出版社）等同类优秀教材的大量研究成果，在此表示感谢！本教材的主编和统稿人为张震、刘泽刚。何永红等提出了有益建议。研究生承上、汪玉芳、舒秀芳、王仁杰、王仲岭、焦武清、石逸群等同学参与了最后的文字校对工作，在此表示感谢！

本教材各章节写作分工如下：

第一章"英国宪法"：陈兴立、何永红；

第二章"美国宪法"：冉思东、雷振；

第三章"法国宪法"：温泽彬；

第四章"德国宪法"：刘泽刚；

第五章"意大利宪法"：于浩；

第六章"日本宪法"：梁洪霞、李鼎楚、邬蕾；

第七章"韩国宪法"：张震、石逸群；

第八章"印度宪法"：赵谦。

张　震　刘泽刚

2021年12月9日于重庆市渝北区毓秀湖畔

目　　录

第一章

英国宪法

英国，全称“大不列颠及北爱尔兰联合王国”。位于欧洲西部，由大不列颠岛（包括英格兰、苏格兰、威尔士）、爱尔兰岛东北部和一些小岛组成，面积 24.41 万平方公里（包括内陆水域），人口约 6 683 万（2019 年），官方语言为英语，首都伦敦。联合王国实行君主立宪制，其不成文宪法由不同时期的制定法、判例法和惯例组成。有关政府的机构、职权和运行的规则，主要散见于各种宪法性法律文件和惯例之中，这种宪法传统主要来自英格兰，属于单一制宪法性质。联合王国在伦敦威斯敏斯特设有议会，在伦敦还有其他政府，在威尔士、苏格兰等地区，也有自己的地区性议会和执行机关，但这些地区并不独立于联合王国，两者不是一种联邦关系。英国宪法的习俗、惯例对于政治权力的运作以及公民权利的维护，确实起到重要作用，但任何一个现代国家的宪法主体一定主要是由成文宪法规则支撑起来的。英国宪法的基本特点是它的不成文性，即它没有一个包含基本规范和政治体制的宪法文书。事实上，宪法是国家的根本大法，是治国安邦的总章程。从此意义上说，成文宪法有其优势。

第一节　英国宪法的形成与发展

英国是近代宪法的创始国。英国宪法是经过数个世纪的积累并不断修正、发展而逐步形成的，其中还包括在 17 世纪或更早以前就已制定的部分。

一、英国宪法的产生

回顾英国历史不难发现，孕育王权有限、法律至上原则的因素有两个：一是英国古代法治传统，二是封建法。[①]

英国是一个法治传统悠久的国家。早在英国走出野蛮时代、跨入文明社会门槛时，以习惯为表现形式的法律就在社会生活中享有崇高权威，掌握和行使国家最高统治权的国王也在一定程度上受到法律的制约。5 世纪中叶，入侵不列颠的盎格鲁-撒克逊人在创建国家的同时，把带来的古代日耳曼人习惯奉为治理国家、维护社会正常秩序的重要手段，于是产生了英国早期的习惯法。习惯法的权威基础在于全社会的约定俗成和普遍认同，因此，它对所有社会成员都具有约束力，国王也必须遵守和服从它。事实上，英国国王自产生之日起，就受到古代习惯法的限制。诺曼征服后，英国建立起当时欧洲最为强大的封建集权君主制，因为诺曼王朝继承了古代英国的法律习惯和初步形成的王在法下的法治传统，所以王权并未强大到超越法律的地步。法治传统培育了王权有限、法律至上的法治观念，法律至上的观点在 12—13 世纪时已经

① 程汉大.《大宪章》与英国宪法的起源. 南京大学法律评论，2002（秋）.

成为多数英国人的共同信念。

所谓封建法，指的是自诺曼征服后随着封建制度的建立而形成的封建法权关系，即通过土地分封和建立在骑士领有制基础上的领主—封臣之间的权利—义务关系。这种关系不是一种单向、绝对的支配和服从关系，而是一种建立在相互依存、彼此利用基础上的双向性的封建契约关系。在这种关系中，领主和封臣分别享有某些确定无疑的权利，同时又分别负有某些确定无疑的义务。这些权利和义务均不见于成文法律，只存在于习俗和惯例之中，但为人们所熟知，分别制约着双方的行为，在实践上起着法律的作用。倘若其中一方单方面拒绝履行自己的义务，或者要求习俗、惯例规定之外的权利，则被视为“违法”行为。此时，另一方有权通过法律程序要求对方改正，即投诉于领主法庭，通过判决获得救济。如果不能通过法律程序获得救济，受害一方有权宣布解除封建契约关系：领主一方可收回其封地，封臣一方可放弃效忠义务。诺曼征服后，英国国王同他的直属封臣贵族之间就是这样一种封建法权关系。国王的义务，即贵族的权利，实际上构成一套约束王权的法律规范。在这套规范下，“每一个君主都是一个权力有限的君主”。因此，国王同贵族之间的封建法权关系便成为孕育英国王权有限、法律至上原则的另一因素。

在诺曼征服后的英国，古代法治传统和封建法权关系重合在了一起，而且由于后者在当时占主导地位，因而王权有限的原则主要是以封建法形态而存在。作为一种封建法则，它本质上反映的是领主与封臣之间的封建权益关系，这与近代意义上的王权有限原则是两个不同的范畴，后者所反映的是国家统治者与被统治者之间的宪法权力关系。换句话说，在诺曼征服后的一段时间内，王权有限原则在英国一直隐藏于封建法权关系的背后。但是，到了 13 世纪，这一原则开始挣脱封建主义的胎衣，转化为近代意义上的宪法原则。

在英国历史上存在着国王与贵族、城市平民之间的斗争，从 13 世纪开始，国王与贵族之间的斗争趋于激化。1215 年，贵族迫使国王签署了《自由大宪章》，规定了国王与贵族之间的权利义务关系，同时也确认了骑士与城市工商业者的权利。《自由大宪章》从本质上来讲，是一个保护封建贵族特权的封建文件，并不是近代意义的宪法，但它在英国宪法史上确立了一条十分重要的原则，即王权有限，国王也必须受制定法的约束。《自由大宪章》确立和贯穿的这一原则精神，为以后英国资产阶级反对封建王权奠定了法律和政治基础，成为资产阶级反封建的斗争武器。资产阶级在革命取得胜利后，便把它确认为英国宪法的重要宪法性文件之一，它也被视为英国宪法的开端和重要组成部分。

15 世纪英国进入资本主义原始积累时期。到了 17 世纪初，资产阶级、新贵族和城市平民的经济势力进一步增强，而他们与国王为首的封建势力的冲突进一步加剧，从 1640 年资产阶级革命爆发到 1688 年“光荣革命”的结束，通过一系列的革命和改良，国王、贵族、资产阶级达成新的妥协，根据 1679 年《人身保护法》、1689 年《权利法案》和 1701 年《王位继承法》，英国建立了君主立宪制的民主政治制度，这些宪法性法律确认了“议会至上”“法律高于一切”“司法独立”的原则，是英国宪法最终形成的标志。

二、英国宪法的发展变化

英国在 17 世纪进行了资产阶级革命，18 世纪发生了产业革命，使其资本主义经济迅速发展。到了 19 世纪，英国已经掌握海上霸权，侵占了比自己本土大 130 倍的殖民地，势力遍布全球各个角落，进入“大英帝国”鼎盛时期，成为世界第一号帝国主义国家，有“日不落帝国”之称。与此同时，英国于 1832 年通过了《选举改革法》，通过调整选区、增加新兴工业城市和地区的议员选举名额，扩大了拥有选举权的公民人数，尤其是扩大了工业资产阶级在英国政治生活中的政治权利，也推动了英国立宪政体由早期政党政治向现代政党政治转变。英国又于1867年、1884年两次进行了选举改革，使选举资格要求进一步降低，选民人数进一步增加。

进入20世纪以后，英国宪法向公民权利和社会立法方面发展。1911年的《议会法》使上院丧失了对财政法案的否决权，上院对其他公法案也只有两年的延搁权。1906年议会通过了《劳资争议法》，确认了工人享有罢工权。1925年的《司法法》保证了法官的独立性。第一次世界大战后，英国的殖民统治开始衰落，在殖民地人民斗争的冲击下，1931年英国政府被迫通过了《威斯敏斯特法》，承认白人移民的殖民地均可成为自治领。依此法律，澳大利亚、加拿大、南非和新西兰等便成为自治领，参加英联邦。1946年立法撤销了1927年对工会权利的立法限制。1946年的《国民保险法》将社会保险制度具体化。1947年的《印度独立法》承认了印度的独立和印巴分治，规范了英国与独立国家的国家关系。1936年的《退位法》、1937年的《国王大臣法》、1963年的《贵族法》规范了国王、大臣和贵族的权利。1972年的《地方政府法》重新确定了中央与地方的关系。20世纪90年代公民投票通过了《马斯特里赫特条约》，使英国议会主权受到限制。

在第二次世界大战后，为了应付不断出现的新问题和新情况，英国宪法在形式上虽未发生变革性的变化，但从实际情况看发生了一些变化，主要表现如下。

（一）政府权力不断扩大

政府权力不断扩大是指内阁及其领导下的行政部门的权力不断扩大。在英国，过去的内阁虽然可以影响议会的立法，但是一切重大问题大都需要经过议会讨论后才能作出决定。在第二次世界大战以后，议会的权力不断削弱，内阁即政府的权力不断扩大，内阁由逐渐控制议会发展到完全控制议会，内阁对议会的立法活动逐渐处于领导地位。其表现为：制定各种法律，一般都先由内阁或内阁所属各部门起草，然后交议会去完成立法的程序。这充分表明，议会至上原则已是有名无实了，行政领导立法成为近年来英国宪法发展的一种重要的变化。

（二）政党组织的权力不断加强和扩大

在现代各资本主义国家中，资产阶级对国家政权的控制，一般都是通过其政党争夺来实现的。为了控制国家政权，各资产阶级政党在议会选举和组织政府时，都要争夺席位、争夺部长等职务，并极力对议会和政府的活动进行操纵和影响，在英国也是如此。各资产阶级政党为了加强和扩大自己的权力，总是极力对所属政党的议员严加控制，使之听从该党的指挥。各政党在议会内设有议会党团，选出本党的议会党团领袖，还设有督导员等。议员必须严格按照本党的要求进行活动，否则会受到党纪处分：轻则警告、劝诫，重则开除党籍，丧失下一届本党选区议员候选人资格。在今天的英国，任何议员仅凭个人的力量是难以获选的，因此，唯一的出路是拥护本党的政策和主张。这样，一个拥有多数席位的政党，一般都能执政到任期届满，以往那种中途倒内之事，在议会中几乎不再发生。

（三）文官的地位不断得到加强

由于政府的行政权力不断扩大，与此相应，文官的地位不断得到提高和加强。议会通过的法案都是先由文官起草，再经内阁决议后才交议会完成立法程序，这表明文官对议会的立法活动有着重要影响。此外，政府和整个行政部门需要解决和处理的各种问题，也都是根据文官提供的意见和资料来进行处理的。因此，文官已成为英国政府管理各种实际问题的主要骨干，是一支不可缺少的力量。

（四）委任立法不断增加

委任立法即议会授权行政机关制定各种法律、法规的活动。这既是立法机关权力缩小、行政机关权力扩大的表现，也是议会立法权力遭到削弱的例证。近年来，英国委任立法的内容十分广泛，议会通过的法律，内阁可以进行补充、发展甚至修改和调整的数量很多，每年有一千多件。这种委任立法的形式，就是政府根据议会的立法所发布的行政命令和行政法规。

委任立法迅速发展的原因有：

1. 议会的时间不够，由于政府扩权，议会只能规定大纲，由政府去细化；
2. 法律的技术性很强，如关于原子能控制、外汇管理等；
3. 法律需要灵活性，很难预见未来，如关于关税率；
4. 紧急情况，如战时；
5. 有些法律需要经过实验阶段。

20 世纪 90 年代以来，英国的君主制受到了严峻的考验，宫廷丑闻接二连三，王位继承人的行为影响到君主制在人们心目中的形象。与此同时，另一引人注目的举措是对上院世袭特权的剥夺，占上院成员一半以上的世袭贵族永远离开了议会大厦，目前这一改革尚未终结。作为英国政治制度传统标志之一的贵族院即将成为历史陈迹，是否会影响到英国宪法制度的其他方面？2010 年大选后，保守党和自由民主党组建了英国自第二次世界大战以来的首个联合政府。

第二节　英国宪法的构成

英国是世界上最早发生资产阶级革命的国家，是一个老牌资本主义国家。由于英国资产阶级革命具有不彻底性、妥协性等特点，英国的宪法具有其特殊性，即英国是不成文宪法的国家。英国自爆发资产阶级革命至今从未制定出一部完整、系统的宪法典。英国宪法是由一系列成文的宪法性法律文件、不成文的宪法惯例和法院的宪法判例所构成的。

一、宪法性法律文件

宪法性法律文件是英国宪法结构中的主体，它是议会在各个不同的历史时期通过的立法，有的已有数百年的历史。英国宪法性法律文件包括两个部分。

一是历史上带有规约性质的法律文件。

这种宪法性法律文件是在政治变革时期，贵族与市民迫使国王妥协让步而取得斗争胜利的成果。如 1215 年的《自由大宪章》、1628 年的《权利请愿书》等。

二是议会所制定的具有宪法性质的法律文件。

英国议会在取得立法权之后，制定了很多法律。在议会的大量立法中，哪些法律文件才是英国宪法的构成部分，是根据该法律的内容和法官、学者的解释加以确定的。也就是说，并非议会通过的所有立法都是宪法的组成部分，而是其中具有宪法性法律性质的法律文件才是构成英国宪法的组成部分。如 1679 年《人身保护法》、1701 年《王位继承法》、1911 年《议会法》、1931 年《威斯敏斯特法》等。这些法律文件是在英国资产阶级革命过程中产生的，是英国资产阶级革命斗争胜利的产物，它们反映了资产阶级和新贵族的利益，扩大了议会的权力，规定了英国政治制度的许多基本原则，为英国的君主立宪政体奠定了法律基础，因而是英国宪法的重要组成部分。

以下简要介绍几个英国的宪法性法律文件。

1. 1215 年《自由大宪章》

这一法律文件是 1215 年 6 月 15 日英王约翰在大封建主和大贵族的压力下被迫签署的，是国王与大封建主、大贵族相互斗争的结果。它是英国最早的宪法性法律文件。大宪章的内容，主要是肯定了封建贵族和教会僧侣的封建特权。其具体内容如下。

（1）国王在向封建主征收税金时，必须召开由封建主参加的“王国共同会议”即大议会进行讨论，未经大议会的同意，不得征收任何捐税。

（2）国王应承认教会的独立地位，不得侵犯教会权利。

（3）贵族与僧侣犯了罪，只能罚款，不得判刑。

（4）国王及其官吏，不得对贵族、僧侣无故迫害，不得非法逮捕和扣押，不得对贵族、僧侣的土地和其他财产进行剥夺，等等。

（5）为了防止国王的破坏，还特别规定了监督条款，必要时有权使用武力强迫国王执行大宪章。选出25名贵族代表监督国王遵守63项条款的大宪章。

《自由大宪章》从总体上看，是一个保护封建贵族特权的封建文件，并不是近代意义宪法的起源，但它在英国宪法历史上有十分重要的意义：它开创了用制定法的形式来限制国王权力的先例，确立了王权有限、国王必须受法律约束的重要原则。国王必须遵守法律，否则，人民有权强制国王遵守——这就削弱了英王的特权。《自由大宪章》确立的这一原则精神，为以后英国资产阶级反对封建王权奠定了法律和政治基础，成为反封建的斗争武器。资产阶级在革命取得胜利以后，便把它确定为英国的重要宪法性法律文件之一，成为英国宪法的组成部分。

2. 1628年《权利请愿书》

《权利请愿书》是1628年由资产阶级和新贵族控制的英国国会向当时的英王查理一世提出的。查理一世与詹姆士一世一样，专横无度——对内不顾封建成规，滥征新税；大量出售官职和贵族爵位；随意解散国会，残酷迫害国会反对派领袖和清教徒；对外与西班牙、法国等英国海外贸易竞争者结盟。这些行为严重损害了资产阶级及新贵族的利益，也引起了人民的不满。正在此时，为解决财政困难，议会便向国王提出《权利请愿书》，请求查理一世改变其作风，查理一世要钱心切，当即允准。

《权利请愿书》共8条。其内容主要是：未经国会同意，国王不得向人民强行征税和借款；不经法定程序，不得非法逮捕任何人或剥夺其财产；在普通居民家中，不得专断派驻军队，不得按战时戒严令审讯和处罚普通居民；在每个案件中，任何人不得干预或中止案件的审讯过程，或通过临时法庭进行审判。

查理一世被迫签署这一文件后，于1629年以国会反对其继续征税为由，解散了国会，致使国会停止活动达11年。这一文件一直被认为是英国宪法的重要组成部分。

3. 1679年《人身保护法》

《人身保护法》是1679年5月国会中反对英王查理二世的辉格党人为了限制国王的专横暴虐，保障自己不受国王的任意逮捕而拟定出来的。在提交国会讨论时，曾三次遭到托利党人把持的贵族院拒绝。后来，在革命运动的新发展的压力下，贵族院和国王才不得不批准该法案。其内容主要有：

（1）除犯有叛国罪和其他重罪者外，不得对任何人实施逮捕和羁押；

（2）被捕之人可以向高等法院提出申诉，要求高等法院下令把他们从警察机关引渡到法院依法处理；

（3）除法院以外，任何机关不得处置“犯人”；

（4）如果被捕者交纳保证金，应允许假释。

《人身保护法》在历史上第一次确定了保护人身权利的原则，反映了资产阶级和新贵族的利益，对于限制王权具有进步意义，因此也被英国历史学家和法学家颂扬为英国宪法的一块“奠基石”。

4. 1689年《权利法案》

通过1688年“光荣革命”，英国最终确立了君主立宪制政权。1689年2月，威廉与玛丽正式登基，共同加冕为英国国王与女王，称为威廉三世与玛丽二世。1689年4月23日，议会便向两位新君主提交了《权利法案》，规定今后君主治国必须依据法律，必须尊重议会权力；不经议会同意，不得征收赋税，亦不得中止任何法律的效力。威廉和玛丽接受了《权利法案》，“议会高于王权”“法律高于一切”的君主立宪制原则在英国正式确立。

《权利法案》的主要内容有：

(1) 法案在列举了原英王詹姆士二世的种种专横行为之后，规定国王未经议会同意不得颁布法律或停止法律的效力；

(2) 国王未经议会同意，不得征税和支配税收；

(3) 国王未经议会同意，不得征集和维持常备军；

(4) 臣民有向国王请愿的权利；

(5) 议员在国会内有自由发表意见的权利；

(6) 不得对臣民要求超额的捐税和罚款；

(7) 不得对臣民采用残酷的刑罚；

(8) 不得设立宗教法院和特别法院。

最后，还规定今后天主教徒不得担任英国国王，英国国王也不得与天主教徒结婚，等等。

5. 1701 年《王位继承法》

《王位继承法》是英国议会于 1701 年通过的一个专门规定英国王位继承问题的法律文件，于 1701 年 6 月 12 日由英王威廉签署。自 1701 年通过至今一直被沿用，它所规定的英国王位继承的基本规则如下。

(1)《王位继承法》明确规定，玛丽与威廉死后，由玛丽之妹、新教徒、詹姆士二世的幼女安妮公主继位；安妮死后，由斯图亚特家族的远亲、信奉新教的德意志选帝侯之妻、詹姆士一世的外孙女索菲亚公主继承王位。这样，便彻底断绝了詹姆士二世及其子孙回国继位的可能性，从而排除了信奉天主教的国王在英国复辟的可能性。

(2) 英王为世袭。英王王位继承的顺序是：英王之子依年龄长幼顺序为王位继承人，若英王无子，则英王之女依年龄长幼顺序为王位继承人；若英王逊位时，长子已故，则由长子后嗣继承王位；若英王无子女，则由其弟继承王位；当英王之女继承王位时，称女王。女王享有与国王相同的权力。根据惯例，国王的配偶享有与国王相同的地位和特权。但女王的丈夫没有同样的权利。

(3) 王位继承人必须是信奉新教的新教徒，除非英联邦的成员取得一致意见，否则不得改变这条继承路线。

(4) 国王逊位后，枢密院全体官员大会应尽快宣布新国王的名字，并于新国王即位一年左右在威斯敏斯特大教堂举行隆重的加冕庆典仪式。

根据王位继承规则，当今英国女王伊丽莎白二世的王位第一继承人应是其长子查尔斯王子，第二继承人是查尔斯王子的长子威廉王子，第三继承人是威廉王子的长子乔治王子。

为了防止政权落入外国人手中，《王位继承法》还规定：

第一，凡非出生于英国的人不得担任议会议员和其他官职；

第二，凡在王室担任官职和领取薪俸者，不得为议会下院的议员；

第三，为了限制国王对司法活动的干涉，法官如能称职，非经议会两院奏请罢免得终身任职；

第四，国家的一切法律与条例非经国会通过，国王批准，均属无效。

《王位继承法》扩大了国会的权力，限制了王权，反映了英国资产阶级和新贵族的基本要求，把资产阶级和贵族之间的妥协用君主立宪政体固定下来。

二、宪法性法律

进入20世纪以后，英国资产阶级又相继制定出一些重要的宪法性法律。其中主要包括1911年的《议会法》、1918年制定公布并在1928年修订的《国民参政法》、1948年的《人民代表法》，从形式上规定了英国公民享有普选权，等等。还有1931年《威斯敏斯特法》，它规定了英国同殖民地、自治领的关系。这些宪法性法律从内容上看，大致可以分为三类。

一是完善资产阶级国家机器的宪法性法律，如1911年、1949年《议会法》。

二是在人民争取选举权斗争情况下修改选举制度，扩大人民选举权的宪法性法律，如1918年、1928年《国民参政法》、1948年《人民代表法》。

三是英国海外殖民地解体后，重新规定英国与殖民地关系的宪法性法律，如1931年《威斯敏斯特法》。

下面简要介绍这些宪法性法律的主要内容。

1. 1911年《议会法》

《议会法》是英国议会在新的历史条件下通过的现代法律之一，对英国国家制度进行了重大改革。其主要内容如下。

（1）一切法案只要平民院议长认为与财政法案有关，都被视为财政法案。

（2）平民院通过送交贵族院的财政法案，即使未获贵族院通过，亦得送交国王批准公布。非财政法案，贵族院有否决权，但只限两次，如果下院连续三次通过，法案即告成立。

（3）议会的任期由7年改为5年。

该法律主要明确了议会上、下两院的职权，并使上院的权力受到法定的限制。

1949年英国资产阶级对其作了修正。与1911年《议会法》相比，1949年《议会法》进一步削弱、限制了上议院的延搁权。该法规定，非财政法案下议院连续两次通过，而连续两次被上议院否决后，则该议案无须再提交上议院通过，可经国王批准而生效，即将上议院对非财政法案的延搁次数，由三次减少到两次，延搁时间由两年减少到一年。

2. 1918年《国民参政法》

1918年《国民参政法》是英国的第一部选举法，共有5章47条。它在扩大选举权的范围方面，比之前实行的选举制度有所发展，如放宽了选民定居的期限，将原定居期限由1年缩短为6个月；第一次赋予部分妇女以选举权，规定年满30岁，本人有年收入价值5镑以上的土地或住所，或其丈夫具有此资格的妇女，具有选举权。这样，选民的人数由原来的800万人增加到2 100万人，约有半数的居民获得了选举资格。

1928年英国议会又通过了《国民参政法》，对1918年《国民参政法》进行了修订。其主要内容是：删除了1918年《国民参政法》第4条中关于妇女选举权资格的规定，实行男女选举权平等的选举制度。该法规定，凡已成年（指21岁）的妇女，具有规定的住所资格（英国已在1926年将选民的住所定居期限由原来的6个月改为3个月），及规定的营业所资格（指拥有价值在10镑以上交易所或土地）者，都享有选举国会议员的选举权。大学选区内的妇女，享有复数投票权。该法的实施，使英国妇女获得了与男子平等的选举权。英国选民人数又增加了约500万人。

3. 1948年《人民代表法》

第二次世界大战后，在人民不断的斗争下，英国资产阶级对选举制度进行了修正，产生了一部新的规定选举问题的宪法性法律即1948年《人民代表法》。该法集中以往有关选举制度的法律规定，统一了参加全国选举和地方选举的选民资格。根据该法，参加英国议会议员选举应具备三个条件：取得投票资格之日为某一选举区的居民，为不列颠公民或爱尔兰共和国公民，年满 21 岁或 21 岁以上。该法较第二次世界大战前实施的选举制度有一个重要的发展，即废除了 1918 年、1928 年《国民参政法》所规定的复数投票制（有产者和大学生可以在其营业住所选举区、伦敦市和大学生选区内重复投票的制度），从形式上实行“一人一票、一票一价”的选举原则。

1969 年英国议会对 1948 年《人民代表法》进行了修正。1969 年《人民代表法》进一步降低了参加全国选举和地方选举的选民年龄，将选民的年龄资格由年满 21 岁降至年满 18 岁。

根据以上两部法律的规定，英国议会下议院议员的选举，采用“单名选区制”的方式（每个选区选出 1 名议会下议院议员，全国共设 650 个选区）。该法规定下议院议员候选人的资格是：年满 21 岁的英国公民，有本人所在选区 2 名选民提名和 8 名选民同意，便可登记为该选区的下议院议员候选人。同时又规定：贵族、教会的牧师、罗马天主教会的神父、法官、文官、正规武装部队成员、警察部队的成员，以及在企业中担任由政府指定的董事职务的人员，均没有被提名为下议院议员候选人的资格。

4. 1931 年《威斯敏斯特法》

19 世纪末，英国殖民统治开始衰落，原来的殖民地演变成自治领。为了维持与自治领的关系，1931 年 12 月英国议会批准通过了一部规范英国与自治领关系的宪法性法律即《威斯敏斯特法》。该法由一个序言和 12 条正文组成，其中前 4 条是该法的核心部分。

第 1 条规定，英国的自治领包括加拿大自治领、澳大利亚联邦、新西兰自治领、南非联邦、爱尔兰自由邦和纽芬兰。

第 2 条规定，各自治领制定的法律，不再因与联合王国的有关法律相抵触而失效。由联合王国制定且仍为各自治领实行的法律，各自治领议会有权根据需要，自行予以修正或宣布废止。

第 3 条规定，各自治领议会享有制定治外法权的法律之全权。这表明，英国承认各自治领皆为主权国家，各自治领与英国地位是平等的、互不隶属的关系。

第 4 条规定，本法实施后，联合王国国会今后所通过的法律，除非明文规定该项法律的制定系经各自治领的要求与同意外，不得施行于各自治领或被看作是自治领法律的构成部分而发生法律效力。

该法实施后，英联邦宣告成立，英国及加拿大等 6 个自治领成为英联邦最初的 7 个成员国。按惯例，各自治领仍然设立总督，但总督只能根据自治领总理的推荐而由英王任命，总督不再是宗主国政府派遣的有全权的特派人员，只是国王的代表。第二次世界大战以后，英国的殖民统治体系进一步瓦解，英属殖民地纷纷独立，英联邦的成员国也因此而不断增加，在这种情况下，英国对《威斯敏斯特法》的有关内容作了变通，以其为法律依据来规范英联邦成员国之间的关系，加强英国与各成员国的联系。各成员国总理不定期地召开会议，以协调和解决有关问题，目前会议的名称为“英联邦政府首脑会议”。但是，由于会议的决议对各成员国没有强制性的约束力，因而各成员国的对外政策不一致，且内部间的相互关系也极为复杂。

三、宪法惯例

宪法惯例是指在国家长期政治生活实践中逐渐形成的、涉及国家基本制度问题、调整相应基本社会关系，并为国家和社会公众认可，具有普通约束力的习惯和传统。宪法惯例本身并不是法律，它不能由法院来适用。但作为宪法的组成部分，宪法惯例在英国的政治生活中起着非常重要的作用，是必不可少的。如果没有这些惯例，英国整个国家机器几乎无法运转。正是有了这些惯例，英国的国家机构才能够适应客观环境的发展和变化。由于历史发展的特殊条件，在英国，有关国家制度、国家机关的组织和职权及其相互关系等，大多是根据长期形成的习惯来确定的。这些惯例很多，涉及王权、内阁、政府、议会、司法、文官和自治领各个方面。下面列举一些惯例。

（一）与王权和内阁有关的惯例

1. 王权由大臣行使，国王不出席内阁会议。对于大臣作出的决定和建议，国王总是予以接受，对于议会通过的法案，国王总是予以批准。

这一惯例是在国王乔治一世时形成的。1702 年威廉三世逝世后，王位传给玛丽女王的胞妹安妮公主，安妮继位后，与其丈夫丹麦王子乔治亲王共生了 17 个子女，其中最大的只活到 10 岁，1714 年安妮女王在 49 岁时逝世，至此，斯图亚特王统断绝。由于《王位继承法》早已明确规定，由詹姆士一世的长女所生之女索菲亚继位，她的丈夫是德意志汉诺威公爵，索菲亚的儿子叫乔治，当时已 50 岁，继承爵位，叫汉诺威选帝侯，于 1714 年 9 月 30 日渡海来英国继承王位，称乔治一世，自此开创了汉诺威王朝。

乔治一世继位后，由于他不懂英语，与大臣们交流只能用拉丁语，双方都感到别扭，在出席内阁会议时感到很受罪。再加上他思念家乡，对英国的事务不感兴趣，因而经常千方百计不出席内阁会议，经常回到汉诺威领地不在英国。于是，内阁便借此开创了在国王不出席会议情况下召开内阁会议的先例，从而形成了国王不参加内阁会议的惯例。1717 年议会正式作出决议，国王无须出席内阁会议。

2. 国王应在首相、大臣的忠告下采取行动，即国王根据首相、大臣的建议或者内阁的忠告而进行国事行为，对他们的建议或忠告，国王不能行使否决权。

3. 国王应任命在议会中取得多数席位的政党的领袖为首相，由后者组织政府，应任命由首相提名的人为大臣，在首相要求下解散议会。

4. 内阁大臣必须是议会的议员，内阁集体向下议院负责，大臣采取个人负责制，辞职的大臣要向议会陈述理由，内阁对国王的忠诚必须是一致的。

5. 国王站在“统而不治”的立场上，不直接投身于政治生活；国王对整个国家政策，均无答复的责任，其言行对国民不负责任。

（二）与政府和议会有关的惯例

1. 议会必须由上、下两院组成，议会每年必须召开一次会议。

由于在 1641 年以前，议会经常被国王解散，1941 年 2 月，议会通过了“三年法案”。该法案规定，议会的休会期限不得超过 3 年。如果 3 年期满，国王仍未召集议会议员开会，议会则可自行开会。随着王权的不断削弱，资产阶级和新贵族权力的扩大，逐渐便形成了这一惯例，即议会每年至少必须举行一次会议。

2. 内阁在下院中得不到多数支持时，通常要引起内阁辞职。

由于 1742 年辉格党内部发生内讧，其领袖罗伯特・沃尔波作为内阁首相大臣，他领导的内阁在议会中得不到多数的支持，结果内阁集体辞职。从此开创了内阁在下院中必须得到绝对多数的支持，必须集体负责，否则要集体辞职的先例。

3. 内阁得不到下院支持，首相可以提请英王解散下院，重新进行大选。

这一惯例是在 1784 年由托利党人小威廉・庇特担任首相时开创的。庇特因得不到下院支持，他不是辞职而是提请英王下令解散下院，重新进行大选，选举结果是庇特领导的托利党获胜，庇特继续执政。

以上两种不同的做法，从此就成为英国责任内阁制中解决议会和内阁的激剧冲突的宪法惯例。

4. 财政法案只能由下院提出；每一项议案须经“三读”程序才能进行投票表决，下院中的发言由执政党和反对党依次轮流进行。

5. 议长必须脱离原属政党而成为无党派人士，议长可以连选连任，并无时间限制。

6. 当上院作为上诉法院时，凡不执掌司法的上院贵族不应参加会议。

7. 在议会的各个委员会里，各政党的成员数按其在议会中所占席位的比例分配。

（三）与司法有关的惯例

1. 在审讯中的或待审的案件不应在议会中进行讨论。

2. 议会两院不得对法官的职业行动提出疑问，除非在解除他们的职务时才可以提出疑问。

（四）与文官有关的惯例

文官在政治上应保持中立，议会中不能对文官的行动进行批评。

（五）与自治领有关的惯例

1. 国王对有关自治领事务的处理，只能根据自治总督的建议行事。

2. 议会不得对前附属领地实行立法，除非有邀请。

3. 每个自治领虽然在名义上效忠英国女王，但它们是独立的国家，任何涉及改变《王位继承法》的提议，必须取得自治领国议会的同意。

四、宪法判例

在英国除由议会通过而制定并公布施行的制定法以外，还有一部分法律是由高级法官在司法实践中对某些案件的判决和解释中“创造”的判例法，它们具有宪法性法律解释的意义，对以后各级法院法官的判决具有某种宪法性原则指导和约束的作用。这种宪法判例是英国宪法的表现形式之一，因而也就成为英国宪法的构成部分。举例如下。

1. 关于英国臣民的“自由权利”以及保护臣民权利不受国家公职人员和国家机关侵犯的司法程序之类的规定，都是在判例中提到的。

2. 1670 年确认的“司法独立”原则和 1678 年法官的某些豁免权等都是从判例中引申出来的。

英国的不成文宪法主要由以上三个方面构成。也有学者认为，除以上三方面外，权威性著作的阐释和公民投票等也是英国宪法的重要组成部分。权威性著作的阐释是指在没有成文法或其他成文来源的情况下，被司法裁判所引用的一些权威性的政治学、法学著作中的阐释，如 19 世纪奥斯汀和 20 世纪詹宁斯等人的著作；公民投票是指公民以直接投票的方式来表达对内政外交的态度，如 1910 年至 1911 年要求改革上院的公民投票、1975 年就重新加入欧共体的投票以及 20 世纪 90 年代关于欧盟问题的公民投票。

第三节　英国宪法的基本原则

英国宪法虽然是不成文宪法，但它仍然贯彻一些基本原则，主要的有如下几项。

一、议会至上原则

英国的议会至上原则即议会主权原则，是 17 世纪英国资产阶级宪法斗争胜利的结果。按资产阶级学者的观点，议会主权是指虽然国家主权属于人民，但人民所享有的主权仅是政治意义上的，法律上的主权则属于议会。

从法律形式上说，议会主权是指英王、上议院和下议院联合的最高权力，而实际上，它是下议院中多数党的最高权力，也就是执政党的最高权力。

英国的议会主权宪法原则是从“主权在民”理论中推导出来的，而近代英国的“主权在民”理论是从“自然权利论”中推导出来的。较早而又系统地阐述这种理论并把它推向“议会主权”精神的代表是洛克。洛克认为，在自然状态中，根据自然法，每个人都享有保全自己的生命、自由和财产等自然权利，这些权利是不证自明的“天赋人权”，因而是不可转让、不可剥夺的。只是因为在自然状态下存在种种不便，人们才相互签订契约，把惩罚他人的权利自愿地交给由人民的代表即代议士组成的政府来行使。因此，由人民的代表即代议士组成的议会，是人民的最高意志即主权的体现者，由议会来掌握主权当然是最合情合理的制度安排。

英国议会至上原则的形成是由英国革命的特点所决定的。英国的议会是在反封建斗争过程中建立起来的。最初国王可以随时解散议会，这时的议会没有什么权力。后来由于国王在财政上经常遇到困难，向资产阶级要钱，资产阶级便利用手中的“钱包权力”同国王作斗争，提出的口号是：国王不交出议会，我们就不纳税。国王迫不得已只好交出议会，等资产阶级进入议会后，掌握了立法权，与国王掌握的行政权形成了分权的局面。资产阶级在同国王不断斗争的过程中，逐渐扩大议会的权力，而王权则不断地被削弱，最后资产阶级利用立法权控制了国王的行政权，从而形成了议会至上的原则。

议会至上原则归纳起来主要包括以下含义。

1. 议会具有创制一切法律的权力，即议会的立法权没有限制，可以对任何事情制定法律，也可以废除或修改任何已经制定的法律。任何判例法，都不能对议会有任何约束，相反议会可以通过立法改变任何普通法或者推翻某个判例。由议会通过的法律，法院必须执行，不能借口议会通过的法律为非法而拒绝执行。这就表明议会所制定的法律是最高的法律，其他机构所制定的规则都是从属性的立法。

2. 在议会之外，任何机关或者个人都不能宣告议会通过的法律为无效。法律一旦由议会通过实施后，即使很不恰当，也只有议会才能废除、修改它。在议会未采取行动以前，任何机关或者个人都不能宣布它违宪或以其他理由将它废止。

3. 议会由于拥有法律上的主权，因而是最高国家权力机关，在国家机构中处于最高地位，政府必须向议会负责，并接受它的监督。

可见，从理论上、从法律形式上讲，在英国的宪法结构中议会的地位最高，权力极大，体现了所谓议会至上原则。从历史发展来看，英国议会的确曾经有过很有权势的时代，但随着资本主义的发展以及行政权的不断扩大，最终议会权力旁落，议会至上原则几乎归于消逝。

随着垄断经济的增强，英国政府的行政权力不断扩大，加上欧盟法的引入，英国议会的权限受到了日益严峻的挑战。虽然议会下院日益受到政府的控制，但议会在法律上的至尊地位，使得它即使在行政集权时代也并不是一个可有可无的政治机构，议会在很多方面仍然具有其他机构无法替代的作用。

自 1972 年英国议会批准加入《欧洲共同体法案》、1973 年 1 月 1 日英国成为欧共体成员国以来，议会主权原则就受到了欧共体法效力的冲击。1972 年《欧洲共同体法案》确认了欧共体法对于议会立法的优先性。根据《欧洲共同体法案》第 2 条第 1 款的规定，欧共体条约和共同体立法在英国具有直接适用的效力；该条第 4 款给予共同体法以优先于国内法律的地位，国内法应作符合共同体法的解释及从属于共同体法的效力。根据该法，议会之上被加上了更高的宪法性权威。

但是，英国著名法官丹宁勋爵指出：我们的议会，无论什么时候立法，都愿意履行自己的条约义务；如果我们的议会有意通过一项法律，来与该条约或其中的任何条款脱离关系，或有意进行与此相抵触的立法，那么，我将会认为，遵从议会制定法便是我们法庭的职责。由此可见欧共体并未从根本上动摇议会至上原则。

二、责任内阁制原则

责任内阁制也称内阁制，是指资本主义国家由内阁总揽行政权的政府体制。

所谓责任内阁制即内阁必须集体向议会下院负责，这是议会主权原则的体现。具体内涵包括：内阁必须由下院多数党组成，首相和内阁成员必须是下院议员；首相通常由下院多数党领袖担任；内阁成员彼此负责，并就其副署的行政行为向英王负责；内阁向议会负连带责任，如果议会通过了对内阁的不信任案，内阁应集体辞职，或者提请英王下令解散议会，重新举行选举，以决定内阁的去留。

英国是最早实行内阁制的国家，核心是议会内阁制，因此，责任内阁制原则就成为英国宪法的原则之一。

威廉一世在位时，将贤人会议也称“御前会议”改组为大会议，又在大会议中设立小会议，在大会议演变成议会的过程中，小会议发展成为内阁。

英国的内阁制起源于枢密院。在15世纪后期御前会议改称枢密院，由大法官、财政大臣和其他高级大臣组成，其开始协助国王行使中央政府的权能。到17世纪资产阶级革命后，逐渐形成议会内阁制，英王威廉三世开始选任议会多数党成员出任大臣，这些人逐渐成为后来的内阁成员。到了18世纪初，枢密院外交委员会逐渐演变成为内阁。最初国王出席内阁会议，并主持内阁会议，到了乔治一世时，由于其从小生长在德意志，不懂英语，他与大臣们只能用拉丁语交流。乔治一世感到很别扭，便千方百计不出席内阁会议，只好由一位大臣来代国王主持大政。最早的首席大臣即首相由财政大臣罗伯特·沃尔波担任，从1717年起国王就不再参加内阁会议了。此后，内阁会议独立举行，只对议会负责。从1832年改革选举之后，议会开始取代国王掌握控制内阁的权力，形成了责任内阁制。

1746年亨利·配兰领导内阁时，国王乔治二世否决了由配兰提出的任命威廉·皮特（即老皮特）为国防大臣的建议，于是，配兰带领全体阁员和非阁员大臣集体辞职，创立了内阁集体辞职的先例。① 1784年小皮特任内阁首相，议会通过了对内阁的不信任案，首相没有率领内阁集体辞职，而是呈请英王解散议会，重新举行大选。这两种不同的做法开创了两个不同的先例，从而形成了英国责任内阁制中解决议会与内阁的激烈冲突的宪法惯例。

三、法治原则

法治原则是一个非常重要的宪法原则，但其含义是很不确定的。在英国，法治原则是资产阶级在革命时期，为了反对君主专制和封建特权而提出的，即它是作为人治原则的对立物而产生出来的。法治原则在世界上形成深远影响的同时，其含义也一直在发展和深化。

法治的含义最早由戴雪在其《英国宪法研究导论》中提出，他把法治归结为三个要素：（1）政府没有专断权力；（2）法律面前人人平等，任何人都必须遵守普通法院所实施的普通法律；（3）宪法的一般性规则形成于国内的普通法律，英国人民的权利和自由是由法院根据习惯法予以保障的。可见，戴雪所称的法治是针对政治权力而言，突显议会主权和司法独立，从而抑制了行政权的进一步扩张，这与19世纪80年代的自由资本主义相适应。

---

① 阎照祥．英国政治制度史．北京：人民出版社，2012：218-219.

任何一种理论随着时代的进步必然会得到批判和发展，戴雪的法治概念在西方宪法学界也不例外地受到诸多批评，与此同时，法治观念也得以传承和发展。首先，戴雪反对自由裁量权的观点受到质疑，批评者认为，事实上的自由裁量权已然存在，不仅涉及政府，还涉及议会和法院。问题的关键不是要不要自由裁量权，也不是权力是否来自法律，而是自由裁量权有多大的限度及权力如何授予和限制。其次，有人批判戴雪的平等观，认为出于立法的考虑，必须把各种人区别开来，使不同的人受到不同法院的管辖。这又涉及戴雪的法院管辖观念，批判者认为英国可以采取行政法院和普通法院的分离，从而更好地保护公民权利。另外，戴雪认为的根据习惯法去保护公民的自由等观点也受到了不同程度的批判。

在批判戴雪传统法治观的同时，现代英国学者也提出了新的法治观念。他们认为今天的法治应包含以下三种观念：(1) 法治是一种和民主观念相联系的社会哲学观念，它表现为法律秩序优于无政府状态；(2) 法治强调原则的重要性，这种法律原则为司法判决所宣布、所应用，政府必须依法行事；(3) 法治涉及实体法规范和程序法规范的细节，这种细节又和许多政治见解密切相关。

艾沃·詹宁斯在对戴雪的法治理论进行批判的基础上发展出了福利国家时代的法治原则，他摒弃法治形式主义，主张向实质法治迈进。他的法治观可总结为：(1) 就现代法治而言，权力和权利自由同样重要，前者是后者的必要存在，而后者是前者存在的基础和目的。权力需来自并受制于法律。(2) 自由裁量权同适应社会需求的法治并不冲突，关键是法院对之该如何审查和限制。(3) 英国人受法律统治但绝不受将任何意志都可以通过立法机关或法院表现为所谓“法律”的法的统治，即任何法律必须以公正作为标准或原则。(4) 法治是民主自由政体与专制政体的试金石，法治在本质上依赖于民主制度的存在。

如果说戴雪的法治观念还能适应自由资本主义的需要，那么英国现在的法治观念只是垄断资本主义时期用以加强垄断资本统治的理论。英国现代法治理论必然会随着英国的政治、经济情况的变化而不断发展。

第四节　基本政治制度

宪法关注的是个人与国家之间的关系问题，一般而言，宪法的关注视角主要限于“法律”。但是，宪法与政治学、政治哲学的研究范围存在交叉之处，国家基本政治制度就属于这样的交叉领域。

一、君主

当代多数自由民主国家都已发展成为共和政体，有的把民选的总统当做国家元首，典型例子是法国和美国。英国虽然属于议会民主制，但至今仍然保留君主制，把世袭君主当做国家元首。

作为国家元首，英国君主具有许多宪法职责，如主持议会开幕，接待来访的国家元首等。三百多年以来，君主所实际行使的权力范围发生了很大变化。若干世纪以前，国家的所有权力都由君主一人掌握，但是，随着议会主权和权力分立原则的确立，原先由君主掌握的大多数权力现已转由其他人和机构来行使。但这绝不意味着君主是无足轻重的。

目前英国君主的地位如下：国家元首、英联邦的名义元首、英国国教会的最高领袖、武装部队的最高统帅。

另外，君主还享有下列权力：召集和解散议会，任命内阁首相，在首相的建议下任命大臣，宣布战争与和平。

二、司法制度

在英国，司法制度（judiciary）主要是指法官制度，因为judiciary一词既有“司法制度”的意思，也有“（总称）法官”的意思，这实际上是用法官来指代司法制度。

不过要注意的是，judiciary虽然在词义上是指所有法官，但实际上往往专指高级法院的法官——尤其是最高法院法官，这是宪法实施过程中最主要的法官群体，因为只有高级法官才有权力质疑政府的行为，以确保政府依法行事。

（一）法院体系

英国有三套不同的法院系统：英格兰和威尔士是一套，苏格兰一套，北爱尔兰一套。三个系统彼此独立，但是，每个系统的法官和高级执业者都有资格担任上议院的普通上诉庭大法官。

在英格兰和威尔士，高等法院行使民事管辖权，由三个分庭组成：王座法庭、大法官法庭、家事法庭，而上诉案件的民事管辖权由上诉法院民事上诉庭行使。高等法院、上诉法院和刑事法院共同组成英格兰与威尔士最高法院。2005年《宪法改革法》全面实施之后，上述法院改称为英格兰与威尔士高级法院。

在苏格兰，民事管辖权由古老的最高民事法院行使；刑事管辖权方面，有陪审团的审判以及上诉案件由高等刑事法院审理，该法院的法官就是最高民事法院的法官。

在北爱尔兰，司法管辖权由高等法院、刑事法院和上诉法院行使，它们组成北爱尔兰最高法院。

2005年《宪法改革法》全面实施之后，上议院不再具有终审法院的职能。新的最高法院——2009年10月1日正式成立——取得上议院此前的上诉管辖权与枢密院对权力下放事务的管辖权。自此，英国创设了一套正式的分权体制，资深法官不再担任立法机关的成员。

（二）司法独立

英国宪法特别强调司法的独立性。所谓独立，是指不受政府的影响和控制，只有不受政府干预，才能在政府越权行事的情况下，最大限度地维护人民的利益。司法独立表现在以下几个方面：

（1）法官对判决不承担任何责任；

（2）依惯例，大臣不会批评法官和法官的个案判决；

（3）大臣和议会议员不会对正在审理的案件发表评论；

（4）法官必须放弃一切政治活动；

（5）高级法官（高级法院、上诉法院和最高法院的法官）除非有上下两院的联合决议，否则不能被免职。

（三）藐视法庭

获得公正审判的权利是一项基本人权，但这一权利往往和其他权利相冲突，如表达自由权。当报纸刊发一些材料，可能影响陪审团的判断，进而损害被告的权利时，就会在公平审判权和表达自由权之间引发复杂的紧张关系。《藐视法庭法》的一个功能就是解决上述紧张关系。当然，《藐视法庭法》还有其他功能，如维护法庭的权威和尊严，保障司法权的正常行使。

一般而言，藐视法庭分为两类。一类是民事上的，是指不服从法庭命令；另一类是刑事上的，它又分为三种情况。

1. 羞辱法院（抨击法官的公正性和廉洁性）

判例：R 诉《新政治家》周刊（编辑）。①

该案的主要事实：《新政治家》周刊发表了一篇文章，该文称："在艾弗里法官的法庭上，一个持这种观点的当事人……明显不能指望获得公平审判。"

该案最后裁决：《新政治家》周刊的行为使法官的品行蒙羞，因而构成藐视法庭。

2. 当庭藐视法庭

判例：莫里斯诉刑事部。②

该案的主要事实：一群学生高喊口号干扰法庭的开庭。

法官当场判处首要分子 3 个月监禁。当事人不服，提起上诉。上诉法院 Salmon 法官维持了该决定，并指出："《藐视法庭法》不是为了保护法官，而是为了司法工作的正常开展。"

3. 出版有碍司法行为的材料

判例：《星期日泰晤士报》诉联合王国。③

该案的主要事实：法院发布禁止令，阻止《星期日泰晤士报》刊行一篇关于酞胺哌啶酮（20 世纪 60 年代之前一种用于妊娠妇女的镇静药）的文章，因为当时案件的双方当事人正在谈判以达成和解。

该案后来上诉至欧洲人权法院，人权法院判决英国法律违反了《欧洲人权公约》第 10 条（表达自由权）。Zekia 法官判决道："有关民事诉讼期间新闻出版物或其他媒体涉嫌藐视法庭的问题，普通法的案例汇编中是没有确切答案的，甚至任何合格律师都无法找到确切答案。"这一判决推动了英国 1981 年《藐视法庭法》的出台。

该法明确规定，负有举证责任的单位和个人迟延提交证据或者拒不提交证据、负有出庭作证的单位和个人无正当理由拒不出庭作证、对法官进行言语攻击和无理纠缠、甚至在案件判决前对案件公开发表倾向性观点，都有可能被判藐视法庭罪。

三、行政制度

行政部门（executive）的定义是制定和执行政策的机构，但在宪法学与行政法学中，这一术语通常是指中央政府。行政部门的运行方式，以及行政部门与国家其他机构之间的相互关系，是宪法的重要研究对象。

（一）首相

首相是英国政府首脑，通常由立法机构中最多数党派的领袖充任。首相具有以下主要职能：

1. 任命政府成员（以及其他重要职位）；

2. 领导政府，首相指导和协调政府政策与战略，主持内阁会议，尤其关注重要的政策领域；

3. 组织政府，包括设立、重组和废除政府部门，监督文官系统及其他政府部门之组织；

4. 要求君主解散议会，有效地决定选举日期；

5. 控制下院，（一般情况下）通过领导一个纪律严明的多数党实现这一目的；

6. 领导国民，尤其是在发生国家危机（例如战争）的时候，但是常常带有很鲜明的政治色彩，在国内外都代表国家形象。

---

① R. v. New Statesman (Editor), ex parte DPP [1928] 44 TLR 301 (KBD).

② Morris v. Crown Office [1970] 2 QB 114 (CA).

③ Sunday Times v. United Kindom [1979] 2 EHRR 245 (EHRR).

（二）内阁

内阁是国家的最高行政委员会。现代内阁通常由 22 或 23 人组成（包括首相）。关于内阁的组成，立法中没有专门规定，但首相的选择自由受到一定程度的限制。因此，在和平时期，某些职位上的人不太可能被排除在外，如内务大臣、外交大臣、大法官和财政大臣，不仅如此，这些大臣属于频繁受首相咨询的“内围”成员，担任的都是“美差”，只有多数党的顶尖政治家才有望充任。

除掌管主要部门的大臣之外，每个内阁都会有两到三位不太承担部门责任的成员，如：枢密院院长兼上院领袖、掌玺大臣兼下院领袖，以及负责政党事务而非政府事务的不管部大臣。

（三）大臣

某些大臣职位的历史比首相职位的历史还要长，而某些大臣职位则是近年才创设的。前者如大法官、掌玺大臣、枢密院院长和国务大臣，后者如内政大臣和外交大臣等。首相可以任命某位大臣为第一大臣，尽管这一身份在法律上没有区别，但实际上决定了这位大臣在内阁中的优先权，首相缺席时第一大臣可以代表他主持内阁事务。最近几年，第一大臣和副首相合并成了一个职位。

按照立法上的定义，政府大臣是指“英女王陛下政府的任何职位的主管官员，包括财政部……国防委员会”。通俗地讲，大臣就是在政府里担任职务的执政党成员或者执政党的支持者。大臣经首相建议由英王任命，他们的去留则由新任首相决定。大臣并不包括文官或武装人员，即使政府变更，文官和武装人员也会留任；不包括大臣们的特别顾问，这些顾问可以领受薪俸，并临时依附于某部门，但当大臣离任时他们也必须去职；也不包括公共委员会、规制机构的成员。

如今大臣种类繁多，但是可分为三类：

1. 内阁大臣，他们可能承担部门责任，也可能不承担；

2. 内阁之外的部门大臣和国务大臣，国务大臣的职责是在内阁大臣的领导下共同管理某一部门；

3. 政务次官（parliamentary secretaries），由首相任命、位于大臣和国务大臣以下的、协助处理某一部门的议会工作。

大臣受到“大臣责任制”（ministerial responsibility）的约束，大臣责任制由两个具体的宪法惯例构成：内阁集体责任制——要求所有大臣公开支持内阁及其委员会的决策，否则便应当辞职；大臣个人负责制——所有大臣均得就其所辖政府部门行为向议会负责，一旦出现问题，则须“担当罪责”。须注意的是，“大臣责任制”是一项宪法惯例，是“非法律”规则，因而不可在法院实施。这就意味着有关“大臣责任制”的事例不是判决案件，而只是一些“政治事件”。

（四）权力下放

行政制度中的另一个重要问题是权力下放（devolution）。权力下放不是宪法中的特定术语。与联邦制不同，英国的权力下放不是源于成文宪法，而是源于授权下放的立法，以及新决策机构发展出来的惯例。1998 年《苏格兰法》创设了苏格兰议会和苏格兰行政部门，但是，在国防、外交事务、移民、金融和经济事务上，这两个机关不享有任何权力；1998 年《威尔士政府法》创设了威尔士国民议会，这一议会的权力比苏格兰议会的权力要小；1998 年《北爱尔兰法》创设了北爱尔兰民选议会，该议会中止了若干次，后于 2007 年 5 月恢复其权力。

尽管威尔士、苏格兰和北爱尔兰的权力下放过程基本上是同步、平行展开的，在几个月内都建立了新议会和分权化的行政机构，但值得注意的是，上述三地的权力下放运动采取了不同形式，三地所获得的权力也是不对等的。这是因为，一方面当时工党政府的改革者欠缺宏观视野和长远规划，另一方面三地历史、文化和政治状况存在巨大差别。

四、立法机关

前文介绍了宪法中君主、司法部门、行政部门的职责，这部分考察立法机关（议会）的组成及主要职能。在议会主权原则之下，议会是国家机构中最有权力的部门。

（一）议会组成

英国立法机关采行两院制，即议会由上议院（House of Lords）和下议院（House of Commons）组成。下院在两院中占据主导地位，因为它由选举产生，具有民主合法性。下院中占大多数席位的政党组织政府。以 2012 年 3 月的情形为例，下院共有 650 名议员，其中保守党成员 305 名、自由民主党成员 57 名、工党成员 253 名、其他党派成员 35 名。不难看出，没有一个政党在下院议席中占明显多数，这样的议会称为“悬浮议会”（hung parliament），因而只能由保守党和自由民主党联合执政，组成联合政府。这在英国政治中是极为罕见的，这样的局面主要是“相对多数选举制”（亦称“得票最多者当选制”）（first past the post）导致的结果。

上议院被称为第二院，非选举产生，大多数议员是任命的。上议院通常被看做是“复核议院”，给下院提供建议，发出“理性之声”。上院共有 788 名议员，其中工党成员 239 名、保守党成员 218 名、自由民主党成员 91 名、中立议员 186 名、主教 25 名、其他成员 29 名。上院由于其古怪的组成，长期以来在英国政府与政治中处于边缘地位。其地位江河日下的最明显例证是，19 世纪许多首相及其他政府要臣出自上院，可自从 1902 年以来，再也没有哪位首相是上院出身。上院议员只拥有将立法延迟最多一年的权力，而且鉴于其非民主的构成，过于频繁地施行这一有限权力已变得困难重重。

（二）议会职能

议会下院具有五大主要职能：代表、立法、行政审查、为国民辩论提供舞台、组建政府。

议会的实质及其在政治体制中的主要角色乃是立法。换言之，议会赋予统治者的行为以权威，进而为统治提供正当性。议会之所以能履行上述职能，主要是因为它是国民代议、制定法律、政治批评与辩论以及任命政府首脑的不二场所。在这五大职能中，最关键的是立法和审查。

关于立法，涉及几个关键概念，介绍如下。

议案（Bill），指议会法令的草案，在这种草案通过所有立法阶段之前，一直以议案称之。

法案（Act），议会法，亦称制定法，是指通过了所有立法阶段、并得到英王批准的议案。

公法案（Public Bill/Act），指由政府或者未进入政府的议员提出的，涉及国家政策、社会利益的议案。它可以分为由政府提出的政府公法案和议员个人议案（private member's bill）两大类。

私法案（Private Bill/Act），指由议会之外的个人或者组织（如一地方当局）提出的涉及特定个人、某一地方或团体利益的议案。

主要立法（Primary Legislation），由议会法构成。

次级立法（Secondary Legislation），又称委托立法（Delegated Legislation）或附属立法（Subordinate Legislation），更为技术化的名称叫法定文件（Statutory Instruments，SIs）。许多议会法只提供框架形式，赋予大臣或其他公共团体权威，使之可以在母法框架下制定必要的规则或章程。每年都有数以千计的法定文件颁行。

议会立法分为八个阶段。（见表 1－1）①

表 1－1　　议会立法的八个阶段

序号	阶段	场所	评价
1	一读	下院议员席（除非议案首先在上院引入）	完全形式上的——无辩论
2	二读	下院议员席	针对原则的辩论——政府议案在此阶段被驳倒的可能性非常小
3	委员会阶段	通常在常任委员会中，执政党经常在其中占据多数；某些议案可能被递交全院委员会	逐条详细审查——可能提出修正案，但是通常大臣提出的议案成功概率更大，可以持续若干星期
4	报告阶段	下院议员席	针对修正后议案的报告——可能作出进一步的修正
5	三读	下院议员席	对最终文本的辩论（通常很短），同意议案——一般来说只是走程序
6	上院	议案在上院议员间经过同样的审议程序（除非首先由上院引入）；委员会程序通常在上院议员席而非常设委员会进行	上院议员可能修正议案（某些进一步的修正可能由政府提出）；如果议案被修正，则交回下院进一步审议
7	考察上院议员修正案	下院议员席	可能接受上院的修正意见，如果不能接受，通常上院作出让步，否则该议案可经过重新引入，并不经过上院同意，根据《议会法》于下次会期通过
8	英王批准		纯粹形式上的（最后一次行使否决权还是在安妮女王时期），议案由此最终成为法案（或制定法）

政府向议会负责，并通过议会向人民负责。因此，政府必须在议会（主要是下院）中为自己的行为作出解释并进行辩护。下院中审查与影响政府立法的主要方法包括议会质询，还包括一般性辩论、休会期辩论或紧急辩论等，具体见表 1－2。

表 1－2　　下院审查行政权的主要方法

序号	方法	形式	优点	缺点
1	首相接受质询	周三下午 3：00～3：30	迫使首相到议会现场	通常是作秀，缺乏实质内容
2	大臣接受质询	每位大臣每个星期须接受三至四次的质询	大臣须作出解释并提供相应信息	出席率低，场面冷清
3	辩论	形式多样：包括一般性辩论（针对国王讲话、不信任案）、休会期辩论（为讨论全局性的或选区性的议题创造条件）、下院议员动议、紧急辩论（可以要求此种辩论，但很少被议长批准）	迫使政府为自己的行为提供正当理由	通常非常短，而且次数有限
4	特别委员会	政府各部均有特别委员会以及许多其他委员会（例如公共行政委员会等），拥有调用“人员、文件与档案”的权力，并可以询问政府大臣	能够彻底地、持续地审查政府	只有建议权，无权实施处罚，因而欠缺相应的资源与威望

① 比尔·考克瑟，等．当代英国政治．4 版．孔新峰，蒋鲲，译．北京：北京大学出版社，2009：451．个别文字上有改动。

总之，尽管当今英国政治中，威斯敏斯特议会不再是唯一的议会——还有欧盟议会以及权力下放之后的各地区议会，但议会主权仍然是非法典化英国宪法的核心原则，威斯敏斯特议会仍然是英国政治生活的中心，至少在形式上依然如此。

第五节 公民的权利与自由

在宪法领域，人权（human rights）与公民自由（civil rights）、基本权利（fundamental rights）的含义往往是一致的。本节所讨论的公民权利与自由，主要是英国《人权法》所保护的“公约权利”。

国际条约《欧洲人权公约》(ECHR)，对英国的法律和实践产生了重要影响。在很多场合下，欧洲人权法院认为英国政府违反了公约条款，而且不止一次地要求英国政府制定法令，以执行欧洲人权法院的裁决。当今英国的人权保护，体现在 1998 年《人权法》中，这部法律使得《欧洲人权公约》的权利（即“公约权利”）得以在英国法院执行。

一、人权的性质与保护

（一）英国的人权保护方式

英国传统上对公民权利的保护，极大地受到戴雪的影响。戴雪认为，因为政治自由已有普通法和独立议会的双重保护——议会成为监督者提防行政机关的权力扩张，所以英国不需要高级法的原则作为支撑。

普通法中有一个基本原则：公民可以根据自己的喜好行事，除非该行为受到法律的明确禁止。因此，公民已经享有充分的宗教信仰自由、表达自由和集会自由，只有当普通法或制定法有明确的限制时，人民行使这些自由的行为才会受到限制。许多经典判例，都说明了这一保护路径。首先是 Entrick v. Carriongton 案（1765 年），法院支持原告的诉求，认为国务大臣不能以国家利益为由发布搜查令；其次是 Beatty v. Gillbanks 案（1882 年），在该案中，法院认为，不能仅仅因为自己的合法行为会导致他人的非法行为，集会的自由就被禁止。① 当然，还有其他重要案例也支持这一原则。但是，这种自由的保护方式是有缺陷的。

第一，公民可以做法律不予禁止的任何事情，这项普通法原则似乎可以同样适用于政府。其结果是，政府可能侵犯个人自由，虽然没有获得法律的明确授权，但政府的理由是：法律没有禁止政府如此行为。1979 年的 Malone v. Metropolitan Police Commissioner 案中，法院判决原告败诉，认可政府的理由。

第二，自由很脆弱，易受侵蚀。普通法仅仅承认，公民可以做法律不禁止的任何事情，却不能防止立法机关制定新的限制措施。另外，颇为矛盾的是，许多对自由的限制，恰恰是普通法施加的。

第三，议会权力逐渐削弱。19 世纪末，也就是戴雪写作《英国宪法研究导论》（初版于 1885 年）的年代，议会的权力和作用处于顶峰时期，能够充分履行“看家护院”的职责。这一时期，议会可以选择、维持和推翻政府，是选民和行政机关的中介。但是，由于此后政党体制的形成，以及相伴随的政党纪律的强化，行政机关逐渐取得了对下院的控制，21 世纪的政府完全可以期望它的法案得以顺利通过。其结果是，现代政府出台了一系列的侵蚀个人自由的

---

① 布拉德利，尤因. 宪法与行政法. 14 版：上册. 程洁，译. 北京：商务印书馆，2008：5-6.

法律，如1984年《警察和刑事证据法》和2000年《调查权力管制法》。因此，公民虽然依旧可以做法律不予禁止的事情，但自由的范围明显缩小了。

不过，这些议会立法也并非一味地压缩传统自由领域，从另一角度来看，政府比过去更为公开，少数种族的权利受到更充分的保护。另外，英国的自由原则没有认识到，虽然公民可以做法律不予禁止的任何事情，但不受限制的自由可能与其他人的自由相冲突。因此，立法可以根据时代的发展和新的社会环境，对普通法中那些具有压迫性的规则进行修正，这突出地体现在种族关系领域，如1976年《种族关系法》和2003年《种族关系（修正）法》等。

（二）《欧洲人权公约》

人权保护主要属于国内事务。但今天，它已不再局限于民族国家之内。《欧洲人权公约》（以下简称“公约”）于1950年在罗马签订，1951年英国率先批准，1953年在批准国之间生效。公约是国际法下的条约，权威完全来源于成员国的同意。该公约作为许多人权条约之一，是西欧合作运动的直接产物，是对欧洲大陆当时肆虐的迫害和暴行的回应。公约灵感来源于1948年联合国《世界人权宣言》中宣告的广泛原则。

公约宣告有若干人权应该受到成员国保护，同时也规定若有侵犯公约权利行为的发生，在国际上应该依据何种政治程序和司法程序进行审查。需特别注意的是，公共机构的行为即便符合国内法，也可能受到质疑。因此，公约限制和约束了国内议会（包括威斯敏斯特议会）的权力。

公约没有涵盖人权的全部领域，它只囊括了某些基本权利和自由，没有规定社会和经济权利。在公约制定者看来，这些基本的权利和自由，会被西欧的自由民主国家普遍接受，包括：

生命权（第2条）——每个人的生命权都应该受到法律的保护，除非是为了执行法院的生效判决，任何人的生命都不得被故意剥夺，但剥夺是源于不超过绝对必要限度的武力的情形不在此限；

禁止酷刑、非人道或侮辱性待遇和惩罚的自由（第3条）；

免受奴役或强迫劳动的自由（第4条）；

自由和人身安全的权利（第5条），包括被逮捕者有权要求告知他被逮捕的原因和所受到的指控；

获得公正审判的权利（第6条），包括被证明有罪之前推定为无罪的权利，获得律师辩护权，享受免费法律援助权；

无法律规定不惩罚的权利（第7条）；

尊重私人和家庭生活的权利（第8条）；

思想、信仰和宗教自由（第9条）；

表达自由（第10条）；

集会和结社自由，包括组织和参加工会的权利（第11条）；

婚姻权（第12条）——适婚年龄的男人和女人拥有根据相关国内法结婚和建立家庭的权利；

禁止歧视（第14条）——对享有本公约规定的权利和自由的保障，禁止基于如性别、种族、肤色、语言、宗教、政治或者其他观点、民族或者社会血统、少数族群、财产、出身或者其他身份等任何类似理由而作出歧视待遇；

第一议定书之财产保护、受教育权和选举自由（第1～3条），第六议定书之废除死刑、战争期间得判处死刑（第1、2条）。

这些条款应当和公约的第16、17条结合起来理解。第16条允许对外国人的活动施加限制，第17条涉及权利滥用问题，即公约中的任何条款，不得被解释为具有下列含义——允许任何国家、团体或个人从事任何有损公约权利的活动或行为，或者对公约权利施加超出本公约规定范围的限制。

（三）1998 年《人权法》

1998 年《人权法》（2000 年 10 月 2 日生效）规定，由此可以在国内法院执行《欧洲人权公约》规定的权利。将公约相关条款并入联合王国的国内法，是一个具有重要宪法意义的事件，标志着长期以来设法将公约并入国内法的运动达到顶峰。

虽然早在 1966 年，英国就允许个人向斯特拉斯堡的欧洲人权法院提出申诉，但《欧洲人权公约》（ECHR）并不能直接在英国法院中适用。英国公民不得不长途跋涉到斯特拉斯堡去实现他们的权利，而斯特拉斯堡的程序又非常烦琐漫长；另外，在普通法传统的其他若干国家，也都采取措施，以更好地保护人权，典型者如《加拿大权利和自由宪章》（1982 年）和《新西兰人权法案》（1990 年），还有南非和中国香港地区。因此，英国人急切需要将《欧洲人权公约》（ECHR）并入国内法之中。

就 1998 年《人权法》而言，“公约权利”被界定为下述条款规定的权利：《欧洲人权公约》（ECHR）第 2～12 条、第 14 条，第一议定书的第 1～3 条，第六议定书的第 1、2 条。1998 年《人权法》排除的最主要条款是《欧洲人权公约》（ECHR）的第 1、13 条。第 1 条要求缔约国确保在该国管辖内的每个人都享有公约规定的权利和自由。政府认为，1998 年《人权法》的制定已经履行了这项义务；相较之下，排除第 13 条更富有争议，这条规定，任何人的公约权利若被侵犯，都应在国内法院中获得有效的救济。

有人认为，1998 年《人权法》的制定和生效，是对议会主权的限制，或者说，自此以后，议会主权不再是绝对的了。但是，这样的说法未必完全站得住脚。在推介 1998 年《人权法》的白皮书前言中，时任首相布莱尔对立法方案作了如下明确介绍：政府已经得出结论，法院不能因认为过去或未来的基本立法与公约权利不一致而将该立法予以搁置，这是因为政府认为议会主权很重要。在此，议会主权意味着，议会有权就它选择的任何事务制定法律，任何法院都不可以质疑议会法的有效性。[①] 法院根据 1998 年《人权法》所获得的权利，可以看成是议会对法院权力的授予——言下之意是，权力既然可以授予，理论上当然也就可以撤销（参加本章第六节）。

1998 年《人权法》似乎赋予法院很大的权力以决定他们自己的裁判范围，但在决定法案实施的方式和范围时，不同的法官会从不同的立场出发来解决问题，或保守或激进，不过大多数法官都采取中庸的实用主义态度。更重要的是，有两个因素制约着法院。

第一个因素是，时至今日，议会主权仍是英国宪法结构中的一部分，法院也普遍接受这一原则。普遍认为，法院需尊重代议机构和民主政府的决定，在作出判断的自由裁量领域，应该与这些机构保持一致；或者说，基于民主的理由，在如何平衡个人权利和社会需要的问题上，法院应该尊重被选举出来的机构曾考虑过的意见。

第二个因素是公约本身，以及斯特拉斯堡人权法院根据公约所享有的管辖权。因为 1998 年《人权法》第 2 条要求法院或裁判所考虑公约权利的时候，要“重视”欧洲人权法院的判决、决议、宣言或咨询性意见。

在根据 1998 年《人权法》审查立法方面，法院的作用不可小觑，但同样值得注意的是，议会本身也起到相当大的作用。2001 年英国成立了人权联合委员会，该委员会由选举产生的超越党派的上下两院议员组成，职权主要是：审查大臣的一致性声明，根据第 10 条发布救济命令。但是，委员会的大多数时间还是花在对议案的审查上，以判断议案是否符合公约的要

① 宾汉姆. 法治. 毛国权，译. 北京：中国政法大学出版社，2012：231-232.

求，如果有任何顾虑，就会提请议会相关方注意。

二、警察和人身自由

警察权是一种非常重要的、同时也是运用最广泛的国家权力。对政府来说，维护法律和秩序、预防和侦查犯罪具有极为重要的意义。但同样重要的是，不应把这些因素当做借口，赋予警察超出绝对必要界限的权力，因为授予警察的每一项权力，都必然意味着对人身自由的相应限制。

（一）人身自由和警察权力

概括起来，警察权分为四种：一是拦截和搜查权，由1984年《警察和刑事证据法》（简称PACE）第一部分所规定。据此，警察为了查出被盗的或违禁的物品，可以搜查人身及其汽车，或者车里的任何物品。

二是逮捕权。大多数影响人身自由的警察权力都依赖于逮捕权力的实施。首先，逮捕权又分两种：一种是公民逮捕，即任何公民在满足法定的条件下，都可以实施逮捕；另一种是警察逮捕（有无逮捕令均可）。今日英国法上，绝大多数逮捕都是由警察来行使的。自逮捕那一刻起，个人便失去自由，若逮捕合法，个人就会被合法拘留。

三是搜查住处权。不论是否持有手令，在法定条件下，警察都可以进入私人住处进行搜查。但是，普通公民不享有这一权力。

四是拘留和讯问权。对犯罪嫌疑人的最长拘留时间有严格的限制，根据不同的情形其具体时间有所不同——可分为24小时、36小时和96小时三种。不过，在涉恐案件中，最长时间可达28天，政府曾想把这一时间延长至42天，但2008年10月这一努力宣告失败。警察对犯罪嫌疑人的讯问，必须事先告知相应事项，并在警察局进行，而且PACE明确规定，不正当获取的犯罪供述，法庭不得采信。

（二）对滥用警察权力的救济

警察权的行使，无论上述哪种情况，只要警察逾越权限，公民就可以获得救济，其方式主要有以下五种。

1. 自我防卫

当人身或财产遭到损害时，公民享有自我防卫的权利，这种权利既涉及民事上的责任，也涉及刑事上的责任。判例法表明，每个公民享有的免受逮捕权，必然意味着他有权抵制逮捕，除非该逮捕是合法的。但是，法律并不鼓励当事人反抗执法者的权威。因此，一般而言，通过自我防卫来反抗警察的逮捕是不适当的；如果逮捕本身合法，情况就更糟，当事人有可能涉嫌妨碍警察执行职务罪。

2. 人身保护令

英国法学家和法官普遍认为，人身保护令是英国宪法中最为重要的令状，它能够为非法拘留和监禁提供快速而强有力的救济。它的适用范围非常广泛，可以说，任何被警察非法拘禁的人都可以得到人身保护令的保护。法官把在相应案件中颁发人身保护令当做他们的第一职责，因为他们相信，公民在法律上的人身自由是所有自由中最基本的。与此相应，与法院处理的其他事项相比，人身保护令的申请在事实上占有绝对优势的地位。被非法拘禁的人，可以通过人身保护令这一手段，立即获得释放，而且可以在这之后提起进一步的诉讼，要求赔偿或者要求对责任人进行惩罚。

3. 对警察提起诉讼

任何声称自己是非法警察行为受害者的人，都可以对警察总长提起要求损害赔偿的诉讼。诉讼理由可以是人身伤害、非法逮捕、非法拘禁、对财产或所有物的侵犯，也可以是非法扣押财产。原则上，公务人员应对自己的非法行为负责，但法律对某些官员给予特殊的保护，使其不承担某种责任。

4. 对警察的申诉

依据2002年《警察改革法》，英国政府建立了独立的警察申诉委员会，取代了原来的警察申诉署。该委员会是内政大臣任命的一个独立机构，自2004年4月1日起对警察当局的管辖权生效。在不严重的案件中，该机构将对申诉的调查交给警察机构自己去办。

5. 在某些情况下，排除非法所得的证据

如果警察通过非法手段，如非法搜查获得证据，或违规取得嫌疑人的供词，那么通过这些手段取得的证据具有怎样的法律地位？能不能在诉讼中用做对被告不利的证据？在美国，非法取得的证据已被联邦最高法院排除了。但在英国，不能一概而论，法院只是认为，在某些情况下，非法证据才能被排除。

三、表达自由

表达自由和集会自由是公民在现代社会中应该享有的最为重要的人权，有了这两种权利，公民才能自由地表达和公开表达反对意见。但是，这绝不意味这些权利不受任何限制。限制本身说明，个人权利和国家权力之间存在尖锐冲突。

表达自由权，用《欧洲人权公约》(ECHR) 第10条第1款的话来讲，包括："不受公共机构的干涉、不受边境线的限制而保持其观点，以及接受和传播信息和思想的自由。"在民主社会，这种自由是个人生活的基础。

在1998年《人权法》颁布之前，《欧洲人权公约》(ECHR) 第10条在英国没有直接的法律效力，换言之，此前英国还不存在自由表达的法定权利（与美国不同）。但是，这并不意味着，在英国，公开表达意见受到了严重限制。实际上，在英国有一种说法，即表达自由是"普通法的肌腱"。因此，依据普通法原则，在没有被禁止的情况下，每个人可以按照自己的意愿书写和言说。

（一）法律保护的本质

正是因为在1998年《人权法》颁布之前的很长一段时间内，法院已经强调了表达和言论自由，所以，英国学者认为，该法对表达自由领域的影响极为有限。近年来，有许多重要的判决确实是在完全没有依赖1998年《人权法》的情况下，扩大了自由言论的范围。ECHR第10条影响有限的另外一个原因在于法院充分考虑了其他人的权利和自由。比如，出版权利不能与版权、公共道德、国家安全和机密性的要求相冲突。

1998年《人权法》也并非保护言论自由的唯一法律渊源。如：《议会特权法》为议会中的讨论提供了法律保护，1998年《数据保护法》和2000年《信息自由法》都规定了自由获取信息的权利。与此同时，表达自由受到广泛的限制，并且许多限制由来已久。

《欧洲人权公约》(ECHR) 第10条第2款规定，表达自由得受"法律所规定的程式、条件、限制或惩罚的约束；并受在民主社会中为了国家安全、领土完整或公共安全的利益，为了防止混乱或犯罪，保护健康或道德，为了保护他人的名誉或权利，为了防止秘密收到的情报的泄露，或者为了维护司法机构的权威与公正性所需要的约束"。这些限制可分为两种：第一种是在出版或发表之前，由国家机关对作品进行审查的制度；第二种是在某人受到作品具体伤害的情况下，在事件发生后对施害者进行惩罚或对受害者予以补偿。

（二）审查制度和事先约束

就前述第一种限制而言，普通法上和制定法上的限制有很多种，体现在1911年《官方机密法》、1959年《淫秽出版物法》、1986年《公共秩序法》等法律中（当然还有若干判例）。下面仅举数例说明。在英国，戏剧和歌剧表演多年来一直受到王室官员的事先审查。但1968年《戏剧法》取消了戏剧在演出之前须获得许可的规定。现在，戏剧演出改由地方当局批准，但当局的许可权也仅限于与公众健康和安全有关的事宜。

电影审查制度始于1909年《电影院法》。该法授权地方当局出于公共安全（主要是防火）而为电影院发放许可证。经法院批准，地方当局事实上将许可的范围扩大到了其他事务，包括对获得许可的电影院所播放内容的许可。1952年《影剧院法》和1985年《电影法》确认了电影播放许可的权力，并且要求发放许可证的当局制定措施限制未成年人观看儿童不宜的电影。现在，颁发许可证的当局是地方议会和伦敦的各个自治市议会。

从历史上来看，出版自由意味着除了受民事和刑事方面的某些具体限制外，任何个人或组织都可以在事先未获官方许可的情况下，出版报纸或杂志。但是，为了防止趋向垄断，英国制定了新的法律规定，以确保不发生与公共利益相冲突的特定规模的报纸合并。这方面的主要法律是2003年《通信法》。

四、结社与集会自由

从传统上讲，结社与集会自由的保护方式与其他自由的并无二致。也就是说，英国公民可以在行为不违法的范围内自由结社、集会。这一原则在著名的Beatty v. Gillbanks案的判决中得到充分阐释［详见后文典型案（事）例2］。该案判决并没有承认集体示威的法定权利，但它强调，必须基于现行的法律才能对人们的集会自由施加民事或刑事上的限制。

（一）结社自由

原则上，法律对个人政治结社的自由并未施加限制，因此，人们可以自由地组织政党、行动组织、运动委员会等，而无须事先获得官方许可。通常，人们也可以自由决定与什么人结社，组织也不会接纳自己所不愿意接受的个体作为成员，或保留其成员资格。

但是，法律对结社自由权也存在一些限制，除了国家对工会、慈善组织和政党等结社施加的各种各样的特别限制之外，这些限制可以大体分为两类。

首先，出于维护公务中政治中立的需要，某些个人不享有结社自由。比如，警察不得积极参与政治活动；又如，某些职位受到政治上的限制，这些职位上的地方政府官员不得积极参与政党政治；为了避免恐怖组织成员和支持者的渗透，对文官的身份要进行审查。

其次，某些形式的结社活动是被禁止的。1936年《公共秩序法》第1条规定，在公共场所或公共集会中穿着特定制服，表明其与某些政治组织有联系或支持某种政治目的会构成犯罪。这一规定主要是针对20世纪30年代法西斯分子的活动。2000年《防止恐怖主义法》再次对加入恐怖组织和参加恐怖组织活动施加了广泛的限制。该法规定，仅仅参加某一特定组织（包括基地组织）便构成犯罪。

（二）集会自由

聚会或集会可以是私下的，也可以是公共的，《欧洲人权公约》第11条的保护对象涵盖了范围宽泛、类型多样的聚会和集会情形。

公共聚会可以在公众自由出入的露天场所举行，但在这种情况下，一般必须征得土地所有者的事先同意；对于不是在露天举行的聚会，实践中要找到开会的场所是一个主要的限制。

在普通法上，与在干道上举行静止聚会相比，街道游行毫无疑问是合法的。这只不过是公众按照干道的本来目的，集体使用干道的一项公共权利。但是，游行若干扰了他人使用干道的权利，或者一大批游行者阻断干道，就不是对干道的合理使用。因为游行是先定合法的，所以警察要予以控制，就需要有制定法授予的权力。

1986年《公共秩序法》第16条对公共集会进行了界定，即两个或更多的人在全部或部分露天的公共场所举行的集会。该法第 14 条规定了警察关于控制公共集会的权力。一位高级警官可以在集会中（警察总长可以在集会之前）对集会的地点、持续时间、参加的人数施加限制条件，但前提是，警方有合理理由认为具有如下情形：（1）集会可能导致严重的公众骚乱、严重的财产损失，或对社会生活构成严重干扰；（2）组织集会的目的在于威胁他人。

近年来，法院越来越意识到集会自由的重要性，并且已经出现了许多大胆主张其价值的案例。这些案例表明，司法态度已经发生了重大变化，此前，法院只是简单考虑到公共秩序问题，而忽视其他因素的考量。但是现在，对集会自由似乎发展出一种自由化的理解。在部分法官眼里，集会自由本质上是实现表达自由的一种手段。这意味着公共机构（地方当局和警察）在行使诸如警察的逮捕权时，要受到公约权利的约束，这也就意味着，1998 年《人权法》在缓慢地产生影响。

第六节 弱型宪法审查

宪法审查制度被誉为“法治国家大厦的拱顶石”，其重要性不言而喻。一项早期专门研究显示，全世界没有建立这一制度的国家只有五个：莱索托（南非国家）、利比里亚（西非国家）、利比亚（北非国家）、荷兰和英国。[①] 但事实上，英国于 1998 年 11 月 9 日颁布 1998 年《人权法》之后，已经建立起被学者称为“弱型宪法审查”的制度。

一、宪法审查制度的障碍

英国宪法中，有一项牢不可破的原则，直至今日仍未有根本性动摇，那就是议会主权，其实质可用 8 个英文单词来表达：What the Queen in Parliament enact is law（“王在议会”所制定的即为法律）。这一原则的确立，阻碍了宪法审查制度的发展。

（一）议会主权

按照戴雪在《英国宪法研究导论》中的经典解释：法律意义上的“议会”是一个包含君主、上院和下院的三方联合，即 King（or Queen）in Parliament，译为“王在议会”（也可译为“君临议会”）。议会主权原则意味着：“如此定义的议会根据英国宪法，有权制定或者废除任何法律；而且英国法不承认任何个人或者团体享有推翻或者废止议会立法的权力。”[②]

在戴雪那里，“议会主权”只是一个法律概念，其实质是一种立法至上的权力。换言之，虽然立法至上具有重大的政治意义，但法律规则只关心立法过程所产生的结果，而不对该过程是否由执政党、内阁或首相所控制进行政治分析。

议会的立法至上，首先意味着只有议会的立法是至高无上的。其他法律文件如下议院的决议，大臣签发的可能已获议会两院决议通过的从属性法律文件，下级立法机构如苏格兰议会或北爱尔兰议会的立法等，不可能与议会法具有同等的效力。它们对法院而言并非至高无上，法院在需要的时候可以决定它们是否具有法律效力。

其次，立法至上意味着议会对宪法性事务享有无限的立法权，这可用许多实例加以说明。

---

① G HARUTYUNYAN，A MAVCIC. The constitutional review and its development in the modern world：a comparative constitutional analysis. Hayagitak，1999. 在该项研究所统计的 179 个国家和地区中，已建立典型的宪法审查制度的国家数量高达 152 个，另外以其他方式实行宪法审查的国家和地区则有 22 个——中国属于“其他”类型。

② 戴雪. 英国宪法研究导论. 何永红，译. 北京：商务印书馆，2020：118.

如，都铎王朝利用议会使英格兰教会从罗马教会分离合法化；1715 年议会通过《七年任期法》，将议会（包括本届）任期从 3 年延长至 7 年，1911 年《议会法》又将议会最高任期从 7 年缩短为 5 年；1972 年《欧洲共同体法案》使英国的欧盟成员国地位生效。

立法至上原则将英国与其他成文宪法国家区分开来。成文宪法对立法机关施加限制，并委任普通法院、宪法法院或其他专门机构来判定立法机关的立法是否合宪，立法可能因不同的原因而无效，如立法违反分权原则，违反宪法保障的人权，或违反法定的立法程序等。相比之下，英国法院不能宣布议会法无效。今天，英国最高法院的展览室中，有对自身的明确法律定位，它承认自己与美国及其他国家的最高法院不同，不能推翻（strike down）议会的立法。① 可见，在英国，立法至上与法治是可以共存的。

（二）议会主权与法治的共存

在《英国宪法研究导论》中，戴雪认为“法治”与“议会主权”构成英国宪法的两根支柱，二者之间不仅不相互冲突，而且彼此强化。

依照戴雪的界定，“法治”这一短语至少包含了三层相互关联却又彼此不同的含义：

“一、政府没有专断权力；

“二、任何人都必须遵守普通法院所实施的普通法律；

“三、宪法的一般性规则形成于国内的普通法律。”②

不难看出，戴雪的“法治”概念是一个综合体。它不仅具有反专制的诉求，而且对法院在整个宪制中的作用极为推崇。但无论如何，法院没有权力来废除、推翻、撤换或无视王在议会正当制定的法律条文，否则就是对议会立法至上原则的破坏和侵犯。

议会（立法）与法院（司法）之间的关系如此“亲密”，原因可能是多样的。③ 但其中一点可能至关重要，那就是，19 世纪及其之前的英国人对代议制政府十分信任。一方面，英国人事实上享有诸多个人权利，而且他们发现，与其他成文宪法国家比起来，这些权利能得到更为充分的保护——直到 20 世纪上半叶，英国少数民族的状况都要好于美国南部黑人的状况；另一方面，他们又假定，选民会对人权足够敏感，以致只要政府试图侵犯，就会受到他们的惩罚。这就导致，英国人权的保护（法治的核心内涵）实际上比任何现代民主国家都更加依赖于议会，简言之，议会是人权的保护者而非威胁者。

20 世纪下半叶，情况有所不同。有个比较流行的观点认为：议会主权曾经是、但现在不再是绝对的了。支持这一观点的例子通常有三个：一是 1972 年《欧洲共同体法案》，二是 1998 年《人权法》，三是 1998 年向苏格兰、威尔士和北爱尔兰下放权力的三部议会法。对此，学界的普遍看法是：议会主权自此有所限制，但不至于完全被推翻；法院和议会之间可能存在冲突，但不至于达到严重的地步；1998 年《人权法》中所确立的机制既赋予了法院审查议会法的权力，又充分尊重了议会主权，这种制度不同于成文宪法国家的强型审查，可恰当地称为“弱型宪法审查”制。

二、宪法审查制度的转折

从议会主权下不容违宪审查，到 1998 年《人权法》后允许“弱型”审查，这一转变不是一蹴而就的，而是有个渐变的过程。其中，有两个标志性的事件，可以看做是有力促进了宪法审查制度之建立。一个是安尼斯米尼克案［详见后文典型案（事）例 1］，另一个是《欧洲人权

① 程雪阳. 英国最高法院掠影//高鸿钧. 清华法治论衡：第 14 辑. 北京：清华大学出版社，2011：470.

② 戴雪. 英国宪法研究导论. 何永红，译. 北京：商务印书馆，2020：223，226，228.

③ 比如下院立法在实践中就受到多重限制。李蕊佚. 议会主权下的英国弱型违宪审查. 法学家，2013 (2).

公约》。

英国于1951年批准了《欧洲人权公约》，并于1966年允许公民个人向欧洲人权法院提起诉讼。尽管公约权利在英国算不上法定权利，在英国法律体系中也不具备强制执行力，但英国对《欧洲人权公约》的批准这一事件，最终证明了其对英国式宪法审查机制的建立所产生的巨大推动作用。

1998年之前，如果一位英国公民权利遭受损害，而且在英国法院起诉失败、无法获得赔偿，他可向斯特拉斯堡的欧洲人权法院起诉。但是，向欧洲人权法院寻求救济，具有很大的缺陷：（1）欧洲法院办案时间冗长，一宗案子流程平均需要5年；（2）英国公民只有在本国起诉失败，无法获得赔偿之后才可向欧洲人权法院起诉；（3）严格而言，欧洲人权法院的判决在英国不具备执行力——尽管英国政府通常支持欧洲人权法院的决定，并往往通过改变相应的英国法律予以配合。1998年《人权法》终于将公约权利正式纳入英国法体系，从此以后，至少在保护公民权利的意义上，1998年《人权法》实质上具有了类似于成文宪法的地位。

1998年《人权法》开头即称："为赋予受《欧洲人权公约》保障的权利和自由更进一步的效力……制定本法。"这就引发一个问题，如果法院在判决过程中，认为议会法与《欧洲人权公约》的规定相抵触怎么办？英国法院可以像其他成文宪法国家的普通法院或宪法法院一样，享有宣布议会法因违反《欧洲人权公约》（或1998年《人权法》）而无效的权力吗？最终，1998年《人权法》通过两个关键制度即法律解释（第3条）和宣告抵触（第4条）在议会主权和公约之间作了一个调和，建立了一种弱型的宪法审查机制。

三、弱型宪法审查的建立

"宪法审查"（constitutional review）有多种称谓。我国早期多称"宪法（实施）监督"，此后比较流行的是"违宪审查"，晚近则有学者使用"合宪性审查"一语。这些术语所指向的对象大致相同，概括地讲，指的是宪法上的特定机关，依照法定程序，对公权力或普通立法是否违背了上位法尤其是宪法而进行复核审查，并作出相应判断的制度或活动。

（一）弱型与强型的宪法审查

最先在全世界的宪法审查制度中，作出"弱型"（weak-form）和"强型"（strong-form）分类的是哈佛大学的图什奈特（Mark Tushnet）教授。①

根据图什奈特的研究，弱型宪法审查是一种当立法者与法院对宪法的解释不一致时，尽可能维护立法至上的机制，典型者如英国、加拿大和新西兰；强型宪法审查是指，司法机关对宪法的解释是最终的、不能被普通的立法多数所修改，典型者如美国。宪法修改的难易程度与宪法审查的强弱型之间具有相关性：宪法修改越难，意味着立法者推翻法院判决越难，越易形成强型宪法审查；反之，宪法修改越易，意味着立法者通过修宪来推翻法院判决的可能性越大，就越易形成弱型宪法审查。

强型宪法审查模式在当代最典型的代表是Cooper v. Aaron案。在该案中，美国联邦最高法院宣称联邦法院在解释宪法问题上具有最高性，并由此推论，遵从联邦最高法院关于宪法的解释是立法者的一项义务，在1997年的City of Boerne v. Flores案中，这一立场得到坚持。②

---

① M. TUSHNET. Weak form judicial review and "core" civil liberties. (2006) 41 Harvard Civil Right-Civil Liberties Law Review 1.

② Cooper v. Aaron，358 U. S. 1 (1958)；City of Boerne v. Flores，521 U. S. 507 (1997). 程雪阳. 司法审查的第三条道路——弱司法审查的兴起发展及其中国意义. 甘肃行政学院学报，2011 (5).

而弱型宪法审查，据图什奈特的考察，又可分为三类。[①]

最弱的一类，几乎都不能被称为宪法审查，它是一种纯粹的解释指示，即要求法院尽可能合宪地解释立法，典型者如新西兰。最强的一类以加拿大为代表，如果法院认为某部立法违反了《加拿大权利和自由宪章》，它可以拒绝适用一项国家或地方的立法，但与美国式审查不同的是，加拿大立法机关此时可以制定新的且不受司法审查和监督的法律，换言之，加拿大法院的宪法审查意见不是最终的，不能获得至高地位。处于二者之间的是英国，英国法院既可以作出合宪性解释，也可以宣告议会立法与公约权利相抵触，但这一宣告不影响所涉规定的有效性，也不对诉讼当事人产生约束力。

20世纪80年代之后，一种允许法院进行宪法审查，但同时又尊重民主决定的新的宪法审查模式，即弱型宪法审查模式正在兴起。英国虽然不是最早确立这一模式的国家，但它的制度极具代表性。

（二）弱型宪法审查的根据

若将英国的宪法审查称为“没有宪法的违宪审查”，人们不禁要问：既然没有“宪法”，那么“违宪审查”中的“宪”字指什么？

众所周知，英国没有宪法典，不等于没有宪法规范，只是这些规范没有编纂进一部法典而已。而从内容上来看，宪法规范由两部分组成：一是组织规范，即关于国家机构如何组织的规范；二是权利规范，即关于人权如何保障的规范。英国1998年《人权法》就是一部关于人权保障的规范，就此而言，它相当于半部宪法典。

英国制定1998年《人权法》的目的，就是赋予《欧洲人权公约》以法律效力，或者说，就是以议会法的形式来保护公约权利。为了达到这一目的，1998年《人权法》作出了三类非常明确的规定。首先，第3、4、10条规定，议会法必须解释或修改得与公约权利相一致；其次，第6～9条规定，如果公权力机关的行为与公约权利不一致，该行为即为非法；最后，第19条规定，提出法案的大臣必须作出该法案与公约权利相一致的声明。

其中，第3条（法律解释）明确规定：“只要有可能，主要立法和次要立法必须以与公约权利相一致的方式得以解释和实施。”表面上看，该条文似乎并没有言明由“谁”来确定议会法是否与公约权利相一致的问题，换言之，“必须”（must be）如此行为的“主体”是谁并没有言明，但是，如果结合1998年《人权法》第2条“公约权利的解释”和第4条“宣告”来理解，就会发现第3条实际上是将解释权授予法院。尽管法院没有直接宣告议会法无效的权力，但法院可以通过强大的解释权来确保公约权利不受侵犯，也就是说，如果某部议会法中出现了与公约权利“不一致”的情形，法院可以通过扩大或限制等方式，将该情形解释得与公约权利相一致。这个过程实质上是将1998年《人权法》的效力抬高到其他普通法律的效力之上。

因此，“《人权法》第3条规定法院的解释义务可以作为《人权法》优先于其他法律适用的依据。《人权法》也因此对政府三个分支之间的权力分工产生了重大影响。《人权法》产生的这些影响及其保护人权的功能，都证明《人权法》具有实质的宪法地位”[②]。英国的法官和学者一般都认为，在判断普通法律和公约权利是否相一致的过程中，英国法院实际上相当于一个普通法系国家的宪法法院，根据1998年《人权法》所建立的“另类宪法审查”，与其他国家的宪法审查制度并无实质不同。1998年《人权法》是议会制定的一部权利法案。

对英国的宪法审查机制，我们可以作如下理解：一方面，它维护传统的议会主权原则；另

① 王锴．强形式司法审查抑或弱形式司法审查？——一场有关司法审查性质的论战//高鸿钧．清华法治论衡：第18辑·宪制与制宪·下．北京：清华大学出版社，2013：131.

② 李蕊佚．议会主权下的英国弱型违宪审查．法学家，2013（2）.

一方面，议会通过 1998 年《人权法》将重大的权力转移给了法院，赋予法院审查议会普通立法与 1998 年《人权法》是否相抵触的权力。

四、弱型宪法审查的运行

议会赋予法院宪法审查的权力，主要有两种：法律解释（interpretation of legislation）和抵触宣告（declaration of incompatibility）。

（一）法律解释

1998 年《人权法》第 3 条第 1 款规定，基本立法和次级立法的解释和实施，必须尽一切可能地与公约权利相符。

首先，根据法理，英国的基本立法（primary legislation）是指议会法（Act of Parliament）。[①] 次级立法（subordinate legislation）又称授权立法，是指政府根据某部议会法中的授权条款对法律作出改变的立法，其主要形式为法定文件（Statutory Instruments，简称 SIs）。

其次，尽管第 3 条在英国引起了许多争论，但主流观点认为，这一条授权法院可以根据公约权利来解释立法，即使立法中并没有模糊的地方。这就意味着，法院在解释有争议的立法时，可以背离立法原意，而不限于解释法律条文不清楚的含义。比如，为了与《欧洲人权公约》第 8 条有关“尊重家庭生活”和第 14 条“禁止歧视”的规定保持一致，法院把与房屋租赁者同居的同性恋者解释为“配偶”。可见法院对解释权的运用，实际上是在对议会立法进行审查。

再次，该条款中的措辞是“必须”（must），也就是说，将国内法解释得与公约权利相符，是法院的一项法律义务，或者说，是 1998 年《人权法》对法院的一项“严肃要求”。因此，条文中强调“尽一切可能地”解释得与公约权利相符。

最后，第 3 条第 2 款第 2、3 项明确规定，法院的解释不影响任何与公约权利相抵触的基本立法和次级立法的有效性、继续适用或实施。当然，对于次级立法，继续适用的前提必须是，基本立法明确拒绝对这种相抵触的情形进行消除。

当法院穷尽一切解释办法，仍然无法使得基本立法和次级立法与公约权利相符时，法院可以动用第 4 条规定的“抵触宣告”权。

（二）抵触宣告

1998 年《人权法》第 4 条第 2、4 款规定，如果法院确信基本立法或次级立法的条文与公约权利相抵触，那么它可以对此发布一份抵触宣告。当然，对次级立法的宣告，其前提依然是，基本立法明确拒绝对这种相抵触的情形进行消除。

首先，与解释权相比，抵触宣告权的运用，是对国内法律更明确、更直接的审查。

其次，并非任何法院都可以作出这样的宣告，它只能是最高法院、枢密院司法委员会和军事法庭上诉庭等由 1998 年《人权法》第 4 条第 5 款明确规定的五类法院作出。

再次，当法院在考虑是否发布一份抵触宣告时，应给予王国政府参与该诉讼过程的机会。

最后，“抵触宣告”不影响其涉及之规定的有效性、继续适用或执行；而且，该宣告对诉讼当事人不产生约束力。这一点尤其值得注意，它表明，法院的抵触之宣告，不能即时救济当事人的权利。更重要的是，它不能推翻议会立法，换言之，议会保留着继续适用与公约权利相抵触之法律的权利。对此，1998 年《人权法》第 6 条第 3 款第 2 项明确规定，议会没有法律义务实施与公约权利相符的行为。这一点维持了传统的议会立法至上原则，也使得英国的宪法审

---

① 需注意的是，1998 年《人权法》第 21 条第 1 款对“基本立法”作了详细解释，其内容超出了议会法的范畴，如部分枢密院令也被囊括在内。另外，美国的基本立法是指联邦的国会法案；而欧盟的基本立法是指创建欧盟的条约。

查与美国式的强型宪法审查区分开来。

对于1998年《人权法》第3条和第4条的关系，一般认为，第3条具有优先适用的效力。理由在于：第3条的用词是“必须”（must），这意味着把国内法解释得与公约权利相一致是法院的义务；而第4条的用词是“可以”（may），这意味着“抵触宣告”是1998年《人权法》赋予法院的一项裁量权。可见，立法者将第3条的解释权设计为主要的救济措施，而诉诸第4条是一种例外的做法。实践中，法院发布“抵触宣告”的情形也较少。

五、弱型违宪审查的实效

上述介绍留下两个问题：第一，当法院发布“抵触宣告”之后，政府和议会该如何做——是否要修改立法？第二，法院可以宣告抵触但不影响所宣告抵触之法律的效力的制度设计，是否能够推进人权保障的事业？

（一）“抵触宣告”之后

当法院“宣告抵触”之后，尽管被宣告抵触之法律依然有效，但无可怀疑的是，其权威定会受到极大的损害，并可能导致一些混乱。人们不禁会问：被法院宣告和公约权利相抵触的法律，凭什么还能适用？这不是对公约权利的公然无视么？

得知此项“抵触宣告”的个人或其他受到立法条款伤害的人，都将受到该宣告的鼓舞，并可能向欧洲人权法院申诉，以获得关于此事的裁决。但是，在该法律被废止之前，公共机构又有适用这项法律的义务，这就导致一种法律适用上的困境。站在普通公民的立场上，如果作了“抵触宣告”，人们一般都指望政府制定新的基本立法，以消除这种抵触的情形。正如2005年《防止恐怖主义法》废止2001年《防止恐怖主义、犯罪和安全法》中被上议院裁决“抵触”的条款那样。但是，1998年《人权法》第10条也曾授权，即当大臣认为存在“令人信服的理由”时，政府可以发布“矫正令”，以消除基本立法与公约权利的不一致。这种程序可以确保与公约权利相抵触的条款能够尽快被废除——如果制定一部新的议会法，可能需要更多的时间。

从“抵触宣告”制度的设计目的来看，显然是为了维护议会至上原则，或者是为了确保民主之于权利的优先性。因此，那些主张政治宪法、基于民主理念反对1998年《人权法》的学者对第4条的设计非常满意。但实际上，议会和政府对法院的裁决给予了充分的尊重。

1998年《人权法》生效以来，英国法院共发布了26次“抵触宣告”，在多数情况下，议会都主动修改了法律。实践中，议会从未忽视或质疑法院发布的“抵触宣告”；无论在政治上还是法律上，英国政府也从未宣称自己可以无视法院发布的“抵触宣告”。相反，议会和政府都会尽力根据法院发布的“抵触宣告”提出各种救济措施。[①] 可见，这一制度的实施还是非常有实效的，当然具有实效的前提是，制度设计之初，立法者充分考虑了本国的政治、社会和法律背景。

（二）“抵触宣告”的力量

“抵触宣告”制度之所以看似无力实则有力，原因在于这一制度背后的政治和法律环境。简言之，如果议会和政府不尊重或无视法院的宣告，那它们一定会付出相当沉重的政治代价。

基于此，英国的许多法官认为，法官宣告议会法抵触公约权利与直接宣告议会法无效，只具有技术上的差异。议会和政府无视法院的宣告是极不明智的。哪怕涉及国家安全这样高度敏感的话题，英国政府也会积极回应法院的抵触之宣告。例如，法院在“贝尔玛斯监狱”案中发布“抵触宣告”后，英国内政大臣随即表示，他接受上议院发布的“抵触宣告”及判决中的观

① 李蕊佚．议会主权下的英国弱型违宪审查．法学家，2013（2）．

点，并表明新的法律一定平等地适用于本国公民和非本国公民。提出新的法案后，他还特别声明，政府是在吸收了法律议员的批评意见后制定的新法案，从而不会再像上部法律那样存在歧视或不符合“比例原则”的情况。[①] 政府对法院意见的尊重可见一斑。

不难发现，戴雪关于“主权之内外限制”的经典论述可以适用于此。法律上，议会可以为所欲为，可以不顾包括法院在内的任何个人和机构的意见，但在政治上，议会的权力实际上是受到限制的。代议制下，下院的愿望和人民的愿望长期来看是一致的，即下院之命令便是大多数人民之欲求；避免主权者之意愿与国民之意愿产生背离，正是代议制之最大作用所在。[②] 理论上，一个名副其实的代议制政府是不会辜负授予它权力的人民的，但实践中，政府不可避免地会滋扰或侵犯公民权利——有时政府可能也并非有意为之，这就需要一个相对中立的机构给予政府及时而正式的“提醒”（或许不必用“制约”这样刺激的字眼）。这也是宪法审查制度之于民主制度的作用所在。

简言之，只有在法院的独立性和权威性得到充分保障，代议制政府运行良好，而且法院和代议制政府之间相互尊重的宪制下，英国式的弱型宪法审查制度才能具有实效。

当然不应忽视的是，欧洲人权法院的存在是迫使政府不得不重视本国法院“抵触宣告”的另一重要因素。如果法院发布宣告之后，政府无动于衷，英国公民可以直接向欧洲人权法院寻求救济，后者可以宣告英国政府败诉。这样，英国政府可能会面临相当的国际压力。不过，同样不应忽视的是，国际压力只有在转换成国内民众压力时才更加有效，在这个意义上，还是代议制政府起着根本性的作用。

（三）弱/强型宪法审查之异同

英国法院的“法律解释”权，实质上等同于不经议会同意的法律修改权，而“抵触宣告”权与直接宣告议会法无效的权力，其实际效果相差无几。

即便是美国联邦最高法院这样具有“强型宪法审查权”的机构，在面临是否要推翻国会立法时，也会三思而后行，因为法院推翻立法的权力并不意味着立法机关会当然地遵从法院判决。法院在判决普通法律是否合宪的案件中，一定会慎重阐释法理，并在实践中保持一定的谦抑性。即便在美国，法院也是三大机构中最弱的一支，它的权威有赖于国会和政府的支持。这同样能说明，弱型和强型的宪法审查机制之间的区别没有想象中的那么大。

但二者毕竟还是不同。其最大之不同在于，在弱型宪法审查制下，公民权利不能获得即时救济。但不管如何，英国的弱型宪法审查机制，既尊重了本国的政治传统和民主价值，又以自己独有的方式推动了人权保障事业的发展。

典型案（事）例

1. 安尼斯米尼克有限公司诉涉外赔偿委员会案（Anisminic Ltd. v. Foreign Compensation Commission，1969 年）[③]

基本案情：英国的安尼斯米尼克有限公司（以下简称“安尼斯米尼克公司”），在 1956 年的苏伊士运河事件中，和其他在埃及的英国公司一同被埃及政府征收。不久，安尼斯米尼克公司把该公司被征收的财产以极低的价格卖给一家埃及公司。后来，根据英、埃两国政府协议，埃及支付给英国政府一笔基金，作为对被征收财产的一揽子赔偿，具体由英国分发。根据英国 1950 年《涉外赔偿法》，英国涉外赔偿委员会负责对外国政府赔偿给英国公民的金钱进行分

---

① 李蕊佚. 议会主权下的英国弱型违宪审查. 法学家，2013 (2).

② 戴雪. 英国宪法研究导论. 何永红，译. 北京：商务印书馆，2020：150-151.

③ 何海波. 没有宪法的违宪审查. 中国社会科学，2005 (2).

配。1959年，安尼斯米尼克公司向涉外赔偿委员会提出分取赔偿款的申请。赔偿委员会拒绝了安尼斯米尼克公司的请求。理由是，安尼斯米尼克公司已经将财产转让给埃及公司，根据枢密院令规定，它丧失了赔偿申请权。安尼斯米尼克公司向法院提起诉讼，称赔偿委员会错误解释了枢密院令，其决定无效。但是，法院首先遇到的障碍是管辖问题。1950年《涉外赔偿法》第4条第4项明确规定：赔偿委员会根据该法对任何申请作出的决定“都不应该受到任何法院的质疑”。

判决及分析：在安尼斯米尼克案之前，英国议会曾经在很多法律中有类似规定（可称为“排除法院审查条款”）。这一次，上议院作出了历史性的判决。法官中的多数派认为：1950年《涉外赔偿法》所称的“赔偿委员会的决定”，不应理解为赔偿委员会的任何决定，而只能是赔偿委员会在其权限内所做的决定；对于赔偿委员会越权的行为，法院不受“不得审查”的限制，可以进行审查。本案中，赔偿委员会错误地理解了有关法律，从而超越了它的权限，其决定应予撤销。自始至终，上议院没有径直宣布“不得审查”的规定无效，但它利用法律解释技术绕开了这条规定。按照这一判决精神，任何禁止司法审查的法律规定对法院都将没有实际约束力 。

在安尼斯米尼克案之前，法院已经确立一些司法审查的原则：有些种类的错误，例如行政机关违背“自然正义”、滥用权力恶意行政等，属于管辖权以外的错误，在任何情况下法院都有权审查。在此背景下，法院只是从技术上继续扩大了“权限”概念的范围，把“错误地理解法律”也纳入“权限之外的错误”。普通法历程上，这一步是决定性的。行政机关的任何错误几乎都可以被归纳为“法律错误”，从而被纳入法院的审查范围。在普通法的温和外衣下，法院把自己从议会立法“不得审查”的禁令中解放出来，为司法对抗行政专横和议会“恶法”提供了新的武器。

安尼斯米尼克案虽然涉及议会立法，在案件审理过程中法院也有审查议会立法的“冲动”，但法院还是避免了与议会的正面冲突。换言之，这次审查本质上仍是法院对行政行为的审查。

2. 贝蒂诉吉耳班克斯案（Beatty v. Gillbanks，1882年）①

基本案情：救世军决定在滨海韦斯顿（Weston-super-Mare）集会，同时也知道行动必遭骨骼军反对。此时治安法官发布公告，禁止召集此会。但是，救世军成员如期集会。警察出面干涉，要求他们遵守告示。其中一个成员辛拒绝遵守，遂被逮捕。后来他和其他几个人被治安法官判为参与非法集会。毫无疑问，救世军的集会可能导致骨骼军的攻击，在这个意义上的确使和平遭到破坏。但是，辛上诉至王座分庭，王座分庭推翻了治安法官作出的有罪判决。

菲尔德法官（Field，J.）说：“本案，以事实而言，是由于一个非法组织（骨骼军）僭取权利，阻止上诉人和其他人举行合法集会，而治安法官的判决无异于主张：一个人如果知道他的合法行为可能导致他人作出非法行为，而仍然这样做，他就可能被判有罪。这种主张没有法律依据。”

后来，该案所定下的原则，由一位爱尔兰法官在另一个案件（Reg. v. Justices of Londonderry）中陈述出来，而那个案件本身又得到了英国高等法院王座分庭的认可（Wise v. Dunning）。

本案判决如下：“自贝蒂诉吉耳班克斯案判决后，赞成者或反对者争执不下，理由甚多。对于该案的事实，我不确定自己的意见是否与该案法官所持的完全一致，但对于法官们所定下的法律原则，以及将此原则适用于他们所理解的事实，我则深表赞同。在我看来，该案判决的依据是，如果一个行为不仅本身合法、行为者目的也合法，而且合乎情理地附带履行一项义

① 戴雪. 英国宪法研究导论. 何永红，译. 北京：商务印书馆，2020：283-285.

务，那么不管它是从事商业、合法消遣，还是按常规行使一项法律权利，都不因为招致他人破坏和平或在其他方面作出非法行为而有罪。”

由此，当救世军要求行使集会权时，一般来说就不能作如下回复：此项权利之行使可能致使违法者破坏和平，故而防止他们违法的最佳办法便是禁止集会。其原因是，“如果行使合法权利有破坏和平的危险，那么补救措施应是用足够的武力来阻止破坏和平行为的发生，而不是在法律上宣告行使权利的人有罪”。

综括上文，可以得到一个原则：某个集会若在其他任何方面都是合法而和平的，就不能仅仅因为它有可能使作恶者一心想要破坏和平、阻止集会而被视为非法。这个原则在英国普通法上已牢固确立。据此可以说，一般而言，一个在其他方面均属合法的公众集会，治安法官不能单纯因为它可能或必然导致作恶者有破坏和平之举而予以禁止或解散。

宪法条文节选

人权法（1998年）

第1条　公约权利

一、本法中的“公约权利”指以下条文中所陈述的权利和基本自由：

（一）《欧洲人权公约》第2条至第12条，以及第14条；

（二）第一议定书的第1条至第3条；以及

（三）[第十三议定书的第1条]，

结合《欧洲人权公约》第16条至第18条解读。

…………

第3条　法律的解释

一、只要有可能，主要立法和次级立法必须以与公约权利相一致的方式得以审议和生效。

二、本条：

（一）适用于任何时候制定的主要立法和次级立法；

（二）不影响任何不一致的主要立法的有效性、继续适用或执行；

（三）不影响任何不一致的次级立法的有效性、继续适用或执行，如果（忽略任何废除的可能性）主要立法阻止消除该不一致性。

第4条　不一致性宣告

一、第2款适用于法院决定主要立法的规定与公约权利是否一致的任何诉讼。

二、如果法院充分相信该条法律与一项公约权利不一致，法院可以对此发布一份不一致性宣告。

三、第4款适用于法院决定根据主要立法的授权制定的次级立法的规定与公约权利是否一致的任何诉讼。

四、如果法院充分相信：

（一）该条规定与公约权利不一致；并且

（二）（忽略任何废除的可能性）相关的主要立法阻止消除该不一致性，

法院可以发布一份不一致宣告。

第6条　公共机构的行为

一、公共机构以与公约权利不一致的方式实施行为的，属非法。

二、第一款不适用于以下行为，如果：

（一）该行为作为主要立法的一条或多条规定的结果，公共机构不得以不同的方式行为；或

（二）主要立法的，或依据主要立法制定的一条或多条规定，无法以与公约权利相一致的方式被解释或赋予效力，无法以与公约权利相一致的方式被解释或赋予效力，公共机构如此行事旨在使这些规定生效或执行这些规定。

三、本条中的“公共机构”包括：

（一）法院或法庭；以及

（二）任何发挥公共性质职能的特定个人，

但不包括议会或履行与议会事务相关职能的个人。

…………

思考题

1. 英国没有宪法典，实践中公民的自由和权利是否不能得到有效保障？
2. 宪法惯例既然不是严格意义上的“法律规则”，其约束力源自何处？
3. 英国宪法发展史上，发生了哪些足以改变英国宪法结构的大事件？
4. 在议会主权的前提下，权力分立原则能够适用于英国宪法吗？
5. 既然现代君主已逐渐沦为“虚君”，那么君主之于英国宪法的意义何在？
6. 英国宪法发展的两条主线（普通法和议会法）的相互关系是什么？

参考文献

1. 何海波. 没有宪法的违宪审查. 中国社会科学，2005（2）.
2. 戴雪. 英国宪法研究导论. 何永红，译. 北京：商务印书馆，2020.
3. 布拉德利，尤因. 宪法与行政法：第 14 版：上册. 程洁，译. 北京：商务印书馆，2008.
4. 比尔·考克瑟，林顿·罗宾斯，罗伯特·里奇. 当代英国政治：第 4 版. 孔新峰，蒋鲲，译. 北京：北京大学出版社，2009.
5. 孙谦，韩大元. 世界各国宪法——欧洲卷. 北京：中国检察出版社，2012.
6. 阎照祥. 英国政治制度史. 北京：人民出版社，2012.
7. CHRIS TAYLOR. Constitutional and administrative law. Harlow：Pearson Education Limited，2012.
8. 韩大元. 外国宪法. 4 版. 北京：中国人民大学出版社，2013.
9. 李蕊佚. 议会主权下的英国弱型违宪审查. 法学家，2013（2）.

第二章
美国宪法

从发展历史看，美国宪法反映了美国建国的艰辛历程，体现了启蒙思想对政治实践和政治制度设计的深厚影响。从清教徒踏上北美大地，签订《五月花号公约》，到宣布脱离英王统治的《独立宣言》，美国人民阐释了何谓“天赋人权”，并将自由主义和启蒙思想的观念展现得淋漓尽致；从《邦联条例》到《1787年联邦宪法》，其中既有博弈又有妥协，统一的美利坚合众国由此建立。美国的制度设计最能体现孟德斯鸠三权分立的制度构想；美国宪法中体现的人民主权、分权制衡、联邦主义、司法审查等原则，也是当前关于宪法原则的经典解读；美国创制并发展了联邦制度，避免了“大国必然滑向君主制”的定律。

但要看到，美国宪法的三权分立制度所设定的权力界限模糊，美国联邦制的效率不高，存在联邦政府与州政府之间相互扯皮、推诿，各州政府之间各自为政的现象。同时美国两党制的政治运作对国家权力的正常运转也产生了一定影响。

第一节　美国宪法的发展历程

一、殖民地时期的法律状况和政治体制

英国人最初到北美定居是在17世纪初。1607年英国人在弗吉尼亚建立了第一个殖民地，到1722年一共建立了13个殖民地，它们就是后来美国建国初期的13个州。这些殖民地的起源大致有三种模式：公司式（corporation，如弗吉尼亚、马萨诸塞）、业主式（proprietary，如马里兰）和契约式（compact，如普利茅斯、罗得岛、纽黑文、康涅狄格）。尽管它们的历史背景不同，但在政治体制方面具有同一性或同质性，表现在：首先，殖民地的合法性都来自英国王室的授权，它们在法律上都是英国的一部分，这是联结各个殖民地的法理纽带；其次，殖民地内部高度自治，王室特许状允许殖民地在不违反英国法的前提下制定一切必要的法律；最后，各殖民地遵循和沿用了英国的法律传统，尤其是普通法的传统。①

具体来说，这些英国殖民地服从什么法律呢？根据1608年的卡尔文案，主要应当适用英国的普通法，以及在北美殖民化之前英国对普通法进行补充或修改的制定法。但并不是所有的英国普通法都在北美殖民地适用，只有那些不违背当地生活条件的英国普通法才可以适用。然而在殖民地的早期阶段，英国的普通法在美国很难实施。原因是：首先，普通法需要专业人员与特殊的诉讼程序，但这种人力资源在北美显然非常不足；其次，普通法是在英国的封建社会中形成的，与北美移民们面临的生活现实相去甚远；再次，移民们大多不喜欢普通法，因为他

---

① 王希. 原则与妥协：美国宪法的精神与实践. 北京：北京大学出版社，2014：8-11.

们多是由于躲避迫害来到北美的，他们并不将普通法视为自由的保障；最后，移民们对普通法并不了解。当时在北美殖民地实际实施的是非常原始的法，法官自由裁量权很大。为了克服法官的专断，许多殖民地着手制定成文法，这就逐渐脱离了敌视成文法的英国传统。但到18世纪，人们对普通法的看法发生了改变，普通法的实施也逐渐普遍起来。① 与其母国英国不同的是，北美殖民地的法律观念是成文法与判例法并重的。这种观念深刻影响到了美国宪法的制定和实施。

在殖民地时期，各州都有其州宪法，其起点可以追溯到《五月花号公约》。1620年11月11日，经过在海上66天的漂泊之后，一艘来自英国的名为“五月花”的英国大帆船向美洲陆地靠近，船上有102名英国清教徒。他们的目的地本是哈德逊河口地区，但由于海上风浪险恶，他们错过了目标，于是就在普利茅斯港抛锚。为了在上岸后能够维持一个良好的秩序，他们中的41名成年男子在上岸之前签订了一份公约，这份公约被称为《五月花号公约》。其内容是创立一个自治团体，这个团体是基于所有人的同意而成立的，而且将依法而治。

《五月花号公约》是美国历史上第一份政治性契约。它的内容虽然很简单，却在美国政治思想史上占有重要地位，因为它提出了民主政治的许多理念：人民可以通过自己的公意决定集体行动，以自治的方式，管理自己的生活；行使统治必须经过民众的同意；人民可以通过公议的契约建立秩序，而不是由人民之上的权威予以强加。它标志着“政府需经被统治者的同意方可实行统治”这一原则得到认同并得以实施。② 同时，它也在成文法之上确立了一个更高的法：上帝的意志是世俗政府的法理基础。这意味着，美国宪法从一开始就有一个“高级法背景”③，这是理解美国宪法精神的一个必不可少的视角。

此后，各殖民地相继制定了宪法性文件，如《康涅狄格基本法》《弗吉尼亚州宪法》等，其内容通常包括政府组织、公民权利、附则三部分。这种对成文法的偏好与英国宪法的不成文法传统有着重要区别。“殖民者不仅利用成文法或契约来争取权力，而且也注重用文字的方式将获得的权力和建立起来的政治实践规定下来。”④ 此外也可看出，这一时期奠定的另一个宪法传统是，通过契约来明确政府和人民的权利义务关系，这与同一时期欧洲的社会契约论思想不谋而合。洛克在英国光荣革命后提出的自然权利和社会契约论，对于北美殖民者来说是很容易接受的，因为这些理论在北美已经是社会现实。

在政治体制方面，表面上，殖民地的政府与英国中央政府类似：英国中央政府由君主、上议院和下议院组成，殖民地政府由总督、参事会和议会组成。但实际上两者差距甚大：首先，殖民地总督权力很大，甚至比现在的美国总统的权力还要大，这为美国人接受总统制奠定了制度基础；其次，参事会的影响力很小，主要发挥咨询功能；最后，殖民地议会获得了与英国议会近似的权力，如征税和提出议案的权力，与总督形成了对峙格局，并最终成为维护殖民者利益和领导反英革命运动的机构。⑤ 显然，这种政治体制已具备了后来美国宪法确立的政体的雏形。

在地方层面，乡镇自治也是维系美国民主活力和公民自由的基础因素。正如托克维尔所发现的：“乡镇组织将自由带给人民，教导人民安享自由和学会让自由为他们服务。在没有乡镇组织的条件下，一个国家虽然可以建立一个自由的政府，但它没有自由的精神。片刻的激情、暂时的利益或偶然的机会可以创造出独立的外表，但潜伏于社会机体内部的专制也迟早会重新

① 勒内·达维德．当代主要法律体系．漆竹生，译．上海：上海译文出版社，1984：372-374.

② 许爱军．《五月花号公约》和美国精神．国际关系学院学报，2012（1）.

③ 爱德华·S．考文．美国宪法的“高级法”背景．强世功，译．北京：生活·读书·新知三联书店，1996.

④ 王希．原则与妥协：美国宪法的精神与实践．北京：北京大学出版社，2014：23.

⑤ 同④35.

冒出于表面。”[①] “真正的知识，主要来自经验。假如美国人不是逐渐地习惯于自己治理自己，他们学到的书本知识今天也不会为他们的成功提供太大的帮助。”[②]

二、殖民者与英国政府的分歧

独立战争之前，殖民地居民与英国政府之间在以下问题上形成了强烈的分歧：一是关于殖民地居民是否享有英国人的权利。英国向殖民地征收糖税、印花税等税收的行为引发了殖民地居民的不满。殖民地居民借用了英国政治传统中的“无代表权不纳税”的人民主权原则反对征税。他们认为自己也是英国臣民，理应享有作为英国人的“自由而神圣的立法权”，有资格在英国议会内得到代表权或在殖民地建立次级立法机构，否则英国议会的征税就违背了自然法和天赋人权。罗得岛总督斯蒂芬·霍普金斯在抗议传单中指出，英国向殖民地征税等于公开剥夺殖民者的财产——“有财产而没有自由实际上距当奴隶只有咫尺之遥”。由于英国政府的行为事实上否定了殖民地居民的英国人地位和由此派生出的权利，殖民地居民倾向于转向与英国决裂，其中，洛克的天赋人权和社会契约论的理论指导作用功不可没。二是关于殖民地与英国的政治关系。在独立战争之前，殖民者最关心的并非独立而是如何与英国建立一种合理的互惠关系，他们倾向于建立一种半独立半从属关系。为此，他们提出过帝国联邦主义理论，即各殖民地管理自己的内部事务，英国管理那些各殖民地无法独立解决的、带有共同性的事务，同时各殖民地应在英国议会有代表权。但英国的政治家并不接受这种说法，他们认为英国的主权不可分割，英国有权在殖民地实施任何政策。殖民者根据社会契约理论驳斥说，如果一个人的契约权利被剥夺，他有权终止原有的契约关系，重新回到自然状态，并与其他人联合组成新的独立主权国家。

独立战争前，殖民者的观念发生走向独立的重要变化。托马斯·杰斐逊在《关于英属美洲殖民地权利的概论》中将英国定义为以由数个分离的“政治实体”（states）组成的国家，每个政治实体都有自己平等独立的立法权，而英国对殖民地征税是对殖民地固有立法权的篡夺。1774年的第一届大陆会议指出每个殖民地拥有自己的“内部政府”（internal polity），英国议会只有控制殖民地对外贸易的权力，但无权征税，也无权驻军；大陆会议还宣布殖民地居民拥有英国人所享有的一切权利，包括生命权、自由权和财产权。这次会议试图找到一种能够形成妥协的方案以避免决裂，但独立战争很快打响，第二届大陆会议的主题就由妥协激进为决裂了，托马斯·潘恩的《常识》一文在其中起了推动作用，这次会议的最主要成果是1776年7月4日颁布的《独立宣言》（The Declaration of Independence）。[③]

三、《独立宣言》

《独立宣言》分为三个部分，前言阐述了进行独立战争（革命）的理由是捍卫生命、自由和追求幸福的天赋人权，以及由此推理出的主权在民原则。第二部分总结概括了英王及其政府的27条罪状，表明殖民地人民进行的独立战争是在忍无可忍的情况下被迫进行的，论证了独立的正当性。最后部分宣告了殖民地的独立：“这些联合的殖民地从此成为而且理所应当地成为自由和独立的国家，它们解除一切对英王的隶属关系，它们和大不列颠王国之间的一切政治联系亦应从此完全废止”。《独立宣言》堪称美国的出生证，在世界宪法史上也具有重要地位。

---

① 托克维尔．论美国的民主．董果良，译．北京：商务印书馆，1988：67.

② 同①353.

③ 以上参见：王希．原则与妥协：美国宪法的精神与实践．北京：北京大学出版社，2014：48-54.

其意义包括：第一，在政体构建方面，它第一次宣布和实施了人民主权的原则，政府的正当权力只能来源于被统治者的同意。这在当时可谓石破天惊，因为其他国家都还是君主制。第二，在权利保障方面，它确认了生命、自由和追求幸福是天赋人权，马克思将其誉为“第一个人权宣言”。但令人遗憾的是，杰斐逊所起草的《独立宣言》初稿中谴责奴隶制的内容由于奴隶主的反对而被删去。① 第三，在公民权利和国家权力的关系方面，它确立了公民权利对于国家权力的在先性，如果国家权力侵犯公民权利，则人民有权起来反抗。② 不难看出，《独立宣言》对于美国宪法的成形有着奠基性的影响。此后，各殖民地纷纷制定宪法，并根据宪法建立政府，它们也不再自称为殖民地而是改称“州”（state，直译就是“国家”）。

四、《邦联条例》

独立战争爆发后，大陆会议并非一个全国性政府，不能满足统一领导各州与英国对峙的需求。大陆会议曾提议各州制定自己的宪法，但各州的宪法内容和进程差异很大，各州领导人认识到应该制定一部共同的宪法以加强州与州的团结。因此，第二届大陆会议在 1777 年 11 月通过了《邦联和永久联合条例》（Articles of Confederation and Perpetual Union，简称《邦联条例》），它是各殖民地筹建统一政府的第一个正式文件，有学者认为这是美国的第一部宪法。《邦联条例》的主要内容包括：（1）邦联不设立行政部门，邦联国会是唯一的政府机关，它实行一院制，由各州代表（每州 2～7 人）组成，每州都在国会中有一票表决权。（2）邦联国会权力有限。国会的权力实行明示原则，即不得实行条例没有明确授予的权力。国会无权征税和筹款，只能向各州募集款项，也无权管制外贸、建立全国法庭、或强制实施自己的命令。所有重大事项（如外交、财政和军事）要有 9 票才能通过，对条例的修正则需要 13 州一致同意。（3）各州保持了很大的独立性，各州保留了未明确授予联邦的一切权力。

邦联的最大弱点在于，它实质是一个松散的国家联盟而非独立的民族国家，邦联的活动仰赖于各州的支持，难以做出重要决定。在财政方面，邦联政府无权征税也无权干预对外贸易，只能向各州摊派，但各州并不按期足额缴纳，邦联政府被迫大量举债和发行纸币，导致了严重的通货膨胀和社会动荡。此外，在国防上邦联也非常虚弱，邦联政府的军队规模很小，无力应付英国和西班牙的严重威胁。③ 在这种形势下，制定一个新的联邦宪法，建立一个有着强大的中央政府的联邦体制便是大势所趋。

五、费城制宪与 1787 年美国宪法

制宪会议 1787 年 5 月 14 日在费城独立厅召开，这本来是邦联国会召开的各州代表会议，原定主题是讨论修改《邦联条例》以解决税收、州际贸易、货币等问题，但很快就转向了制定新宪法。1787 年 9 月 17 日，制宪会议通过了宪法草案，这一天在 2004 年被美国国会确定为宪法纪念日。邦联国会于 1787 年 9 月 28 日将草案提交各州批准，各州先后批准了草案，最迟的是罗得岛州（1790 年 5 月 29 日）。各州任命了 70 多名代表，但只有 55 人出席了会议，罗得岛州没有派代表出席，但最后批准了宪法。这些代表平均年龄 40 岁，最年轻的只有 26 岁，都是受过良好教育并富有从政经验的有产者，一半以上的代表是律师。费城制宪会议的实质是 13

---

① 李道揆. 美国政府和美国政治. 北京：商务印书馆，1999：10.

② 需要注意的是，在《独立宣言》时期，为了充分发动群众参加独立战争，《独立宣言》对权利的规定是比较激进的。而在制宪时期，由于政局已经比较稳定，权利问题已不是主要议题而且各州存在较大争议，直到 1791 年的第 1 条至第 10 条修正案（“权利法案”）才规定了公民的权利。

③ 同①12-14.

个国家（state）的代表一起讨论联合建立一个新国家（federation），并最终产生了联邦宪法（Constitution of the United States）。

不可避免地，制宪会议代表们在一些重大问题上存在意见分歧：一是建立民主共和国还是贵族共和国；二是继续保持邦联体制还是建立一个强大的中央政府；三是保留还是废除奴隶制；四是宪法中是否规定公民权利。但最后还是达成了妥协，即，建立民主共和国，但保留一定的贵族制元素（如参议院）；授予中央政府以广泛权力（如征税、司法、贸易管理等），但州权也仍然得以保留（如各州在参议院的代表名额都是两名，缔结对外条约需参议院 2/3 多数批准）；保留奴隶制；暂时不规定公民权利以尽快通过宪法。[①]

1787 年美国宪法（以下简称“宪法”）正文包括一个简短的序言和 7 个条款，一直沿用至今，但后来陆续增加了 27 条宪法修正案，形成了“7 条正文＋27 条修正案”的格局。宪法正文着重解决国家权力的分配问题，第 1 条规定国会的权限，第 2 条规定总统及行政部门的权限，第 3 条规定联邦法院的权限，第 4 条规定联邦与州的关系，第 5 条规定修宪方式和程序，第 6 条规定宪法效力、宪法宣誓制度，第 7 条叙述了宪法制定的时间和主体。

六、宪法修正案

宪法修正案是美国宪法规定的唯一修宪方式，目前共有 27 条修正案。根据美国宪法第 5 条，宪法修正案的通过包括如下程序：（1）提出程序：修正案需由国会两院各以 2/3 多数通过的决议提出，或者由国会根据全国 2/3 州议会的请求而召开的制宪会议提出。（2）批准程序：经 3/4 的州议会或 3/4 的州制宪会议批准（实践中绝大多数由州议会批准）。（3）修改的界限：任何一州未经其同意，不得被剥夺它在参议院中的平等投票权。这种程序设计使得少数派可以比较容易地阻挠宪法修正案的通过，反映了制宪者防止“多数人暴政”的意图，但也使得宪法修改非常困难。联邦最高法院的判例和政治惯例在事实上发挥了改变宪法的功能，弥补了刚性修宪程序带来的僵化问题，特别是联邦最高法院以司法判例方式隐蔽地改变宪法，对宪法修正案起到了很大的替代作用，使美国宪法得以适应社会形势的变化。此外需要注意的是，从宪法文本上看，总统无权参与更无权否决修正案，但总统作为执政党的领袖对宪法修正案的发动和批准有着重要的实际影响。

1787 年美国宪法的一个重大问题是为了在各州之间达成妥协而没有规定公民的个人权利。在宪法实施后，第一届国会提出了 12 条关于个人权利的修正案，其中有 10 条被各州批准，成为第 1 条至第 10 条修正案，后通称为《权利法案》。《权利法案》中列举了一些比较重要的权利，包括宗教自由、言论出版集会自由、向政府请愿权、持枪权、正当法律程序、平等保护等。除了具体列举的权利外，第 9 条修正案规定“未列举的人民权利不得剥夺”，为法院将一些宪法中未列举的权利类型（如隐私权）解释为宪法权利提供了空间；第 10 条修正案规定“未授予合众国也未禁止各州行使的权力，分别由各州或由人民保留”，为州权派抵制联邦扩权提供了宪法依据。“权利法案”在一开始仅针对联邦政府，也就是说，如果各州政府限制这些权利的话并不违背联邦宪法。这一度成为美国宪法的一大漏洞，后来第 14 条修正案出台后，联邦最高法院在诸多案例中通过对该修正案“正当法律程序”和“法律平等保护”的灵活解释将《权利法案》的内容准用于各州。

其他修正案中比较重要的有：南北战争后通过的废除奴隶制的第 13 条至第 15 条修正案，其中，第 14 条修正案规定的正当法律程序和平等保护原则为（原本仅针对联邦政府的）《权利法

① 李道揆．美国政府和美国政治．北京：商务印书馆，1999：19-34．

案》适用于州开辟了道路；授权国会征收直接税的第16条修正案和由各州人民直接选举联邦参议员的第17条修正案（1913年生效）；承认和保障妇女选举权的第19条修正案（1920年生效）和18周岁以上公民选举权的第26条修正案（1971年生效），等等。

第二节 美国宪法的主要特征

一、理念特征

从产生来看，美国宪法受到以下几方面理念的影响。

（一）天赋人权、社会契约论与有限政府

这里指洛克提出的天赋人权（自然权利）、社会契约论（人民主权）和有限政府理论。首先是天赋人权的观念。这一影响在《独立宣言》中就已比较充分地表现出来。《独立宣言》是美国宪法的序曲，它宣布“人人生而平等”，享有天赋的“生存权、自由权和追求幸福的权利”。其次是社会契约论。由天赋人权可以顺理成章地推导出人民享有最终的主权，政府是人民缔结社会契约的结果。如果政府违背契约人民可以推翻政府，《独立宣言》指出：“过去的一切经验都说明，任何苦难，只要是尚能忍受，人类都宁愿容忍，而无意为了本身的权益便废除他们久已习惯了的政府。但是，当一系列滥用职权和强取豪夺发生，证明政府企图把人民置于专制统治之下时，那么人民就有权利，也有义务推翻这个政府，并为他们未来的安全建立新的保障”。最后是有限政府理论。美国宪法的社会契约论与卢梭的社会契约论是不同的，后者主张公民在缔结契约后应当向国家让渡全部的权利，所以国家的权力可以非常之大；而前者是洛克式的，人民在缔约时并未完全交出所有权利，政府还受到天赋人权的约束，这意味着政府权力必然是有限的。有限政府理念体现在诸多方面：一是联邦政府权力内部的分权制衡，包括横向的三权分立和纵向的联邦制。二是联邦政府的权力实行列举原则，凡是宪法未明确授予的权力由各州或全体人民保留，宪法修正案第10条规定：“本宪法未授予合众国、也未禁止各州行使的权力，保留给各州行使，或保留给人民行使之”。

（二）分权制衡

这是指洛克、孟德斯鸠的分权思想。其中，孟德斯鸠的影响又是主要的，因为洛克主要讨论的是横向分权，而孟德斯鸠在横向分权和纵向分权两个方面都有建树，而且在横向分权方面的观点比洛克的更为精密。在纵向分权方面，汉密尔顿曾在制宪会议中直接引用孟德斯鸠的《论法的精神》以说明联邦制的优越性。在横向分权方面，孟德斯鸠的影响更为深刻，美国宪法将政府分为行政、立法、司法三个分支，并设置了复杂的制衡制度，这些都可以直接追溯到孟德斯鸠的学说中。

（三）英国的法治观念

“每个民族都留有他们起源的痕迹。他们兴起时期所处的有助于他们发展的环境，影响着他们以后的一切。”[①] 美国在殖民地时期延续了英国的普通法体系，虽然这种延续实际是有所变通的，但英国的法治观念还是影响颇深。首先，法院既约束国王也约束议会、法官是权威的法律解释主体的英国式司法观，与美国宪法后来由司法机关负责违宪审查的制度有着精神上的传承性。其他的众所周知的法律继承现象还有英国的自然正义原则在美国改头换面为正当法律程序原则，对英国判例法制度的继承，等等。其次，在权利观方面，“每个民族都有民族起源

① 托克维尔．论美国的民主：上卷．董果良，译．北京：商务印书馆，1988：30-31.

的神话，这些神话将这一话语根植于对该民族早期形成所涉及的历史事件的解说之中。如同他们在英国的同胞一样，早期的美国人相信他们的权利是来自11世纪盎格鲁-撒克逊人的古代宪法。”① 美国人的权利观有很强的自然法性质，将超验正义置于法律之上。② 这与英国人极度重视个人自由的传统不无关联。爱德华·柯克曾提出议会不得背离基本人权和理性的观念：“如果议会的行为背离基本人权和理性，那么普通法应对这一行为进行监督控制，并宣告它无效。”③ 这种法律应当尊重基本人权的观念与美国宪法的高级法观念可谓一脉相承。最后，美国宪法确立的政治体制与英国都铎王朝时期的非常相似，都铎王朝的体制是《大宪章》后逐渐形成的：地方分权（国王代表全国，议员代表地方，相互制衡），行政、立法与司法相互牵制，等等。这种体制的框架在英国光荣革命后嬗变为议会式中央集权，但在美国保留了下来。美国著名政治学者亨廷顿对此评价说：“今日美国政治制度的独特，很大程度上是因为古老。”

随着时间的流逝和社会现实的变化，美国宪法也发生了许多演变，但是上述核心理念始终得到了保留，成为美国宪法的精神内核。

二、制度特征

（一）纵向分权：联邦制

联邦制是平衡央地关系、优化纵向分权的一种模式。孟德斯鸠曾指出：“一个共和国，如果小的话，则会亡于外力，如果大的话，则会亡于内部的罪恶，联邦共和国这种共和政体能够抵抗外来势力又可以自己持续下去而内部不致腐烂”。联邦制是对邦联制与单一制的创造性结合，实质是通过宪法这种契约将若干个小国联合起来组成一个大的国家，但小国仍然保留高度的自治权。由于联邦和州的权力都不是无限的，不少学者认为美国宪法确立的是双重主权。

美国宪法学家考克斯认为，美国的联邦制包括四个元素：（1）每一个州内都存在两个政府：现存的州政府和联邦政府。每一个政府都具有自己的法律和法院以及立法分支和执法分支。每一个人既是州的公民又是联邦的公民。（2）在联邦政府和州政府之间进行分权。联邦政府负责对外事务，但仅有有限的授权去处理国内事务。大部分事务留给了各州政府，这保证了各州人民可以自由地根据他们自身独特的环境、活动、习俗和需要来制订合适的法律。（3）假定州的法律与联邦宪法或在联邦政府有限权力领域内的联邦法律相冲突，则后者将优于前者，否则统一就不可获得。（4）建立一个不存在关税和地方贸易壁垒的统一全国市场，从而建立起作为政治统一根基的经济统一。④

联邦和州之间除了上述分权关系以外，还存在制衡关系，体现在：（1）联邦对州的制衡：联邦有权对各州征税、发债、管理州际贸易、发行统一货币、组织联邦军队、镇压叛乱、执行联邦法律、裁判涉及联邦法律和联邦宪法的案件，等等。其中公认比较重要的是宪法第1条第8款的最后一句：（联邦国会）“为了行使上述各项权力，以及行使本宪法赋予合众国政府或其各部门或其官员的种种权力，制定一切必要的和适当的法律”。此即著名的“必要与适当”条款，它相当于为联邦国会开了一张可以随时任意取用的空白支票，加上联邦法院逐渐通过司法审查中的自我赋权取得了对诸多州内案件的管辖权，联邦权力有日渐扩大的趋势。（2）各州对

① 邓正来，亚历山大．国家与市民社会——一种社会理论的研究路径．北京：中央编译出版社，2002：224.

② 例如，美国宪法修正案第9条规定：“未列举的权利不得被解释为否定或忽视由人民保留的其他权利。”这意味着宪法只是发现和宣布了人民的部分权利，也就意味着人民的权利在根本上是不依赖于宪法文本的，此即自然法高于成文宪法、宪法的至高效力源于自然法的美式高级法观念。考文．美国宪法的“高级法”背景．强世功，译．北京：北京大学出版社，2015：8-9.

③ 庞德．普通法的精神．唐前宏，等译．北京：法律出版社，2001：52.

④ 考克斯．法院与宪法．田雷，译．北京：北京大学出版社，2006：35-36.

联邦的制衡：宪法修改需要3/4的州议会批准或3/4的州制宪会议批准；国会议员由各州选举产生；根据第10条修正案，联邦权力实行列举原则，凡是宪法未明确规定的均由各州或全体人民保留，这实际是为州权也开了一张空头支票。显然，在宪法第1条第8款最后一句与第10条修正案之间存在结构性张力，这种矛盾是长期困扰美国国内政治的一大问题。

联邦制的优势在于：一方面，由于集中了各个成员国的力量，对外能够抵抗外国压迫；另一方面，由于保持了地方自治，地方治理较有活力，“统而不死，活而不乱”，同时与人民的联系较为紧密，人民监督政府较为便利，中央政府不易腐化，人民对联邦的感情较深。托克维尔说：“我最钦佩美国的，不是它的地方分权的行政效果，而是这种分权的政治效果。”① 联邦制的初衷是克服邦联制在中央层面的无能无力，同时保留地方层面的自治。但是也要看到，正如反联邦派在制宪期间所指出的那样，联邦制的问题在于中央集权有不断自我强化的趋势，可能会使得地方自治有名无实，最终侵害到人民权利。② 从美国宪法的实践过程来看，联邦政府的权力日趋扩大，州权的固有领域被不断侵蚀，这种担忧确实值得人们注意。

（二）横向分权：“三权分立”

美国宪法的重大创新就是确立了立法权、行政权和司法权的分权制度，以实现对政府权力的制约，防止其被滥用。尽管在宪法文本中没有出现“三权分立”的表述，但这一权力分配原则仍然是清晰可辨的，宪法第1条规定“所有立法权力皆由美国国会所有”，第2条规定“行政权力由美国总统所有”，第3条规定“司法权力由一个美国最高法院和一些可以由国会随时下令设立的次级法院所有”。这在当时的世界上堪称石破天惊。洛克、孟德斯鸠都曾提出过“三权分立”思想，但他们的制度设计还是比较粗略的。洛克的“三权分立”指的是立法权、执行权和对外权，由于对外权可归入执行权之中，严格来说只是两权分立。孟德斯鸠的架构是立法权、行政权和司法权，但他对司法权并不太重视，其重点还是在立法权和行政权。美国宪法的“三权分立”设计既是对洛克、孟德斯鸠所总结的分权原理的运用，同时在很大程度上又是对本土政治体制的经验式概括。虽然美国宪法没有规定各州政府也应实行三权分立的原则，但大部分州政府实行了这一原则。

“三权分立”包括分权与制衡两个方面。首先是分权。联邦立法权被授予国会。国会由参众两院组成。联邦行政权（含军队统率权）被授予总统，总统同时是国家元首、政府首脑和军队统帅，总统可以对联邦所属行政机构发布行政命令。司法权属于联邦法院，它同时拥有违宪审查权。

其次是制衡。在总统与国会的关系上，一方面，总统对于官员的提名，须经过国会参议院同意才能生效；总统与外国缔结的条约，只有当参议院2/3票数通过才能生效；国会还拥有复选总统、弹劾总统等权力。另一方面，总统可以向国会提出立法建议，在特别情况下可以建议两院召开立法会议，可以否决国会所制定的法律，但若国会两院都以2/3多数重新通过则可生效。

在总统与联邦法院的关系上，一方面，联邦法官由总统提名，总统一般选择与自己政治立场相近的法官；另一方面，联邦法院可以宣布总统发布的行政命令违宪。

在国会与联邦法院的关系上，一方面，总统对联邦法官的提名需要经过参议院批准，同时拥有对联邦法院法官的弹劾权，国会可以通过新的立法摆脱司法先例的约束；另一方面，联邦法院拥有违宪审查权，可以宣布国会的立法违宪。

（三）司法型违宪审查

“美国的法官跟其他国家的司法官员完全一样，但他们被授予巨大的政治权力。”“美国人

① 托克维尔．论美国的民主：上卷．董果良，译．北京：商务印书馆，1988：105.

② 斯托林．反联邦党人赞成什么．汪庆华，译．北京：北京大学出版社，2006；姜峰，毕竟悦．联邦党人与反联邦党人．北京：中国政法大学出版社，2012.

允许法官可以不应用在他看来是违宪的法律。”“其他国家的法院有时也要求过类似的权力，但他们从来没有得到。”① 由普通法院负责违宪审查，是美国宪法的一大创举和特点。这一体制是联邦最高法院在1803年的马伯里诉麦迪逊案中确立的，但美国宪法中并无明确授权，这使得它的正当性基础存在一定争议。

在这种体制下，联邦法院掌握了对美国宪法的最高解释权，可以借此对国会立法、行政立法和地方立法作出裁判，或者宣布其违宪，或者支持其适用，或者提出纠正措施，而且联邦法院经常推翻之前的裁判，这样法院就具有了制定政策的功能，其权力非常之大。但是，为什么美国人愿意接受这种制度呢？原因大致有如下几点：一是人民的信任。美国人民对于立法权和行政权有高度的不信任感，但法院在长期以来的实践中获得了人民的高度信任。法院作为一个与立法权和行政权没有瓜葛的权力分支，在人民与立法权或行政权发生争议时处于一个中立的第三方地位，适于担任护宪职能。二是司法的性质。根据马歇尔大法官在马伯里诉麦迪逊案中的说法，法院的当然职责就是解释和适用法律，宪法作为最高法律也不例外。三是权力制衡的需要。联邦法院除了审理案件外，没有强制力，被称为“最小权力部门”，由它来制衡其他两个权力分支虽然会使它的权力得到扩张，但其后果不会过于严重。四是美国宪法中权力结构的逻辑推导。美国宪法序言宣称自己是“我们人民”的产物，这就确立了人民至上的原则，否定了英国式的议会至上原则。由此，国会立法不是至高无上的，而是可以被审查的，而这个审查显然不能由国会自己审查自己，那样有悖于“自己不能做自己的法官”的自然正义原则，也不适于由总统来承担，那样总统的权力将过大，最适合的就是以审理案件为本职的法院。

第三节　国家基本制度

一、代议制度

美国宪法第1条第1款规定：“本宪法所授予的全部立法权属于由参议院和众议院组成的合众国国会。”同时还授予国会监督行政部门的权力。虽然进入20世纪以来美国国会的权力与行政部门相比已经有所下降，但其在国家政治生活中依然发挥着重要作用。

（一）国会的组成

国会由众议院和参议院两院组成。美国实行两院制的原因是：第一，适应美国联邦制国家的政治需要。制宪会议采纳康涅狄格州代表提出的妥协方案，就是为了协调联邦主权与州权之间的矛盾。参议院体现州权，无论大州还是小州，在参议院中具有同等代表权。众议院代表联邦主权，按各州人口的比例分配代表名额。第二，实现立法机关内部的分立和两院的制衡，防止单一立法机构的立法专制。按照汉密尔顿的观点，“把立法机关分为不同单位，并且用不同的选举方式和不同的行动原则使它们在共同作用的性质以及对社会的共同依赖方面所容许的范围内彼此尽可能少发生联系”②，以彼此制约。第三，设立参议院能够制约民选议院的过激与冲动。华盛顿曾把众议院与参议院的关系比喻为装满滚烫的咖啡的杯子和碟子的关系，“将立法倒在参议院的小碟子里使它凉下来”③，体现了制宪者防止“多数人暴政”的用心。第四，

① 托克维尔．论美国的民主：上卷．董果良，译．北京：商务印书馆，1988：111.

② 汉密尔顿，杰伊，麦迪逊．联邦党人文集．程逢如，在汉，舒逊，译．北京：商务印书馆，1980：265.

③ 法仑德．美国宪法的制订．董成美，译．马清文，校．北京：中国人民大学出版社，1987：48.

设立一个任期长、人数少的参议院能够保持中央政府的稳定性和国内外政策的连续性，并保持应有的民族荣誉感。“政府中如果没有一个精选而稳定的组成部分，其愚昧多变的政策会使外国失去其敬意，这样的国家机构也会不理解国际舆论，而理解国际舆论与否，不但对于获得别国尊重和信任是必要的，也是值得别国尊重和信任所亟须的”，“一个人多易变的机构不可能具有充分的民族荣誉感。民族荣誉感只能存在于人数很少的机构之内，这样每个个人才能为公共措施的是非承担合理的责任”①。

国会两院议员皆由选举产生。当选议员不得“担任在此期间设置或增薪的合众国管辖下的任何文官职务”。

1. 众议院

众议院代表人民。宪法第1条第2款规定：众议院由各州人民每两年选举产生的众议员组成。凡年龄不满25岁，成为合众国公民不满7年，在一州当选时不是该州居民者，不得担任众议员。每3万人选出的众议员人数不得超过1名，但每州至少须有1名众议员。宪法规定每10年进行一次全国人口普查，根据各州人口变化重新分配议席。众议院最初人数为65人，随着联邦成员和人口的不断增加，众议员人数现为435人。

2. 参议院

参议院代表州。宪法第1条第3款规定：参议院由每州州议会（第17条宪法修正案修正为“每州人民”）选举的2名参议员组成，任期6年，每2年改选1/3。每名参议员有一票表决权。凡年龄不满30岁，成为合众国公民不满9年，在一州当选时不是该州居民者，不得担任参议员。合众国副总统任参议院议长，除非赞成票和反对票相等时，议长无表决权。参议院选举本院其他官员，并在副总统缺席或行使合众国总统职权时，选举一名临时议长。美国目前50个州有100名参议员，体现各州在联邦中的平等地位。

（二）国会的特点

1. 国会独立于政府

美国实行立法、行政、司法三权分立制，国会和政府彼此分立，各司其职。国会与政府分别由选民选举产生，各自有宪法规定的任期。总统只对选民负责，不向国会负责，国会无权罢免总统，除非众议院因总统犯罪而对其提出弹劾并经参议院审判定罪。总统也无权解散国会。

2. 国会议员享有很大的独立性

美国国会虽然也是按政党组织的，但由于全国性政党只是一个权力松散的政治联盟，对本党议员不能进行纪律制裁，国会议员享有很大的独立性。一般情况下，国会议员在许多问题上都支持所在的政党，但也可以不受本党约束，自由发表意见，按自己（或其选区选民）的观点、意愿和利益就各种重大问题进行表决。跨党投票在国会中是司空见惯的事情。

3. 参议院影响力大于众议院

根据宪法授权，众议院和参议院既有共同行使的职权，也有自己特有的权力。从行使的具体权力来说，众议院侧重于国内事务，而参议院偏重于国际事务。但参议院的影响力大于众议院的。与众议员相比，参议员多是美国各界的领袖人物或是大资本家，他们年龄大，政治经验丰富，在国民心目中更具威望；参议员人数少，比众议员代表更多的选民；参议院任期6年，每2年仅改选其中的1/3，而众议院任期2年每两年全部改选一次，因此前者更具稳定性；宪法授予参议院的权力对行政首脑更具制约性。因此，参议院权力大于众议院权力，其在政治生

① 汉密尔顿，杰伊，麦迪逊．联邦党人文集．程逢如，在汉，舒逊，译．北京：商务印书馆，1980：319.

活中的影响也大于众议院，两院发生争执，参议院总是获得胜利。

（三）国会的组织机构

1. 议长

众议院议长由众议院多数党党团会议从本党议员中提名，经众议员选举产生。议长是国会最显要的人物，是众议院的领袖、众议院多数党的首脑、仅次于副总统的总统继任者。议长对众议院的立法活动影响很大，权力相当广泛，主要有：允许或剥夺议员的发言权；任命特别委员会和协商委员会的成员；决定议案提交委员会审议；表决时，当赞成票与反对票相等时，投下决定性的一票；在议会外与总统保持密切联系，了解总统的立法意图。

参议院议长由副总统兼任，职权比众议院议长的小。在副总统缺席或行使总统职务时，由参议院多数党党团会议提名，参议员选举一名临时议长主持参议院全院会议。议长的主要任务是维持国会与行政机关之间的密切关系，主持会议，认可发言，但平时不参加讨论，也无表决权，只在表决中赞成票与反对票相等时，才有一决定投票权。

2. 委员会

国会两院根据实际需要，均设立委员会。委员会成为立法的核心，可以说形式上是国会立法，实际上是委员会立法。国会的委员会有三种类型：第一，常设委员会。其是国会最重要的委员会，按照职能设置，本届国会参议院有拨款、财政、外交、司法等16个委员会，众议院有赋税、拨款、军事、外交、司法等20个委员会。主要作用是对每一个提交的议案进行调查询问，并决定把哪些议案提请全院审议。常设委员会也负责监督行政部门，调查各行政机构是否按照国会立法意向实施法律。第二，特别委员会。此为处理某一具体问题而特别成立的委员会，其作用是协助国会对某一议题或案件进行调查和审理并作出报告，任务完成后即解散。第三，联合委员会。这是参众两院为某些重大问题的调查或协商而设立的委员会，由两院各派出同等数目的代表组成。其中为解决两院有争议的法案而成立的协商委员会是最重要的委员会。

（四）国会的职权

1. 立法权

宪法第1条第8款详细列举了国会在征税、借贷款、合众国贸易、铸造货币、设立低于最高法院的法院、宣战等方面的立法权，这些被通称为“授予权力”或“列举权力”。在第1条第8款最后一项中规定：国会有权“制定为执行以上各项权力和依据本宪法授予合众国政府或政府中任何机关或官员的其他一切权力所必要的和适当的法律”。这是一条极富弹性而又极其重要的条款，在宪法学上通称为“必要和适当”条款。据此条款，凡最高法院认为可以从“授予权力”中引申出来的权力，国会均可行使，据此立法。这种引申出来的权力被称为“默示权力”。国会必须在“授予权力”和“默示权力”的限度内行使立法权，不得行使宪法第1条第9款所明确规定的行为。当然，根据权力制衡原则，国会的立法权也要受到来自总统的否决权和最高法院违宪审查权的限制。

对什么是“必要和适当”的法律，时常引发争论，需要最高法院进行解释，作出裁决。一般来说，最高法院认为，国会立法的项目若不属于明白授予的权力范围，则必须同授予权力有明白的、直接的关系，才是“必要和适当”的法律，才是符合宪法的。最高法院对“必要和适当”条款的从宽解释，大大扩大了国会的立法权力，因而也扩大了中央政府的权力。现在的国会对国民经济、人民生活以及国家政治生活的各个方面都拥有广泛的立法权。

2. 财政税收权

宪法第1条第7款规定，一切征税法案应由众议院提出；第1条第8款规定，国会有权征收直接税、间接税、进口税和货物税，以偿付国债、提供合众国共同防御和公共福利；第16

条修正案规定，国会有权征收所得税。可以看出，国会不仅有征税权，而且有权对征收的税款进行财政分配使用。国会拥有的财政控制权，被称为“钱袋权”，是国会最重要的权力，也是国会掌握国家收支、控制和监督政府的重要手段。

每年国会会议开始后，总统将下一财政年度的联邦预算案送交国会审议，国会审议修改后，通过联邦政府预算授权法案，经总统签署成为法律，国会再根据该法律，制定和通过拨款法，财政部才能向政府各部拨款。一个财政年度结束后，国会会计总署对各机构经费使用情况进行审计，并报告国会。这已成为国会与行政机关之间制衡的重要表现方式。

3. 批准权

国会的批准权主要有三个部分。第一，批准总统提名的副总统。第 25 条宪法修正案第 2 款规定，当副总统职位出缺时，总统应提名一名副总统，经国会两院都以过半数票批准后就职。1973 年 10 月，时任副总统斯皮罗·阿格纽因贪污受贿被迫辞职，总统尼克松根据该款规定提名杰拉尔德·福特经国会两院批准后为副总统。第二，批准总统对外缔结的条约。宪法第 2 条第 2 款规定，总统代表合众国与外国缔结的条约，须经出席参议员 2/3 的批准方能生效。第三，批准总统提名任命的部分政府官员和法院法官。宪法第 2 条第 2 款规定，总统提出拟任的政府官员、法院法官名单后，经参议院批准后才正式任命。参议院可以否决总统提出的拟任人选。经总统提名由参议院批准后任命的职务中，最重要的是内阁部长、副部长和助理部长、驻外大使、联邦各级法院法官（包括最高法院法官）、检察官等。参议院对总统提名的高级行政官员，特别是内阁级部长一般予以批准，认为总统有权任命自己的班子，以推行其政策。对最高法院法官的批准特别慎重，这是因为大法官职务特别重要，而且终身任职，非经弹劾定罪不得免职。历史上，总统提名的大法官有 20%被参议院拒绝。1968—1970 年参议院连续拒绝了 3 名大法官的提名。

4. 调查权

美国宪法没有明文规定国会拥有调查权，国会的调查权是从立法权派生出的一种监督权并得到联邦最高法院的认可。自 1792 年国会对军队被印第安部落击败一事进行调查以来，国会对行政部门进行调查就成为监督总统和行政部门的一项经常性工作。国会的调查是由现有的或专门设立的特别委员会进行的。1946 年《国会改革法》规定，在参、众两院分别设立政府工作委员会，负责对联邦各行政部门进行总体监督，并代表全院统一检查各委员会的监督工作。两院中的各常设委员会负责对其所监管的行政机构进行日常监督，进行专题调查并提出处理意见。针对某些问题特别严重或影响极大的事件，国会两院可设立特别委员会协助常设委员会进行监督和调查工作。如“水门事件”曝光后，参议院成立了水门事件调查委员会进行调查；“伊朗门事件”被揭露后，国会两院成立了伊朗门事件联合委员会进行调查；1998 年众议院司法委员会对克林顿绯闻进行调查。

5. 弹劾权

根据宪法规定，国会有权对总统、副总统和合众国的所有文职官员因犯叛国、贿赂或者其他重罪和轻罪进行弹劾。弹劾案由众议院以多数票提出起诉，由参议院作为弹劾案审判法庭进行审判。如被弹劾者是总统，则由最高法院首席大法官主持审判。判决须由出席参议员 2/3 多数票通过。弹劾案的判决限于免除职务并不得再担任联邦职务。被定罪的人，仍可依法受起诉、审判、判决和惩罚。国会行使弹劾权非常慎重。从 1789 年到 1998 年，只有 16 名联邦官员遭到众议院弹劾，参议院审判。最终 7 人被定罪（都是法官）。其中两位总统被弹劾（安德鲁·约翰逊，比尔·克林顿），一位总统因为惧怕受弹劾和审判而自行辞职（理查德·尼克松），表明弹劾权是国会制约总统的一项重要权力。

（五）国会的演变

1. 国会的传统地位受到挑战

宪法第1条规定，在立法、行政和司法三个部门中，国会居于首要地位，拥有最高立法权。在约一个半世纪的政治实践中，国会的确居于主导地位。但自1929年经济危机和第二次世界大战以来，国会的地位相对下降，总统在现实政治中逐渐取代国会的首要地位，成为美国政治的中心。国会趋向于向总统寻求政治领导和政治聚合力。同时，国会也受到联邦最高法院的制约。最高法院可以违宪审查权宣布国会制定的法律全部或部分违宪，以此限制国会的权力。

2. 国会的民意基础不断扩大

随着资产阶级民主的发展，政治上的普选权和参政权都不断扩大，国会顺应民主的需要作出了相应改变。宪法修正案第15条承认了有色人种的选举权，第17条将参议员由各州议会间接选举改为由人民直接选举，第20条规定了妇女的选举权，第26条将享有选举权的年龄改为18周岁。

3. 国会议员职业化

随着美国经济、政治和社会的发展，国会工作量日益增加，其重要性和影响力日益扩大，国会议员逐渐成为一种名利双收、被人追求的事业和职业，不少议员将此作为终身职业，参议员更成为通向白宫的途径之一。从19世纪80年代以后，参众两院议员的更换率下降，而任职年限却相应增加。这表明国会议员走向职业化。

二、行政制度

美国在两百多年前创立了总统制。宪法第2条规定，行政权属于总统。在当代，总统是美国政治舞台最中心的和权力最大的人物，集国家元首、政府首脑和武装力量总司令三大职务于一身，同时是执政党的当然领袖。在社会多元化和权力分散的美国，总统被认为是唯一的聚合力量，美国公众把总统视为国家的象征和政治领袖。

（一）总统

1. 总统制的设立和特点

费城制宪会议确立总统制，是因为当时的美国需要建立一个强大的行政部门，一是为了强化中央政权，二是按照三权分立原则，必须实行行政与立法的分立，还需制约权力较大的国会。但是对如何设置行政机关进行了激烈的讨论。制宪会议上提出了三种方案：第一，三人制。主张者认为，一人制可能演变为君主，应由来自全国各地的三人平等分担总统职务，防止任何个人取得过大权力，但可能因互相牵制导致无人负责的状态。第二，一人制加委员会制。有些代表提出设单一行政首脑，同时由一个委员会来制约行政权，行政首脑的许多行动都必须由这个委员会批准，但这样行政首脑便有名无实，形同虚设。第三，一人制。詹姆斯·威尔逊提出由选举产生的总统担任行政首脑的单一行政首脑方案被制宪会议接受。制宪会议并没有区分国家元首和行政首脑，在赋予总统行政权时，又授予总统一般属于国家元首的某些职权。这样总统既是国家元首，又是行政首脑，无疑增强了总统的地位和权力。

总统制建立在三权分立的基础上，是共和制的一种特有的政体形式，其主要特点是：第一，总统由选民而不是由国会选举产生，总统和国会的选举是分别进行的。总统不对议会负责，直接对选民负责。第二，总统与国会的任期都是固定的。在法定任期届满前，如总统与国会意见不合，必须互相容忍至任期届满。第三，政府由大选中获胜的总统组成，独揽行政权。政府各部门负责人由总统提名经参议院批准后任命，对总统负责；总统是最后决策人，政府内阁会议的意见，仅供总统参考。第四，在总统领导的政府与国会的关系上，两者既完全分立又相互制衡。政府不由国会中的多数党组织，也不对议会负责，总统所属的政党是执政党，国会中的多数党不一定是执政党。总统应向国会报告国情，但无权解散国会；国会只能对总统提出弹劾，不能通过不信任案。政府成员不得兼任议员，议员也不得在政府中担任职务。

2. 总统的选举

关于如何选举总统，制宪者们争论了三个多月才定案。提出的方案有：由国会选举，由州长选举，由人民直接选举，由人民选出的总统选举人选举，由州议会选出的总统选举人选举，等等。几乎每一个方案都有人反对。在制宪会议结束前两周，11 人委员会提出“选举人团”方案，即宪法规定的选举总统的办法。“未使总统的任命依靠任何现成的组织，因为这种组织的成员有可能在事先受到贿赂而出卖其选票”，“结党营私、阴谋诡计、贪污腐化”①，不利于权力分立与制衡的政治体制的建立；拒绝由人民直接选举总统，是害怕人民权力过大使选举失去控制，“造成震动整个社会的非常的、暴乱性的运动”②，另外防止总统候选人漠视小州和大州人口稀少的郊区和农村，实行“多数人对少数人的暴政”。

美国总统的选举采取直接选举与间接选举相结合的方式。根据选举人团制度，总统不由选民一人一票直接选出，而由各州选民选出的总统选举人选出，每个州的选举人人数与该州在国会参众两院的议员人数相等，目前美国总统选举人包括 50 个州的 535 人和哥伦比亚特区的 3 人，共计 538 人。由于美国有 48 个州实行“赢者同吃”规则，即在该州获得相对多数选民票的总统候选人得到本州全部选举人票，可能出现获得选民票少于对方但因获得过半数选举人票而当选的少数票总统。美国历史上已经出现 5 次，包括 2000 年总统选举中的乔治·布什。

总统的任职资格是：必须出生就为美国公民；年满 35 周岁；至少在美国境内居住满 14 年。总统选举可以分为四个阶段：第一，候选人提名。这是总统选举最重要的程序，目前美国大多数州采用总统直接预选方式，由本党选民参加投票选举出席政党全国代表大会的代表或对该党提名的总统候选人表明态度，由政党全国代表大会提名本党的总统和副总统候选人。第二，各政党及独立总统候选人竞选。总统不由选民直接选举，而是由各州选出的选举人团选举，选民选举的不是总统而是选举人。由于选举人候选人已表态支持某总统候选人，选举人候选人的竞选实际上是本党总统候选人的竞选，因此竞选的最终目的是赢得各州选举人团的多数票。第三，选民投票选举总统选举人。在大选年 11 月第一个星期一之后的第一个星期二，每个州的选民对本州各政党提出的总统选举人进行投票，得多数选民票的某政党的选举人即全部当选。第四，选举人投票选出总统。各州选举人团在大选年 12 月第二个星期三之后的第一个星期一，在各州首府所在地分别投票选出总统和副总统。由于正式选举结果在总统选举人被选举出来后已经确定，选举人投票阶段只是一种形式。第二年的 1 月 6 日下午 1 点，由参议院议长在参众两院联席会议上公布投票结果。当选总统于同年 1 月 20 日中午 12 点在国会大厦宣誓就职。

3. 总统的任期和免职

关于总统任期，制宪会议提出多种方案：任期 6 年或 7 年，不得连任；任期 3 年可连任；任期 11 年、15 年或 20 年。制宪者们权衡利弊后决定总统每届任期 4 年，但宪法并未对连任及连任届数作任何规定。自华盛顿担任两届总统之后不再谋求继续任职，随后的杰斐逊、麦迪逊、门罗、杰克逊等总统均遵循了不超过两任的做法，形成了政治体制中的重要惯例，直到富兰克林·罗斯福打破这个惯例。第 22 条宪法修正案明确规定，任何人担任总统不得超过两次；任何人继任总统职位超过两年以上的，以后当选总统的职位不得超过一次，由此确立了严格的总统任期制和限任制。

---

①② 汉密尔顿，杰伊，麦迪逊. 联邦党人文集. 程逢如，在汉，舒逊，译. 北京：商务印书馆，1980：347.

宪法第 2 条第 4 款规定，合众国总统、副总统及其他所有文官，因叛国、贿赂或其他重罪和轻罪而遭弹劾并被判定有罪时，应予以免职。宪法为此设定了严格的弹劾程序：众议院提出，参议院审理，经出席参议员 2/3 多数同意才能定罪。美国历史上还没有一位总统因弹劾而被定罪，但国会的这一权力，对维护权力的分立和制衡十分重要。

4. 总统的职权

总统权力来源于宪法授权、国会授权、先例和联邦最高法院的解释。总统既是国家元首，又是行政首脑，还是武装部队总司令，权力遍及行政、军事、外交、立法、司法等诸多领域。

(1) 军事权

宪法规定，总统是联邦陆海军（自然包括随后产生的空军）和征调为联邦服役的各州民兵的总司令，统率全国武装力量。国会宣战，总统调遣和组织武装力量，实施战争。在实际中总统常常未经国会宣战就下令军队投入战场，组织和实施战争。

(2) 外交权

总统作为国家元首对外代表国家，拥有外交权，包括缔结条约、派遣使节和接受外国使节。总统经咨询参议院并得到同意可缔结条约，但须经出席参议员 2/3 多数的批准。另外，总统可以同外国政府订立无须经参议院同意的“行政协定”，这是联邦最高法院通过判决确认的从宪法授予总统缔约权中引申出来的“默示权力”。在外事方面，经参议院批准由总统任命驻外大使、公使和领事，接见大使和公使。

(3) 提名权和任命权

作为行政首脑，提名权和任命权是总统的一项重要权力，也是总统指挥、控制和监督行政机关、实施其计划和政策的重要手段。根据宪法规定，总统提名，并经咨询参议院和取得其同意，任命大使、公使、领事、最高法院法官和任命手续未经宪法规定而应由法律规定的合众国所有其他官员。而且“国会认为适当时，得以法律将这类低级官员的任命权授予总统一人”。

宪法未明文授予总统免职权。直到 1926 年最高法院在“迈耶斯诉美国案”中裁定：任命权包括免职权。该裁决意味着，除了法官，总统有权任意免除由其任命的官员的职务。1935 年最高法院在“汉弗莱诉美国案”中对 1926 年的裁决作了修正：对于那些准立法或准司法性质的机构，总统只能根据国会在创设这些机构的法律中所规定的理由，才能将这些官员免职。

(4) 执行权

宪法第 2 条第 3 款规定，总统负责法律的切实执行，赋予了总统监督行政机构执行法律的权力。根据该条款，总统有权发布具有法律效力的行政命令；在国内外发生重大事件时，有权不经国会授权宣布紧急状态，行使紧急权力。

(5) 立法权

宪法第 1 条将立法权全部授予国会，但为了实现三权分立和制衡，也赋予总统在立法活动中一定的权力。

第一，立法倡议权。宪法第 2 条第 3 款规定，总统应经常向国会呈交有关国情的报告，并向国会提出他认为必要和适当的措施，供其考虑。总统以“国情咨文”的方式提出立法倡议，成为国会立法的基本依据，确立了立法的优先秩序。

第二，立法否决权。宪法第 1 条第 7 款规定，国会通过的每一议案，在成为法律前须送交总统，总统签署即成为法律，否决即退回国会。总统有两种否决方式：一种是否决文书。总统在收到该议案 10 日之内（星期日除外）将该议案连同其不签署的理由退回国会复议，若参众两院各以 2/3 多数重新通过，则推翻总统的否决，该议案成为法律。另一种是搁置否决。总统在 10 日之内（星期日除外）不签署该议案，而国会在这期间已经休会，该议案不能成为法律；在 10 日之内该议案未被总统签署或否决，而国会仍在开会，该议案自动成为法律。

（二）联邦行政机构

总统领导下的行政机构的基本职能是执行法律和政策，担负政府的日常工作。

1. 内阁部

内阁部是联邦政府最重要的行政机构，其地位高于其他行政机构，由国会以专门的法律设立，法律对每个部的目的和职责都作出规定。目前美国有国务院、国防部、财政部、司法部、内政部等15个内阁部。按照传统和惯例，各部部长都是总统内阁成员，出席内阁会议。内阁是总统的顾问智囊团，内阁会议一般不作决定，也不负集体责任，所有重大问题均由总统决定。

2. 总统的办事机构

1937年，富兰克林·罗斯福总统向国会提出关于改革行政部门的组织和管理的报告，1939年国会通过了改组法，同年罗斯福根据该法建立总统办事机构，作为总统的助手和顾问班子。它的主要职能一是协助总统，二是协调庞大的联邦行政机构的工作。它由总统的亲信、顾问、专家和行政人员组成，随总统意志设立。比较重要的有：白宫办公厅、行政管理和预算局、经济顾问委员会、国家安全委员会等。

3. 独立机构

独立机构是在内阁部和总统办事机构之外而设立的由总统领导的行政机构。有的是根据国会制定的法律设立的，有的是国会授权总统设立的，有的是由总统的行政命令设立的。一般是管理行政事务的机构，但也有具半立法、半司法性质的机构，甚至还有政府经办的公司。它们的主要职能是监督和管制私营企业，制定私营企业必须遵守的规章条例，涉及国民经济的各个方面。如原子能委员会、联邦储备委员会、平等就业机会委员会等。

（三）文官制度

在1883年之前，美国联邦政府没有正规的人事制度。1829年安德鲁·杰克逊出任总统，按照“战利品属于胜利者”的原则，实行分赃制。在选举中获胜的政党把公职作为战利品分给本党的支持者，只考虑与政党的关系，不重视才能和品格，致使无能少德之人充斥政府，导致效率低下，政府腐败，同时随执政党或总统更迭，政局动荡，影响政府工作的连续性和稳定性。1883年国会通过了文官制度法，建立了以公开竞争考试的方式择优录取行政官员的现代文官制度。1978年，国会通过文官制度改革法，对提高美国政府工作效率，加强政府行政管理产生了积极影响。

美国文官制度的主要内容是：第一，公开考试与择优录用。绝大多数文官是通过公开考试的方式被录用的。第二，实行考勤和考绩的考核制。制定了每项职务要求考核的关键内容和工作成绩标准，把职、责、待遇、奖惩结合起来。第三，设立了“高级行政职务”，这些人员级随人走，以稳定高级行政职务队伍，提高高级行政人员的素质。第四，严格规定职业道德与行为规范。第五，建立较完善的工资和退休制度。

三、司法制度

美国的司法机关有两套并行的法院系统，即联邦法院系统和州法院系统。前者根据联邦宪法和国会法律设立，后者由各州设立。本书以联邦法院为核心考察美国的司法制度。按照分权原则，宪法第3条第1款规定：“合众国的司法权，属于最高法院以及国会随时下令设立的下级法院。”1789年国会根据宪法制定《司法法》，建立了联邦法院系统。

（一）司法原则

1. 司法独立原则

按照三权分立原则，司法独立意味着司法机关不仅独立于行政机关，而且独立于立法机关。“如果司法权同立法权合而为一，则将对公民的生命和自由施行专断的权力，因为法官就是立法者。如果司法权同行政权合而为一，法官便将握有压迫者的力量。”① 因此宪法规定司法权由法院和法官独立行使，审判活动只服从法律，不受外来干涉。“因司法部门的软弱必然招致其他两方的侵犯、威胁与影响；是故除使司法人员任职固定以外，别无他法以增强其坚定性和独立性。”② 为实现司法独立，必须建立法官保障制度。宪法第 3 条第 1 款同时规定：“最高法院和低级法院的法官，如果尽忠职守得继续任职，并应在规定时间获得服务报酬，此项报酬在其继续任职期间不得减少。”

2. 审判公开原则

贝卡里亚认为：“审判应当公开，犯罪的证据应当公开，以便使或许是社会唯一制约手段的舆论能够约束强力和欲望；这样，人们就会说：‘我们不是奴隶，我们受到保护。’”③ 1791 年美国成为世界上首次在宪法中确认审判公开原则的国家。宪法修正案第 6 条规定：“在一切刑事诉讼中，被告应享受下列权利：由犯罪行为发生地的州和地区的公正陪审团予以迅速和公开的审判。”审判公开原则成为监督审判活动，制约司法权力，保护人民权利的重要依据。但考虑某些特殊情况，美国对审判公开的程度和范围作了一定的限制。

3. 程序公正原则

一般而言，只有遵循公正的诉讼程序，才能保证最终处理结果的公正。公正的诉讼程序是指：(1) 程序对任何人都是公正的；(2) 诉讼程序包括控诉、申诉、上诉、辩护等权利以及公开审判、一事不再理、无罪推定等原则和制度。1791 年宪法修正案第 5 条规定：“未经正当法律程序，不得剥夺任何人的生命、自由和财产”。1868 年宪法修正案第 14 条第 1 款规定：“无论何州，未经正当法律程序均不得剥夺任何人的生命、自由或财产。”正当法律程序历经发展，由程序性正当法律程序发展为实质性正当法律程序，成为美国公民权利的最重要的宪法保障，无论是立法过程还是执法过程，都必须遵守正当法律程序。“全部的政府活动——无论是联邦还是各州的——都必须通过实质性正当程序的关卡。政府活动的实质性和程序性方面都要服从最高法院的认真审查。”④

（二）法院的组织体系及职权

1. 法院的组织体系

联邦法院体系由 1 个最高法院、12 个联邦上诉法院和 94 个联邦地区法院以及若干专门法院组成，各有其管辖权。

(1) 联邦最高法院

最高法院由宪法直接建立，处于美国司法系统的顶端，其裁决为终审裁决。司法审查权的确立，使美国最高法院成为世界上最强有力的法院之一。根据宪法和 1789 年《司法法》，1790 年最高法院正式成立。最初由首席大法官 1 人和大法官 5 人组成，后经历多次人数变化，1869 年国会通过法令规定最高法院由 1 名首席大法官和 8 名大法官组成，直至现在。

最高法院审理案件通常由全体大法官合议，法定人数 6 人，判决以多数人意见定案，多数和少数都可以在判决中陈述自己的意见。首席大法官主持审判工作和负责某些行政事务，在讨论判决的秘密会议上有权首先发言，在判决投票时最后一个投票。

宪法规定，最高法院的管辖权分为初审管辖权和上诉管辖权。初审管辖权适用于下列案

① 孟德斯鸠. 论法的精神：上册. 张雁深，译. 北京：商务印书馆，1961：156.

② 汉密尔顿，杰伊，麦迪逊. 联邦党人文集. 程逢如，在汉，舒逊，译. 北京：商务印书馆，1980：391-392.

③ 贝卡里亚. 论犯罪与刑罚. 黄风，译. 北京：中国大百科全书出版社，1993：20.

④ 施瓦茨. 美国法律史. 王军，洪德，杨静辉，译. 潘华仿，校. 北京：中国政法大学出版社，1990：121.

件：当事人一方涉及大使、公使和领事的一切案件，涉及外国政府或外国侨民的案件，合众国与州之间的诉讼，两州或两个以上州之间的诉讼。其中两州或两个以上州之间的案件属于最高法院独有的初审管辖权，其他案件与联邦地区法院共有初审管辖权。最高法院的大量工作是审理上诉案件，即属于它具有的上诉管辖权范围的案件，包括联邦上诉法院、联邦地区法院、其他联邦法院、各州最高法院判决的上诉案件。

（2）联邦上诉法院

联邦上诉法院介于最高法院与地区法院之间，根据 1891 年国会通过的《司法法》设立，1948 年前称为“美国上诉巡回法院”。目前全美有 12 个联邦上诉法院，设在 12 个司法巡回区内。除华盛顿单划为 1 个司法巡回区外，其他 11 个司法巡回区一般每个横跨 3～9 个州不等。上诉法院一般由 3 名法官共同审理案件。

上诉法院只有上诉管辖权，没有初审管辖权。主要审理对联邦地区法院、某些其他联邦法院（如税务法院）判决的上诉。此外，它还审理对一些联邦行政机构（如联邦贸易委员会）裁定的上诉案件。对于绝大多数联邦案件来说，上诉法院的判决都成为终审判决。

（3）联邦地区法院

地区法院是联邦法院系统中的初级法院，分布于全美各个司法区内。目前美国以人口数量、占地面积及诉讼量为依据将 50 个州划分为 94 个司法区。地区法院在审理和判决案件时一般由 1 名法官单独进行，某些较重大案件才由 3 名法官共同审理。地区法院只有初审管辖权，无上诉管辖权。主要受理涉及联邦法律的刑事和民事案件及跨州诉讼。经它判决的案件可以向联邦上诉法院提起上诉；涉及法律违宪的或以联邦政府为一方当事人的较重大的案件，可以向联邦最高法院提起上诉。

（4）专门法院

国会根据某些特殊类型案件的需要，通过立法设立若干专门法院。如联邦税务法院、领地法院、联邦专利权上诉法院，等等。

2. 法院的职权

法院的职权主要包括两类：一是专有职权即审判权，二是特殊职权。具体分述如下。

（1）审判权

审判权是除法院外不允许其他任何机关行使的一种排他性权力，为法院所专有，是审理权和裁决权的统称。联邦各级法院根据其管辖权，通过法庭审理和裁决涉及联邦法律的刑事、民事、行政诉讼等案件。同时联邦最高法院首席大法官担任总统弹劾法庭的主席。

（2）法律解释权

法官是法律的适用者，由他们解释法律最为方便和准确。1803 年通过“马伯里诉麦迪逊案”，联邦最高法院还得到了解释宪法的权力。

（3）法律制定权

美国法院实行“遵循先例”的裁判原则，最高法院、上级法院的判决是下级法院审理同类案件的依据，形成判例法。判例法产生于法官的判决，即法官在适用法律的过程中推导出的法律规则，被称为“法官法”。从这个意义上讲，法律也可由法院制定。

（4）司法审查权

司法审查权是指由普通法院对立法行为和行政行为进行合宪性或合法性审查的权力。其中最高法院行使违宪审查权已成为美国政治制度中的一项基本原则，鉴于其重要性，下文将作专门介绍。

（5）程序规则的制定权和司法行政事务权

国会授权最高法院制定和修改联邦系统法院的民事、刑事和上诉案件程序规则。同时通过法律，在联邦最高法院设立联邦法院行政处，处长由最高法院院长任命，掌管联邦上诉法院以下各级法院司法行政事务。

（三）法官制度

1. 法官的资格

宪法和法律虽然对法官资格没有任何规定，但长期形成的习惯是：接受正规法学院教育和拥有法学士或法学博士学位，多数法官先前有律师经历。联邦最高法院大法官几乎都当过律师。从下级法院法官向上级法院法官升迁的情况并不多见。

2. 法官的任命

宪法规定，联邦法官由总统提名，参议院批准，总统任命。由于法官在制定政策方面起到重要作用，而且非经弹劾可以终身任职，所以总统、国会、政党以及其他政治力量对法官特别是大法官的任命非常重视。

3. 法官的保障制度

根据宪法和法律的规定，主要包括：第一，法官终身制。法官只要忠于职守，得终身任职；非经弹劾不得被免职。对法官进行弹劾只限于叛国罪、贿赂罪或其他重罪或轻罪，并不涉及失职行为。第二，法官专职制。法官在任职期间不得兼任行政职务，不得兼任议员，不得从事营利性职业（教师除外），也不得从事政治活动。第三，法官高薪制。法官继续任职期间服务报酬不得减少。

（四）陪审制度

陪审制度最早产生于英国，却是在美国发展得最好。联邦地区法院实行大陪审团起诉和小陪审团审判的陪审制度。

宪法修正案第 5 条规定，大陪审团决定某一刑事犯罪是否应提起公诉。其具体职能有：第一，调查证据。如果大陪审团认定有证据可以对被告进行审判，即可提出起诉。第二，调查公职人员的行为。如发现有违法行为，可以提出控告。大陪审团在司法程序中享有独立的诉讼地位，既独立于检察官，不受其制约，也独立于法官，但法官对大陪审团的工作有监督权。

宪法第 3 条规定：“一切犯罪，除弹劾案外，均应由陪审团审判。”宪法修正案第 6、7 条分别规定了陪审团审判刑事和民事案件的权力。小陪审团在司法审判中对事实问题作出决定，其主要职能是参与案件审理，对被告是否有罪作出裁断。

第四节　基本权利

1787 年美国宪法对权利和自由未作出全面系统的规定，为了使宪法得到广泛的承认，于 1789 年制定 10 条修正案专门规定美国人民的权利和自由，被称为《权利法案》。随后美国陆续批准的 17 条修正案中增加了对基本权利保护的内容。司法机关也通过解释和判例对宪法进行实质上的修正。

一、基本权利概述

美国在传统上对基本权利使用“自然权”（natural rights）或“（男）人的权利”（rights of man）的概念，第二次世界大战后倾向于采用“人权”（human rights），认为是“个人”（individual）基于其为人所理应具有的与生俱来的权利，是不可侵犯的和不可转让的权利。基于自然法、“天赋人权”等观点，美国宪法在规定人权保护的内容时，具有以下几种基本情况。

1. 宪法规定，除了选举权、被选举权以及参加国家或地方政治生活等政治权利，享有主体是“合众国公民”外，其他权利的主体是“人民”，而没有要求国籍法意义上的“公民”。这为曾经被排斥在宪法保护之外的美国人民提供了一定的争取权利的宪法基础。

2. 宪法在规定人权保护时，根据传统的立宪主义最终的价值目标限制公权力的滥用以保护个人不可侵犯的权利，《权利法案》采取否定式规定不准联邦政府侵犯或剥夺人民的权利，包括人身自由、精神自由及经济自由等三大自由权以及平等权和选举权等基本权利，一方面表明制宪者认可人权的固有性，另一方面体现了当时美国人民的政府观：联邦政府的权力必须受到限制，最好的护权方式就是限制权力。宪法修正案第 14 条通过后，《权利法案》逐渐适用于各州，表示各州政府的权力也不得侵犯或剥夺人民的权利。

3. 宪法规定联邦国会“不得”制定法律规范对基本权利加以任意限制或规定例外情况，排除了其他法律规范对基本权利所可能加诸的超过该权利本身的内在制约的限度的并不为宪法所允许的制约，表明美国对基本权利的保障模式是直接依据宪法规定而设立的制度来实现的。这主要依靠的是违宪审查制度。

4. 美国早期依据传统立宪主义精神，认为宪法中的权利规范的效力主要限定于个人与国家或公共权力的关系以及国家或公共权力内部的关系，不及于个人之间这一领域。自 20 世纪以来，联邦最高法院在一系列判例中开始承认，在一定情形下，私人行为也可视同为政府行为或州行为，受到宪法效力的拘束。

5. 麦迪逊认为，“《权利法案》之所以有效，是因为它将由法院来实施：‘独立的法院将把自己看成是以一种特殊的方式保护那些权利的捍卫者’”[①]。联邦最高法院依据宪法修正案第 5 条和第 14 条的“正当法律程序”，结合违宪审查制度，通过一系列解释和判决，推进了人权的扩大和保护。

二、主要的基本权利

（一）自由权

1. 宗教自由

早期的欧洲各国盛行政教合一，这些官方的宗教或教派为了维护其宗教和政治上的地位，利用政府力量进行宗教压迫。北美的早期定居者大多是不堪忍受宗教压迫而来到新大陆寻求宗教自由。宪法修正案第 1 条规定：“国会不得制定关于下列事项的法律：确立国教或禁止信教自由；剥夺言论自由或出版自由；剥夺人民和平集会和向政府诉冤请愿的权利。”宗教自由居于首位。

宪法关于宗教自由的规定中，包含两层意思：第一，不得设立国教，实行政教分离，政府对各宗教和教派保持中立。这保障了各宗教和教派的独立和平等，也保障了宗教信仰自由。第二，信教自由。宗教信仰自由是绝对的，政府不得干预；宗教机构或信众在不违反法律的前提下，可以自由进行宗教实践，公共权力不得加以限制。

无论是“政教分离”的含义还是对信教自由的限制准则，长期以来在美国社会中存在着理论与现实的差异，联邦最高法院必须对这些问题作出解释。最高法院通过一系列案件的判决，为宗教自由条款的实施确立了一些具体原则。虽然这些原则并不总是一致，而且常常先后矛盾，但是最高法院对其的解释的总趋势是由从严走向从宽，适应社会的发展，在利益均衡的前

① 施瓦茨．美国法律史．王军，洪德，杨静辉，译．潘华仿，校．北京：中国政法大学出版社，1990：35.

提下，寻求既能实现公共利益又对自由限制更少的途径。

2. 言论自由

言论自由在美国常被称为表达自由，是美国的立宪基础。在美国立法中，言论自由被以绝对化的语气规定为一项基本权利，但实际上仍有一定限制。

根据《权利法案》第1条和联邦最高法院的判例，言论自由一般认为包括言论自由（狭义）、出版自由、集会自由、请愿自由和结社自由。虽然在宪法修正案第1条中没有明文规定结社自由，但在“有色人种协进会诉亚拉巴马州案”中，最高法院在判决中认为：“无可争辩的是，为了推进信仰和思想而从事结社的自由是包含言论自由在内的第14条修正案正当法律手续条款所确保的‘自由’不可分割的一个方面。”①

由于言论自由表现形式的多样，对于其是否应该受到限制以及如何进行限制，争论颇多。1919年最高法院在审理“申克诉合众国案”时，确立了“明显而现实的危险”的标准，为言论自由设立了界限。自“丹尼斯诉合众国案”后，最高法院不再刻意强调某一标准的主导地位，而是采取多元化的标准以解决不同的具体案件。言论自由及其限制的最后解释权在联邦最高法院。

3. 人身自由

人身自由是公民最基本的权利，是人与生俱来的权利，是公民享有其他权利的基础。

(1) 生命健康权。宪法修正案第5条和第14条禁止联邦和州政府不经正当法律程序剥夺任何人的生命。另外，限制死刑的适用范围、对堕胎和安乐死行为的合法性的争议，也表明了对生命权的重视。

(2) 人身保护状。宪法第1条第9款规定，除非发生外患和内乱，国会不得中止人身保护状。

(3) 住宅不可侵犯。宪法修正案第3、4条规定，住宅不受侵犯。该规定源于英美普通法传统。

(4) 禁止非法逮捕和监禁。宪法修正案第4条规定的核心就是人身不受无理由搜查和扣押。人身自由是否应受法律保护，关键在于搜查和扣押是否“合法”，判断的标准即为是否“经过正当法律程序”。

(5) 人格尊严受到保护。人格尊严是人之为人的本质所必然的要求和体现，人格尊严本身不构成对他人或社会的威胁和侵害。残酷的刑罚和拷问、强迫进行奴隶劳动和服苦役，不仅是对人身的恐怖行为，而且是对人精神上的折磨，是对人格尊严的侵犯。宪法修正案第5、6、8、13条等均规定了对人格尊严保护的内容。联邦最高法院在审理案件的过程中，对相关条文作了更加具体的解释。

4. 财产权

美国的制宪者认为，自然权利有两大范畴：人身权和财产权，没有财产权，人身权就没有实际意义，法律的首要目标就是维护财产权，既强调保护现存财产的权利，同样也强调获得财产的权利。② 为保护财产权，宪法第1条第10款规定禁止任何州“通过损害契约义务的法律”；宪法修正案第3条规定住宅不受侵犯；第4条规定财产不受无理搜查和扣押；第5条规定“非有恰当补偿，不得将私有财产充作公用”；第5、14条规定，不经正当法律程序不得剥夺公民的财产。

传统上财产仅包括有体物和无体物。20世纪70年代以前，美国宪法所保障的财产限于不

① 王雅琴. 选举及其相关权利研究——美国选举个案分析. 济南：山东人民出版社，2004：123.

② 施瓦茨. 美国法律史. 王军，洪德，杨静辉，译. 潘华仿，校. 北京：中国政法大学出版社，1990：23-25.

动产、动产、金钱或证券。自从将具有财产价值的权利视为财产以获得宪法和法律的保护的基于福利社会基础上的“新财产”概念出现后，美国将社会福利、经营许可、公共教育、公共职位等本属于政府给予的优惠也纳入了宪法保障的财产范围，成为财产权制度的必要组成部分，受正当法律程序的保护。

（二）平等权

1776 年 7 月 4 日，美国《独立宣言》首次确认：“我们认为这些真理是不言而喻的：人人生而平等，他们都从他们的‘造物主’那边被赋予了某些不可转让的权利，其中包括生命权、自由权和追求幸福的权利。为了保障这些权利，所以才在人们中间成立政府。而政府的正当权力，则系得自被统治者的同意。”平等与生命权、自由权和追求幸福的权利一并成为决定成立政府的正当基础，构成其他基本人权的前提。宪法修正案第 14 条规定：任何一州在州管辖范围内，不得拒绝给予任何人以平等法律保护，虽然没有相应条款适用于联邦政府，但依据宪法修正案第 5 条的正当法律程序对联邦政府具有同样效力。在宪法学理论上称之为法律平等保护。到目前为止，该条款的意图既要求法律实施平等，也保障立法平等。

1. 法律平等保护的审查标准

平等保护条款并不禁止法律对不同人群进行区别对待，但法律对不同人群的分类，必须具有正当的利益，必须与该法律的目的具有合理的联系。法律的平等保护是联邦最高法院审查法律是否违宪的重要原则。法律的平等保护不仅对包括司法在内的政府具体执行法律的行为产生拘束力，而且对国会和各州国会制定法律同样具有直接的拘束力。最高法院根据第 14 条宪法修正案规定判断立法行为是否符合平等保护的原则，在法律平等保护学说的发展过程中，形成了三个不同的司法审查标准：第一，嫌疑归类，即严格审查标准。主要适用于审查有关种族问题归类的立法及相关国家行为。第二，性别归类，即中等审查标准。主要适用于涉及性别立法归类及相关国家行为。第三，经济归类，即宽松审查标准。主要适用于有关经济归类的立法及国家行为。只要认定是不合理归类的立法及国家行为，就属于违反法律平等保护的原则。

2. 法律平等保护的实践领域

（1）取消教育领域中的种族隔离

20 世纪的大部分时间里，在有别于政治平等的社会平等事务中，甚至官方批准的种族隔离，也被裁定为不违反平等保护条款。1896 年“普莱西诉弗格森案”中，最高法院作出判决确认“隔离但平等”，意味着从宪法上肯定了南方对黑人的种族隔离和歧视。直至 1952 年包括 5 个案件的关于中小学教育中的种族隔离案件即“布朗案”上诉到最高法院，1954 年最高法院裁定：“隔离的教育设施是固有的不平等的，因而要求或允许学校实行种族隔离的法律违反平等保护原则。”① 该案推翻了普莱西案的判决结果。在此之后，反对各州支持的种族隔离的行动还扩大到了其他公共设施。

（2）性别平等保护

第 14 条宪法修正案为女性争取平等权提供了宪法基础，成为女性挑战立法歧视的工具。在 20 世纪 70 年代前，性别歧视的法律反映了当时美国的家长式的态度，性别的分类方法一般都能得到法院的支持，法院适用的是一种高度尊重立法的合理性审查标准。1976 年在“克雷格诉博伦案”中，最高法院裁定，性别分类接受中级审查标准，“按性别分类必须服务于重要的政治目标，同时必须同这些目标的实现有实质性联系”②。虽然有大法官对此标准表示不同

---

① 杰罗姆·巴伦，等. 美国宪法概论. 刘瑞祥，等译. 北京：中国社会科学出版社，1995：149.

② 罗伦，等. 美国宪法概论. 刘瑞祥，等译. 北京：中国社会科学出版社，1995：161.

意，但其成为终结歧视女性分类政策的一项重要标准。

（三）选举权

《1787 年联邦宪法》对公民选举权未作规定，只是在第 1 条第 2 款规定："每州的选举人应具备该州州议会人数最多一院选举人所必须具备的资格。"即是否有资格参加选举取决于是否有资格参与各州的选举，把规定选民资格的权力交由各州决定，这导致各州选民资格的不一致。但有一点是共同的，当时各州的选举法普遍规定，只有白色人种中拥有一定数量财产的男性公民才有选举权。美国公民的选举权受到种族、财产、性别等各方面的限制，普选制在美国经过了两百多年的历史才得以确立。

1. 种族限制的取消

南北战争后，种族限制的取消从黑人开始。1870 年宪法修正案第 15 条第 1 款规定："合众国或任何一州不得因种族、肤色或以前的奴隶身份而否认或剥夺合众国公民的选举权。"该条规定在当时只适用于黑人。直到 1924 年，美国才承认了土著美洲印第安人的公民资格，后者得到了选举权。

2. 性别限制的取消

从 19 世纪 20 年代开始，争取平等权利的女权运动产生。1890 年到 1920 年是女权运动争取选举权的阶段。1890 年怀俄明州成为妇女取得选举权的第一个州，1918 年有 14 个州承认了妇女的选举权。1920 年第 19 条宪法修正案规定："合众国或任何一州不得因性别而否认或剥夺合众国公民的选举权。"

3. 财产限制的取消

1787 年联邦宪法生效后，各州规定，只有拥有财产或纳税的白人成年男子才有选举权。19 世纪 30 年代，绝大多数州已取消了将拥有财产作为享有选举权的资格，1860 年没有一个州把拥有财产作为享有选举权的条件。1964 年宪法修正案第 24 条规定："合众国或任何一州不得以未交纳人头税或其他税款为由，否认或剥夺合众国公民在总统或副总统、总统或副总统选举人或参议员、众议员的任何初选或其他选举中的选举权。"

4. 年龄限制的取消

1971 年前，有 46 个州规定享有选举权的最低年龄为 21 岁，而服兵役的最低年龄却是 18 岁。从 20 世纪 60 年代开始，美国青年开展了降低投票年龄的运动。1970 年国会制定了《投票权利法》，却被最高法院在"俄勒冈州诉米切尔案"中判决其中关于州和地方选举部分违宪。1971 年宪法修正案第 26 条规定："合众国或任何一州不得因年龄而否认或剥夺已满 18 岁或 18 岁以上合众国公民的选举权。"

5. 哥伦比亚特区居民取得选举权

哥伦比亚特区由于直接受国会管辖，居住在特区的公民（特区居民 70％为黑人）长期无选举权，即使在有关特区本身的事务上也是如此。根据 1961 年宪法修正案第 23 条的规定，特区公民从此享有选举权。

第五节　司法审查制度

美国《1787 年联邦宪法》是按照三权分立理论设计政府体制的。作为"联邦三头政治"之一的联邦最高法院，有权以政府的行为与宪法相抵触为由宣布其无效，对美国的政治、经济、法律等各方面都产生了重大影响。托克维尔在 1835 年就指出："美国的最高法院，不管从其职权的性质来说，还是从其管辖的受审人的范围来说，均远远高于已知的任何法院"，"其他任何国家都从来没有创制过如此强大的司法权”①。司法审查权是联邦最高法院最重要的权力，司法审查制度被认为是美国对政治理论的独特贡献。

一、司法审查制度的产生

司法审查制度在《1787年联邦宪法》中未作任何规定，其第3条第1款规定司法权属于最高法院和国会设立的下级法院，第2款规定了司法权适用的范围。宪法条文既没有明确说明法院是否有宪法解释权，也没有清楚界定最高法院与国会、总统的关系。因此考克斯认为：“如今由联邦最高法院所行使的巨大权力在宪法文本中根本没有一丝迹象，没有一个字眼指出最高法院可以审查国会或总统法案的合宪性，同样没有规定明确授权最高法院可以开庭审查州法院所作出的宪法判决。”② 现在，一般认为，司法审查制度源起于1803年的“马伯里诉麦迪逊案”，但实际上司法审查制度的确立有其理论和社会基础。

（一）司法审查与普通法传统有关

普通法是法官从习惯中发现的法，体现了正确理性，在英国被视为高级法。13世纪英国国王爱德华一世和爱德华三世都表示，《自由大宪章》是英国的基本法，任何违反《自由大宪章》的法律和判决都是无效的，《自由大宪章》被当做普通法对待。17世纪时，爱德华·柯克在“博翰姆案”中指出：“在许多情况下，普通法会审查议会的法令，有时会裁定这些法令完全无效，因为当一项议会的法令有悖于共同权利和理性、或自相矛盾、或不能实施时，普通法将对其予以审查并裁定该法令无效，这种理论在我们的书本里随处可见。”③ 柯克对美国影响最大的思想就是国会法律之上还有更高的法律，如果与之抵触，就是无效的。北美殖民地人民否决印花税的正当性，依据的就是“法律违反宪法则无效”的理论。一些州法院判决案件时就应用了这一思想，它在汉密尔顿、马歇尔等人的观点中也得到了印证。

北美独立后，13个州先后移植了英国的普通法体系。普通法是由法官在实际案例中逐步形成的一系列判例规则，在以后的同类案件中，这些规则作为判例法被直接引用，此即遵循先例的原则。最高法院在审理案件时同样要求遵循先例，审判案件时参照适用普通法。最高法院在审理“马伯里诉麦迪逊案”“马丁诉亨特承租人案”时，正是运用遵循先例原则建立了司法审查权，奠定了司法审查制度。

（二）早期各州司法审查的实践经验

早期美国的一些州法庭中存在事实上的司法审查实践，某些案件中法官针对受挑战立法所作出的维持判决里也确认过凌驾于立法之上的司法权威。④ 各殖民地宣布独立后，各州权力基本被州议会控制，州议会在未经人民同意的情况下制定了一些法律，因此出现了利用法院运用司法审查权否决立法的效力的案件。第一例司法审查案件是1780年新泽西州的“霍姆斯诉沃尔顿案”，随后1782年、1786年、1787年又出现类似案件，确立了宣布违宪的法律无效的权力直接来源于法院的原则，这说明司法审查权在当时得到了人民的承认，为最高法院进行司法审查奠定了司法基础。

（三）司法审查的政治理论基础

1. 权力分立理论

对美国政治制度的建立最具影响力的学说是孟德斯鸠的三权分立原则。美国宪法根据孟德

① 托克维尔. 论美国的民主：上卷. 董果良，译. 北京：商务印书馆，1997：168.

② 考克斯. 法院与宪法. 田雷，译. 北京：北京大学出版社，2006：37.

③ 考文. 美国宪法的“高级法”背景. 强世功，译. 北京：生活·读书·新知三联书店，1996：43.

④ 斯诺维斯. 司法审查与宪法. 谌洪果，译. 北京：北京大学出版社，2005：15.

斯鸠的理论，将国家权力分为三个部门：立法机关、行政机关和司法机关，三者相互独立并相互制衡。联邦最高法院虽然在初期处于较弱的地位，但由立法机关或行政机关控制的司法机关是不符合权力分立原则的，没有司法审查权的最高法院也不足以牵制国会和总统。最高法院在这种特殊的分权体制内逐渐树立了自己的权威。

2. 自然法思想

美国法律制度的创设同样受到洛克自然法思想的影响。洛克提出的自然法概念几乎完全融入个人的自然权利中，将自然法改变为人的权利。洛克认为："自然法是所有的人、立法者以及其他人的永恒的规范"，"凡是与它违背的人类的制裁都不会是正确或有效的"，"既然自然法是不成文的……如果没有专职的法官……自然法便失去了它应有的作用，不能用来决定那些生活在它之下的人们的权利"①。自然法成为美国宪法的高级法背景。从《自由大宪章》、《五月花号公约》、州宪法到联邦宪法，一直存在这样一种观点：确定政府的结构与保护人类自然权利的方式在于将这些内容写入一部成文宪法中。而且为防止立法机关的暴政，法院撤销违宪的国会法案的权力是不证自明的。

3. 宪法的高级法观念

宪法第 6 条规定："本宪法及依照本宪法所制定的合众国法律以及根据合众国的权力所缔结或将缔结的一切条约，均为全国的最高法律；即使与任何一州的宪法和法律相抵触，各州的法官仍应遵守。"本条确立了宪法的高级法地位。这是因为"宪法并不是政府的法令，而是人民组成政府的法令；政府如果没有宪法就成了一种无权的权力了"②。宪法只有人民才能制定或修改，而普通法律依据宪法并在宪法的范围内制定或废止。为保证立法不违反宪法，"法院成为人民与立法机关的中间机构，以监督后者局限于其权力范围内行事。解释法律乃是法院的正当与特有的职责。而宪法事实上是，亦应被法官看做根本大法。所以对宪法以及立法机关制定的任何法律的解释权应归于法院。如果二者出现不可调和的分歧，自以效力及作用较大之法为准。亦即宪法与法律相较，以宪法为准；人民与其代表相较，以人民的意志为准"③。

宪法第 6 条的规定虽然确立了宪法的最高性，但却不能保证宪法解释的一致性。依据条文内容，所有法院都应有解释宪法的权力，如此必然发生解释的冲突，甚至可能导致国家的危机。因此只有将解释宪法、审查各州法律的权力交给联邦最高法院才能保证宪法的统一执行。在 1816 年"马丁诉亨特承租人案"中，联邦最高法院宣称最高法院是审查州法的最终机关，为确立联邦最高法院的权威地位奠定了基础。

（四）司法审查中大法官的作用

美国法律史上有普通法的传统继承，有保障法官独立的制度建设。汉密尔顿还认为："司法部门的任务性质决定该对宪法授予的政治权力危害最寡，因其具备的干扰与危害能力最小"，"法院必须有宣布违反宪法明文规定的立法为无效之权"④。这为法院（法官）进行司法审查奠定了基础。托克维尔在考察了美国民主制度的实际运用后认为"联邦的安定、繁荣和生存本身，全系于七位联邦法官之手。没有他们，宪法只是一纸空文"⑤。由于宪法解释权和司法审查权在宪法中并无明确规定，将这些权力发展为最高法院的权力范围则需要大法官们的胆识和才智。自 1803 年马歇尔将解释宪法的司法审查权宣布为由最高法院拥有后，经过坦尼法院的精心维护，到 1840 年，最高法院获得了至上的统治地位。虽然 1857 年"斯科特诉桑德福案"

① 洛克．政府论：下篇．叶启芳，瞿菊农，译．北京：商务印书馆，1964：84.

② 潘恩．潘恩选集．马清槐，等译．北京：商务印书馆，1989：250.

③ 汉密尔顿，杰伊，麦迪逊．联邦党人文集．程逢如，在汉，舒逊，译．北京：商务印书馆，1980：393.

④ 同③391-392.

⑤ 托克维尔．论美国的民主：上卷．董果良，译．北京：商务印书馆，1997：169.

损害了最高法院的威望，但随后的众多的大法官为司法审查制度的发展都作出了贡献。可以说，没有大法官的呵护，就没有司法审查制度。因此，第11位首席大法官查尔斯·埃文斯·休斯曾说："我们在宪法下生活，但宪法是什么意思，却是法官说了算。"①

二、司法审查的原则

1. 合宪性推定原则

法院只有在有足够的理由证明法律法令违宪时，才能宣布其违宪。因为立法机关和行政机关依据宪法设立，宪法授予其职权，国家机关应该在宪法的范围内行使职权，所以法律法令应当被推定为合宪。

2. 政治问题不予审查原则

法院并非民意机关，因此对于政治问题应当避免介入判断。法院介入政治问题，必然导致法院卷入政治旋涡，使法院丧失司法机关的中立性，司法独立将受到重大影响。

3. 立法动机不予审查原则

即使国会制定的法律存在错误，除非国会被证明是专断或不合理，法院必须执行。法院不应该审查国会制定法律的动机和目的，否则就侵犯了权力分立原则，也会使司法审查的合法性受到多数民主的挑战。

三、司法审查的受案标准②

1. 诉讼当事人之间存在实际争议

案件争议通过法官的审理以寻求事实真相，双方具有对抗性，各自以充分的证据维护自己的利益。在法律诉讼中，当事人之间的争议必须是真实的并具对抗性。这种要求意味着法院不会审理所谓的"友好性争诉"，法院对未发生实际法律诉讼的案件不会给予"咨询性建议"。

2. 诉讼当事人必须具有诉讼资格

为了满足案件或争议的需要，当事人诉诸法院必须具有相应的诉讼资格。诉讼资格依据宪法第3条关于案件或争议的规定而确立，其基本条件是：法律保护的个人权利和利益受到侵害，其他救济手段已经穷尽。

3. 法院不审理因情势变更而导致诉讼案由灭失的案件

即使诉讼当事人在案件开始具有诉讼资格，但当其诉讼所依据的事实或法律等事由在司法审判之前发生变更导致诉讼案由灭失，案件或争议不复存在时，法院也不再对此案件进行司法审查。

4. 诉讼案件必须具有成熟性

一个司法审查的案件提起诉讼时，必须是损害事实已经出现并已经穷尽所有的救济途径。因此成熟性问题实质上是一个案件是否到期的问题，对一个没有发生或已经灭失的案件进行司法审查是对司法资源的浪费，法院一般会拒绝审查。

四、司法审查的特征

1. 由普通法院进行违宪审查

一般来说，普通法院系统的各级法院都有违宪审查权，但最终的审查机关是最高法院。最

① 李道揆. 美国政府和美国政治：上册. 北京：商务印书馆，1999：41.

② 范进学. 美国司法审查制度. 北京：中国政法大学出版社，2011：220-228.

高法院既有权解释宪法，也有权依照宪法审查国会、行政机关的行为和法院（包括最高法院）的判决是否有效。

2. 这种违宪审查具有附带性和事后性，实行“不告不理”的原则

法院只有在审理具体案件时，才能对争诉案件所涉及的法律的效力问题附带进行裁判。如果没有具体的诉讼案件，法院不能主动对现行法律、法令进行审查。

3. 违宪判决的效力不具有普遍性

一般来说，法院对某项法律、法令作出违宪裁决后，裁决的效力只及于本案及其诉讼当事人，不具有普遍的效力。但由于实行判例法，最高法院的判决对下级法院审理同类案件具有约束力，法律、法令只要经过最高法院判定违宪，下级法院就不再援用。对其他国家机关，这些法律、法令虽然仍然需要执行，但必须考虑法律、法令已被法院宣布过违宪，因此会限制执行。

典型案（事）例

1. 布朗诉托皮卡教育委员会案

布朗是一位受人尊敬的黑人牧师，其女儿琳达正要上小学的时候却被告知，由于堪萨斯州法律规定黑白分校，琳达只能前往离家甚远的门罗小学，而不能就近前往萨姆小学上课。就此，布朗在美国全国有色人种协进会（NACCP）的帮助下，把当地公立学校的主管机构托皮卡教育委员会告上法庭，要求禁止在托皮卡的公立学校中实行种族隔离。该案件一直上诉到联邦最高法院。在最高法院的第一次庭审中，双方激烈辩论，最高法院九位大法官一时无法得出一致意见。随后在破天荒进行的第二次庭审辩论中，接任联邦最高法院的首席大法官沃伦意识到废除种族隔离制度的必要性。1954 年 5 月 17 日，最高法院九位大法官作出一致判决，认为公共教育事业不允许隔离的教学措施。这个结论既推翻了 1896 年普莱西诉弗格森案中确立的“隔离但平等”原则，又照顾到了立场保守的里德大法官，同时还尽可能减少了舆论混乱和社会不稳。这一案件是风起云涌的美国民权运动的先声。

2.《纽约时报》公司诉萨利文案

1960 年，黑人民权领袖马丁·路德·金等在《纽约时报》刊登宣传民权运动的广告，但这一广告个别细节失实，歪曲了警察的正当执法行为。随后，蒙哥马利市主管警察事务的民选市政专员萨利文控告《纽约时报》，认为这一广告严重损害了他的名誉并要求巨额赔偿。1964 年，联邦最高法院一致否决了亚拉巴马州地方法院的判决。负责起草判决书的布伦南大法官认为，新闻报道应当受到《权利法案》（美国宪法第一修正案）的保护，即使个别细节失实，有损当事官员名誉，也不能成为压制新闻和言论自由的理由；强迫批评官方者必须做到完全真实，毫无纰漏，不仅是一件不可能的事情，而且会导致新闻自我检查的产生，从而严重挤压言论自由的空间。最高法院的判决进而指出，当政府公职人员因处理公众事务而受到批评和指责，使个人名誉可能受损时，除非官员能够证明这种指责具有“真正的恶意”，否则批评官员的行为都将获得法律保护。也就是说，面对新闻媒体的舆论监督和批评，政府官员必须具备更大的“气度”，不能肆意提起诉讼，更不能滥用公权力压制媒体的报道，因为这是保护言论自由所必需的。

宪法条文节选

独立宣言

我们认为这些真理是不言而喻的：人人生而平等，他们都从他们的“造物主”那边被赋予某些不可转让的权利，其中包括生命权、自由权和追求幸福的权利。

1787 年美利坚合众国宪法

第 1 条第 3 款

合众国参议院由每州州议会选出 2 名参议员组成，参议员任期 6 年，每名参议员有一票表决权。

参议员在第一次选举集会时，应尽可能平均分成三组：第一组参议员应于第 2 年年终改选，第二组参议员应于第 4 年年终改选，第三组参议员应于第 6 年年终改选，以便每两年改选参议员总数的 1/3。

在任何一州州议会休会期间，如因辞职或者其他原因出现参议员缺额，该州行政长官可在州议会召开下次会议补足缺额之前，任命临时参议员。

年龄未满 30 岁，为合众国公民未满 9 年以及当选时非其选出州居民者，不得为参议院议员。

合众国副总统应为参议院议长，但除非出现该院全体参议院的赞成票和反对票相等的情况，否则，无表决权。

参议院应选定本院其他官员，遇副总统缺席或行使合众国总统职权时，并应选举临时议长。

参议院享有审理一切弹劾案的全权。因审理弹劾案而开庭时，参议员应进行宣誓或作郑重声明。合众国总统受审时，应由最高法院首席大法官主持审判，无论何人，非经出席参议员 2/3 人数同意，不得被定罪。

弹劾案的判决，应以免职和剥夺其担任和享有合众国荣誉职位、信托职位或高收益职位的资格为限；但被定罪者仍应依法接受起诉、审讯、判决和惩罚。

第 1 条第 8 款

国会应有下列权力：

规定和征收直接税、间接税、进口税与货物税，以偿付国债、提供合众国共同防御与公共福利，但所有间接税、进口税与货物税应全国统一；

以合众国的名义借贷款项；

管理合众国与外国的、各州之间的以及印第安部落的贸易；

制定全国统一的归化条例和破产法；

铸造货币，厘定国币和外币的价值，并确定度量衡的标准；

制定关于伪造合众国证券和通货的罚则；

设立邮局并开辟邮路；

保障作者和发明者对其著作和发现在限定期间内的唯一权利，以促进科学与实用技术的发展；

设立低于最高法院的各级法院；

明确划定并惩罚在公海上所犯的海盗罪与重罪以及违反国际法的犯罪行为；

宣战，颁布缉拿敌船许可证和报复性拘捕证，制定关于陆上和水上的拘捕条例；

招募陆军并供应给养，但此项用途的拨款期限不得超过两年；

装备海军并供应给养；

规定民兵的组织、装备和纪律，规定可能被征召为合众国服务的那部分民兵的管理办法；但民兵军官的任命和按照国会规定的纪律训练民兵的权力由各州保留；

在任何情况下，对由某些州让与合众国，经国会接受，充做合众国政府所在地的区域（其面积不超过 10 平方英里）行使专有的立法权；

并对经州立法机构同意由合众国在该州购买的一切用于修筑要塞、军火库、兵工厂、船厂及其他必要建筑物的区域行使同样权力；

制定为执行以上各项权力和依据本宪法授予合众国政府或政府中任何机关或官员的其他一切权力所必要的和适当的法律。

第3条第2款

司法权适用的范围如下：一切基于本宪法、合众国法律以及根据合众国权力所缔结的及将缔结的条约而产生的普通法及衡平法的案件；一切涉及大使、其他使节及领事的案件；一切有关海事法和海事管辖权的案件；以合众国为当事人的诉讼；两个州或数个州之间的诉讼；一州与另一州的公民之间的诉讼；一州公民与另一州公民之间的诉讼；同州公民之间对他州让与土地的所有权的诉讼；一州或其公民与外国或外国公民或国民之间的诉讼。

涉及大使、其他使节和领事以及以州为当事人的一切案件，其初审权属于最高法院。对上述的所有其他案件，无论是法律方面还是事实方面，最高法院有上诉审理权，但须遵照国会所规定的例外与规则。

一切罪案，除弹劾案外，均应由陪审团审判；审判应在犯罪发生的州内进行；但如不止在一个州内发生，审判应在国会以法律规定的一处或数处地点进行。

宪法修正案第1条

国会不得制定关于下列事项的法律：确立国教或禁止信教自由；剥夺言论自由或出版自由；剥夺人民和平集会和向政府诉冤请愿的权利。

宪法修正案第5条

非经大陪审团提出报告或起诉，任何人不得受死罪或其他重罪的惩罚，唯在战时或国家危急时期发生在陆、海军中或正在服役的民兵中的案件不在此限。任何人不得因同一犯罪行为而两次遭受生命或身体伤残的危害；不得在任何刑事案件中被迫自证其罪；未经正当法律程序，不得剥夺任何人的生命、自由和财产；非有恰当补偿，不得将私有财产充做公用。

宪法修正案第6条

在一切刑事诉讼中，被告应享受下列权利：由犯罪行为发生地的州和地区的公正陪审团予以迅速和公开的审判，该地区应事先已由法律确定；获知受控事件的性质和原因；与原告证人对质；以强制程序取得有利于自己的证据，并取得律师的帮助为其辩护。

宪法修正案第14条

一、在合众国出生或归划于合众国并受合众国管辖的人，均为合众国和他所居住的州的公民。无论何州均不得制定或实施任何剥夺合众国公民的特权和豁免的法律；无论何州，未经正当法律程序均不得剥夺任何人的生命、自由或财产；亦不得拒绝给予在其管辖下的任何人以同等的法律保护。

…………

思考题

1. 如何看待《五月花号公约》在美国宪法发展史中的地位？
2. 如何看待美国宪法的高级法背景？
3. 如何看待美国宪法的联邦主义原则？
4. 请分析美国制宪过程中体现的“妥协性”及其意义。

参考文献

1. 汉密尔顿，杰伊，麦迪逊. 联邦党人文集. 程逢如，在汉，舒逊，译. 北京：商务印书馆，1980.

2. 施瓦茨. 美国法律史. 王军，译. 北京：中国政法大学出版社，1990.

3. 巴伦，迪恩斯. 美国宪法概论. 刘瑞祥，潘嘉玢，颜福祥，董承玺，林红，译. 北京：中国社会科学出版社，1995.

4. 唐鸣，王为，王春英. 当代西方国家政治制度. 北京：世界知识出版社，1996.

5. 考文. 美国宪法的“高级法”背景. 强世功，译. 北京：生活·读书·新知三联书店，1996.

6. 李道揆. 美国政府和美国政治. 北京：商务印书馆，1999.

7. 陈业宏，唐鸣. 中外司法制度比较. 北京：商务印书馆，2000.

8. 王雅琴. 选举及其相关权利研究——美国选举个案分析. 济南：山东人民出版社，2004.

9. 张千帆. 宪法学. 北京：法律出版社，2004.

10. 考克斯. 法院与宪法. 田雷，译. 北京：北京大学出版社，2006.

11. 斯诺维斯. 司法审查与宪法. 谌洪果，译. 北京：北京大学出版社，2005.

12. 胡锦光. 外国宪法. 北京：法律出版社，2011.

13. 范进学. 美国司法审查制度. 北京：中国政法大学出版社，2011.

14. 孙谦，韩大元. 世界各国宪法——美洲大洋洲卷. 北京：中国检察出版社，2012.

15. 韩大元. 外国宪法. 4版. 北京：中国人民大学出版社，2013.

第三章 法国宪法

法国是位于西欧的一个高度发达的资本主义国家，全名为法兰西共和国，现为法兰西第五共和国。法国是一个崇尚自由、个性张扬的国度，有着极为辉煌的人文历史。从公元 9 世纪到 18 世纪，法国的封建王朝时代经历了 10 个世纪之久，并最终演变为绝对君主专制的体制。经历漫长的中世纪，文艺复兴的号角吹亮了西方启蒙思想家的智慧，以革命之雷霆手段推翻暴政建立宪法国家成为西方国家的目标，法国就是其中的杰出代表，但法国人骨子里的政治浪漫主义使法国宪法之路跌宕起伏。法国宪法发展的重要特点之一，就是宪法变动频繁，错综复杂。事实上，宪法的安定性反映出一国政治的稳固性。宪法修改是国家政治生活中的一件大事，宪法不可随意修改，也不可不修改。

第一节　法国的制宪历史

法国是大陆法系国家中制定宪法最早、颁布宪法最多的国家。1789 年 7 月 14 日，法国爆发了资产阶级大革命，并于同年 8 月 26 日颁布了《人权宣言》，这是法国历史上第一个宪法性文件，它拉开了近代法国立宪活动的序幕。自 1791 年法国制定第一部完整的宪法以来，迄今为止法国已先后颁布了 13 部宪法（另据统计，法国共有 24 次宪法修改，最近一次为 2008 年宪法修改），它们分别是 1791 年宪法、1793 年宪法、1795 年宪法、1799 年宪法、1802 年宪法、1804 年宪法、1814 年宪法、1830 年宪法、1848 年宪法、1852 年宪法、1875 年宪法、1946 年宪法与 1958 年宪法。这还不包括未获通过的吉伦特派宪法草案、1946 年 5 月被公民否决掉的宪法草案以及从未公布过的伪维希宪法。

法国宪法数量之多，变动之频繁，在西方宪法史上是非常罕见的。法国仅在 1789—1870 年间就制定过 8 部宪法，平均每 10 年左右就有一部新宪法。莫里斯·德朗德尔写道：从 1789 年至 1870 年法国可以说是世界上唯一的宪法试验场。81 年中，它实行过各种各样的政治体制，这在任何其他民族的历史上都是找不到的。

法国已颁布的宪法不仅数量多，而且类别极为复杂。[1] 以宪法的制定主体来划分，既有封建君主制定的钦定宪法（如 1814 年宪法），又有封建君主与资产阶级代表经过争夺和妥协之后制定出的协约宪法（如 1830 年宪法），而多数则属于由资产阶级制定的民定宪法。以宪法所确立的国家制度来划分，大多数是实行资产阶级共和制的宪法，也有实行封建帝制的宪法（如 1814 年宪法）与君主立宪制度的宪法（如 1791 年宪法）。这些宪法因制定主体和所保护的阶级

---

① 赵宝云. 西方五国宪法通论. 北京：中国人民公安大学出版社，2005：202.

利益不同，呈现出不同的特色。[①]

一、《人权宣言》

（一）《人权宣言》的产生

18世纪80年代，法国国内各种矛盾激化。1789年5月5日，为暂时平息各阶层的不满，并借机解决国内财政危机，国王路易十六在凡尔赛宫召开1614年以来从未召开的三级会议[②]，会议预定的内容是征税。在出席这次三级会议的1 200名代表中，接受了启蒙思想的新兴资产阶级代表有600名。会议一开始，第三等级要求会议三级联合举行，但贵族和教士则主张按传统分开举行。6月17日，第三等级宣布自行召开国民会议，并主张制定宪法。6月20日，当国王以关闭三级会议第三等级会场相威胁时，第三等级代表举行了著名的“网球场宣誓”，表示“不制定法兰西宪法，决不解散”。后来，贵族和教士也加入了国民会议。7月9日，国民会议改为制宪会议，路易十六被迫让步，同意制定一部维持君主制度并革新社会秩序的宪法，但7月11日国王向凡尔赛调集军队准备武力镇压第三等级，在此危急时刻，巴黎人民举行武装起义，并于7月14日攻克巴士底狱，法国大革命爆发。

在革命取得初步胜利但仍有艰巨任务需要完成的情况下，为了更好地号召群众，推动革命，国民会议确认有必要仿照北美独立战争时期的做法，宣布一个权利宣言作为施政纲领，也作为法国制定宪法的前奏。在这种背景下，制宪会议委托西耶斯、穆尼埃、米拉波等资产阶级代表，起草关于确认公民基本人身权利的宣言。8月26日，制宪会议通过了《人和公民权利宣言》（简称《人权宣言》）。

（二）《人权宣言》的主要内容

《人权宣言》本身并不是一部完整的宪法，而只是一个宪法性文件，然而，《人权宣言》所提出的一系列宪法原则，一直彪炳于法国的多部宪法性文件中，例如，法国大革命时期制定的1791年宪法就将其全文载入宪法之中，法国1793年宪法将之前的宪法原则作了进一步的修改补充，甚至在《人权宣言》产生两百多年后的今天，法国宪法仍然在序言部分庄严写道：法兰西人民郑重宣告恪遵1789年人权宣言中明确规定并在1946年宪法序言中确认与补充的人权和国家主权原则。

《人权宣言》全文不足两千字，开头有一段序言，其后共列17条宣言正文，概括起来有三个方面的内容，即关于资产阶级的人权理论、关于资产阶级的法治理论、关于资产阶级的国家理论。

《人权宣言》所提出的人权理论，猛烈地批判了封建专制制度对人权的践踏，将其看作是封建专制制度陷入危机和腐败的原因，这就为资本主义制度取代封建制度提供了理论依据，被一些思想家称为“旧制度死亡之证明书”。《人权宣言》提出的“主权在民”“三权分立”等国家学说，是对以“主权在君”“君主集权”为特征的封建君主集权制度的否定，为法国后来建立“三权分立”的共和国提供了理论基础。《人权宣言》所提出的“法律面前人人平等”“法治国”等法治理论，则是对封建司法专横行为的限制，并为法国之后制定民法典、刑法典等提供了依据。

---

① 何勤华．西方宪法史．北京：北京大学出版社，2006：378.

② 三级会议从14世纪初开始召开，初期国王政府通过这一机关取得市民和中小贵族的支持，反对大贵族，加强国家的统一。它的召开是法国等级代表君主制形成的主要标志。其中第一等级是教士，第二等级是贵族，第三等级是平民。

二、1791 年宪法

《人权宣言》发表后，法国国民议会开始着手起草宪法，并于 1789 年 9 月产生了一部宪法草案，但该宪法草案历经两年多的讨论、修改才得以通过。这部宪法难产的原因主要包括两个方面：一是以国王为首的封建势力的阻挠和破坏，国王、贵族和僧侣根本就反对制定宪法；二是革命阵营内部革命派与保守派存在激烈斗争，他们在有关国王的否决权、一院制与两院制的选择、政府各部部长的任免权以及议员兼职等问题上，展开了长期的争论。① 最后，革命派与国王进行妥协，赋予国王暂时的否决权，才使得这部宪法呱呱坠地。

1791 年宪法的基本特征包括：第一，确立了三权分立的君主立宪政体。宪法第三篇第 3 条规定："立法权委托给由人民自由选出的暂时性的代表所组成的国民议会，由它协同国王的批准按照下面所定的方式行使之。"第三篇第 4 条规定："政府是君主制，行政权委托给国王，在他的统辖之下，由部长和其他负责官员按照下面所定的方式行使之。"第三篇第 5 条规定："司法权委托给由人民按时选出的审判官行使之。"这些规定确立了立法权、行政权、司法权由不同的机关行使的三权分立并相互制衡的政治体制。第二，确立了国民主权原则和代议制。宪法第三篇第 1 条规定："主权是统一的、不可分割的、不可剥夺的和不可移动的；主权属于国民，任何一部分人民或任何个人皆不得擅自行使之。"这条明确了国民主权原则。第三篇第 2 条规定："一切权力只能来自国民，国民只得通过代表行使其权力，法国的政体是代议制，代表就是立法议会和国王。"这条明确了代议制的基本原则。第三，赋予国王较大的权力。宪法规定：最高行政权专属于国王；国王是陆军和海军的最高首长；国王受托担负注视王国的外部安全及维持王国的权利和属地之责；立法议会的法令应提呈国王，国王对于法令得拒绝同意。此外，国王还有诸多方面的人身任免权。

1791 年宪法是法国第一部资产阶级宪法，是第一部君主立宪制宪法，也是欧洲大陆第一部成文宪法。它从宪法上结束了法国的封建专制统治，废除了一切封建制度，取消了一切特权，建立了君主立宪政体。从基本内容可以看出，这部宪法在一定程度上体现了孟德斯鸠的"三权分立"和"君主立宪"思想，具有了资产阶级宪法的基本结构与特征，为法国近代政治制度奠定了基础。该宪法在法国历史上具有重要地位，虽然实施不到一年，但它对之后的宪法影响深远，其中许多条文在其他宪法文本中仍然可以找到。

三、1793 年宪法

1791 年宪法是在法国资产阶级革命初期制定的，是新兴资产阶级与封建贵族妥协的产物，带有很大的妥协性。它剥夺了广大人民群众的政治权利，实行有财产资格限制的两级选举制，排斥直接民主制度，国王权力过于强大，这些制度上的先天不足为法国之后的实践埋下了隐患。

1792 年 4 月 20 日，路易十六利用宪法赋予的权力反对对奥战争，企图勾结欧洲反动势力镇压革命。7 月 25 日，普奥联军总司令应法国王后的要求，发表反对法国革命的宣言，扬言要全面恢复波旁王朝在法国的封建统治，严惩革命者。8 月 10 日，巴黎人民再次举行武装起义，推翻了国王。9 月 20 日，召开新的制宪会议——国民大会，取代国民议会。9 月 21 日，宣布法国为共和国，法兰西第一共和国就此诞生。法兰西共和国成立后，制定资产阶级共和制度的新宪法工作被提上了国民大会的议事日程。初期的国民大会内部有以布黑索、罗兰为首的资产

① 洪波．法国政治制度变迁——从大革命到第五共和国．北京：中国社会科学出版社，1993：58.

阶级右派（又称吉伦特派）、中间派（又称沼泽派）和以罗伯斯庇尔、马拉、丹东为首的资产阶级左派（又称雅各宾派），他们对于制定何种宪法分歧较大。最初，吉伦特派占有优势，控制了国民大会和1792年成立的宪法委员会，但宪法委员会起草的宪法草案遭到雅各宾派的激烈反对，被国民大会否决。之后，雅各宾派执掌政权，由埃罗·德·塞舍尔等五人组成的宪法委员会仅花六天时间就起草出了宪法草案，罗伯斯庇尔为这部宪法草案重新写了一个《人权宣言》。1793年6月24日，国民大会通过了这部宪法，这就是法国1793年宪法，又称法兰西第一共和国宪法或雅各宾派宪法。

1793年宪法的基本特征包括：第一，在序言部分规定“主权属于人民，它是统一而不可分割的”，即删除了孟德斯鸠的分权理论，吸收了卢梭的“权力不可分割”理论，强调民主精神与平等原则及突出人民反抗压迫的起义权等。第二，在正文部分规定法兰西共和国是统一而不可分割的，宣布1791年宪法确立的君主立宪政体的终结，突出人民主权与普选权及明确权利的范围。从1793年宪法的内容可以看出，它与1791年宪法有很大的不同，这是法国资产阶级革命在不同社会局势下的客观反映。有学者称1791年宪法与1793年宪法分别体现了孟德斯鸠的自由主义权力分立理论与卢梭的民主主义权力集中理论、立宪民主主义与绝对民主主义、市民民主主义与社会民主主义。[①] 1793年宪法是在资产阶级革命达到高潮时，由资产阶级中的激进派雅各宾派主持制定的，成为当时世界上最进步、最民主的宪法。

雅各宾派统治时期，法国面临内忧外患，为了应对危机，保卫革命免遭国内外敌人的侵害，雅各宾派运用恐怖的手段来维持统治，用严酷而草率的司法措施来监禁和处决革命的敌人。据不完全统计，雅各宾派当政期间，大概有17 000人被杀。[②] 雅各宾派专政失败后，罗伯斯庇尔等人被送上了断头台，1793年宪法最终沦为一部只完成制定工作却未能交付实施的宪法文件。

四、1795年宪法

雅各宾派的恐怖统治最终导致了热月政变。热月政变后，政权落入代表大资产阶级利益的热月党人手中。热月党人为了巩固与加强大资产阶级的专政，迫切需要制定一部能反映大资产阶级利益的新宪法。在热月反动时期，资产阶级痛定思痛，认识到革命议会专制的严重危害，西耶斯经过深刻反思，一改自己以往坚持的“权力不可分割”的观点，开始积极倡导孟德斯鸠主义的复归。[③] 1795年8月22日通过一部宪法，9月由公民投票批准，史称“1795年宪法”。

1795年宪法的基本特征包括：第一，在立法权上，宪法规定立法权属于由两院组成的立法团，上院为元老院，下院为五百人院，下院的主要职权是行使提出法案和讨论法案的立法权，上院的主要职权是对下院提出的法案进行修改、审定批准或否决。第二，在行政权上，宪法规定行政权由立法团两院联合选出的5名督政官行使，各督政官轮流担任主席，掌握签署权和国玺，每任任期3个月。督政官有全面、自主的督政权，有权任免政府官员，统率武装力量，处理外交事务，掌管财政等各项行政大权。第三，在选举权上，宪法恢复了选举人的年龄和财产资格限制，取消了1793年宪法规定的普选权。

1795年宪法颁布后，热月党人于同年11月初用间接选举的方式选出了立法团两院议员，组成了以大资产阶级代表巴拉斯为首的督政府，开始了督政府的统治。

---

① 何勤华. 法国法律发达史. 北京：法律出版社，2001：130.

② 邓恩. 姊妹革命：美国革命与法国革命启示录. 杨小刚，译. 上海：上海文艺出版社，2003：102.

③ 维尔. 宪政与分权. 苏力，译. 北京：生活·读书·新知三联书店，1997：124.

五、1799 年宪法

根据 1795 年宪法建立起来的督政府软弱无能，对内统治不得人心，对外战争又遭受一系列失败，在这种形势下，法国大资产阶级迫切需要一个新的有能力的代理人来巩固大资产阶级的统治。拿破仑取得西耶斯和大资产阶级的支持和信任后，于 1799 年 11 月 9 日发动了雾月政变。次日，两院颁布敕令，宣布将政府委托给拿破仑、西耶斯、罗歇·迪科组成的三执政官委员会，赋予他们恢复行政秩序、重建国内安宁和谋求牢固的国外和平的权力，由此开始了拿破仑执政府的统治，波澜壮阔的法国大革命也由此画上了句号。① 拿破仑上台后，立即召集制宪委员会成员着手制定新的宪法，制宪委员会成员最终屈服于拿破仑的个人意志，短短几天就拿出了一部体现拿破仑个人意志的宪法草案。1799 年 12 月 24 日，草案提交公民表决通过，于次日生效，史称“拿破仑宪法”。

1799 年宪法的基本特征包括：第一，宪法规定国家最高行政权属于排名有先后顺序的三名执政，执政任期 10 年，可以连选连任，其中第一执政拥有无限的权力，其他两名执政则是他的助手，只有咨询权。第二，立法权属于第一执政控制的议会。第三，在司法权的设置上体现了司法不独立的特色。三位执政可以任命法官，但不能撤换，法官名义上是终身制，事实上是国家公务员的一部分，政府在每个法庭派一名专员监督法官。② 第四，在选举权问题上，宪法确立了间接选举制度。

1799 年宪法是一部简短而含糊的宪法，仅有 95 条。纵观整部宪法，难寻国民主权的字眼，也未提及自由、平等、博爱。这部宪法符合拿破仑的要求，充分给予他自由行动的空间，也为其进行个人独裁式的统治披上了合法的外衣。

六、1802 年宪法

依据 1799 年宪法建立起来的执政体制使拿破仑集大权于一身，拿破仑超乎寻常的智能给法国带来安宁的同时，其个人影响也如日中天。拿破仑的个人权力欲望开始急剧膨胀，为了长期实行个人独裁统治，在 1802 年 5 月 6 日，他授意其控制的元老院将第一执政任期改为 20 年。接着又举行了一次公民投票表决，宣布：法国人民拥护拿破仑为终身第一执政。随即拿破仑制定了一部新的宪法，8 月 4 日，参议院和元老院未经讨论就批准了新的宪法草案，史称“1802 年宪法”。

1802 年宪法的基本特征包括：继续扩大第一执政的行政权，缩小议会的立法权，选举的条件也更加苛刻，维护拿破仑的个人独裁统治、使之在法律上不可撼动的目的昭然若揭。可见，1802 年宪法虽名为宪法，但其精神与宪法之精神背道而驰，实则是宪法史的倒退、拿破仑复辟帝制的开始。

七、1804 年宪法

1802 年宪法颁布之后，一些报纸刊登了要求拿破仑为保证法国的前途而建立世袭制的请愿书。1804 年 3 月 27 日，元老院发出同样的请愿书，拿破仑同意了元老院的请愿书。5 月 3 日，保民院也表达了宣布拿破仑为法国人的世袭皇帝的心愿。次日，元老院和保民院联合提交了一份宪法修改草案，5 月 18 日获得通过，史称“1804 年宪法”。

---

① 吕一民．法国通史．上海：上海社会科学院出版社，2002：137.

② 张芝联．法国通史．沈阳：辽宁大学出版社，2000：269.

1804年宪法虽然仍保留共和国的称号，但已名存实亡。历史学家通常把法兰西第一帝国的建立看作法兰西第一共和国的终结。①

八、1814年宪法

1813年10月，拿破仑在莱比锡战役中战败，次年3月30日，反法联军攻占巴黎。4月2日，元老院和立法院宣布拿破仑退位。4月6日，拿破仑在枫丹白露签署退位诏书，波旁王朝路易十八复辟。波旁王朝复辟后，路易十八见法国封建制度已基本上全部被摧毁，资本主义生产关系已取得决定性胜利，要完全恢复革命前的封建君主专制制度已不可能，因此不得不和大资产阶级妥协，签发了1814年“钦定宪法”。

1814年宪法是一部妥协的宪法，其基本特征为：宪法肯定了公民权利平等和人权保障；确立了国王拥有极大权力的君主立宪制政体；规定了两院制的议会和国王一同行使立法权，形成介于绝对君主制和议会制之间的特殊体制，开启法国“代议制的君主政体”②；对选举权和被选举权资格作了严格限制。

1814年宪法一直实施至1830年七月革命爆发，才被七月王朝宪法所取代。

九、1830年宪法

1824年9月，路易十八死后，由其弟阿多瓦伯爵继任法国王位，称查理十世。查理十世继位后，废除君主立宪制度，企图全面恢复旧的封建制度。1830年7月，查理十世签署了四道敕令，即所谓的“七月敕令”：取消出版自由；封闭报刊；解散刚刚选出的新议会；修改选举法，取消缴纳营业税者的选举权，只有大土地所有者才拥有选举权。查理十世的倒行逆施激起了广大人民群众的不满，1830年7月27日至28日，巴黎群众再次进行革命，推翻了波旁王朝的统治。之后国会拥立奥尔良公爵——路易·菲利普为国王，七月王朝由此开始。9月14日公布了新宪法，史称“1830年宪法”。

1830年宪法的基本特征包括：限制王权，扩大了众议院的权力；在选举制度上，继续维持1814年宪法众议院的选举方式；改变了国王的继位方式，国王须经众议院举行遵守宪法的宣誓仪式后方可即位。

1830年宪法是一部体现改良主义特色的宪法，对缓和当时国内尖锐的矛盾有一定的积极作用。

十、1848年宪法

七月王朝时期，工业革命全面展开，法国资本主义经济有了较大的发展，资产阶级力量不断加强，工人阶级作为一支独立的政治力量登上了历史舞台。1830年改良主义的宪法已远远不能满足时代的要求，工人阶级起义不断，七月王朝给予坚决镇压。1846年到1847年的农业歉收和1847年到1848年的经济危机，最终导致1848年二月革命的爆发，七月王朝的统治被推翻，法兰西第二共和国得以建立。1848年4月23日法国进行了制宪议会选举，着手制定新宪法。1848年11月4日，制宪议会制定的宪法获得通过，这就是1848年宪法，又称“法兰西第二共和国宪法”。

1848年宪法的基本特征为：首次将“博爱”载入宪法之中，与“自由”“平等”一道成为

---

① 胡锦光. 外国宪法. 北京：法律出版社，2011：104.

② 吕炳宽，徐正戎. 半总统制的理论与实践. 台北：鼎茂图书出版股份有限公司，2005：299.

共和国宪法的基本原则与精神；赋予公民一些新的权利，第一次明确规定公民有从业自由、免费接受初级教育、社会救济、劳资平等等权利；确立了立法权属于一院制的议会，行政权属于总统。

1848年宪法所确立的政治体制，已明显地由此前模仿英国的内阁制转向模仿美国的总统制。但是1848年宪法最大的问题是，总统和国会都来自普选，有分权但没有制衡，议会不能选举总统，也不能罢免总统，总统不对议会负责，也不能解散议会。用马克思的话说，这部宪法本身是在号召以暴力来消灭自己。①

十一、1852年宪法

1848年宪法颁行之后，资产阶级临时政府于同年12月10日举行总统大选，选举拿破仑·波拿马的侄子路易·波拿马担任总统，使其成为法国历史上第一位总统。路易当选为总统后，并不满足于做一个任期有限制的共和国总统，根据1848年宪法第45条的规定，共和国总统任期4年，为了谋求连任，路易急于要修改宪法。历史总是惊人的相似，1851年5月，他成立了一个修改宪法委员会，要求修改宪法第45条，但是7月19日的立法议会没有通过。于是路易在1851年12月1日发动“雾月十八日政变”，解散了反对他的国民议会，并于1852年1月公布新宪法，即1852年宪法。

1852年宪法的基本特征为：名义上保留共和制，实际上扩大了行政权，总统的权力得到加强；立法权由立法院、元老院和参政院共同行使，削弱了议会权力。

1852年11月7日，元老院要求法国人民就“重建路易—拿破仑·波拿巴的皇帝头衔以及授权他决定波拿巴家族的帝位继承次序”进行投票。12月2日，路易—拿破仑·波拿巴当选为法兰西人的皇帝，称拿破仑三世，法兰西第二帝国正式建立。

路易·波拿巴的专权统治使得法国国内社会矛盾与阶级矛盾日益尖锐，为了维护专制统治，波拿巴在1870年5月对宪法进行了部分修改，对王权予以适当限制，相应提高了立法机构的地位和作用。但是这些修宪措施并未使1852年宪法发生实质性的变化，波拿巴并未从困境中摆脱，工人运动和共和运动不断高涨，第二帝国最终覆灭。

十二、1875年宪法

1870年推翻帝制后建立起来的以梯也尔为首的资产阶级临时政府，依然推行对内镇压、对外卖国的政策。在这种情况下，法国无产阶级于1871年3月18日举行起义，并于3月28日成立了巴黎公社，这是由无产阶级掌权的新国家，是无产阶级专政在历史上的第一次勇敢尝试。巴黎公社成立后，国家颁布了一系列法令，但由于缺乏无产阶级的领导，革命内部发生了分裂，以梯也尔为首的临时政府对革命进行了血腥的镇压。之后，资产阶级内部的保皇派曾一度企图恢复君主制，并与共和派进行了长期的较量，后来共和派占了上风。

1875年1月30日，国民议会以353票对352票勉强通过了一项关于共和国总统任命办法及任期的决定，将实行“共和国制度”的内容写入当选总统的条文之中，从而以间接的方式确立了法国为共和制国家。同年2月到7月，议会先后通过了《参议院组织法》《政权组织法》《政权机关相互关系法》三个宪法性文件，这三个存续65年的宪法性文件构成了1875年宪法，又称“法兰西第三共和国宪法”，是法国历史上迄今为止实施时间最长的一部宪法。

1875年宪法的基本特征为：《参议院组织法》规定，参议院与众议院共同行使创议并制定

① 马克思恩格斯选集：第1卷. 2版. 北京：人民出版社，1995：616-617.

法律之权，参议院可组成最高法院审判总统。总统通过内阁行使权力，议员在行使权力时人身受保障。

这些内容都是1875年宪法的进步之处，但是由于这部宪法是在镇压无产阶级专政的巴黎公社后制定的，所以它既未规定类似1789年《人权宣言》的内容，也无公民权利的设定和权利保障的规定；其中没有关于主权的规定，宪法也不再由公民投票批准，这些均是这部宪法守旧落后之处。

十三、1946年宪法

1940年5—6月，法军在德国法西斯大举进攻下全线溃败，法兰西第三共和国覆灭。经过艰苦卓绝的斗争，1944年法国人民将德国法西斯侵略军赶出法国，法国本土获得解放。同年8月，戴高乐将军从国外回到巴黎，组织有法国共产党参加的战后临时政府，并任临时政府首脑。10月21日，法国就是否应制定新宪法进行了公民投票，结果有96.4%的选民赞成起草新的宪法。1946年1月20日，戴高乐因内阁职位的交易和国会对他的职权加以控制愤而辞职。4月19日，新宪法草案获得制宪会议通过，但在5月5日的公民投票中被否决，成为法国历史上首部由公民投票否决的宪法。6月2日，选举新的制宪会议，8月2日，制宪会议通过第二部宪法草案，10月13日经全国公民投票批准，27日正式公布，这就是1946年宪法。

1946年宪法的主要特征为：在前言中承认《人权宣言》的效力，并增加经济与社会权；虽然承认两院制，但所规定的两院的地位与1875年宪法的相比有明显差别。众议院改名为国民议会，参议院改名为共和国议会，参议院的权力被大大削弱，只是一个提意见的机构，国民议会处于举足轻重的地位，单独享有议决法律之权。总统由两院联席会议选举产生，任期7年，总统提名内阁总理，并经国民议会同意。

1946年宪法实施后，由于宪法中规定的议会优于内阁，国民议会很容易行使倒阁权，造成内阁不稳定。而且战后初期，欧洲正处于重组时期，法国内部通货膨胀严重，工人运动不断，附属国的民族解放运动空前高涨，这些都加剧了法国政局的不稳定。从1946年宪法组建第一届正式政府成立之日算起，到1950年7月，短短3年多的时间里就换了8届，这种政局不稳定的局面迫切要求修改宪法。1954年12月7日，1946年宪法第一次修改被通过。1958年，法国着手对1946年宪法进行第二次修改，但阿尔及利亚事变突然发生，6月1日戴高乐接管了政府，第四共和国及其宪法体制也走到了尽头。

第二节　法兰西第五共和国宪法的制定和修改

一、第五共和国宪法的制定背景

1958年5月29日，第四共和国总统科蒂向议会发出咨文，吁请戴高乐担任政府总理。6月1日，戴高乐在议会同意他所提出的条件的前提下接管政府。同日，国民议会通过决议，授权戴高乐政府解决阿尔及利亚及本土问题。6月3日，国民议会又通过了授予政府修改宪法的全权法案，其主要内容是授予戴高乐6个月的全权，以颁布法令的方式处理国内和国际事务，同时规定由政府制定修改宪法草案，无须提交议会批准。该法案还规定了修宪活动的五项原则，即立法权和行政权来源于普选及普选产生的机关，立法权与行政权必须分立，政府必须对社会负责，司法权必须独立，宪法应使共和国同它合作的民族、人民之间关系正常化。

东山再起的戴高乐上台执政后，在着手处理阿尔及利亚事件的同时，大刀阔斧地开始制定新宪法的工作。先是成立了由国民议员 17 人、参议员 10 人及政府任命的 12 名社会知名人士组成的宪法咨询委员会，接着在 1958 年夏天成立了由司法大臣米歇尔·德勃雷、乔治·蓬皮杜等人组成的制宪小组，在戴高乐本人直接领导和监督下，开始秘密起草宪法。

1958 年 7 月 16 日，宪法起草完毕，然后送交内阁会议讨论，经过一些修改和补充后，内阁会议在 7 月 29 日通过了宪法草案。9 月 28 日，在法国本土和海外领地的法国公民同时举行投票表决，公民投票获得成功。

1958 年 10 月 5 日，经国民投票表决批准的新宪法公布并生效实施，史称“法兰西第五共和国宪法”，又称 1958 年宪法或戴高乐宪法，这就是法国现行宪法。

二、第五共和国宪法的内容及特点

第五共和国宪法除了序言将《人权宣言》纳入以及第 1 条单独制定外，还分成 15 章 91 条。因此全文总共是 15 章 92 条，制定迄今共经 24 次修改。

在序言的部分，一是规定效力问题，二是规定有关海外领土与宪法间的关系。序言第 1 项规定，法兰西人民郑重宣告恪遵 1789 年《人权宣言》中明确规定并在 1946 年宪法序言中确认与补充的人权与国民主权原则。20 世纪 70 年代初期，宪法委员会确立了宪法序言与正文具有同等效力的原则。另外，序言的第 2 项允许法国海外的人民可以在第 1 项所述原则以及人民自决的原则下，建构自由、平等、博爱的共同理想和适合其民主发展的新政治制度。也就是说，法国海外领土的人民可以自由选择是否成为法兰西共和国的一部分。

与 1946 年宪法的正文部分相比，第五共和国宪法的第一章虽然都是对主权的规范，但在其他章节上，两个宪法之间却存在着明显的差异。在第五共和国宪法中，紧随着第一章“主权”之后，就是“总统”“政府”，然后是“国会”。从总统、政府与国会三者在宪法顺序中位置的改变，可明显看出三者在宪法中的地位，即第五共和国宪法是行政权优势的宪法。

行政权优势的特性除了体现在行政权与立法权章节顺序的安排上，也在宪法条文的规定中显现出来，其中最典型的例子就是宪法赋予总统较大的权力。根据第五共和国宪法，总统的权限主要包括：(1) 一般总统享有的权力，例如任命总理，依总理的申请任命部长，主持部长会议和宪法规定的各个委员会，任命文武官员，公布法律，签署行政法令与命令，任命驻外使节，行使外交决策权，召集和解散国会临时会议，向国会发表国情咨文，解散国民议会而无须副署，任命宪法委员会 1/3 的成员、主席以及在咨询最高司法会议后行使特赦权等。(2) 特殊的权限：对有关公权力组织、有关欧洲联盟或国际条约的批准，以及显然会影响国家机关运作的法案，总统可以将其提交公民复决，而且无须副署；总统在共和国制度、国家独立、领土完整或法国在国际义务的履行上，遭受严重且紧迫的威胁，并有致使宪法上的公权力无法正常运作的危险时，可以在正式咨询总理、国会两院议长以及宪法委员会主席后，采取应对这一情势的紧急措施。也就是说，此时宪法中原来赋予政府、国会或其他公权力组织的权限，均由总统代行。

行政权优势的结果就是，国会的权力受到限制：一是总统可以要求人民复决法案以代替国会立法；二是对国会的立法要进行合宪性审查；三是国会对政府特定法案提出不信任案的时间被限制在 24 小时之内；四是除宪法第 34 条明文列举的法律规范的事项，其余的事项则由行政命令来规范。

三、第五共和国宪法的修改

第五共和国宪法自 1958 年制定后，迄今为止已经 24 次修改。比较重要的五次修宪是：

1962 年、1974 年、1995 年、2000 年和 2008 年。

（一）1962 年修宪

依据第五共和国宪法第 6 条的规定，总统由间接选举的方式产生。虽然间接选举不及直接选举能赋予总统地位的民主正当性，但戴高乐在法国人民心目中的英雄地位可以弥补民主正当性的不足，因而这一条款并没有激起法国人民对于间接选举的激烈反对。随着时局的急剧变化，阿尔及利亚独立、法国大量侨民归国及异常严峻的就业形势形成了一股反对戴高乐的政治力量。戴高乐的统治正当性逐渐遭受挑战，于是戴高乐一方面改组内阁，另一方面决定推行直接选举，以强化其统治的正当性。9 月 20 日，戴高乐宣布将依宪法第 11 条的规定，以公民投票的方式通过总统直接选举的法案。参议院对此次修宪提出了异议并将其提交给宪法委员会进行合宪性审查，但最终结果是宪法委员会认为公民投票修改宪法是国民主权的体现，并不能成为违宪审查的对象。① 1962 年修正案最终获得民众的通过，这大大加强了法国总统的民主正当性，总统由人民直接选举产生的方式为法国“半总统制”的确立奠定了基础。

（二）1974 年修宪

根据第五共和国宪法第 61 条第 2 款的规定，各个法律在公布之前，可由共和国总统、总理或者是两院中的任何一院的议长提交宪法委员会。也就是说，只有四个人可以提起违宪审查，之所以如此规定，主要是因为受法国长期不重视违宪审查制度的影响。在第五共和国宪法允许申请违宪审查的四人中，总统与总理握有行政权，而国会议员的多数与总统又属于同一政党联盟，国民议会议长往往倾向于执政的多数，因此常常只有通过参议院议长提起违宪审查来取代立法权制衡行政权。戴高乐下台后，受抑制的立法权开始抬头，通过修改宪法以赋予少数国会议员申请违宪审查的方式，使立法权成为制衡行政权的重要利器。

1974 年右派的德斯坦当选法国第四任总统后向国会提出修改宪法，旨在扩大提起违宪审查主体的范围。1974 年宪法修正案对法国违宪审查制度的建立具有重要意义。在 1974 年以前，16 年间只有 53 件违宪审查案件，但在 1974 年以后，仅仅 7 年间便有 67 次违宪审查，其中 63 次由国会发动，1981 年以后的 3 年间，有 101 次违宪审查，有 99 次由国会发动。在权力制衡方面，此次修宪使宪法委员会发挥了重要作用。

（三）1995 年修宪

第五共和国宪法规定了国会的双会期：第一会期自 10 月的第一个星期二至 12 月的第三个星期五，历时两个半月，第二会期自 4 月最后一个星期二至 6 月底，历时 3 个月。1963 年修宪将其改为：第一会期自每年 10 月 2 日起，持续 80 天，第二会期自来年的 4 月 2 日开始，持续时间不超过 3 个月，这样国会会期大约每年是 170 天。但 170 天的会期已难以应付日趋复杂的国家事务，现实需求对制度的局限提出了挑战。因此，国会常常利用召开临时会议的方式来解决问题，要求增加会期的呼声此起彼伏。

1995 年宪法修正案将国会会期统一规定为：从当年的 10 月初至次年的 6 月底，如果 10 月 1 日为节假日，则自动往后顺延；如果 6 月 30 日为节假日，则自动提前结束。每一会期的时间由各议会自行决定，但每一会期不可超过 120 日。总理在咨询相关议会议长，或经议会议员的多数议决后，可以就延长议会会期的议事日程进行决定。即国会的会期是可在 9 个月中自行选择 120 天以内的天数举行，120 天的会期时间并非严格的限制，在多数议决后也可以适当延长。固定的会期避免了行政权对开会时间的干预，加强了立法权对行政权的控制，使得过度抑制立法权的第五共和国宪法逐渐回归到议会政治上。

---

① 吕炳宽，徐正戎. 半总统制的理论与实践. 台北：鼎茂图书出版股份有限公司，2005：315-316.

（四）2000 年修宪

法国第三共和国时期，在保皇派和共和派的妥协下，总统任期被定为 7 年，这一规定一直延续到第五共和国时期。在之前的法国政治中，由于实行的是内阁制，总统是个虚职，其任期长短并不为人关注。但第五共和国宪法强化了总统的权力，总统一跃成为法国政治的中心，成为各种力量角逐的焦点，此时总统任期过长的问题引起了人们的关注。总统任期过长一方面会动摇总统的民主正当性，总统需要不断通过动员公民投票来强化自己的权力正当性，戴高乐就是这么做的。另一方面，任期过长很容易形成权力阶层的固化，不利于社会治理问题的有效解决。蓬皮杜当选总统后，于 1973 年 4 月 3 日提出缩减总统任期为 5 年的修宪草案，但之后由于担心国会或公民投票无法通过而在同年的 10 月 24 日决定暂时中止。2000 年 5 月 9 日，经利昂内尔·若斯潘总理和希拉克总统的同意，国会上下两院分别于 20 日和 29 日以压倒性多数票通过修宪草案。希拉克总统最终决定将此修宪草案提交公民复决，结果 73%的选民投了赞成票，在法国实行了 127 年之久的总统 7 年任期制最终走到了历史的尽头。

（五）2008 年修宪

2008 年，法国第 22 次修改宪法。2008 年 7 月 21 日，法国议会两院联席大会以多于规定多数票一票的微弱优势通过修宪草案，成为 2008—724 号宪法性法律。此次宪法修改在保留第五共和国国家权力基本架构的基础上，加强了对公民权利的保护，实现了与国家权力间新的平衡。修宪的主要内容包括以下几方面。①

1. 加强议会权力

一是在传统的立法权、监督权之外，赋予议会公共政策评估的新使命。修改后的宪法第 48 条第 4 款规定，每 4 周应保留 1 周会议，由各院自行决定监督政府行为和评估公共政策。二是肯定议会对海外军事行动、欧洲事务的知悉权和决定权。外交与国防本属于国家元首保留事务领域，此次修宪后，法国在海外的军事行动仍由总统决定，但议会有权及时获得相关信息。三是赋予议会对某些重要人事任命的否决权。为了增强人事任命行为的民主性，此次修宪决定在宪法第 13 条中增加第 5 款，规定对那些关涉公民权利自由保障及国家经济、社会生活的重要人事任命，共和国总统须公开征询议会每一院相关常设委员会的意见后才能行使。如两个委员会中各自的否决票总数不少于 3/5，则总统不得作出任命。

2. 扩大总统政治影响力的同时，加强对其权力行使的限制

例如修改宪法条款，规定总统连任不得超过一届；赋予议会对总统某些重要人事任命的否决权；对总统国家危机全权处理权的行使期限作出限制。宪法第 16 条新增第 6 款，规定总统行使紧急状态权 30 日后，国民议会议长、参议院议长、60 名国民议员或 60 名参议员得将此事项提交至宪法委员会，由其裁定宪法第 16 条第 1 款所规定的条件是否具备。

3. 加强对公民权利自由的保障

一是新增公民权利内容。在宪法第 1 条中新增第 3 款，明确“法律应当有利于妇女和男子平等地参与选举和获得选举产生的职位以及承担职业和社会的责任”。二是建立、完善权利保障机制。包括建立法律合宪性审判前提问题处理机制，允许宪法委员会通过普通诉讼发现并解决法律违宪问题，即确立公民可直接就法律是否违宪提出异议的受理机制。具体来讲，在审理刑事、民事、行政等案件的过程中，受理案件的普通法院如果认为确实存在法律条文侵犯当事人宪法权利、自由的情形，可以经最高行政法院或最高法院提请宪法委员会审查该法律条文的合宪性。在宪法委员会裁决期间，诉讼程序中止进行。自此，法国宪法委员会所保障的法律合

① Une Ve République plus démocratique，rapport du Comité Balladur，http://www. comite-constitutionne. l fr/accueil/index. php.

宪性审查制度具有了事前与事后审查的复合特征，这标志着法国宪法委员会向前迈出决定性的一步，成为名副其实的欧陆模式的宪法法院。另外，还专门设立“护权官”（défenseur des droits），负责受理个人权利保护申诉。护权官由总统任命，任期 6 年，不得连任，也不得兼任政府成员和国会议员；该机构还负责全面监督国家行政机关、地方团体、公务法人及所有承担公共服务使命的机构尊重基本权利与自由的情况。

第三节　法兰西第五共和国宪法规定的立法机关

一、立法机关的组成与活动

第五共和国的立法机关由参议院和国民议会组成。参议院的参议员有 321 名，任期 9 年，每 3 年改选 1/3。参议员由各省的选举团间接选举产生，选举团由国民议会议员、省参议员和市议会代表组成，当选的参议员往往是地方知名人士或农业地区的绅士。国民议会的议员有 577 名，任期 5 年，由直接普选产生，到期全部更换。

两院的领导机构及其内部组织包括：（1）议长。议会由议长领导，议长由议员选举产生，是议会的主持人和议会对外的代表。议长主要主持议会辩论和两院联席会议。（2）秘书处。两院都设有秘书处，秘书处包括三类人员：副议长、会计主任、秘书，负责安排国会的议程、讨论事项与方式以及一般重要的行政工作。（3）主席会议。主席会议每周召开一次，由正副议长、党团主席、委员会召集以及会计主任等人参与讨论，其主要任务是协调各方意见，安排审议法案的优先顺序和讨论方式。（4）党团。党团是为了协调在议会中的行动或便于对某些政策施加影响，而由议会中那些政见相同和发表共同政策声明的议员组成。（5）委员会。在法国议会内部设有各种委员会，以适应日益繁杂的社会经济事务和专业化分工发展的需要，它们是议会的实际工作机构。一是常设委员会，其主要任务是审议议案，并作出决定，然后提交大会讨论。二是特别委员会，负责讨论各种技术性的法律草案和法律提案。

两院的活动主要包括：（1）例会，是指议会依法自行集会。（2）特别会议。它是指在议会闭会期间，应多数议员、总理或总统的要求而召开的会议，会期一般很短。

二、立法机关的职权

法国议会的权力总结起来为两项，即立法权与监督权。

（一）立法权

在法律范围方面，传统的内阁制中，议会的主要任务是议决所有的法律提案。而第五共和国宪法却将议会的立法范围加以限定，大幅削减议会的原有立法权限。第五共和国宪法以列举的方式限制国会的立法范围，于第 34 条规定，下列事项由法律予以规定：（1）公民权及公民行使公共自由的基本保障；媒体的自由、多元化和独立，公民个人及其财产为国防而承担的义务。（2）国籍、个人身份及权利能力、婚姻制度、继承和赠与。（3）重罪和轻罪的确定及其适用的刑责，刑事诉讼，大赦、新司法秩序的确立和法官的地位。（4）各种税收的基准、税率和征收方式，货币发行制度。

下列事项亦由法律予以规定：（1）议会两院、地方议会与海外法国人的代议机构的选举制度；（2）各类公共机构的设置；（3）国家文武官员的基本保障；（4）企业国有化及公营部门企业财产向民营部门的转移。

下列事项的基本原则由法律予以规定：(1) 国防整体的组织；(2) 地方公共团体自主的行政管理及其权限、财源；(3) 教育；(4) 所有权制度、物权、民事和商事义务；(5) 劳工法、工会法和社会保障。

宪法第37条规定，由法律予以规定的事项之外的其他事项均具有行政立法属性。自此，国会可以通过立法规范的事项限于所谓的"法律范围"内。

议会的立法程序包括：(1) 提案。根据宪法规定，政府和议员都有提出法案的权利，政府提案在送至议会两院之前，必须先咨询最高行政法院的意见，并经部长会议讨论。无论是议员提案还是政府提案，如果涉及经济或社会问题，需要应政府的请求，先将法案送交经济与社会咨议院征求意见。但由于宪法明文规定议会应优先审议政府的提案，以及为政府所接受并支持的法案，因此，议会无法拒绝讨论政府所希望通过的法案，而议员个人所提出的法案却不受青睐。(2) 委员会审议。在完成上述程序之后，法案应送交议会两院中任何一院的秘书处，但财政法案应送交国民议会审议。如果针对某一特定法案，未成立特别委员会负责审议，则将法案送至六个常设委员会中的一个，该常设委员会将指定一名书记，负责征求相关人员意见后，提出报告，其内容包括反对或接受全案，或提出修正案，而后再由该委员会进行检视，最后予以存档和公开刊行。(3) 院会。基本上院会的议程是由主席会议于两周前预先排定，但是依据宪法规定，政府有权决定法案审议的优先顺序。院会审议政府提案时，是以政府原提案作为讨论的基础，委员会审查报告仅作为参考；至于议员个人的提案，则以委员会的报告作为讨论基础。院会开会时，先进行讨论，此时如果有反对法案的动议并且成立的话，讨论立即终止，否则在经过大体讨论之后进入逐条讨论。在逐条讨论时，主席会对修正案逐一进行表决，最后则对全案进行表决。(4) 穿梭立法。议会中一院完成上述立法程序，并得出审议结果时，即完成一读程序。接着，必须将全案送至另一院审议，由另一院重复前述立法过程。如果后一院完全接受前一院的结论，则立法过程宣告结束。如果后一院对前一院的结论有异议，提出修改意见后将修改稿重新发回前一院，如果前一院审议通过后一院的修改，得出二读稿，立法过程宣告结束。如果前一院对二读结果有修正，则必须将修正案发给后一院审议，直至两院完全同意才算真正完成立法。这种立法模式被称为穿梭立法，但次数不得超过3次。(5) 两院联席会议。为避免穿梭立法的低效与困境，两院穿梭立法就二读稿仍无法达成共识时，总理可以召集成立两院联席委员会，就争议内容提出方案，如果两院联席委员会仍无法提出方案，政府可以要求国民议会作最后的决定。(6) 总统签署公布。法案经议会两院通过，总统应于法案送达政府之后的15日内公布。在此期间，总统可以要求议会对法案或部分条款进行复决，议会不得拒绝。

(二) 监督权

宪法规定的议会监督权是指议会享有对政府进行监督的权力，主要包括财政监督权、质询权、弹劾权和公共政策评估权。

1. 财政监督权

财政监督权是议会对政府进行监督的一项重要的传统权力。宪法规定政府应及时提出某一年度收支的财政法案，以便在财政年度开始之前公布，政府可以提请议会授权政府征税，并以法令先行拨款，而议员不能提出减少国家收入或增加国家支出的法案和修正案。

2. 质询权

宪法第48条规定，议会开会期间，每周至少保留一次会议专供议会议员提出质询和政府进行答辩。质询只能以议员个人身份，通过书面或口头质询的方式进行，而不能用议会决议的形式进行，质询不进行表决。由于质询时政府部长们经常不到场，或是找借口拒绝答复、拖延答复，质询在实际运行中并没有发挥太大的作用。

3. 弹劾权

宪法在规定总统有权任免政府总理的同时，规定国民议会有权通过弹劾案追究政府的责任，解散政府。宪法第 49 条规定，总理就国务会议讨论通过的政府施政纲领或必要时就其总政策声明对国民议会负责。国民议会根据所通过的不信任案追究政府责任。宪法第 50 条规定，当国民议会通过不信任案或当它不同意政府的施政纲领或总政策的说明时，总理必须向共和国总统提出政府辞职。但这种弹劾政府的权力是很难实现的。因为，宪法规定议会对政府的不信任案必须至少有国民议会 1/10 议员的签名才能提出，不信任案必须在提出 48 小时后才能进行表决，不信任案的表决只计算赞成票，不信任案只有在获得国民议会全体议员多数赞成时才能通过。如果不信任案被否决，签名的议员不得在同一次会议上提出新的不信任案。与此同时，宪法规定总理有要求参议院同意其总政策说明的职能，总理亦有权同总统及议会两院议长磋商解散国民议会。

4. 公共政策评估权

2008 年宪法修改赋予议会公共政策评估的新使命，其也被其视为议会行使监督权的一种方式。长期以来，法国议会对政府的监督通常极端地表现为推翻政府。为加强议会对政府的日常监督，此次修宪赋予了议会公共政策评估的使命。不仅如此，修改后的宪法第 48 条第 4 款还规定，在每 4 周的议会会期中，至少应当有 1 周优先用于监督政府行为和评估公共政策。新增的宪法第 51～2 条更是规定，议会两院为实施宪法第 24 条第 1 款规定的监督与评估任务，得依法律规定的条件成立调查委员会以搜集各类信息，调查委员会在开展工作时可以得到审计法院的支持与协助。

第四节　法兰西第五共和国宪法规定的行政机关

第五共和国宪法规定行政权主要由总统和总理享有，形成双首长制。

一、总统

1. 总统的特权

总统的特权分为总统的独享权和总统保留领域的权力。

总统的独享权是指只有总统才能行使的权力，主要有：(1) 解释宪法的权力。宪法第 5 条规定："总统监督宪法的遵守。总统通过其仲裁保证公权力的正常运行及国家的延续。总统确保国家的独立和领土的完整及国际条约的遵守。"此条赋予总统维护宪法的责任，遇到宪法条文不明时，总统当然有权解释宪法。(2) 任命总理的权力。宪法对总统任命总理的权力没有限制，但从实际情况看，如果总统为国民议会多数党领袖，此时总理的选择全凭总统个人喜好，任意筛选，不受任何限制；但是在左右共治时期，总统必须从与个人政治理念不同的多数党中选择总理，自由裁量的空间大大缩小。(3) 解散国民议会的权力。根据宪法第 7、12、16 条的规定，总统行使该权力须符合下列要件：事先征询总理和两院议长的意见，但他们的意见并没有拘束力；不得于一年内连续解散国民议会两次；因现任总统缺位或不能理事而暂行代理的临时总统，于代理期间不得行使解散国民议会的权力；总统行使紧急权力期间不得解散国民议会。(4) 紧急处分权。根据宪法第 16 条，总统可以在下列情况出现时，宣布国家处于紧急状态，而以行政命令代替法律治国：国家的独立、共和制度、领土完整或国际条约的履行受到严重而即刻的威胁；总统行使此项权力之前必须征求总理与两院议长的意见，但此意见并没有拘束力。(5) 向国会提出咨文并予以宣读的权力。(6) 任命宪法委员会委员暨提请违宪审查的权力。(7) 赦免权。(8) 辞职权。(9) 维护司法机关独立权。根据宪法第 64 条的规定，总统负有维护司法机关独立的职责，此任务由最高司法会议襄助。(10) 主持部长会议的权力。凡是政府各项重大措施、决议或法案，都必须经部长会议讨论通过，总统因此可全盘掌握政府的政策的走向。

至于总统保留领域的权力，也即总理虽有权参与，但不妨碍总统权力的一家独大。此类权力因宪法规定不明确，就国家同一类事务同时要求总统和总理负责，造成两权重叠的现象。正因如此，戴高乐总统创造出了总统保留领域的名词，意指总统地位崇高，不应涉及国家日常琐碎事务的处理，而应专注于外交、国防等重大及为总统保留领域范围的事务。后来的总统都秉持此理念，不直接插手某些特定事务。保留领域的范围随着历任总统的认知和专注程度的不同而处于不断变化之中。

2. 总统与总理分享的权力

(1) 总统决定须经总理事先提议的事务。1) 总理暨内阁总辞。根据宪法第 81 条的规定，内阁总辞由总理提议，并由总统同意之。可见，总统虽然可以对总理和内阁总辞表示可否，但主动辞职权属于总理。2) 任命部长或接受部长辞职。根据宪法第 8 条的规定，总理对内阁成员拥有完全的人事权，总统只能就总理的决定表示同意并公布之。3) 部长会议议事日程的排定。4) 签署国会临时会期召开或结束的行政命令。5) 举行公民投票。第五共和国宪法规定举行公民投票的条件有三：国家领土的取得、丧失、变更，经居住在该领土上的公民的复决通过；国会两院所提出的修宪案，于国会通过后，经公民复决程序方算完成；可能影响中央政府机关运作的有关公权力的组织法案或国际条约。6) 进行修宪。依据宪法第 89 条，只有总统和议会议员有权提出修宪案，但总统所提的修宪案须来自总理的提议。

(2) 总统决定、总理副署的事务。1) 要求复议法案。对于经国会审议通过的立法案，于公布实施前总统可要求重新复议。虽然国会不可拒绝总统此项要求，但总理可就此项要求决定是否副署，总理的副署权旨在对总统意在拖延法案生效的手段加以抵制。2) 签署行政法令，行政法令为政府要求国会授权，自己就原先属于法律范围的事务制定的法规。行政法令大多具有急迫性，如增加赋税等，若严格遵循议会立法，时间上一般来不及。但是行政法令不应过于频繁，否则会侵夺议会的立法权，也会逃脱宪法委员会的违宪审查。3) 签署行政法令。行政命令分为两类：总理的特有权限；经部长会议通过，总统签署才生效。4) 任命文武官员。文武官员分两类：一类是总统单独任命的人员，包括最高行政法院内除法官之外的其他人员、最高法院、高等法院、地方法院院长之外的其他法官、大学教授、校级军官、各地区首长以外的官员、法国高等行政学院及科技综合学院的学员；另一类是须经部长会议通过，而由总统任命的人员，包括最高行政法院法官、驻外大使及特使、审计法院法官、各地区首长、海外省的政府代表、将级军官、全国各教学区区长及全国 146 个国营企业董事长。总理的副署只有对后类人员方能行使。

(3) 总理决定、总统无反对意见的事务。1) 政府法案的提出；2) 政府提出信任案；3) 有关经济、社会、文化等内政事务。法国内政事务的总指挥应为总理，但是宪法对于总统与总理的权力并没有明确地界分，在实践中，总统经常会有意干预总理的事务，变成事实上的总指挥。

2008 年宪法修改虽然从总体上限制了总统的权力，但也改变了法国一百多年来形成的总统不得进入议会发表演讲的宪法惯例。2008 年宪法性法律第 8 条规定在宪法第 18 条中新增第 2 款规定："总统得在为此目的而举行的议会两院联席会议上发言。在其离开时，得针对总统的发言进行讨论但不得投票。如在休会期间，议会两院应为此召集特别会议。"上述规定虽然没有明确赋予总统新的国家治理权，但却极大地加强了总统对国家主要政策的政治影响力。

二、总理

第五共和国以来，总理的权力有逐渐缩小的趋势。

1. 总理在施政政策方面的权力

（1）行政权与立法授权。宪法第 37 条规定，“由法律予以规定的事项之外的其他事项均具有行政立法属性”。此外，根据宪法第 21 条的规定，总理有行政权和执行授权的权力。（2）领导政府施政。宪法第 21 条规定，“总理领导政府的活动，负责国防，保证法律的执行。除宪法第 13 条规定的事项外，总理行使规章制定权，并任命文武官员”。

2. 与总统和国民议会互动的权力

总理对总统的影响主要表现为以下两方面：（1）总理有提议权。宪法第 8 条规定，总统依总理的提名任命政府其他成员或免除其职务。此外，有关公民复决案、修宪案以及国会临时会议的召开等事项都必须先由总理提议，而后经总统发布实施。（2）总理有副署权。根据宪法第 19 条，除了例外事项，所有的总统命令都必须经总理的副署，总理的副署是法令生效的要件。

总理对国民议会的影响有：（1）总理所属的政府秘书处负责与国会协调有关审议法案的优先顺序，并以政府考量为前提；（2）总理有权任命一位部长代理其出席国会会议的讨论和咨询；（3）总理可要求召开国会临时会议；（4）当国民议会与参议院两院对某一法案意见不同时，总理有权召集一个两院联席委员会来加以审议协商；（5）总理可以个人名义要求参议院对其施政报告给予投票。

三、行政权的二元化和左右共治

法国由于行政的双首长制，对总统和总理之间的相互配合要求非常高。总统和总理在分享行政权时，何者处于主导地位？这就要看总统与总理的组合关系了。（1）总统与总理同党同派。在第五共和国的发展中，总统和总理同党同派是绝大部分的情形。由于总统本身为国会多数党或联盟的实际领导人，自然可以随个人意愿任免总理，此时总理的任命实际是建立在总统而非国会信任的基础上。换言之，在总统与总理同党同派时，有关行政权的分配完全由总统决定，总统处于当然的主导地位。（2）总统与总理同党不同派或同阵营不同党。此时，总理在政治上并不是完全依附于总统，总统并没有绝对的优势地位，为此总统必须努力为自己的声望和能力造势，以求巩固权力领导中心。在这种情况下，由于总统的国会支持势力相较总理仍然处于上风，再加上总统在整个政治秩序中的核心作用，总理仍然很被动，不能形成与总统的有效对抗。（3）总统与总理分属不同的党派，这种情况就是著名的左右共治。此时总统在国会并没有绝对优势地位，实际权力的运作是在总统与总理所代表的势力的不停博弈下向前推进，总理此时对总统的权力形成有效的制约。

第五节　法兰西第五共和国宪法规定的司法机关

法国的司法机关是法国行使审判权的国家机关，是法国国家机构的重要组成部分。法国司法机关基本上分成两个系统：一是审理民事、刑事案件的普通法院系统，二是审理国家机关及其工作人员与公民之间发生争议案件的行政法院系统。这两个系统互不隶属，但由于二者具体裁判权界定不清，易引发争议，因此又设立了一个在普通法院和行政法院外审判有争议案件的权限争议法庭。此外，在法国司法机关中，还有根据宪法设立在中央的两个重要的司法机关：

最高司法会议和特别高等法院。特别高等法院主要是审理总统的叛国罪或部长的刑事罪，一般由议会选举若干议员组成，任期与两院议员一致。

一、普通法院系统

审理民事和刑事案件的普通法院包括从基层到中央的各个不同层级的民事和刑事法院。

（1）初审法庭，原是大革命时期创立的治安法庭，现全国有 464 个初审法庭，平均每省有 4 所。它的任务是调解民事纠纷，审理 5 000 法郎以下的民事案件。由于它只处理一些诉讼性质不重要的纯粹的民事案件，因此每个法庭只有 1 名法官。

（2）大审法庭，是审理较大民事案件的第一审级法庭。全国有 112 所，平均每省不到 2 所，每所配有 3 名或 3 名以上的法官。不服其判决可以向上诉法院提起上诉，同时大审法庭本身也受理初审法庭、警察法庭以及劳资协调委员会的上诉案件。

（3）专门法庭，是处理有关私法方面事项和比较突出的各种社会问题的法庭，只配备兼职法官，在必要时才开庭。这类法庭种类繁多，主要有：一是劳资协调委员会，专门处理劳资之间的纠纷。二是商务法庭，负责审理一切商务中的争端案件。

（4）警察法庭，是处理轻微罪行的基层刑事法庭。现在全国共有 455 所，每一法庭由一名法官主持，一般设在专区的主要城市。它可以判处 3 000 到 5 000 法郎的违警罚款和判决为期 1 天到 2 个月的监禁。

（5）轻罪法庭，是处理比较严重罪行的基层刑事法庭，全国共有 172 所。每一法庭有 3 名法官，一般设在省里，人口密度较大的省设有多所轻罪法庭。它审理可判处 2 000 法郎以上和判处 2 个月至 5 年以内的犯罪案件。法庭受理案件后由 1 名法官进行秘密调查，根据材料，或撤销案件，或提交法庭审判。审判时要有 1 名检察官证实其罪行，但不设陪审团。它的地区管辖权和组织机构与大审法庭相同。

（6）巡回法院，又称重罪法庭，是审理重大刑事案件的终审法庭。每省设 1 所，但不是常设的司法机构，由 1 名审判长、2 名上诉法院法官和 9 名陪审员组成。每年定期开庭，审理后用投票的方式判决，须 12 票中的 8 票赞成才能定罪，形成最终判决，只有在不符合法律的情况下才可上诉到最高法院。

（7）国家安全法院，通常由政府指派的 1 名审判长、2 名法官和 2 名将军级或校官级军官组成，主要审理在和平时期进行颠覆活动的案件。司法部长可以某案犯“政治罪”为由，将该案从任何法庭移交国家安全法院审理。

（8）上诉法院，是与巡回法院平行的民事和刑事上诉机构，主要受理不服初审判决的上诉案件。除大审法庭担负一部分民事上诉职能以及某些案件可以直接向最高法院上诉外，一般重大的民事和刑事案件（但巡回法院判决的刑事案件不能受理）的上诉，通常都向上诉法院提出。在审理上诉案件时，上诉法院可以就上诉的案件进行重新审查，并可以变更下级法院原来的判决，形成最终判决。

（9）最高法院，是普通法院系统中最高一级的审判机关，全国只有一所，设在巴黎。最高法院内部分设若干民事审判庭和刑事审判庭，它有权管辖全国各级法院，并可以受理对任何一个法院判决的上诉案件，但这种判决必须是违反制定法、违反法律的一般原则。最高法院有权变更全国任何普通法院的判决，但是只审查判决所适用的法律是否得当，而不审查原案的事实，故它是法律裁判者而非事实裁判者。

二、行政法院

在法国，审理行政诉讼的行政法院种类繁多，如果以管辖权的范围作为划分标准，可以分为普通行政法院和专门行政法院。其中普通行政法院包括最高行政法院、上诉行政法院、行政法庭、行政争议庭。

1. 最高行政法院

最高行政法院创建于1799年，最初称为参政院。最高行政法院的任务有两个：一是向行政机关提供咨询意见，二是裁判行政诉讼。相应地，最高行政法院的组织也有两类：行政组与诉讼组，行政组的任务是向行政机关提供咨询意见，诉讼组负责行政案件的预审和判决。

最高行政法院的职权包括四种：（1）咨询职权。咨询对象主要包括政府提出的法律草案和制定行政条例的行为，也包括某些具体行政行为。（2）审判职权。具体包括初审管辖权、上诉管辖权和复核审管辖权。（3）裁决行政法院系统内部管辖权，包括管辖的合并、管辖的指定、管辖的移送。（4）指导下级行政法院工作的职权。

2. 上诉行政法院

上诉行政法院全国共设5所，其中每一个上诉行政法院管辖的地方行政法庭的数目不等。上诉行政法院主要受理地方行政法庭的上诉案件。需要说明的是，上诉行政法院并不是对所有的地方行政法庭的上诉案件都有管辖权，其中部分上诉案件由最高行政法院管辖。

3. 行政法庭

行政法庭作为行政诉讼的初审法院，在1953年之前称为省际参政院。全国共设有33个行政法庭。

4. 行政争议庭

行政争议庭主要设在法国之前的一些殖民地，随着第二次世界大战之后民族运动的发展，很多殖民地纷纷独立，现在行政争议庭的数量很少。

三、权限争议法庭

权限争议法庭是专门处理普通法院和行政法院之间在审判权等问题上的争议而设立的特别法庭。权限争议法庭由司法部长和人数相等的最高法院和最高行政法院的法官组成，任期3年。权限争议法庭的主要职责是处理三类情况下的纠纷案件：（1）普通法院与行政法院都认为对某一案件具有管辖权，称为积极的管辖权冲突。（2）普通法院与行政法院都认为自身没有管辖权，称为消极的管辖权冲突。（3）普通法院和行政法院各自根据案情对某一既涉及政府机关或某一个官员的利益，又涉及某个公民的利益的案件，作出了相互冲突的判决时，争议法庭应重新审理该案件并作出判决。

第六节　法国公民的基本权利与宪法委员会

一、公民权利

1958年宪法在序言中载明，“法兰西人民郑重宣告恪遵1789年人权宣言中明确规定并在1946年宪法序言中确认与补充的人权和国家主权原则”。根据法国第五共和国宪法的列举，法国宪法上的基本权利可归为以下几类：人身自由、结社自由、教育自由、职业自由、通信自由、财产权。

（一）人身自由

根据《人权宣言》第7条，除非法律允许和依照法定的程序进行，任何人不能被起诉、逮捕、拘禁。当然，人身自由不是绝对的，《人权宣言》第4条和第5条基于伤害原则对人们的行动自由予以适当限制，也就是说任何人的行为不能侵犯其他人的权利。人身自由主要包括三个层面的内容：行动自由、在私人和家庭生活中的人身自由、个人自由和健康权。

（二）结社自由

1789年《人权宣言》承认了结社自由，但是规定对各种团体进行严格的审查。1806年《刑法》第291条规定，没有政府的授权，禁止组成20人以上的团体，直到1901年，结社自由才被作为一个一般原则。

（三）教育自由

经过长期的努力斗争，在第五共和国宪法，尤其是1953年12月31日颁布的法律中明确规定了教育自由原则。国家尊重教育自由，并保障其向合法的私人经营者开放。

1. 私立教育自由

1984年，教育部长萨瓦里提议将私立学校的教师纳入公务员系统，这被认为是废除私立教育的第一步，但该项提案被抛弃，萨瓦里也因此辞职。这之后的法律只是对私立教育进行微弱的改变，公立教育原则上仍占主导地位。

2. 教师自由

关于私立学校能否存在的争论与教师是否有良心自由是紧密联系在一起的。根据团体协议，私立学校的教师是公共雇员，或是任命给学校的公务员，或是与国家之间存在公法合同关系。除此之外，所有的顶级教师都要接受国家的培训。1977年的法律对教师施加一项义务，即尊重所在学校的特殊属性。

《人权宣言》第11条规定，自由交流思想和观点是人类最宝贵的权利之一。1968年高等教育进行改革，新的大学由一系列学术和研究单元组成，由责任教授负责运行，其中教学是由责任教授和非责任的助理教授承担。大学由经选举产生的学术人员和学生组成的委员会管理。

（四）职业自由

职业自由被认为是宪法的核心内容，1946年宪法序言用四个段落来确认工作权、参加工会权、罢工权和参加商业运营权。宪法委员会承认序言条款的模糊性和非自动执行性，于是把实施它们的自由裁量权留给立法者来规定，并且只有在立法者的考虑明显不充分时，有关立法才会被宣布违宪。

1946年宪法序言第5条宣布“每个人皆有劳动的义务和就业的权利”。从法理上说，这项权利非常模糊，很多法学家并没有将其看作是法律规则，而是将其看成不应当被立法者忽略的法律原则或目标。

1946年宪法序言第6条规定，任何人皆可通过工会的行动和自愿加入工会维护其权利和利益。与宪法序言的其他条款相比，此条赋予立法者自由设置实现职业自由的手段。宪法委员会仅在宪法价值遭侵犯的地方监督立法的方向，重点是保护个人免受工会的侵犯以及授予他们特殊的权利。

1946年宪法序言第7条规定，罢工权的行使依法律规定。1958年宪法第34条允许议会决定劳动法的基本原则。但是对于议会来说，限制罢工权到何种程度？这个问题在三个领域显现：公共需要能否正当化对罢工权的限制？工会是否有义务举行罢工？雇主能否对罢工施加惩罚？

（五）通信自由

在1958年，广播与电视一样属于国家垄断，由此法国的文化产业在全世界的领导地位开始下滑。依据《人权宣言》第11条的规定，思想和意见的交流自由是人最宝贵的权利。每个公民都可以自由地说、写和出版，但他必须为任何自由的滥用负责，这是对出版自由的明确规定。在经历了干涉时期的诸多限制之后，1881年的法律重新对出版自由进行确认，废除了事先审查。现代的问题与之前的不同，在出版领域所有权的集中化从 20 世纪 30 年代以来大大加强，所有权的集中化产生了私人审查的危险，并且对表达自由所要求的充分的媒体资源的获得构成了限制。

1981 年 5 月社会党人在选举中获得胜利，首先从电台开始了打破国家垄断的立法。这些改革的基本原则是自由化电台，允许其他组织或个人进入外围的商业电台领域，最终将电台自由化。这是对通信自由保障的具体改革。与此同时，在出版自由领域，社会党人也进行了改革。

（六）财产权

财产权是 1789 年《人权宣言》第 2 条规定的四个不可侵犯的自然权利之一。《人权宣言》第 17 条进而规定，“财产权神圣不可侵犯。任何人的财产不得被剥夺，除非依法确认公共需要符合明确的要求并事先给予公平的补偿”。

二、宪法委员会的性质、组成和任期

宪法委员会并非司法机关，在法国宪法文本中，宪法委员会自成一章。宪法委员会与司法机关并没有隶属关系，宪法委员会是行使宪法特定职权的机关，司法机关则是普通法院体系的统称，二者各有其独立的法律地位，在产生、职权和功能方面均不相同。宪法委员会审查议会立法的合宪性，而司法机关则适用议会立法裁决具体案件。比较之下，宪法委员会的政治性似乎更加浓厚。

1. 宪法委员会委员

宪法委员会委员分为当然委员和任命委员两种。当然委员由卸任的共和国总统担任，任期终身。任命委员共有 9 名，由总统、参议院议长和国民议会议长各自任命 3 位，任期 9 年，不能连选连任，每 3 年改选委员的 1/3。

2. 宪法委员会主席

宪法委员会主席由总统于委员中选任。由于主席除了兼管宪法委员会的行政业务外，也与其他委员一样共同参与宪法委员会的运作，享有议决权，遇到相同票数的议决案时，享有决定权。这样的任命方式有利于总统影响宪法委员会的走向，有学者批评，此举不利于宪法委员会保持其独立性。

三、宪法委员会的职权

根据宪法的规定，宪法委员会的职权主要有两项：一是审查法律是否与宪法相抵触，即审查国民议会所通过的法律是否含有修改宪法的内容。二是协调国民议会与参议院的意见。宪法委员会只有根据总统和参议院议长联合提出的请求，才能行使自己的职权。参议院议长的请求须经参议院议员总数的绝大多数同意才能提出。由此可见，总统和参议院议长要提出请求，首先必须各自形成意见，然后在达成一致的基础上才能提出请求。第四共和国实行的是典型的议会制，总统只具有形式上的象征意义，而没有任何实权。因此，违宪审查的启动权实际上只操于参议院之手。宪法委员会在总统和参议院议长没有提出请求的情况下，不得主动地进行活动并作出判断。1852 年宪法曾经规定，市民可以向元老院提出审查请求，1946 年宪法对此未作规定，也就意味着市民无权向宪法委员会提出审查请求。总统和参议院议长的请求必须在法律公布的期间内提出。根据 1958 年宪法第 36 条的规定，正式通过的法律送达政府后，总统于 10 日内公布，国民议会认为紧急时，期限缩减为 5 天。总统和参议院议长提出请求应具备的条件，宪法未作出明确规定，但从宪法委员会的职权中可以看出主要有两个实质条件：一是认为法律与宪法相抵触，事实上构成了对宪法的修改。二是国民议会与参议院之间围绕着法律存在不同意见，需要宪法委员会出面进行协调。根据 1958 年宪法第 92 条第 3 款的规定，宪法委员会审查的对象是宪法第一章至第十章内容所规定的法律。因此，如果某项法律违反了宪法序言、宪法第十一章（宪法修改）、第十二章（过渡条款）所规定的内容，宪法委员会不能将其作为审查的对象。

2008 年宪法修改对宪法委员会的职能有决定性的影响，其中建立了法律合宪性审判前提问题处理机制，允许宪法委员会通过普通诉讼发现并解决法律违宪问题，即公民可直接就法律是否违宪提出异议的受理机制。具体来讲，在审理刑事、民事、行政等案件的过程中，受理案件的普通法院如果认为确实存在法律条文侵犯当事人宪法权利、自由的情形，可以经最高行政法院或最高法院提请宪法委员会审查该法律条文的合宪性，在宪法委员会裁决期间，诉讼程序中止进行。自此，法国宪法委员会保障的法律合宪性审查制度具有事前与事后审查的复合特征，成为名副其实的欧陆模式的宪法法院。

典型案（事）例

个人自由的宪法保护

（法国宪法委员会 1977 年 1 月 12 日）

1976 年 4 月，政府提交了一份内容为旨在授权为预防刑事违法而搜查车辆和对车辆进行检查的法律草案，内政部长伯纳多斯基（Poniatowski）先生表示，为了有效地打击日益猖獗的违法犯罪活动，要求议会授予司法警察为调查和预防刑事违法而搜查车辆及其内部物品的权力。该草案在 1976 年 11 月提交国民议会讨论时遭到诸多异议，后移交参议院审议，参议院经过两次审议后否决该法律草案。1976 年 12 月 20 日国民议会最终单独通过了该法案。

以皮埃尔·若克斯先生（M. Pierre Joxe）为首的 130 名国民议会议员于 1976 年 12 月 21 日，以亨利·卡亚韦先生（M. Henri Caillavet）为首的 79 名参议员于 1976 年 12 月 22 日和 1977 年 1 月 11 日向宪法委员会提交关于对该法案的审查申请。

该单一条款的内容为：执法官或者执行其命令或者上级指令的执法人员，可以在车主或者司机在场的情况下，在公共道路上搜查其车辆及其内部物品，除非涉及明显属于抛弃车辆。

本案的争执点在于，行政警察能否行使搜查权？本案涉及的主要法律文件是：（1）宪法第 64 条；（2）宪法委员会组织法。

决定内容

宪法委员会经审查认为：

1. 个人自由原则构成为共和国法律所保护的基本原则之一，并且为 1946 年宪法序言所宣告，为 1958 年宪法序言所确认；

2. 宪法第 66 条重新确认了该原则，并授权司法机关作为个人自由的保护人；

3. 交由宪法委员会审查的法律文本旨在：在车主或者司机在场的情况下，将在公共道路上搜查其车辆及其内部物品的权力交给执法官或执行其命令的执法人员；

4. 除上述两个条件外，该条款授予执法官或者执行其命令的执法人员毫无限制地行使搜查权，即使是在没有任何违法行为，也没有任何法律规定对危害公共秩序的行为予以控制的情况下；

5. 随着转移给执法官及其工作人员的权力的扩大，而其性质又没有明确界定，因此在权力行使时，很容易导致检查界限不明确，从而损害那些基本原则以及建立在这些原则基础上的对个人自由的保护。由此可见，如此规定是不符合宪法的。

基于上述理由，宪法委员会作出如下决定：

1. 宣告为了搜查和预防刑事违法所制定的有关车辆搜查的单一条款不符合宪法；

2. 该决定将在法兰西共和国官方公报上公布；

1977 年 1 月 12 日宪法委员会开会评议。（见 1977 年 1 月 15 日官方公报第 344 页）

宪法条文节选

（依据 2008 年 7 月 23 日由现代的第五共和国最后修改宪法第 2008—724 号法律颁布。）

第 5 条

总统监督宪法的遵守。总统通过其仲裁保证公权力的正常运行及国家的延续。

总统确保国家的独立和领土的完整以及国际条约的遵守。

第 8 条

共和国总统提名总理，并依据总理提出的政府辞职而免除其职务。

总统依总理的提名任命政府其他成员或免除其职务。

第 12 条

共和国总统在咨询总理和两院议长后得宣布解散国民议会。

全国的大选应在国民议会解散后的 20 日至 40 日内举行。

国民议会在选举后的第二个星期四自行召集会议。如此集会在规定的议会正常会期之外，其会期为 15 日。

在该次大选后一年内，国民议会不得再次被解散。

第 13 条

共和国总统签署经国务会议决议的法令和命令。

总统任命国家文武官员。

最高行政法院法官、荣典院院长、大使和特使、审计院委员、省长、宪法第 74 条所规定的海外领地和新喀罗尼西亚的国家代表、将级军官、大学区首长、中央行政机关首长，均须经国务会议任命。

其他须经国务会议议决的职位以及共和国总统将其任命权委托并以总统名义行使的条件，由组织法予以规定。

上述第 3 款规定之外的工作或职位，鉴于其关系到公民权利和自由的保障以及国家的经济、社会生活，共和国总统任命权的行使须公开征询议会每一院相关常设委员会的意见。如两个委员会中各自的否决票总数不少于 3/5，则总统不得作出任命。常设委员会的权限依该项工作或职位由法律予以规定。

第 17 条

共和国总统拥有特赦权。

第 18 条

共和国总统得向议会两院提出国情咨文，予以宣读，对该咨文不得进行讨论。

总统得在为此目的而举行的议会两院联席会议上发言。在其离开时，得针对总统的发言进行讨论但不得投票。如在休会期间，议会两院应为此召集特别会议。

第 26 条

议会议员在行使其职权期间所发表的言论或所进行的投票，不受追诉、调查、逮捕、拘留或审判。

任何议会议员非经其所属议院秘书处的批准，不得因刑事或违警事件被实施逮捕、剥夺或限制自由的措施。但此批准程序对于刑事重犯、现行犯或确定的罪行不予适用。

对于议会议员的拘留、剥夺或限制其自由的措施或追诉，如其所属议院提出请求，应当在会期内予以中止。

为实施上述条款，相关议院在必要时得自行集会举行补充会议。

第 29 条

议会应总理或国民议会过半数议员的请求，得就特定的议程召开临时会议。

依国民议员的要求而召开的临时会议，在议会特定的议程结束后休会，会期最多不得超过十二日。

总理得在休会后的 1 个月单独要求召开新的临时会议。

第 35 条

宣战须经议会批准。

第 38 条

政府为执行其计划，得要求议会授权在一定期限内，以法令的方式规定本属于法律范围的事项。

法令在咨询最高行政法院意见后，由国务会议予以颁布。法令自公布之日起生效，但如在授权期限内未将核准法草案呈送议会，则该法令即归于无效。

法令的批准须以明确的方式为之。

第 39 条

总理和议员均有立法创议权。

（政府提出的）法律草案在咨询最高行政法院意见后，由国务会议讨论并呈送议会其中一院的秘书处。财政法草案和社会保障财政法草案须先提交国民议会审议。在不违反宪法第 44 条第 1 款的情况下，关于地方公共团体组织的法律草案须先提交参议院审议。

第 61 条

各组织法公布前，宪法第 11 条规定的法律提案提交公民投票前，以及议会两院议事规程在实施前，均须提请宪法委员会审查并就其合宪性作出宣告。

基于相同目的，法律在公布前由总统、总理、国民议会议长、参议院议长、60 名国民议员或 60 名参议员向宪法委员会提请审查。

出现前两款规定的情况，宪法委员会应在 1 个月内作出裁决。如紧急情况，应政府的要求，此期限缩短为 8 日。

出现上述情况，一旦向宪法委员会提请审查，法律公布期限即行中止。

第 62 条

依宪法第 61 条第 1 款的规定，宪法委员会宣告违宪的法律不得公布，也不得适用。依宪法第 61～1 条的规定被宣告违宪的法律，应于宪法委员会裁决公布之时或该裁决确定的最后期限前予以废除，宪法委员会得决定由此法律而产生的后果接受重新审查的条件或限制。宪法委员会的裁决，不得上诉，并对公权机关及所有行政机关、司法机关具有拘束力。

思考题

1. 如何看待法国宪法的频繁修改与变动？
2. 如何理解法国半总统制与议会内阁制、总统制之间的区别与相似之处？
3. 如何认识 2008 年法国宪法委员会功能的变化及其意义？
4. 如何看待 2008 年法国宪法修改后议会的功能转变？
5. 法国宪法对公民基本权利保障性制度包括哪些？

6. 如何看待法国司法机关的制度安排？

参考文献

1. 洪波. 法国政治制度变迁——从大革命到第五共和国. 北京：中国社会科学出版，1993.

2. 维尔. 宪政与分权. 苏力，译. 北京：生活·读书·新知三联书店，1997.

3. 张芝联. 法国通史. 沈阳：辽宁大学出版社，2000.

4. 何勤华. 法国法律发达史. 北京：法律出版社，2001.

5. 吕一民. 法国通史. 上海：上海社会科学院出版社，2002.

6. 邓恩. 姊妹革命：美国革命与法国革命启示录. 杨小刚，译. 上海：上海文艺出版社，2003.

7. 赵宝云. 西方五国宪法通论. 北京：中国人民公安大学出版社，2005.

8. 吕炳宽，徐正戎. 半总统制的理论与实践. 台北：鼎茂图书出版股份有限公司，2005.

9. 何勤华. 西方宪法史. 北京：北京大学出版社，2006.

10. 胡锦光. 外国宪法. 北京：法律出版社，2011.

11. 孙谦，韩大元. 世界各国宪法——欧洲卷. 北京：中国检察出版社，2012.

12. 韩大元. 外国宪法. 4 版. 北京：中国人民大学出版社，2013.

第四章
德国宪法

德国全称为德意志联邦共和国，地处欧洲中部，与多国接壤，是欧洲邻国最多的国家。德国国土面积为 35.7 万平方千米，人口约 8 309 万，主要是德意志人，也有少数丹麦人和索布族人，另有约 720 万外籍人，其中以土耳其人居多。通用语言为德语。德国独特的制宪史为人类提供了深刻的反面教材，自 20 世纪 50 年代以来，德国的宪法实践日益成熟。德国宪法中的参与型联邦制、自我保护型民主制度、基本权利保护制度、卓有成效的宪法法院实践都令世界瞩目。德国是一个联邦制国家，联邦与各州都有宪法，本章将主要对联邦这一层次的宪法体制进行简要介绍。德国统一以后至今所进行的宪法改革及其引起的争议具有明显的过渡性和探索性，它们丰富了德国的宪法实践和宪法理论，促进了德国宪法的变化和发展。对于德国宪法和德国宪制历程，需要客观认识和评价，特别需要指出的是，其中绝大多数内容并不适合我国实际。

第一节　德国制宪历程

德意志的历史非常悠久，其作为统一民族国家的建立过程也异常坎坷。正因为如此，与英、法、美等国相比，德国宪法的产生也要晚一些。近代德国制宪历程是在建立统一民族国家的背景中展开的。我们以德国统一建国为线索简要梳理德国制宪历程。

一、德意志邦国宪法与帝国宪法的制定

“德意志”(Deutsch) 一词最早约见于公元 8 世纪，开始仅指在法兰克帝国东部地区使用的一种属于日耳曼族的方言，后来该词的含义逐渐扩展到说此语言的人。尽管到 19 世纪下半叶之前，从未有过统一的德意志民族国家，但德意志人建立国家的历史可追溯至公元 10 世纪初。919 年，萨克森公爵亨利一世当选为东法兰克王国的国王，建立了萨克森王朝。萨克森王朝的地域大致位于今荷兰、德国西部、瑞士和奥地利。公元 962 年，东法兰克国王、萨克森王朝的奥托一世在罗马由教皇约翰十二世加冕称帝（962—973 年在位），成为罗马的监护人和罗马天主教世界的最高统治者。从 1157 年起，帝国被称为神圣罗马帝国。1804 年 5 月 18 日，拿破仑称帝。神圣罗马帝国皇帝弗兰茨二世（Franz Ⅱ）联合英国、俄国、瑞典和那不勒斯组成第三次反法同盟。1805 年 12 月同盟军被法军击败。弗兰茨二世于 1806 年 8 月 6 日放弃神圣罗马帝国皇帝和罗马人民的国王的称号，仅保留奥地利帝号，神圣罗马帝国正式灭亡。至此，德意志各邦国处于法国控制之下。直到 1813 年至 1814 年第六次反法同盟击败了拿破仑一世，德意志各邦国才摆脱了法国控制，并于次年成立德意志邦联。这个邦联包括普鲁士、奥地利等 34 个君主国，以及不来梅、法兰克福、汉堡和吕贝克四个自由市。德意志邦联是一个松散的

政治联合体，并未制定统一的宪法，但《德意志邦联规约》（Deutsche Bundesakte）第13条规定，“所有邦国都应当制定议会主义的宪法（landständische Verfassung）”。这一规定大大促进了各邦国的制宪活动。

中南部各邦由于深受法国革命影响，制宪进程较为顺利。如萨克森-魏玛于1816年、巴登在1818年、拜恩在1818年、符腾堡在1819年、黑森-达姆斯塔特在1820年陆续制定出了邦国的宪法。总体来说，这些宪法都是以1814年法国路易十八钦定宪法为蓝本制定的。而北部各邦制宪进程较慢。如布伦瑞克到1832年和汉诺威到1833年才制定宪法。尽管南北各邦在制宪进度上有所差异，但它们的宪法无一例外都是新兴宪法思想与君主主权传统相互妥协的产物，与近代立宪主义思想相差甚远。更重要的是，普鲁士作为邦联中最强大的邦国迟迟没有开展制宪行动，而是将主要精力用在增强实力、获取德意志领导权的事务上。在各邦国中，普鲁士和奥地利最为强大，都想由自己领导德国统一，最终普鲁士取得了领导权。1834年普鲁士在德意志地区建立了德意志关税同盟，吸收了大部分德意志邦国，为日后德意志的真正统一奠定了坚实基础。

1848年，法国爆发二月革命，建立了共和国。同年3月，奥地利的维也纳和普鲁士的柏林爆发三月革命，这股革命风潮旋即波及德意志各邦。自由派利用这一时机，提出推进德意志民族统一、制定全德宪法的要求。德意志各邦革命党人推选出代表，于1848年在法兰克福圣保罗教堂举行国民议会。经过七个月的讨论，国民议会于1848年12月通过了《基本权利宣言》，又经过几个月的工作，于1849年3月28日通过了一部德意志帝国宪法，史称“法兰克福宪法”或“保罗教堂宪法”。遗憾的是，这部包括民主、自由、法治内涵的宪法虽然公布了，却因未获得各邦一致认同（有28个邦宣布有条件地接受这部宪法，另有奥地利、巴伐利亚和汉诺威完全拒绝承认这部宪法）。国民议会不愿妥协，未对宪法文本进行大幅度的修改。被国民议会选为德意志皇帝的普鲁士国王拒绝接受帝国皇位。革命最终未获成功，法兰克福宪法也未能生效。

1862年9月22日，普鲁士国王威廉一世任命俾斯麦担任首相。俾斯麦出任首相后，大力推进德意志统一进程。1864年普鲁士打败丹麦，收回北方近丹麦边境的多个领地。1866年普鲁士打败奥地利，迫使奥地利与匈牙利组成奥匈帝国，随后合并数个邦，组成北德意志联邦。北德意志联邦成立后于1867年4月制定了《北德意志联邦宪法》（Verfassung des Norddeutschen Bundes）。该部宪法保留了君主的重要权力，又迎合了资产阶级的某些政治主张，最终促成以普鲁士为核心的政治联盟。这部宪法名义上虽然仅为北德意志联邦的宪法，但由于北德意志联邦是远较德意志邦联更紧密的政治实体，因而它为德国统一后制定帝国宪法奠定了基础。

1870年普法战争爆发，德国南部几个邦脱离法国控制。1871年德国宣布完成统一，德意志帝国成立，史称“德意志第二帝国”。帝国成立后很快就开始了制宪，并以《北德意志联邦宪法》为蓝本。1871年4月14日，帝国议会通过了《德意志帝国宪法》（Gesetz betreffend die Verfassung des Deutschen Reiches），4月20日由俾斯麦公布实施。由于这部宪法体现了俾斯麦铁血政策推进统一的成果，因而又被称为“俾斯麦宪法”。这部宪法一直实施到1918年德国十一月革命帝制被推翻时为止。

《德意志帝国宪法》包括序言和14章，共78条。第一章列举了德意志帝国的邦国和自由市。第二章至第五章分别规定了帝国的立法权、联邦议会（Bundesrat）、帝国主席团（Präsidium）、帝国议会（Reichstag）。第六章至第十三章分别规定了关税与贸易、铁路、邮政与电报、海军与航运、外交事务、军事、财政金融事务、争议调停与刑罚、修宪程序等内容。

在国家机构与制度方面，这部宪法规定德意志帝国为联邦制君主立宪制国家。德意志皇帝为国家元首，帝国皇帝由普鲁士国王担任。皇帝拥有广泛而巨大的权力，皇帝与首相是帝国国家权力中心。帝国立法权由联邦议会和帝国议会共同行使。联邦议会（上议院）议员由帝国各邦君主和自由市参议院从邦和自由市的高级官员中任命。帝国议会（下议院）则由直接选举产生的议员组成。相比而言，联邦议会的地位更高，其议长为帝国首相。帝国议会虽有立法权，但其立法权受联邦议会和首相的制约。由于首相对皇帝负责，而不向帝国议会负责，因而帝国议会无权针对首相和政府提出不信任案，实际上也没有行政监督权。另外，这部宪法过分强调普鲁士的核心地位，导致各邦地位不平等。

帝国宪法既不重视民主，也没有专门规定基本权利。如果说这部宪法有什么值得称道的关于权利的规定，就属其第20条规定，“帝国议会由秘密投票的普遍和直接的选举产生”。与此规定相应，1871年制定的帝国选举法规定“年满二十五岁的拥有德国国籍的男子享有选举权”，这就意味着女性是没有选举权的。此外，受监护者、破产者、领取救济者、被法院剥夺公民权者都无选举权。而军人无选举权但有被选举权。尽管有诸多限制，帝国宪法关于选举权的规定仍比当时普鲁士实行的不平等的三级选举制更合理，即便与同时期的英、法等国相比，也更具先进性。

二、魏玛宪法的制定与破坏

（一）制定

1871年帝国宪法的制定与实施标志着德意志真正实现了统一。统一为德国带来了前所未有的发展机遇。19世纪末至20世纪初，德国进入了高速发展时期。到20世纪初，德国工业产值已跃居欧洲第一、世界第二，外贸份额也居世界前列。为了与英、法、俄等列强争夺世界霸权，德国于1914年挑起了第一次世界大战。战争进入1918年下半年，以德国为首的同盟国败局已定。德国国内矛盾加剧。1918年11月3日基尔港水兵起义点燃了“十一月革命”的烈火。紧接着工人和士兵联合行动，于11月9日占领了柏林的帝国政府机关，帝国皇帝被迫仓皇逃亡荷兰，帝国首相巴登也无奈宣布辞职。1871年成立的德意志第二帝国灭亡。

1919年1月19日，在革命政权的组织下，德国各地选民举行了全国立宪会议的选举。这次选举真正做到了平等、秘密、直接和普遍。全国年满20周岁的男女都有选举权，领取国家救济者也获得了选举权。选举采用比例代表制，选民热情高涨，参选率高达83%。[①] 选举共产生421名代表，组成全国立宪委员会。立宪委员会首先于1919年2月10日制定《临时帝国政权法》，通过该法建立了过渡时期临时政权，并选举弗里德里希·艾伯特为临时帝国总统。接下来，立宪会议将魏玛（Weimar）选作制宪会址，开始了制宪工作。魏玛是一个远离政治中心柏林的小城，曾是19世纪德国文艺与政治自由的中心。制宪者正是想远离激烈的政治斗争氛围才选择这里作为工作场所。

1919年2月6日，全国立宪会议在魏玛大剧院开幕。同年7月31日，全国立宪会议大会表决通过了宪法案。8月11日，临时帝国总统艾伯特签署，帝国政府全体部长副署，“魏玛宪法”正式生效，1871年帝国宪法和1919年2月的《临时帝国政权法》同时废止。需要特别指出的是，魏玛宪法正式命名为“德意志帝国宪法”（Die Verfassung des Deutschen Reiches），而魏玛宪法第1条明文规定“德意志帝国是一个共和国”。这看似矛盾的命名与规定其实反映了当时德国人对“帝国”一词的特殊理解：面对邦国林立、各自为政的局面，德意志人民用“帝国”一词寄托了他们对统一的渴望，因此不愿放弃“帝国”的称呼。[②]

① 卡尔·迪特利希·埃尔德曼. 德意志史：第2卷. 高年生，等译. 北京：商务印书馆，1986：244.

② 蒋劲松. 德国代议制：第2卷. 北京：中国社会科学出版社，2009：1038.

（二）内容

魏玛宪法由一个简短的序言、两编以及一个规定过渡问题的结尾构成。

第一编帝国之组织与职责，分 7 章，共 108 条。第一章，帝国及各邦；第二章，帝国议会；第三章，帝国总统与帝国政府；第四章，帝国参议会；第五章，帝国立法；第六章，帝国行政；第七章，司法。

魏玛宪法第一编规定德国在政治制度方面实行立法、行政、司法三权分立原则。宪法规定，国会是最高立法机关，分上、下两院，上院即联邦议院，由各邦政府选派代表组成；下院称国民议会，由年满 20 岁以上之男女，依照比例代表选举制，以普遍、平等、直接、秘密之选举产生，任期 4 年。国会的职权较之于帝制时期扩大了，除掌管立法权之外，有权任命内阁、宣战与媾和，内阁必须向国会负责，必须得到国会的信任，否则必须辞职。行政方面，总统是国家元首，由全体公民直接选举产生，任期 7 年，可连选连任，年满 35 岁的公民均有被选举权。司法上，法官地位独立并只服从法律，最高法院解释法律、裁决各种争端。从以上内容可以看出，魏玛宪法关于实行内阁制的种种规定显然是多党妥协的产物。魏玛宪法是第一部有半总统制风格的宪法。这表现为总统有相当大的权限，特别是有可以宣布停止适用宪法的紧急状态权，而且任期达 7 年之久。军队由总统直接指挥调度。总统可自由任免总理，国会可以对总理不信任投票；总统也可以因此解散国会。魏玛宪法还是第一部明文规定公投制度的宪法。

第二编德国人的基本权利与义务，分 5 章，共 58 条。第一章，个人；第二章，共同生活；第三章，宗教与宗教团体；第四章，教育与学校；第五章，经济生活。

宪法规定了人民的基本权利和义务。“德国人民在法律面前人人平等”，“男女公民原则上拥有相同之公民权利及义务”。公民在法律允许的范围内，享有人身自由、选举自由和住宅通信不受侵犯的权利，享有和平集会、结社和接受教育等权利。在经济领域中，宪法规定贯彻公平的原则，人民享有经营工商业和工作的自由，实行社会保险政策，保证私有财产不受侵犯。但国家为了公共福利可以实行社会化政策，有偿地将适合社会化的私人企业收为国营企业。雇主和职工在工资、劳动条件及生产方面有“平等地位”和“共同决定权”，允许成立工厂、区工人委员会和全国工人总委员会，成立由工人委员会与资本家等有关方面组成的地方和全国经济委员会，“以完成一般经济任务及进行合作以实施社会化法令”。魏玛宪法大量规定的较为广泛的基本权利是在此之前的任何宪法中都没有的，比如对社会国制度的抽象明文规定。在魏玛共和体制内，人民所享有的社会福利较同期其他国家的多了许多，体现了国家对人民也有一定的照顾义务。一般认为，魏玛宪法的诞生标志着世界现代宪法史的开端，主要就是从它规定了公民享有广泛的基本权利而言的。尽管因法西斯纳粹迅速发展并上台执政魏玛宪法规定的这些自由权利不可能真正、长久地发生效力，但这些内容对第二次世界大战以后德国政治原则的确立产生了渊源性的影响，并且被现代各国广泛效仿。例如，1949 年德国《基本法》第 140 条规定：1919 年 8 月 11 日的德国宪法第 136 条、第 137 条、第 138 条、第 139 条和第 141 条是本基本法的组成部分。因此，与其本身的实际意义相比，魏玛宪法所规定的基本权利所具有的历史性和世界性的意义更被人称道。

（三）纳粹政权对魏玛宪法的破坏

第一次世界大战后，德国国内经济社会发展遇到了不少困难。在这种情形下，法西斯主义逐渐形成并产生了重大影响。1925 年 4 月德国举行总统选举，前德意志帝国元帅保罗·冯·兴登堡当选德国总统。1933 年 1 月 30 日，兴登堡任命希特勒为联邦总理。德国法西斯势力水涨船高，直接掌控了国家权力。魏玛宪法建立起来的自由民主制度遭到全面破坏，体现在如下几个方面。

1. 议会民主制被破坏

1933年2月1日，希特勒下令解散联邦议会，并修改选举法。在3月5日进行的选举中，希特勒唆使纳粹党徒利用各种手段获得议会多数席位，进而控制了议会。3月23日，法西斯控制的议会通过了《消除民族和国家危机法》(Gesetz zur Behebung der Not von Volk und Reich)。这部法律的中心内容是将议会的多项权力"授权"给政府内阁来行使，因此又被称为"授权法"(Ermächtigungsgesetz)。"授权法"共计5条。第1条规定，国家法律除依宪法规定的程序制定外，也可以由内阁直接制定。这其中也包括宪法第85条和第87条规定的制定国家预算、发行公债的法律。第2条规定，只要不影响国民议会和联邦参议院的地位，内阁制定的法律可以与宪法相背离。第3条规定，内阁制定的法律由总理起草和公布。如无特别规定，内阁制定的法律在总理公布后的第二天即行生效。宪法第68～77条关于法律制定、公布、生效的规定不适用于内阁制定的法律。第4条规定德国和外国订立关于国家立法事件的条约，不必得到立法机构的同意。内阁有权为执行条约发布必要命令。第5条规定"授权法"有效期至本届内阁被取代或1937年4月1日为止。不难看出，"授权法"已经彻底破坏了魏玛宪法确立的议会民主制。

2. 纳粹政权对宪法基本权利的践踏

1933年2月4日，希特勒授意兴登堡总统颁布《保护德意志人民紧急条例》，授权联邦政府解散和禁止人民举行集会、游行，禁止出版和发行某些出版物。同年2月28日，希特勒颁布《保护人民与国家条例》，宣布停止执行魏玛宪法第144条、第115条、第117条、第118条、第123条、第135条。由此，魏玛宪法保护的人身、言论、出版、集会、结社、宗教信仰自由等基本权利实际上都被纳粹政权粗暴剥夺。此后，纳粹又通过一系列法令和非法手段对民主人士、普通民众以及犹太人进行迫害与镇压。

特别值得注意的是，纳粹对结社与组织政党自由的剥夺，直接导致了对多党民主制度的破坏。魏玛宪法第124条规定："任何德国人，只要其目的不违反刑法，均有权组建社团或团体。此项权利不得通过预防性措施予以限制。上述规定适用于宗教社团与宗教团体。"1933年2月27日，纳粹党徒制造"国会纵火案"，嫁祸于德国共产党。3月31日希特勒利用"授权法"宣布共产党为非法政党，其后又利用各种手段相继取缔了德国境内其他政党。如同年7月，纳粹政府颁布《禁止组织新政党法》，同年12月颁布《国家和政党统一法》，逐步破坏魏玛宪法确定的多党制政党民主，赤裸裸地实行纳粹一党独裁。

3. 破坏联邦制度，实行专制集权

魏玛宪法规定德国实行联邦制，这不仅是德意志政治传统的延续，也是符合现实的制度安排。纳粹政府却视联邦制为其独裁专制的障碍，利用各种手段破坏联邦制，并最终建立了中央集权的体制。1933年3月31日，希特勒颁布第1号《各邦与帝国一体化法令》，宣布解散各邦原有代议机构，明确规定邦议会、市议会、市区和乡镇议会一律按3月5日国会选举票数比例组成。这样，各级议会实际上都由纳粹党人占领。1934年2月14日，希特勒发布取消联邦议院法令，继剥夺国会立法权之后，正式取消代表各邦利益的第二制宪机构联邦议院。4月7日，希特勒颁布第2号《各邦与帝国一体化法令》，任命民社党高级人士和大区区长担任18个邦邦长。邦长"必须"执行"内阁总理制定的总政策"，有权组织或废除地方政府，任命或撤换各邦官员和法官。这样，从大城市到小乡镇的各级政府机构全被民社党人占据。1934年1月30日，希特勒颁布了一项彻底改变宪法的《帝国重建法》，明确规定废除各邦议会，各邦主权移交至中央，各邦政府隶属于中央政府，从法律上确认了中央集权制度。至此，各邦的自治权力被剥夺殆尽，德国联邦制也被破坏。德国成为一个由纳粹掌控的高度中央集权的国家。

三、基本法的制定

纳粹政府不仅破坏了魏玛宪法确立的国内秩序，还丧心病狂地发动了第二次世界大战。1945年德国战败，其领土被美、英、法、苏四国分区占领。此后，被英、美、法占领的西区建立了德意志联邦共和国（以下简称联邦德国），而苏占区则成立了德意志民主共和国（以下简称民主德国），分别实行资本主义制度和社会主义制度，并各自制定了宪法。这里主要关注联邦德国的宪法制定状况。

在四国分区占领德国后，美国出于其战略需要，力图建立一个受其控制、实行西方民主制度的德国。1947年1月，美、英不顾苏、法的反对，宣布将美、英两国占领区合并。1948年春天，法国也将其占领区并入美、英联合占领区。至此，德国西部占领区成为三国联合占领区，这为在西占区建立国家奠定了基础。1949年4月，美、英、法三国制定了针对西占区的"占领法"。该法规定，西占区建立国家政权后，盟国依然保留占领军，但由美、英、法三国占领军成立的军政府即行解散，成立由三国高级文职专员组成的盟国高级事务委员会（Hohe Alliierte Kommission），作为盟国驻西德最高机构，掌管西德对外和安全事务。西德议会和政府在盟国允许范围内，可以就国内有关问题进行立法及行使相应职权。盟国高级事务委员会对西德议会的一切行动拥有否决权。占领法从外部厘清了盟国与未来西德的关系，而西德政权的最终建立则需要通过"基本法"（Grundgesetz）来加以规定。之所以叫"基本法"而非"宪法"，其主要原因在于新成立的联邦共和国具有临时性的特征，而且这部法律并不是由直接选举产生的国民会议制定的，而是由一个"议会委员会"（Der Parlamentarische Rat）制定的。

这个名为"议会委员会"的立宪机构由西占区11个州①议会选出的65名代表组成。1949年3月，议会委员会起草了一份基本法草案。此后，委员会接受联合国和占领国的指令对草案进行了两次较大的修改。同年5月8日，议会委员会在波恩以53票对12票通过了《德意志联邦共和国基本法》[Grundgesetz für die Bundesrepublik Deutschland（以下简称"基本法"）]。5月16日至22日，基本法陆续被10个州议会批准，并于5月23日公布，次日生效。1952年5月，美、英、法三国与联邦德国签署协议废除"占领法"，撤销盟国高级事务委员会。1955年5月5日，《巴黎协定》生效，美、英、法结束对联邦德国的占领。联邦德国成为国际法意义上的独立主权国家。基本法也成为联邦德国的宪法。但由于该法第146条规定"在德国的统一和自由实现之后，本基本法适用于所有德国人民，并于德国人民以自由决定通过的宪法生效之日失效"，因而基本法在形式上仍是一部临时宪法。

基本法包括一个序言、11章，共146条。各章目次为：第一章，基本权利（第1～19条）；第二章，联邦和州（第20～37条）；第三章，联邦议院（第38～49条）；第四章，联邦参议院（第50～53条）；第五章，联邦总统（第54～61条）；第六章，联邦政府（第62～69条）；第七章，联邦立法（第70～82条）；第八章，联邦法律的执行和联邦行政管理（第83～91条）；第九章，司法（第92～104条）；第十章，财政制度（第104a～115条）；第十一章，过渡及最后条款（第116～146条）。

四、统一后基本法的发展

1990年，联邦德国与民主德国终于走向统一之路。为此，1990年5月至9月间，联邦德

① 本章文本中出现的"邦"与"州"二字，在德语中的表达都是"Land"。不过为了区分《基本法》制定前后德国联邦与州之间关系的差异，同时为了照顾历史文献表述习惯，分别采用了"邦"和"州"两种表达。特此说明。

国与民主德国签订了三个重要条约。两德与苏、美、英、法四国联合举行了关于德国统一问题的“2＋4”会议。1990 年 9 月 12 日，在莫斯科举行第四轮“2＋4”会议，签订了《最终解决德国问题的条约》。1990 年 10 月 3 日德国重新统一。从法律角度看，德国的统一是以民主德国加入联邦德国的形式完成的。在统一进程中，曾经发生过关于基本法未来的讨论。东德与西德的左派都有人呼吁重新统一的德国应当有一部新宪法，这部新宪法应当包括人民决定以及就业、住房、教育等社会基本权利内容。另有一部分人认为欧洲一体化的迅猛发展要求宪法必须适应新的变化，因此应该对宪法进行大的修改。然而，早在 1990 年统一条约的谈判过程中，德国政府和联邦议院里的多数议员就已决定不对宪法进行整体修改，而只是做小的调整。① 统一后，德国曾于 1992 年 1 月成立由 32 名联邦议会议员和 32 名州政府代表组成的“联合宪法委员会”。该委员会的任务是研究是否应当在统一后制定一部正式的德国宪法，以取代作为临时宪法的基本法。经研究，该委员会认定不需要重新制定宪法，只需对宪法进行修改即可。联合宪法委员会起草了修改宪法的建议，该建议于 1994 年经修改后被联邦议院和联邦参议院通过。统一后德国基本法的修改除了关注统一后政治体制的过渡与发展外，还集中在关于欧洲问题的调整以及州权力的扩张这两个方面。②

需要特别指出的是，在德国修宪是比较容易的。基本法第 79 条规定“基本法只得被法律修改，该法律应明确规定修改或补充基本法的条款”，“修改宪法的法律须经联邦议院议员三分之二的同意和联邦参议院表决票数的三分之二的同意”。自生效至今，基本法历经 59 次修改，但这些修宪活动并未影响其权威与作用。③ 这一方面是因为德国基本法规定了一些不能修改的基本原则和制度，频繁修宪不会触及国家制度的核心内容；另一方面则是因为基本法经过数十年的实施发挥了积极的作用，赢得了德国人民的信任。尤其是 1951 年联邦宪法法院成立后，其独特而卓有成效的实践积累了大量经验和案例。基本法在运用中的不断修改与调整，不仅不会影响其功能发挥，反而会使其更加适应现实而不断获得积极发展。

第二节 德国宪法的基本原则

一、宪法的基本原则体系

魏玛宪法本是一部追求自由民主的宪法，但最终被法西斯政党利用，走向了自由民主的反面。对此的反思是：必须有一些基本的宪法原则是永远不能被修改和废除的。为此，德国基本法第 79 条特别规定：“对基本法的修改不得涉及联邦由各州组成的事实，各州参与立法以及第 1 条和第 20 条所规定的原则。”

由此，基本法第 1 条和第 20 条所载明之基本原则便是德国基本法不可变易的基本原则。基本法第 1 条规定：“1. 人的尊严不可侵犯。尊重和保护人的尊严是一切国家权力的义务。2. 为此，德国人民信奉不可侵犯和不可转让的人权是所有人类社会以及世界和平与正义的基础。3. 下列基本权利作为直接适用的权利，拘束立法、行政和司法。”基本法第 20 条规定：“1. 德意志联邦共和国是民主的和社会的联邦国家。2. 一切国家权力来源于人民。国家权力由人民通过选举和表决以及通过立法、行政和司法机关来行使。3. 立法权遵循宪法秩序，行

---

① 沃尔夫冈·鲁茨欧. 德国政府与政治. 7 版. 熊炜，王建，译. 北京：北京大学出版社，2010：32.

② 同①33.

③ 最近一次是 2012 年 7 月 11 日针对第 93 条的宪法修正案。

政权和司法权遵循法律和法律规范。4. 对于任何企图废除这一秩序的人，如不存在其他救济方式，所有德国人均有反抗权。”

根据上述规定，德国基本法的基本原则应当包括以下原则：人的尊严不可侵犯原则、民主原则、社会国原则、联邦制原则、人民主权原则、分权原则、法治国原则、德国人民的抵抗权原则。这些原则不仅反映了西方国家的一般价值体系，更形成了德国宪法秩序的刚性架构，决定了基本法秩序的根本特征。人的尊严原则、民主原则、社会国原则、联邦制原则这几个原则无疑更能体现德国宪法的独特精神气质和价值追求。从独特性上看，其他原则没有前述核心基本原则那么突出，而且可以从核心基本原则的阐释中得到体现。例如，人民主权原则和分权原则已分别包含于民主原则与法治国原则之中。另外，各项基本原则之间并非彼此独立，而是在基本法框架中相互作用，交互界定着各自的内涵。

二、核心基本原则

（一）人的尊严不可侵犯原则

基本法第1条规定：“1. 人的尊严不可侵犯。尊重和保护人的尊严是一切国家权力的义务。2. 为此，德国人民信奉不可侵犯和不可转让的人权是所有人类社会以及世界和平与正义的基础。3. 下列基本权利作为直接适用的权利，拘束立法、行政和司法。”第1条的这三项内容形成环环相扣的递进关系。其中第1项规定的人的尊严不可侵犯被称为德国基本法的基础性原则。德国法学界对人的尊严条款的性质也存在一定争议。有人认为人的尊严仅仅是宣示性规定或最高法价值，有人认为人的尊严条款表述的是宪法原则，有人则认为人的尊严本身也是独立的基本权利。从我国宪法学的学理和表述习惯出发，人的尊严无疑是一种基本原则。但就外部视角来看，人的尊严不仅是德国法的最高价值，也是一项基本原则。人的尊严是德国宪法规范的出发点，在此基础上才谈得上人权以及基本权利的效力问题。因此，可以毫不夸张地说，人的尊严不可侵犯原则是德国宪法秩序的规范基石。这与英美以人的自由为出发点构建宪法秩序有明显差异。当然，这其实是不同历史文化传统和法律技术导致的形式上的差异。德国宪法对人的尊严的强调与欧美其他国家宪法对人的自由的强调其实是殊途同归，都体现为对一系列基本权利的无比珍视，并在这些权利的基础上构建宪法秩序。

德国基本法第1条第3款特别强调基本权利对立法、行政和司法具有直接约束的效力。任何国家机关的活动都不能侵犯基本权利，否则在规范上便是直接无效的。这种宣示无疑将基本权利的规范地位在客观效力层面上进行了固定。基本权利不仅是一种主观层面的权利，更是一种不容侵犯的法秩序。为了保证基本权利的实现，基本法强化了对基本权利的保护。这首先体现在基本权利规定的详尽性上。基本法正文第一章用19个条文以及其他章节的若干条文全面规定了覆盖传统人权观念的各项基本权利，尤其是第1条从人的尊严的角度对基本权利进行了价值和制度上的定位，而且此条文的规定是不容修改的。这保证了基本权利在基本法确定的宪法秩序中不可动摇的地位。其次，基本法规定了更有效的基本权利保障与救济机制。例如，根据基本法第93条的规定，当基本权利受到国家机关侵犯时，任何人都有权向联邦宪法法院提起宪法诉愿，寻求救济。这些都保证了德国宪法秩序中基本权利的现实效力。

（二）民主原则

尽管魏玛宪法设计了较完整的民主制度，但第二次世界大战之前德国民主实践的效果是比较差的。单从文本上看，魏玛宪法堪称同时代最民主的宪法。然而，由于魏玛宪法民主制度的设计中的一些不足，其被纳粹利用并发展为法西斯独裁政权。通过事后反思，人们认识到魏玛宪法的民主制度有几大明显缺陷：一是滥用公民公决机制，容易突破法治和制度限制；二是总统权力过大，特别是其拥有广泛的紧急状态权，在多党制动荡政局下容易走上独裁道路；三是对政党活动缺乏有效的规范，难以防止极端主义政党掌控政权；四是代议制下的多数人意志缺乏有效的法治和秩序限制。这些缺陷导致魏玛宪法下的民主体制脆弱而缺乏自我防护能力。基本法下的德国民主除了包含通行的各项民主制度，还设置了很多保障机制，进而建立起一种具有自我防护能力的民主制。

基本法第 79 条规定不得通过修宪改变联邦制度、不得改变基本法第 1 条和第 20 条规定的各项原则。这些原则是德意志联邦共和国的立国之本，也是德国民主制度的基石。它们共同构成了“自由民主的基本秩序”。为了保证宪法秩序的稳固，基本法设定了种种机制应对对自由民主制度的各种威胁：(1) 剥夺民主敌人的某些基本权利。基本法第 18 条规定滥用观点表达自由，特别是出版自由以及滥用教学自由，集会自由，结社自由，通信、邮政和电信秘密，财产权和避难权来攻击自由民主的基本秩序的人，丧失相应的基本权利。基本权利的丧失和丧失程度由联邦宪法法院宣布。这保证了那些与民主精神背道而驰的思想和言论没有机会像纳粹的宣传那样大行其道。(2) 规范政党活动，保证其民主性。授权联邦宪法法院可以通过判决对违反宪法民主原则的政党以及协会和团体进行取缔。基本法第 21 条规定政党内部组织须符合民主制度的各项原则。如政党的宗旨或政党拥护者的行为有意破坏或推翻自由民主的基本秩序，或有意危害德意志联邦共和国的生存，则该政党违反宪法。为了确保政党符合民主原则，1967 年联邦德国还制定了《政党法》对政党进行了较为全面的规范。(3) 对不忠于宪法的国家公职人员可以开除其公职。(4) 抵抗权。根据基本法第 20 条的规定，如果有人企图废除自由民主秩序且没有其他对抗措施时，所有德国人都有抵抗的权利。(5) 严格限制全民公决的适用范围。基本法仅在联邦各州区域变化等问题上规定了州的公民投票机制，并没有规定可广泛适用的一般性的全民公决机制。即便在“欧盟宪法”等事关全体德国人的问题上，依据基本法也只能诉诸议会表决，而爱尔兰、卢森堡、丹麦、葡萄牙、西班牙等不少欧洲国家对此都是通过全民公决的方式决定的。这是基本法为防止魏玛共和国时期全民公决这种直接民主形式被滥用再次出现而特别进行的制度设计。(6) 建设性不信任案和 5% “门槛条款”。为了保证代议政治的稳定，根据基本法第 67 条的规定，议会在提出不信任案时必须在 48 小时内选出下一任联邦总理人选。这无疑增加了不信任案提起的难度，从而保证了政府的稳定。此外，《联邦选举法》还规定一个政党在第二票选举中必须获得有效选票的 5%以上或在第一票选举中获得至少三个直选议席才能按有效得票率分得联邦议院议席，此即“门槛条款”。魏玛共和国时期因议会选举实行单一的大选区比例代表制，凡有党员当选的政党都可进入议会，导致议会中政党林立，组阁困难，政府不稳。一些小党如纳粹党乘机浑水摸鱼、兴风作浪。“门槛条款”很好地防止了此类情况的发生。(7) 严格限制紧急权力和紧急措施。鉴于魏玛宪法设置的总统宽泛的紧急权力最终被纳粹暴政利用，基本法将总统设计为代表国家、仅有礼仪和程序职能的虚位元首。与此同时，基本法设置的紧急措施基本上都是为了保护自由民主秩序的存续。

（三）社会国原则

“社会国”(Sozialstaat) 原则是基本法中较为新颖的原则。尽管魏玛宪法也有类似规定，但德国学界普遍认为基本法确立了一种全新的社会国原则。与其他基本原则相比，社会国原则是一项没有进一步展开的宪法基本原则，这项原则并不能直接适用于就业、教育、住房等领域。从规范内容上来看，社会国原则仍然不够确定，但这一原则绝非一项空洞的口号，只是其表述和实现方式与其他原则的不尽相同。

社会国原则明确揭示了追求社会正义与社会安全的国家目标及任务。这些目标包括对收入和财产关系进行矫正，提供社会保障，并对社会弱势群体进行关怀，为达到这一目标，国家公权力负有积极作为之义务。本原则的约束对象是国家，而且主要通过立法实现，也就是说，立法者应当对社会国目标的实现承担首要义务。但这仅说明了国家对于建构与促进公平正义社会秩序之目标的实现责无旁贷而已。立法者享有广泛的立法裁量空间。立法机关在形成社会政策时，对国家自身应担负起何等程度的社会国责任，原则上亦享有裁量权限。立法者既可以把国家设定为给付者的角色，由国家无偿或有偿提供合乎人的尊严的社会经济生活条件所需。立法机关也可以选择实行社会互助的模式，依靠社会的力量直接达到协助社会弱者重新自立的目标，而将国家功能定位在引导或保障方面。“社会”作为基本法秩序中与“国家”并存的领域，其与国家和个人自治的互动处于不断发展的过程中。正因为如此，社会国原则在德国宪法秩序中的具体规范内容和实现途径也富于弹性和变化。

需要特别指出的是，基本法并没有社会基本权利的制度设置。尽管德国很多州的宪法都对诸如工作权、适足住宅权等社会权进行了规定，但基本法并没有突破传统的基本权利理论。在基本法的秩序中，社会权利并没有实证法的地位，其所追求的各项利益不仅需要立法机关和行政机关积极和有规律的行动，还需要极大的社会经济资源的投入，而这势必对整个自由民主秩序造成极大的结构和理念层面的冲击。正因为如此，基本法并没有冒进地将社会基本权利设置为一种主观的请求权。社会国原则也并不以社会权的存在为前提。

（四）联邦制原则

德国是一个传统的联邦制国家。第二次世界大战后，基于历史传统和现实条件，基本法选择联邦制作为德意志政治统一体建构的形式。而且基本法第 79 条第 3 款也将联邦制界定为不可更改的基本法原则。德国学者将此规定称为联邦制原则的“永存条款”。需要注意的是，1949 年基本法制定时，联邦制原则在新宪法秩序下的内涵仍有很多不确定性，换句话说，基本法的联邦制原则并不是一个“前宪法性”的概念。相反，德国联邦制原则的核心规范内容是经过长期发展逐渐固定下来的，而且联邦制原则至今仍处于发展变动之中。实际上，基本法制定后通过的五十多个宪法修正案中半数以上都是关于联邦制的。尽管如此，联邦制原则的如下特征已经比较确定：(1) 德国联邦必须由联邦和作为成员的州组成，不仅联邦具有国家性质，而且各州也具有国家的属性，这不同于单一制下的地方的地位。(2) 国家的权力在联邦和州之间进行划分。联邦和州的权力都受基本法的限制。(3)“联邦友好行为”的基本原则。这是指联邦和州都接受联邦制原则，在政治行动中尊重和维护联邦制的秩序。(4) 同质性原则。这是指各州宪法都必须符合基本法规定的主要原则。(5) 联邦与各州互相影响的可能。这是指州能够参与联邦意志的形成过程，联邦也可以对州施加影响。(6) 联邦法优先于州法。①

从权力分配和运行的角度看，德国联邦制具有不同于美式联邦制的特点：(1) 立法权主要由联邦控制。基本法将立法权分为专属立法权、竞合立法权和框架性立法权三种形式。专属立法权由联邦行使，各州无权立法，如关于外交与国防事务的立法权。竞合立法权由联邦与各州共有，但只有在联邦无相关立法时，各州才能立法。框架性立法权是指联邦有原则立法权，各州制定细则，如关于教育、文化和环保等。尽管 2006 年基本法修改实际取消了框架立法权，但由于联邦此前已完成很多此类立法，所以总体来看这个领域的法律规范仍然是联邦主导的。(2) 执行法律主要是各州的职责。与美国不同，德国联邦基本上不在各州设立机构。联邦法律由各州代为执行，联邦甚至可以直接指令州政府处理某项行政事务，因而这种联邦制是一种“职能联邦主义”，即联邦决策后交由各州执行。这种具有单一制特征的联邦主义有利于法制统一和管理效率的提高。(3) 司法权强调统一，联邦制色彩较弱。德国的法院系统由普通法院、行政法院、财税法院、劳动法院和社会法院共同构成。每种法院都有联邦层面的最高法院，这有利于德国司法的统一，但没有多少联邦制的特点。(4) 联邦参议院在联邦体制中发挥着至关重要的作用。联邦参议院代表各州政府参与联邦中央政府决策过程。任何联邦法案如果

① 童建挺. 德国联邦制的演变：1949—2009. 北京：中央编译出版社，2010：63-65.

涉及各州利益，都应该送交联邦参议院批准。（5）联邦宪法法院是联邦制原则的监督和维护者，也是联邦争端的仲裁人，对平衡联邦与州的关系也发挥着重要作用。

（五）法治国原则

德国是一个传统的法治国家。“法治国”（Rechtsstaat）与欧美其他国家使用的“法治”（rule of Law）概念是对应的，但又深具德国特色。虽然基本法并没有对法治国原则进行定义或说明，但正如联邦宪法法院认为的那样，法治国具有某种“先于宪法秩序的总体形象”[①]。换句话说，法治国原则继承了自由市民法治国家的传统，是先于基本法确立的宪法秩序而明确存在的。与社会国原则、联邦制原则相比，法治国原则的内涵是非常确定的。从内容上看，法治国原则包括依法行政、法律保护、分权、法律保障等几个方面的内容。

依法行政强调所有国家机关都要受到法律的约束，国家的所有活动都必须在法律的范围内进行，不得违反法律法规。为了保证这一目标的实现，又需要一系列原则和制度的保证。这些原则和制度包括：法律优先原则、法律保留原则、比例原则、信赖保护原则、确定性原则等。另外，分权原则是法治国家的基本要求。基本法第 20 条将国家权力分配给立法机关、行政机关、司法机关，这种权力分立使德国的国家权力受到限制和制约。这主要是通过三种国家机关的互相监督与制约实现的。最后，法律保护和法律保障也是法治的应有之义。基本法第 19 条规定：“无论何人的权利受到公权力的侵害，均可提起诉讼。如无其他主管法院，可向普通法院提起诉讼。”

三、其他基本原则

除了上述核心基本原则外，德国基本法还规定了其他原则。它们与核心原则具有密不可分的联系。如人民主权原则和分权原则便与民主原则和法治国原则紧密相关，后两个原则能够经由前两个原则得到很好的阐释与把握。另一些原则则由于种种原因尚未发展出更多实质性规范内容，从而处于不那么重要的位置。如德国人民的抵抗权原则就是一项不太可能被体制化从而具有确定规范内容的最后条款。另外，1994 年修宪增加第 20a 条：“出于对后代的责任，国家在宪法秩序的范围内，通过立法并依法由行政和司法机构保护自然生活条件和动物。”这一条款引入的环境保护原则往往也被视为德国基本法的基本原则。另外，基本法虽然没有像日本 1946 年宪法一样明确放弃交战权，但于第 26 条规定：“可能且蓄意破坏各国人民和平共处的行为，尤其是准备发动侵略战争的行为，均属违宪。对该项行为应予以刑事处罚。”这实际上是将德国的战争权限制在防御性战争范围内。从实际效果看，德国宪法尽管没有明确的“和平宪法”表述，却将和平视为宪法原则。

第三节 基本权利

一、基本权利的范围和功能

从文本上看，基本权利（Die Grundrechte）在基本法上具有显要地位。基本法在第一章用 19 条集中列举了主要基本权利。这些基本权利的范围与传统意义的人权基本重合。有几点需要注意：第一，除第一章外，基本法其他部分的一些条文也被视为对基本权利的表述。如第 33 条第 1 到 3 项关于市民权（bürgerliche Rechte）、公民权（staatsbürgerliche Rechte）和担任

① 康拉德·黑塞. 联邦德国宪法纲要. 李辉，译. 北京：商务印书馆，2007：148.

公职资格的规定、第 101 条和第 103 条接受公平审判的权利、第 104 条诉讼中人身自由限制的规定都被看做是重要的基本权利。第二，德国基本法没有明确规定社会权利，这反映了制宪者保守的态度。社会权对财政和经济形势的依赖很大，必须仰仗立法者掌握的经济和财政手段才能对相关利益进行切实保障。德国宪法更多是通过客观法秩序而非主观公权利的方式来保护相关利益。当然，在实践中也有通过将社会国原则与基本权利条款结合的方式来保护相关利益的做法。第三，基本权利的范围还包括《欧洲人权公约》[①] 中所列举的各项权利。公约中规定的权利绝大部分与德国基本权利是重合的。大多数情况下，公约对各项权利的保障与基本法是大体相同的。即便公约对某项权利的保障多于基本法，也只能在基本法的框架范围内约束联邦立法机关。尽管基本权利有着深厚的人权和自然法价值基础，但法律意义上的基本权利并不能被"自然"地实现，而只有在获得国家的实证法律地位时才能得到切实保障。第四，人性尊严是否是一项单独的基本权利在德国仍存争议。基本法开篇第 1 条第 1 款庄严宣告：人的尊严不可侵犯。尊重和保护人的尊严是一切国家权力的义务。德国宪法学界对人的尊严条款是否是一项基本权利的表述仍存在不同意见。不少德国教科书的确也未将人的尊严作为一项基本权利。通说认为，人的尊严是构建整个基本法秩序的基础。随着人类科技和社会的发展，传统的单项基本权利对一些新兴问题难以应对，人的尊严条款在基本权利领域的地位和作用也可能发生根本的变化。

基本法秩序中的人的形象既不同于古典自由主义也不同于集体主义，而是独特的社会历史和深刻反思的产物。在哲学层次，基本法吸收了德国实践哲学深刻反思的成果，例如康德道德哲学的绝对命令及其实践原则。后者要求不能仅仅将人格中的人性作为手段，而同时要将人性作为目的。在历史层面，基本法是德国人权发展曲折反思的成果。此外，颇有特色的现代化路径也决定了德国对人与社会和国家关系的独特理解。联邦宪法法院曾明确表述：基本法中人的形象，并不是孤立、自主的个人形象；基本法以不侵犯个人固有价值的方式，在个人的共同体的关联的意义下对个人与国家的紧张关系进行规定。[②] 正是在特有的人的形象的基础上，基本法建立了独特的宪法秩序。德国的宪法基本权利也因此具备了不同于其他国家的若干特征。

基本权利具有主观和客观两种性质，这决定了其功能的多重性。一方面，基本权利具有保障个人自由领域免受公权力侵犯的功能，这被称为基本权利的防御权功能；另一方面，基本权利也是一种客观法律秩序，为立法、行政、司法权力的行使提供指引。20 世纪 70 年代末以前，联邦宪法法院更多地将基本权利的客观面向描述为"客观价值秩序"，后来逐渐用"客观的规范""客观的内涵""客观的秩序"等表述取代了"客观价值秩序"的描述。实际上，联邦宪法法院一直都避免使用"客观法上"（objektiv-rechtlich）和"主观权利上"（subjektiv-rechtlich）这类表述，主观公权利和客观法秩序这种功能区分法，更多的是学界的总结。当然，这种"二分法"的功能概括是基于联邦宪法法院的实践和权威表述作出的，具有实证法上不可动摇的基础地位。关于基本权利的功能还有一些更成体系和细致的理论，主要都是学术的观点。例如，将基本权利的功能区分为主观权利功能和客观法功能。其中，主观权利功能又包括防御权功能、受益权功能；客观法功能包括制度性保障功能、组织与程序保障功能、保护义务功能等。

二、基本权利的形成、限制与保护

基本权利在德国宪法秩序中至关重要，但其重要性如果不通过基本权利的具体化来实现，就只能是空洞的抽象原则。从宏观上来看，形成、限制与保护是基本权利具体化的三个层面。

---

① 即 1950 年《欧洲人权与基本自由保护公约》。

② BVerfGE 4，7.

（一）基本权利法律上的形成

基本权利法律上的形成（Ausgestaltung）是指为了使基本权利的功能得以发挥，立法机关用立法的方式在具体的法律关系中规定基本权利的内涵。基本权利的形成主要是立法机关的任务。法律既是基本权利的限制工具，也是基本权利的形成工具。立法机关既可能通过不当立法侵犯基本权利，也可以通过恰当的立法赋予基本权利以实际内容。立法建立起一定的法秩序使得基本权利能够发挥效力，同时使个人享受基本权利获得法律保障。基本法中以各种方式授权立法机关进行法律形成，如第 4 条第 3 款规定："任何人不得被迫违背其良心携带武器服兵役。具体细则由联邦法律予以规定。"基本法这一条款构成了一种宪法委托，委托立法者对相关问题作出更加详细的规范。① 又如基本法第 3 条第 2 款规定："男女平等。国家促进男女事实平等的实现，并致力于消除现存不足。"这里虽然没有明示性地对立法机关进行宪法委托，但可推知立法者必定具有某种程度上的法律上形成的义务。②

（二）基本权利的限制

基本权利的限制是指确定某项权利的界限和适用范围。作为实证性的法律权利，基本权利都不是绝对的，"限制"是基本权利固有的要素。限制有消极的意义，也有积极的意义。从消极意义看，限制划定了基本权利的范围和界限；从积极面看，限制赋予基本权利以实际内容。由于基本权利对国家秩序以及个人的重要性，任何基本权利的限制都要受到约束，这就是所谓"限制的限制"。基本权利的限制需要有宪法上的依据，而且其限制的方式与程度都不是任意的。

基本权利的限制可分为宪法直接限制和宪法间接限制。前者是指基本权利的范围直接由宪法进行限制，后者是指宪法通过授权，尤其是通过授权立法机关对基本权利进行限制。这种情况实际上是宪法将一个法律作为保留条件附加到基本权利的限制中，所以又被称为法律保留（Gesetzesvorbehalte）。宪法间接限制主要表现为"通过法律"（durch Gesetz）和"根据某项法律"（auf Grund eines Gesetzes）两种形式，这种区分在基本法文本中多次出现。例如第 9 条规定露天集会的权利"可通过法律或根据法律"（durch Gesetz oder auf Grund eines Gesetzes）进行限制。通过法律限制就是由立法者制定法律进行限制。根据法律限制则是行政与司法机关在满足法律设置的前提条件下，根据法律对基本权利进行限制。基本法第 19 条还对限制基本权利的法律本身提出了一些要求：依据本基本法规定，如某项基本权利可通过法律或依据法律予以限制，该法律须具有普遍适用效力，且不得仅针对个别情况。此外，该法律须指明引用有关基本权利的具体条款。

法律保留又分单纯法律保留（einfache Gesetzesvorbehalte）和特别法律保留（qualifizierte Gesetzesvorbehalte）两种情况。单纯法律保留赋予立法机关限制自由的一般性授权。具体例子如基本法第 2 条第 2 款规定，"人人享有生命和身体不受侵犯的权利。人身自由不可侵犯。只有依据法律才能介入此类权利"③。特别法律保留则是指只有在符合特定前提条件或为实现特定目的时才能进行法律限制。特别法律保留最典型的例子是基本法第 11 条规定的对迁徙自由进行法律限制的若干前提："在缺乏足够的生活基础且会给公众带来特别负担时，或在联邦或州的生存或自由民主的基本秩序面临危险而需要进行防御时，为抵抗瘟疫的危害、自然灾害或特别重大事故，为防止青少年陷入无人照顾的境地或为预防犯罪行为而具有必要性时，可通过

---

① 类似的规定还包括基本法第 12a 条第 2 款第 3 句、第 104 条第 2 款第 4 句等。

② 类似的规定还有基本法第 5 条第 1 款第 2 句、第 6 条第 1 款、第 9 条第 1 款、第 14 条第 1 款等。

③ 单纯法律保留的规定还包括基本法第 8 条第 2 款、第 10 条第 2 款等。

法律或依据法律对迁徙自由权予以限制。”①

基本权利受到的最严重的限制无疑是“剥夺”。基本法确立的自由民主秩序是一切基本权利行使的最终边界。因此，德国基本法规定滥用观点表达自由，特别是出版自由以及滥用教学自由，集会自由，结社自由，通信、邮政和电信秘密，财产权和避难权来攻击自由民主的基本秩序的人，丧失相应的基本权利。基本权利的丧失和丧失程度由联邦宪法法院宣布。

（三）基本权利的保护

魏玛宪法的基本权利条款不可谓不详细，甚至有不少规定是非常超前的，但由于缺乏对基本权利的存在与效力的特别保护，最后那些权利都只是一纸具文。为了防止此类情形再现，基本法秩序中专门设置了基本权利的保护机制。主要表现在基本法第 19 条和《联邦宪法法院法》的相关规定上。基本权利保护的核心机制包括第 19 条第 1 款第 1 句禁止制定单项法规对基本权利进行限制的规定；第 19 条第 1 款禁止对基本权利本质内容进行限制的规定；第 19 条第 4 款关于通过司法途径保护基本权利的规定；《联邦宪法法院法》对宪法诉愿的规定。这些规定从不同角度对基本权利的存在与效力进行了多重防护。

三、各项主要基本权利

基本权利的分类与保护模式是紧密相关的。德国基本权利存在着多种并行不悖的保护模式，这些模式区分与德国公法的理论传统及政治发展史相关。自由权最好地体现了基本权利消极防御的特性，重点保护的是特定行为或行为方式的要素。平等权则关注国家以特定方式来估计不同人与地位间的相互关系。由于德国宪法史上曾有突破制度屏障践踏基本权利的惨痛教训，基本法专门对一些与权利紧密相关的制度设立了特殊保障。除了这三种模式外，基本法中还存在一些难以归入以上类别的基本权利保障。

（一）自由权

1. 人身自由权：生命、身体与人身不受侵犯

基本法第 2 条第 2 款规定：“人人享有生命和身体不受侵犯的权利。人身自由不可侵犯。只有依据法律才能介入此类权利。”这一表述里包含生命权、人身不受侵犯、人身自由三项基本权利。生命权在德国具有特殊的意义。纳粹残暴统治对生命价值的蔑视和践踏使得基本法秩序强调了对生命权的重视，但生命权也并非不受限制的绝对权利。当然，在对生命权进行限制时，必须考虑到生命的至高价值，依照最严格的标准在最必要的情形下才能进行。依据法律可对生命权进行正当的限制。人体胚胎并不是生命权这项基本权利的主体，但宪法法院通过客观法的渠道对胚胎的生命进行保护。

人身不受侵犯这项基本权利保护的是人身的完整性。人身的完整性不仅事关每个人的身体，更事关人格的尊严。国家有保护公民人身不受侵犯和保障公民健康的客观法律义务，但这种义务并不对应于个人要求保障健康的请求权利。这反映了公法领域权利义务的不对等性。人身不受侵犯的权利可以因为预防疾病、犯罪追诉等原因，依据相关法律进行限制，例如为控制某些传染病，可以在特定情形下进行强制检查。

人身自由特指人的身体的自由行动。此种自由的反面情形就是被不正当地限制在特定空间内。很明显，对人身自由是可以限制的，尤其是在刑事诉讼中往往需要使用相关限制手段。基本法第 104 条对人身自由限制的程序保障进行了详细的规定。包括如下内容：（1）只有依据正式法律，并按照法律中规定的方式，方可限制人身自由。不得在精神上或身体上虐待被拘禁的

① 特别法律保留又称加重法律保留，基本法第 13 条第 4 款的规定也被视为特别法律保留。

人员。(2) 只有法官才得就是否准许剥夺自由和剥夺自由的期限作出裁判。(3) 凡因涉嫌犯罪而暂时被拘留的，最迟在拘留后次日提交法官，法官须告知拘留理由，作出审讯并给予受拘留人辩驳的机会。法官须立即颁发说明逮捕理由的逮捕令，否则命令释放。(4) 法官就有关剥夺自由的命令和剥夺自由的期限所作出的任何裁判，均应立即通知被拘留人的亲属或其信任之人。

2. 迁徙自由

迁徙自由规定在基本法第 11 条。所有德国人均享有在整个联邦境内自由迁徙的权利。这意味着德国人可以选择联邦领域的任何地方作为其暂时居所和长期住所。迁徙自由还包含改变住所或居所的自由。令人印象深刻的是基本法第 11 条第 2 款有非常详细的法律限制之规定，其中包括：因缺乏充分生存基础而致公众遭受特别负担，为防止对联邦或各邦之存在或自由民主基本秩序所构成之危险，为防止疾病、自然灾害或特别重大事故，为保护青少年免受遗弃，或为预防犯罪而必要时。

3. 信仰和世界观自由、宗教自由和良知自由

基本法第 4 条包括信仰和世界观自由、宗教自由和良知自由，以及宗教活动不受干扰的自由。信仰和世界观是一个人生活的重要精神前提。每个人都应当享有信仰和世界观的自由，这里的信仰并不一定是宗教性的，非宗教的信仰一样受到保护。由于宗教信仰独特的地位和作用，基本法还特别强调了宗教自由不受侵犯。宗教自由不仅保护内在的信仰，还保护所有人和宗教团体的宗教活动不受干扰。

良知是根据特定善恶观念所做的判断。尽管社会成员的善恶观念可能存在很大差异，但只要不与社会的基本价值观念相冲突，个人的良知判断都应当受到保护。良知自由保护最典型的例子是以违反良知为由拒绝一切使用武器的兵役。在和平时期，可依照良知自由拒绝一切接受使用武器的训练。需要注意的是，这项权利必须基于严肃的良知拒绝“一切”而非特定的战争和武器训练。如果是有条件地仅对某场战争和某些特定武器进行拒绝，则不受良知自由的保护。

4. 言论、信息、出版自由，广播自由，电影自由，科学研究与艺术自由

基本法第 5 条的各项基本权利实际上都可归入“表达自由”的范畴。此外，基本法第 8、9 条的集会、结社自由在不少国家也被视为表达自由。但德国基本法并无“表达自由”这样的概括性概念，这些自由在德国被视为多个单项的基本权利。

基本法第 5 条第 1 款第 1 句规定：“人人享有以语言、文字和图画自由发表和传播观点以及不受阻挠地从普通公开的来源中获取信息的权利。”这一句的前半句描述的是言论自由(Meinungsfreiheit)。言论自由是政治自由与思想自由的核心内容。言论自由保护各种类型的表达，不仅涉及政治性的表达，也包括非政治性的表达；不仅涉及有价值和理性的表达，也保护低俗和令人厌恶的表达。另外，发表言论的各种形式也受到保护，如语言、文字、图画等，甚至包括时间和地点都应当受到保护。第 5 条列举的“语言、文字和图画”仅仅是为了举例，并没有排除其他形式。即便是与个人态度无关的事实陈述也可能因其对舆论形成的作用而获得言论自由的保护。当然，为形成舆论而故意做的虚假陈述不在言论自由的保护范围之内。

该句的后半句描述的是信息自由。信息自由保护的是每个人从一般的公开渠道获得信息的权利。需要注意的是，这里的一般公开渠道主要指的是包括新闻出版、互联网、广播电视在内的大众传媒。不公开的渠道，如不公开的商业记录、私人信息和官方不宜公开的信息渠道，不在这项权利的保护范围之内。因此，这一权利并没有要求国家机关承担公布所有信息的义务。

基本法第 5 条 1 款第 2 句规定：“出版自由以及广播和电影的报道自由受到保障。对此不得进行审查。”出版自由是民主社会最重要的政治权利之一。这一权利所涉及的“出版”并不

局限于正式的新闻出版，而是包含各种形式的公开或内部的出版行为。出版自由最大的威胁来自事前审查制度。但当今西方民主国家基本上都彻底废除了出版的事前审查制度。在这种情况下，出版自由之所以被作为一种独立于言论自由和信息自由的单项权利，主要是因为这一权利需要国家提供一定的制度和组织条件以保证其正常行使。另外，除了可能受到国家的侵犯，出版自由也可能因出版企业的垄断和权力集中而受到影响，记者和编辑可能受制于来自企业的压力，而无法独立自主进行相应活动。这就是所谓“内部出版自由”问题。

第 5 条第 1 款第 2 句还包括了广播自由和电影自由。广播是指通过无线或有线方式传送电波，经技术手段将电波转变成声音向不特定多数人传播的过程。广播自由不仅包括播送的自由，也包括制作节目的自由。电影自由保护各种类型的电影表达方式，甚至包括为电影制作的广告以及电影中播放过程中的广告。

第 5 条第 3 款明确指出艺术、科学、研究与教学均属自由，教学自由不得免除对宪法的忠诚。艺术与科学被视为具有极大独立性的领域。原则上国家对这两个领域的自由不应进行任何管制和干预。基本法也不允许通过法律对学术研究进行限制。在第 3 款列明的几项权利中，只有教学自由能基于所谓“忠诚条款”进行限制，但这仅仅意味着教学不能威胁宪法所建立的秩序，例如利用教学反复大肆宣扬反民主观念的行为就不符合宪法忠诚义务。

5. 集会自由

基本法第 8 条规定所有德国人均享有不携带武器进行和平集会的权利，集会无须事前通告或许可。集会自由的主体被明确规定为德国人，其中既包括德国公民，也包括德国的私法人。这并不是说外国人就不能在德国进行集会，而是不能诉诸集会自由，但可根据基本法第 2 条的一般活动自由进行集会活动。第 8 条第 2 款规定对于露天集会的权利，可通过法律或依据法律予以限制。基本法区分了露天集会和封闭集会，并专门强调前者可通过法律或者依据法律进行限制。这里的露天集会并非特指在室外露天举行的集会，而是指没有足够边界限制、开放性的集会。这种集会对公共秩序和他人自由的影响更大，因此必须受到法律的限制。根据德国相关法律的规定，露天集会必须事先登记。

6. 结社自由

基本法第 9 条规定所有德国人均享有结社的权利。结社权与政治自由息息相关。结社也是形成、精炼和传播言论的重要手段，也是少数派在政治生活中获得平等和自由待遇的保证。结社自由包含积极和消极两个方面。积极的结社自由包括组建社团、加入社团、维系社团存在、开展社团活动、保留社团身份等方面，消极的结社自由则包括不加入社团和脱离社团的自由。

7. 私人领域不受侵犯

基本法第 10、13 条和第 1、2 条的相关条款结合在一起，共同构建了德国宪法对私人领域的保护框架。德国基本法没有类似于《欧洲人权公约》第 8 条关于私人生活、家庭和通信受到尊重的集中规定。联邦宪法法院也没有在实践中肯定“隐私权”这一概念的实证法地位。联邦宪法法院以基本法第 1 条第 1 款“人的尊严”和第 2 条第 1 款“自由施展其人格”为基础，发展出具有丰富规范内涵的“一般人格权”。从一般人格权的角度对私人生活、隐私和个人资料进行一般性的宪法保护。一般人格权包括性自主权和性隐私权、荣誉权、个人信息自决权等内容。一般人格权加上第 10 条对住宅以及第 13 条对通信进行了专门的规范，形成了一套私人领域保护的宪法规范系统。

基本法第 13 条规定了住宅不受侵犯。住宅是私人生活的物理空间，不仅包括自有的房屋，也包括租住的房屋，不仅包括房屋主体，也包括房屋的附属空间，如地下室等。此外，入住的旅馆房间、合法搭起的帐篷等也可以属于住宅的范畴。由于私人生活的物理空间对人的尊严和个性自由发展至关重要，因而第 13 条用很大的篇幅较为详细地规定了对住宅自由进行限制的程序保障。其中第 2 款规定了搜查的程序。特别强调原则上只有在法官发布命令后，才能按照法定形式对住宅进行搜查。延误搜查确有危险的，也可依据法律规定的其他机构作出的搜查令，并且只能以法律规定的形式进行搜查。第 3 款规定了针对特别严重的罪行进行侦查时对住宅进行监听的程序。第 4 到 6 款规定了在其他情况下对住宅采取技术手段的相关条件和程序。

基本法第 10 条规定了通信、邮政以及电信秘密不受侵犯。人的尊严和个性发展不仅需要私密的物理空间，也需要保密的交流空间。尽管现代人的生活对电信、网络愈发依赖，但通信和邮政仍然发挥着非常重要的作用。基本法制定的年代里，信件仍然是人们交流的重要方式，所以第 10 条首先声明信件的秘密不受侵犯。邮政秘密是指通过邮政渠道发送的物品不受侵犯。电信秘密则是指利用电子技术在不同地点传递信息的秘密。这几项权利只能因某些特殊公共利益根据法律进行限制。

8. 职业自由

基本法第 12 条规定所有德国人均有自由选择职业、工作岗位和培训场所的权利。当然，职业自由也可以通过法律保留的方式进行限制。尽管第 12 条第 1 款第 2 句表述为“从事职业可通过法律或依据法律予以规定”，但联邦宪法法院突破了该文字表达，认为此权利的法律限制并不限于“从事职业”的范围，而是包括职业自由的各个方面。第 12 条第 2 款禁止强迫劳动是指除非是一般传统的，针对所有的公共服务义务，不得强迫任何人从事特定的劳动。另外，法院判决剥夺自由时，可允许实行强迫劳动。

9. 一般行为自由

基本法第 2 条第 1 款规定人人有自由施展其人格之权利，但以不侵害他人之权利或不违犯宪法秩序或道德规范者为限。从文本上看，似乎只有对人格自由发展有意义的行为才受本条款的保护，但联邦宪法法院和学界的主流观点认为人的所有活动都应当受到此条款的保护。基本法第 2 条第 1 款描述的基本权利因此也被称作“一般行为自由”（allgemeine Handlungsfreiheit）。这容易引发一种担忧：一般行为自由既然不受一般法律的限制，这种自由本身似乎也没有内涵的限制，那么几乎所有的行为都可以成为权利，例如，森林骑马的自由、喂养鸽子的自由等。实际上，第 2 条第 1 款关于“自由发展人格”的表述，正是因为除了各种单项自由权外，自我决定对人格发展是至关重要的。由此产生的行为自由只要不与他人权利、宪法秩序和道德规范相冲突，就应该是不受干预的。

（二）平等权

平等权是一项复杂的权利，无论在理解上还是在实践上都充满分歧。这首先是因为平等是一个充满歧义的概念。其次，平等权也很难用防御权这种非常适合于自由权的理论来进行理解。德国宪法中的“平等”是一个多义词，既有形式平等之义，也有实质平等的含义；既有单项基本权的功能，也有法律原则的功能。基本法第 3 条第 1 款规定“法律面前（vor dem Gesetz）人人平等”。这一款表达的是传统的法律执行层次上的平等。第 3 款规定任何人不得因其性别、血统、种族、语言、出生地和出身、信仰、宗教或政治观点受到歧视或优待，任何人不得因残障受到歧视。这明确表达了基本法反歧视的要求。第 3 条第 2 款还特别强调男女的实质平等，并提出国家应当促进男女平等的实现，并力求消除已有的不平等现象。这实际上已经形成一种“宪法委托”。很明显，用基本权的首要防御功能来解释平等权的要求是不够的。因为平等权不仅要求国家消极地不作为，更要求国家承担客观的保护义务，通过适当的行为反对歧视、促进实质平等。这非常清晰地体现在第 6 条第 5 款的规定中：“立法为非婚生子女创造与婚生子女同等的身心成长条件和社会地位。”

（三）基本权利的特定制度保障

1. 特定制度保障的一般原理

作为一种基本权利模式，特定制度保障与自由权、平等权均有不同。这类基本权利涉及既有和传统的公、私法制度，其保障的重点是防止立法干扰特定制度的核心内容，但允许立法对制度的非核心内容进行调整。“制度性保障”（Einrichtungsgarantie）学说最早由德国宪法学家弗里德里希·基瑟（Friedrich Giese）于魏玛宪法时期提出，后由卡尔·施密特（Carl Schmitt）对其进行了体系化。施密特严格区分“自由”与“制度”，他认为魏玛宪法第二编除规定了各项传统自由权外，还规定了若干被法承认和保障且不能通过立法消除的制度。这一观点的提出有着非常具体的现实背景。魏玛宪法时期有观点认为基本权利条款不直接对立法者产生约束效力，仅是一种供立法机关参考的方针条款。基本权利常常被立法不当限制甚至空洞化。在此情形下，制度性保障理论对婚姻、家庭、财产所有权等领域的基本权利保护非常有利，因此也成为当时学界通说。第二次世界大战以后，基本法第 1 条规定基本权利直接对立法、行政和司法发生约束效力；第 19 条规定基本权利本质内容不受侵犯，这两条规定使制度性保障的意义有所下降。但由于基本法中有不少明显的制度保障的条款，学界和联邦宪法法院并未放弃这一理论，而是对其进行了转换和创新。

学者海伯乐（Häberle）认为基本权利具有个人主观权利和制度两个面向。从主体角度看，基本权利就是主观公权利；从生活关系的角度看，基本权利就是制度，即作为基本权利的制度。与施密特将制度视为对抗立法之保障的立场不同，海伯乐强调的是立法者对自由的法律形成以及对基本权利划定界限的正面作用。德国联邦宪法法院并未特别强调制度保障的学说，而是根据情况灵活地综合采用制度、自由、民主、社会国等各种关于基本权利的解释。由于有基本法的条文规定和联邦宪法法院的若干实践，特定制度保障作为一种基本权利模式的实证法地位是毋庸置疑的。特定制度保障包括婚姻和家庭、学校、财产权、学术自由、结盟自由、广播自由、出版自由等。除了婚姻家庭和财产权，其他各项自由的主观公权利的特征在自由权部分都已叙述。这些自由除了有自由权的一面外，也有制度保障的一面。如果没有相应制度的框架支撑，这些自由也不可能得到充分实现。

2. 婚姻、家庭的特别保护

基本法第 6 条规定：“婚姻和家庭受国家秩序的特别保护。”婚姻与家庭是两种自古延续而来的制度。尽管随着社会的发展，婚姻与家庭的内容与形式均发生了一定程度的变化，但仍有一些实质内容是稳定且需要维护的。按照联邦德国宪法法院的观点，基本法第 6 条所保护的是社会习俗下婚姻典型的构造，即一对男女结合的生活共同体；家庭则是包含父母与子女的生活共同体。基本法强调，抚养和教育子女既是父母的天然权利，也是父母应承担的首要义务。国家机构对父母的抚养教育行为予以监督。基本法还规定在教育权人不能履行义务或子女出于其他原因面临堕落的危险时，可依据法律将子女与家庭分离。每一位母亲均有享受社会保护和照顾的权利。基本法还规定应通过立法创造与婚生子女同等的条件，以促进非婚生子女的身心成长，使他们获得同等的社会地位。

3. 学校的保护

基本法第 7 条规定国家可以对全部学校教育进行监督。当然，这种监督仅限于对学校制度本质内容的规范上，关于学校的其他问题以各州宪法为准。国家对公立学校和私立学校的监督是有区别的，基本法规定了私立学校的基本制度特征。由于宗教在学校教育中地位特殊，基本法规范了学校教育中的宗教课程问题。

4. 财产所有权的保障

基本法第 14 条规定：“财产权和继承权受到保障。内容和限制由法律予以规定。”一般而言，财产所有权对个人生存、自由和个性发展都至关重要，但现代德国社会中个人生存与发展更多地依赖工作和参与分享“社会国家”提供的生存保障和社会救济。因此，财产所有权保障的基本法意义与民法意义大不相同。社会国和人的尊严观念对理解财产所有权的基本法保障是至关重要的。联邦宪法法院对财产价值进行了功能区分。宪法重点保护的是关系到所有者作为道德个体或政治个体地位的非经济利益的财产价值。那些主要或纯粹是经济利益，尤其是财富增长的财产价值则不是宪法关注的价值。基本法对财产权的保护是基于人的尊严和自我实现的社会功能。[①] 正因为如此，第 14 条第 2 款强调财产权是负有义务的，其行使应当有利于社会的公共利益。第 14 条第 3 款专门规定了征收的条件等问题。对财产的征收只能基于社会公共利益，且只能通过和根据有关财产补偿形式和程度的法律进行。确定财产补偿时，应综合考虑社会公共利益和相关人员的利益。对补偿额有争议可向普通法院提起诉讼。

5. 其他制度性保障

除了上述基本权利的制度性保障外，基本法还设置了结盟自由、广播报道自由、出版自由、学术自由的制度保障。这些基本权利既有自由权的面向，也有既有传统制度的面向。但从自由防御的角度对其进行保障是不够的，因此，基本法设置了相应的制度保障。例如，结盟自由从广义上说也属于结社自由，同样被规定于基本法第 9 条。第 9 条第 3 款规定：“保障所有人和所有职业为维护和改善劳动和经济条件而结盟的权利。企图限制或妨碍此项权利的协议无效，为此采取的措施均属违法。”这里的结盟自由是结社自由的特例，基本法对其进行专门规定是为了保障存在已久的劳动协约制度的本质内容。结盟自由不仅可以对抗国家干预，还具有私人法律关系中针对第三人的效力。

（四）其他基本权利保障

有一些基本权利保障很难被纳入以上三种类型中，而且在内容上具有很大的独立性。这些基本权利包括禁止强制剥夺国籍（基本法第 16 条）、政治避难权（第 16a 条）、请愿权（第 17 条）、乡镇地方自治（第 28 条）、教会与宗教团体的法律地位及其活动的保障（基本法第 140 条及魏玛宪法相关规定）等。

第四节　联邦宪法机关与制度

联邦宪法机关与制度内容繁多，出于篇幅所限和教学需要的考虑，本节没有专门介绍联邦总统、选举制度和联邦制度，仅简要介绍联邦议会、联邦政府、联邦司法和联邦宪法法院的基本情况。

一、联邦议会

（一）联邦议会的组成

联邦议会由联邦议院和联邦参议院组成，是德国的最高立法机关。联邦议院的职权主要是制定和通过法律，并监督政府。联邦参议院是由各州政府代表组成的参议机构，代表州参与联邦立法、行政和欧洲联盟事务。德国联邦参议院与美国联邦参议院的地位与性质不可同日而语。严格来说，只有联邦议院才是最高立法机关。联邦议院和联邦参议院与联邦政府、联邦总统和联邦宪法法院并称五大联邦宪法机关。

---

① 亚历山大. 财产权是基础性权利吗？——以德国为比较项. 郑磊，译//公法研究：第 5 辑. 杭州：浙江大学出版社，2007.

（二）联邦议院

德国联邦议院的议员由普遍、直接、自由、平等和无记名的选举产生。具体选举办法由《联邦选举法》规定。议员是全体人民的代表，不受委托和指令的约束，只基于良心履职。《联邦选举法》第 1 条规定联邦议院原则上由 598 名议员构成，但由于选区和人口的变化，议员人数总是超过这一数字，联邦议院每届任期 4 年。2021 年第 20 届德国联邦议院选举举行，来自 47 个政党的 6 211 名候选人参与角逐联邦议院至少 598 个议席议员。①

联邦议院选举议长、副议长和秘书，并制订议事规则。议长在联邦议院大厦内行使管理权和警察权，在联邦议院内，非经议长批准，不得进行搜查和扣押。议长和副议长的候选人由议会党团协商推荐，经联邦议院全体会议选举产生，议长一般均由议会中多数党的领袖人物担任，副议长每个党团均有一名。议长负责召集和主持联邦议院的全院大会和领导议院各项活动，代表议院与政府联系，管理议院内部的各项事务。副议长协助议长工作，受议长的委托负责处理议院中某些方面的事务。议长、副议长、秘书和各个议会党团的领导人组成议会指导委员会（长老委员会），负责拟订议会工作计划，安排议事日程，给各个委员会分发议案，领导议院活动。

联邦议院的职权主要有立法权、批准预算权和对政府部门的监督权、参与总统的选举、参与组建政府、参与选举联邦法院和联邦宪法法院法官、确定国家是否处于紧急状态或防御状态、决定是否签订和约等。

议院中绝大部分工作是在各委员会中进行的。基本法规定了调查委员会、欧洲联盟事务委员会、外交事务委员会和国防委员会、请愿委员会等几个委员会，除此之外，联邦议院还成立了很多常设委员会。委员会的审议是议案能否获得最后通过的关键。自第一届联邦议院以来，各种委员会的数目和大小并不完全相同，第 18 届议院现有 25 个常设委员会。在这些委员会中，预算委员会的权力最大，它可以不经全院会议的辩论和表决，便追加预算和决定财政筹款。其他委员会则都是为全院会议做准备。委员会的会议一般不向外界公开，以便于各种利益集团和政治派别交换意见，协调分歧。委员会开会时，联邦政府有关部长，联邦参议院议员及议案所涉及的官员，都可以参加会议，委员会亦有权要求有关部门负责人员到会听证，并可邀请专家到会，听取专家意见。若所审议的议案涉及外交、国防等某些需要特别保密的问题，则只有委员会的成员和委员会特邀的人员才能参加。

（三）联邦参议院

基本法第 51 条规定，联邦参议院由各州政府任免的州政府成员组成。该条文对联邦参议院议员的任期没有规定，议员随时可由他们所在的各州政府任命的其他成员替换。联邦参议院目前共有 69 个议席。每州至少有 3 个议席，人口超过 200 万的有 4 席，超过 600 万的有 5 席，超过 700 万的有 6 席。北莱茵-威斯特法伦州、巴伐利亚州、巴登-符腾堡州和下萨克森州各有 6 个席位。② 通常各州完成新的一届议会选举并组成新的一届州政府后，即会重新任命出席联邦参议院的议员。联邦参议院的议员多为各州的州长和市长，在议院表决时，各州议员必须采取一致态度。议院每年选举 1 位州长担任议院议长，任期 1 年，同时选举 3 位副议长，任期与议长相同。议长主持联邦参议院的全体会议和工作，对外代表联邦参议院，如果联邦总统因故不能行使职权，由联邦参议院议长代理总统行使。联邦参议院也像联邦议院一样，下设各种专门的常设委员会。对议案的审议，主要是在委员会中进行，其议事程序与联邦议院大体相同。参议院代表州的特殊利益，参与联邦立法，参议院可以提出自己的法律草案，政府提出的各种

① [2014-05-29]. http://www.bundestag.de/htdocs_e/bundestag/members18.

② [2014-05-29]. http://www.bundesrat.de/DE/bundesrat/verteilung/verteilung-node.html.

议案也须先交参议院，参议院提出意见后，再转交联邦议院。联邦参议院虽参与立法，但并不能像美国参议院那样对立法拥有与众议院同样的权力。德国联邦议会的立法权主要由联邦议院掌握。联邦参议院除参与联邦的立法外，还参与联邦政府对有的州不执行联邦的宪法和法律所采取的监督和制裁行动，参与宣布"立法紧急状态"，参与对联邦政府预算、开支、税收和债务的监督，参与对联邦宪法法院和联邦高级法院法官的选举，参与批准联邦政府与外国签订的国际条约，并有权依法对联邦总统提出弹劾。

（四）联邦立法

1. 立法权限

基本法曾将立法权划分为三种：一是联邦"专属立法"（Ausschließliche Gesetzgebung），二是联邦与各州"竞合立法"（Konkurrierende Gesetzgebung），三是联邦"框架性立法"（Rahmengesetzgebung）。专属立法权由联邦行使。竞合立法权由联邦与各州共有，但只有在联邦无相关立法时，各州才能立法。框架立法权是指联邦有原则立法权，各州制定细则，即联邦只规定原则，具体的细则由各州自行规定的立法领域。尽管基本法第 70 条规定，在基本法没有明确授予联邦以立法权限的范围内，各州有立法权，但总体来说，联邦立法权远强于州立法权。经过多次修改，尤其是 2006 年 8 月的重大修正，联邦立法的格局发生了重大变化。相比之前，州的立法权得到了很大加强。这不仅是立法体制的变化，更是德国联邦制度的重大调整。

专属立法事项是只能由联邦处理的重要事务，或是为了整个联邦一致行动而需要在全国范围内用相同方式处理的事务。基本法在第 73 条和第 105 条列举了联邦专属立法权的范围。2006 年修宪又将原属第 74 条竞合性立法的三种事项改为联邦专属立法项目，第 73 条规定的联邦专属立法权由 11 项增加到 14 项。目前联邦专属立法权的范围包括：外交和包括平民保护的国防事务；联邦国籍；迁徙自由、护照制度、移民和引渡；币制、货币和造币，度量衡和时间历法确定；关税和贸易区域的统一、贸易协定和航运协定，商品流通自由体制、与外国的商品贸易和支付往来，包括关税保护和边界保护；航空运输及属联邦国有或部分国有的铁路的运营和建设；邮政和电讯；联邦的和联邦直属公法团体任职人员的法律关系；工业产权、著作权和出版权；自由民主秩序和联邦与各州的生存与安全的保护，以及为此而进行的联邦与各州的刑事警察方面的合作的规定；联邦统计（以上为原第 73 条规定的项目）；武器及炸药；战争伤亡者及家属的扶养及战俘救济；核能和平利用的危害防护（以上三项为原第 74 条移至第 73 条的项目）；关税和国家垄断经营（第 105 条第 1 款规定的项目）。

竞合立法的事项大多涉及与居民生活和权利有直接重大关联的公共生活秩序领域。基本法将联邦进行竞合性立法的目的界定为："在联邦领域内创造同等生活条件，或出于捍卫整体国家利益、维护法制和经济统一"。具体项目由基本法第 74 条和第 105 条规定。在 2006 年修宪前，第 74 条共列举了 26 种竞合性立法事项。2006 年通过修改第 72 条，将第 74 条的竞合性立法项目限制为 10 项。现有竞合立法范围包括：外国人居留；公共救济；经济法规（矿业、工业、能源供应、手工业、贸易、商业、银行与证券交易、民间保险）；培训津贴和科研促进；土地、自然资源和生产资料转为公有或其他形式供应经济；医院的经济保障和看护规制的调整；食品、饮料、生活必需品、饲料、农林苗种交易保护，植物病虫害防护和动物保护；道路交通、汽车运输；国家责任；人工授精、遗传信息研究及人为变更、器官组织移植；如果税收的全部或部分属联邦所有，或具备第 72 条第 2 款描述的条件，联邦对其余的赋税收入享有竞合立法权（第 105 条第 2 款）。

2006 年修宪将规定框架性立法的第 75 条删除。这实际上是取消了联邦进行框架性立法的权限。原第 75 条的框架性立法的事项以及第 74 条中（除被第 72 条确认为竞合立法事项）的其余事项的立法权更多地被配置给州。当然，这些事项的立法权限的划分并不是绝对和泾渭分明的。一方面，基本法第 71 条规定除非有联邦法律的明确授权，各州对联邦专属立法的事项没有立法权。但这也同时意味着州在特殊情形下可以对联邦专属立法的事务进行立法。另一方面，基本法第 72 条第 3 款规定，对于某些联邦已经立法的特定事项，各州可以通过法律进行变更。最后，不管州以何种法律根据进行了相关立法，只要符合竞合立法的条件[①]，联邦仍然可以进行竞合立法。尽管州已经获得了更多的立法权限，但联邦和州在立法领域仍然表现出明显的“合作型联邦”的特点。

2. 立法程序

基本法第 76、77 和 82 条集中规定了联邦立法的程序。一般而言，联邦的立法程序需经过提出、审议、签署公布几个环节。总体来说，联邦议院主导着立法的主要过程，因此通常以联邦议院的活动作为理解立法程序的主线。

立法程序从向联邦议院提出议案开始。基本法第 76 条第 1 款规定，联邦政府、联邦议院的议员或联邦参议院享有提案权。联邦政府提出的议案应先提交给参议院，由参议院依照基本法第 76 条第 2 款规定的程序进行处理后由联邦政府提交联邦议院。联邦议院内部提出的法律草案，一般均须由一个议会党团提出，或由 5%的联邦议院议员联名提出，可以直接送交联邦议院议长。联邦议院收到议案后，首先要将议案印发联邦议院议员，以便进行广泛讨论。从议案到最终形成决议，一般都要经过所谓“三读”程序。

一读和委员会审议。联邦议会议长将议案交给长老委员会，由各议会党团协商是否进行一读。若长老委员会对将该议案列入日程没有反对意见，则交给有关委员会进行具体的审议。对于比较重要的政府议案，政府有关部门的代表在一读时还须到场说明议案提出的理由，在一般性辩论后，将草案转给特定的一个或几个委员会进行审议。

二读。经委员会讨论、修改并通过的议案，便可进行二读。二读前由有关委员会提出书面报告，然后由报告人在全院会议上报告委员会审议情况。议员可针对议案的单个条款发表意见，并就单个条款进行表决。如果一个议案在二读中每一条款均被否决，那么这个议案就被最终否决，议院便不再讨论。二读时，如果有 34 名议员或一个议会党团要求，便可以对整个议案是否能够成立进行全面辩论，否则议院就只对单个条款进行讨论。

三读。在对每个经过修改的条款进行单个表决后，对整个议案进行最终表决。一般议案，只要有到会的过半数的议员的赞同即可通过；重要议案则须有全体议员的多数赞同才能通过；基本法修正案必须由全体议员的 2/3 的赞同方能通过。经联邦议院通过的法律需送交联邦参议院，联邦参议院也要经过与联邦议院大体相同的审议程序。

需要注意的是，从立法程序的角度看，德国联邦法律分为两类：一种是在联邦议院通过后，必须获得联邦参议院多数赞同的法律，即“赞同法”（Zustimmungsgesetz）；另一种是无须联邦参议院赞同，只要参议院不提出异议就算通过的法律，即“异议法”（Einspruchsgesetz）。尽管联邦参议院可以提出异议，但根据基本法第 77 条第 4 款的规定，联邦议院也可以通过程序驳回其异议。因此，联邦议院实际上拥有对“异议法”的立法决定权。获得两院一致通过的法案提交经联邦参议院副署后由联邦总统签署，并在联邦法律公报上予以公布，从而成为正式的法律。

二、联邦政府

行政体制的内容非常丰富，通常包括政府和管理机构两方面内容。管理机构主要是中立的文官系统，并非宪法学研究重点。下面仅就联邦政府进行简单介绍。

---

① 即第 72 条第 2 款“为在联邦领域内创造同等生活条件，或出于捍卫整体国家利益、维护法制和经济统一的原因有必要制定联邦法律的，联邦……享有立法权”的规定。

德国联邦总统是国家的最高级别代表及仪式上的最高国家机关，其主要职责是代表及作为国家“公证人”签发和公布联邦法律。联邦总统并不掌握行政权力。联邦行政权力实际上由以联邦总理为首的联邦政府行使。基本法在第六章第 62 条至第 69 条规定了联邦政府的任务、组织与程序。基本法“联邦政府”所占的篇幅甚至比“联邦总统”的都少得多，但这些规定具有非常大的宽泛性与开放性，这是与政府功能的弹性和动态相适应的。①

基本法第 62 条规定，联邦政府由联邦总理和联邦各部部长组成。联邦总理是德国政府的首脑，由联邦议院选举产生并由联邦总统任命。基本法第 63 条比较详细地规定了联邦总理的产生程序。联邦总统提名的联邦总理人选，由联邦议院不经讨论选举产生，获得联邦议院过半数票即当选总理，并由联邦总统任命。如被提名人落选，那么联邦议院可以在 14 日内另行选举，并将获得过半数票的其他人选为总理。为了防止在 14 日内无人获得过半数票的情况发生，基本法规定了第三次选举程序。但在实践中，第二轮和第三轮选举的情况从未发生过。这是因为总统提名总理候选人之前都会与议会党团进行沟通协商。议会党团认可的总理候选人本来就是联邦议院多数党领袖，在第一轮投票中都能获得过半数支持。

基本法第 65 条规定了联邦政府的运行原则。大致可分为四个方面：（1）联邦总理决定方针政策并对此承担责任。（2）联邦各部部长独立地领导自己主管的部门，并承担责任。（3）联邦各部部长间发生意见争执，由联邦政府解决。在实践中，总理主持部长会议（即内阁会议），讨论决定联邦政府的重大决策，讨论研究提交议会审议的各种法律草案，裁决联邦政府各部部长之间的意见分歧。（4）联邦总理根据部长会议通过并经联邦总统批准的业务规程，领导政府各部的工作。

很明显，相对联邦政府的广泛职权和重要功能而言，基本法为联邦政府提供的具体规则实在匮乏。这更多的是基于德国历史的惨痛教训得到的富含政治智慧的有意设计。魏玛宪法时期，德国政府软弱且不稳定，十余年间，二十多届政府走马灯式更换但都无所作为。这种状况不仅令人民不满，也是法西斯夺取政权的现实原因之一。因此，基本法的制定者有意给联邦政府提供更大的自我组织和行动的空间，尤其是将联邦总理定位为拥有实权且较少受到总统和议会不当制约的角色。联邦总理在联邦政府组织和运行中的作用是主导性的。

在组织方面，联邦总理对组阁具有主导权。基本法第 64 条规定联邦各部部长由联邦总统根据联邦总理提名予以任免。联邦总理当选后必须与多数党或多数党联盟的其他领导人共同商定联邦政府成员名单，提交总统进行任命。部长的任命无须联邦议院的批准。联邦议院不能罢免联邦政府部长，只能针对个别部长提出不信任案。这种简易议会决议并没有直接的法律约束力，仅能对联邦总理施加政治压力。联邦总理任命一名部长为副总理。联邦总理和联邦各部部长就职时须在联邦议院宣誓。联邦政府总理和各部部长不得兼任任何其他有报酬的职务。联邦总理和各部部长的任期为 4 年。基本法并没有规定各部部长的数量。从基本法的规定看，国防部及其部长、司法部及其部长、财政部及其部长是必须设置的。除了这些基本法有明确条文规定的部门外，联邦总理在部的设置及部长选择以及设立各部门职权范围方面拥有实际的决定权。总理还掌握联邦政府其他官员的任免权，有权提名任命高级军官、驻外使节，参与任命联邦法院法官，这些任命都无须征得联邦议院同意，只需交总统批准。

联邦总理在组织方面的地位决定了其对各部部长的领导权。各部部长均听命于总理，总理领导和监督政府各个部门的工作，决定政府的方针政策。总理还有权要求联邦议院议长提前召集联邦议院大会，有权请求总统解散联邦议院，重新举行全国大选。联邦总理和政府各部拥有立法创议权。大多数法律议案都由联邦政府提出。联邦议会通过的法律议案及联邦总统颁布的

① 康拉德·黑塞．联邦德国宪法纲要．李辉，译．北京：商务印书馆，2007：479.

命令和公告，都必须由总理或相关部长副署才能生效。联邦政府还有权制定规章和实施细则，有权发布各种命令和决定。

在特定时期和特定状况下，联邦总理还拥有很多紧急权力。基本法第65条规定联邦国防部长对武装部队有命令指挥权。但根据《紧急状态法》的规定，当国家受到侵略或武力威胁而处于紧急状态时，联邦总理取代国防部长担任武装部队统帅。紧急状态期间，总理可以不经联邦议院而自行颁布法律、法令或命令。基本法还规定，总理可以请求联邦总统并经参议院同意，宣布出现立法紧急状态。在立法紧急状态宣告后，如果联邦议院否决政府提出的紧急法律议案或联邦议院虽同意该议案但措辞为联邦政府所不能接受时，只要联邦参议院批准该议案，该法律即被视为已经成立。在联邦总理的任期内，其他被联邦议院否决的议案，在第一次宣告立法紧急状态后6个月内，只要经参议院通过即可成为法律。由于立法紧急状态赋予联邦政府和总理过大的立法主导权，所以在联邦总理一个任期内立法紧急状态6个月的期限届满后不得再宣告立法紧急状态。

为保证联邦政府和总理职权的行使，联邦政府设置了一系列机构。总理府是联邦总理的办事机构，负责向总理汇报各部的工作情况和各种政治问题，为总理决策做准备，关注决策执行贯彻情况，协调各部工作。总理府还承担了政府秘书处的功能，负责准备内阁各种会议，起草各种政府决议等。总理除有副总理协助其工作外，还设置两名总理国务秘书，称为国务部长。其中一名负责欧洲联盟问题和情报协调工作，另一名则负责联邦与各州之间的合作与文化事务。联邦政府下设多个联邦部。每部除部长外，还设置多名政务和事务国务秘书，协助部长工作。

基本法第67条规定了所谓的“建设性的不信任投票”制度。如果联邦总理和政府提出的重大议案未获得联邦议院通过，总理可向议院提出对其表示信任的动议，此项动议如不能得到过半数联邦议院议员的赞同，总理可请求总统在21天之内解散联邦议院。如果议院不愿解散就必须在48小时之内以过半数票选出新总理，并请求总统罢免原总理。由于要在48小时之内选出得到议会多数支持并能顺利组织政府且为各方接受的总理是非常困难的，因而政府与联邦议院发生冲突时，联邦总理和政府实际上处于有利地位。因此，联邦议院会慎重对待政府的政策立场，尽量协调与政府的关系。这使得德国联邦总理和政府在国家政治生活中更加有利，也有利于保持德国民主政治以及社会的稳定。

三、联邦宪法法院

（一）联邦司法的一般情况

德国司法体制非常重视法律的统一性。因此与美国等联邦制国家相比，德国司法制度的联邦制色彩要淡得多。在德国，州并不构成独立法域，因而也没有美国那样并存的联邦法院和州法院两套法院体系。实际上，各州法院在审判中不仅适用州的法律，也适用联邦法律，且主要适用联邦法律。

基本法第92条规定司法权委托给法官，由联邦宪法法院、各联邦法院及各州法院行使。德国法院强调专业分工，除了联邦宪法法院外，还有以下五种类型的法院：（1）普通法院。行使普通管辖权，管辖民、刑事案件，还负责在地产登记、遗产及监护人等纠纷中进行民事调解。普通法院是德国境内数量最多、历史最悠久的法院，承担着绝大部分司法案件的审理工作。普通法院分为四个级别。（2）行政法院。审理联邦与各州之间非宪法性质的公法纠纷、各州之间非宪法性质的公法纠纷、社会团体与联邦或各州政府之间的纠纷等。行政法院分三级：初级行政法院、高级行政法院和联邦行政法院。（3）劳动法院。负责审理劳资纠纷，工会与雇主协会之间的纠纷及雇主之间的纠纷，并审理有关执行企业法规的纠纷案件。劳动法院分为三级：初级劳动法院、州劳动法院和联邦劳动法院。(4) 社会法院。负责审理有关社会保险、失业保险、战争受害者的抚恤等方面的纠纷等。分为初级社会法院、州社会法院和联邦社会法院三级。联邦社会法院设立在卡塞尔。(5) 财政法院：负责审理关税、税务及其他与国家财政有关的各种案件。财政法院分两级：州财政法院和联邦财政法院。除上述几种法院外，还有许多其他专门法院，如联邦专利法院、各种纪律法院。除联邦宪法法院外，每种法院通常都包含初审法院、上诉法院和作为终审法院的联邦最高法院（财政法院只有两级）。一般来说，一审法院和上诉法院属于州法院。

基本法第 97 条规定法官应独立行使职权，并且只服从法律。除非依照法定的理由和程序作出裁判，法官不得被免职。法官不得兼任立法和行政职务，也不得从事与履职要求不相符合的职业。通过国家考试取得法官职务资格的人才能被任命为法官。各类法官的任命方式并不统一，但通常都由专门的委员会负责法官的任职管理。德国法官实行退休制制度，联邦宪法法院法官的退休年龄是 68 岁，其他法官是 65 岁。由于职务的特殊性，法官的收入来源必须单一，所以其薪金待遇高于相应级别的文官。德国的检察院独立于法院，属于行政系统，受司法行政部门管理。检察官是具有法官职务资格的国家公务员。除了法官和检察官外，德国司法人员还包括名誉法官、初级司法人员（通常称为书记员）和各种专家。

（二）联邦宪法法院的设立、性质与影响

联邦宪法法院（Bundesverfassungsgericht）设立的直接依据是基本法第 93、94 条关于联邦宪法法院组成和宪法审判权的相关规定。基本法生效后，联邦司法部正式起草《临时联邦宪法法院法》。不久，社会民主党也草拟了一份相关的法律草案。联邦议院按照法定程序对这两份草案进行了详细的讨论，并交付给联邦参议院，以进一步对草案进行修正。经过反复的修正和补充，《联邦宪法法院法》最终于 1951 年 2 月 1 日在联邦议院通过，3 月 12 日由联邦总统签署并公布生效。1951 年 9 月 7 日，联邦宪法法院在德国西南部的卡尔斯鲁厄（Karlsruhe）正式成立。[①] 两德统一后，五大宪法机关中的联邦议院、联邦参议院、联邦总统和联邦总理都迁至首都柏林，只有联邦宪法法院仍留在卡尔斯鲁厄。

联邦宪法法院既是宪法机关，也是独立的司法机关，在德国的政治生活中发挥着举足轻重的作用。德国联邦宪法法院是与联邦议院、联邦参议院、联邦总统、联邦总理并列的五大宪法机关之一。为了实现维护基本法权威以及自由民主秩序的功能，联邦宪法法院需要发挥以下几个方面的作用：(1) 对立法行为的监督与审查。宪法的实现在很大程度上取决于立法。如果立法机关存在立法不作为，联邦宪法法院有权对其进行督促与指示，甚至可以明确地规定立法期限并附加相关制裁要求立法机关完成相关立法。宪法法院还有权依据诉愿或应有关机关提请审查法律是否违宪。(2) 对司法裁判进行审查与监督。(3) 对行政进行审查与监督。应宪法诉愿请求还可审查行政机关的活动是否侵犯了基本权利。(4) 处理联邦机构以及政党、议员等之间的权限争议。(5) 处理联邦与州、州与州之间的争议。(6) 其他作用。例如审理选举诉讼、政党禁止宣告、基本权丧失宣告、总统弹劾案和法官弹劾案的审理等。

基本法第 92 条明确规定联邦宪法法院和各联邦法院以及各州法院行使司法权。这说明联邦宪法法院是与普通法院、行政法院、财税法院、劳动法院和社会法院并立的法院。联邦宪法法院是独立的联邦法院，无下级分支法院，也不是联邦德国境内其他法院系统的最高上诉审机构。

联邦宪法法院在德国政治生活中发挥着重大影响。它维持共同生活的基础规范秩序，保障和存续传统制度和基本价值判断，还在外交立场、欧盟一体化、转让国家主权等领域发挥了重

① 当时联邦德国的首都是波恩。

要作用。此外，宪法法院还发挥着整合德国社会基本共识、影响政党政治和选举政治、推动联邦制发展等方面的作用。

从1951年受理“西南案”[①]起，经过六十多年的发展历程，联邦宪法法院在吸收美国等国学说与经验的基础上，通过不断创新，建立了一套独具特色的宪法审查制度。20世纪90年代以来，联邦宪法法院在国际上常被视为参照模式和榜样。欧洲的西班牙、葡萄牙、中东欧二十余个新生民主国家，亚洲的韩国、印尼以及非洲的南非都仿效德国建立起了宪法法院。即便是先前建立了美式司法审查制度的日本等国，在其具体实践中也愈发倾向采纳德国宪法审查的某些理论。在人权法领域，德国宪法法院在宪法诉愿领域关于基本权利的很多裁判都直接或间接地影响了欧洲人权法院等机构的立场。

（三）联邦宪法法院的组织

德国联邦宪法法院共有16名法官，联邦议院与联邦参议院各选举8名。通常联邦议院会组成一个12人的选举委员会，以2/3的多数选出8名法官。联邦参议院则采取直接选举的方式委任法官，由司法委员会提名，获得2/3的票数即当选。法官候选人必须年满40岁，具有被选为联邦议院议员的资格，同时还必须具备担任法官的资格。联邦宪法法院法官不得兼任联邦议院议员或联邦参议院议员，不得在联邦政府中任职，也不得在州议会或州政府中任职。联邦宪法法院的法官唯一被允许的兼职是在德国大学兼任法学教师。

联邦宪法法院分为两个审判庭：第一庭（国家法庭，Staatsrechtssenat）与第二庭（基本权利庭，Grundrechtssenat）。每个庭有8名法官，其中有3名应选自在联邦最高等级法院服务3年以上的法官。所有联邦宪法法院法官的任期一律为一届12年，不得连任，且不能超过68岁。联邦宪法法院设正副院长各一人，二人分任两个庭的庭长，至于何人担任第一庭或第二庭的庭长，无明文规定。

每个审判庭都以联邦宪法法院的名义作出裁判。审判庭至少有6名法官出席时才能作出决议。如果两个审判庭就法律意见发生争议，则由16名法官共同出席的全体会议（Plenum）决定该问题的合宪性。为解决2名以上法官缺席审判庭还能作出决议，《联邦宪法法院法》1986年1月1日的修正案规定，如果一个审判庭在特别紧急情况下无力作出裁判，则由庭长指令进行抽签，以确定另一审判庭的法官作为代理法官参与审判，直到最少法官数达到为止。审判庭的庭长不能作为代理法官出庭。此规则仅适用于特别紧急的程序之中。

（四）联邦宪法法院的职权、程序与裁判方式

德国联邦宪法法院有着广泛的权限。基本法第93条分5个方面，《联邦宪法法院法》第13条分15个方面，列举了联邦宪法法院的管辖范围。但这些没有涵盖联邦宪法法院的全部权力。联邦宪法法院实际上还有宪法最终解释权以及宪法续造（Fortbildung des Verfassungsrechts）的权力。[②]但这两种权力更多的是宪法法院客观的功能。此外，基本法第93条第2款还规定可以通过联邦立法指定联邦宪法法院受理其他案件。联邦宪法法院的管辖范围既没有概括式条款的规定，也没有法律对诉讼种类进行区分，因而只有通过各种具体程序才能把握联邦宪法法院的职权及其实现途径。有德国学者说：“通往联邦宪法法院之路只存在于一个个具体程序之中。”[③]

---

① 该案涉及联邦议会根据基本法第118条通过的涉及巴登、符腾堡—巴登和符腾堡—霍亨左伦三州区划调整的《区域调整法》的合宪性问题。开创了德国宪法审查的传统，被称为德国的“马伯里诉麦迪逊案”。

② 宪法续造是指基本法委托立法者“具体化及充实宪法上的准则”[BVerfGE 101，158（214 f.）]。除了修宪外，宪法还会因政治、立法或政府行为发生实质上的变迁。联邦宪法法院的宪法续造对宪法变迁十分重要。

③ 克劳斯·施莱希，斯特凡·科里奥特．德国联邦宪法法院：地位、程序与裁判．刘飞，译．北京：法律出版社，2007：83.

《联邦宪法法院法》在第二章规定了宪法法院工作的一般程序，在第三章详细规定了对应第 13 条各项任务的单项程序，但这并没有穷尽宪法法院的所有程序。宪法法院工作时还可依需要适用其他的德国程序法。宪法法院的程序还具有某些特性，包括以不公开审理为原则、诉讼程序中陈述意见开放且富于弹性、适用无限调查原则、不适用调解、原则上不收取诉讼费用等，这些特性都是适宜于其职权和地位而有别于其他非宪法法院的程序。

在联邦宪法法院的各项职权中，规范审查、宪法诉愿、审理机关权限争议、裁判联邦与州的权限争议这四类无疑具有显著的重要性。仅从性质上看，规范审查和宪法诉愿是非常重要的，就案件数量而言也是最多的。其中宪法诉愿更是占据了联邦宪法法院案件九成以上的比例。尽管机关权限争议和联邦与州的权限争议案件数量不太多，但影响较大，在性质上也非常重要。由于不可能对联邦宪法法院的职权进行概括与穷尽，下面仅就这四种职权做简单介绍。

1. 规范审查

规范审查有抽象和具体的两种形式。在实践中，具体规范审查的案件数量远远多于抽象规范审查的案件数量。

（1）抽象规范审查

抽象规范审查是指在不存在特定诉讼案件的情况下，联邦宪法法院依照申请审查联邦法律是否符合基本法，或各州法律是否符合联邦法律。有权提起抽象法规审查的主体包括联邦政府、州政府或联邦议院 1/3 的议员；审查对象是联邦和各州的法律，包括宪法修正案、预算法、国际条约的同意法律、法规命令与地方自治规章等。除了国际条约同意法律的审查期限为签署公布前之外，其他抽象规范审查都在法律生效后提起。

（2）具体规范审查

具体规范审查是指各类法院在审理案件、适用法律的过程中，如果认为所适用的法律违反基本法，应中止审理程序，将相关法律提交联邦宪法法院裁决。根据《联邦宪法法院法》第 80 条的规定，具体规范审查只能由法院提起；第 82 条第 3 款规定相关诉讼当事人仅有陈述意见的权利。这里的法院是指除联邦宪法法院之外的所有法院，包括普通初审法院、联邦法院或州宪法法院。审查对象是指形式意义的法律，不含法规命令及地方自治规章。法院提出具体规范审查必须满足两项条件：1）法院必须完全确信法律违宪；2）被诉请审查的规范必须具有裁判重要关联性。

2. 宪法诉愿

宪法诉愿起源于奥地利个人诉愿制度，后经瑞士国家诉愿制度的发展，最终成熟于第二次世界大战后的德国。1951 年《联邦宪法法院法》正式建立宪法诉愿制度。1969 年，联邦议会通过的第 19 次基本法修正案修改了基本法第 93 条第 1 款并补充了第 94 条第 2 款，将宪法诉愿制度明确地规定在基本法中，扩展了联邦宪法法院的管辖权。按照基本法第 93 条第 1 款第 4a 项的规定，任何人认为其基本权利或其依照基本法第 20 条第 4 款、第 33 条、第 38 条、第 101 条、第 103 条和第 104 条享有的权利被公共权力机关侵犯时，都有权提起违宪诉愿。但在实际运作中，宪法诉愿是作为一般诉讼救济途径穷尽后的补充性的救济制度存在的。即便如此，宪法诉愿仍然有泛滥之势。截至 2016 年 12 月 31 日，在联邦宪法法院已审结的 222 922 件案件中，共有宪法诉愿案件 215 360 件，占审结案件总数的 96.61%。其中胜诉案件 4 640 件，胜诉率仅有 2.3%。[①] 如此众多的案件令联邦宪法法院应接不暇，甚至可能危及其他职权的行使。因此，宪法诉愿制度的改革方向之一就是设置程序和实质限制，以更有效地过滤不必要的诉愿

---

① [2016-05-30]. http://www.bundesverfassungsgericht.de/DE/Verfahren/Jahresstatistiken/2016/statistik_2016_node.html.

请求。

宪法诉愿本应包括对立法、行政及司法在内的所有公权力行为的审查。但在实践中，对抗法院裁判的宪法诉愿始终占有首要地位。这种宪法诉愿本身不是上诉和复审之后的一种补充，而是联邦宪法法院依据基本法对所有法院（包括民事、刑事、行政、财政、劳动和社会法院）已经终结了的，即已经生效了的裁判的审查，原则上不审查法院适用一般法律的正确与否问题。

3．审理联邦与州的权限争议

联邦宪法法院在联邦和各州对于其权利和义务持不同意见时有权作出裁判。例如某一联邦州颁布了一部正式法律，但是联邦认为该州对此类事项不享有立法权限，联邦即可诉诸联邦宪法法院。这种关于主体职权和义务的争议适用的是对抗性程序，通常发生在州实施联邦法和联邦监督州的实施两种情况下。争议标的是损害或者直接危害了州或者联邦在宪法上的法律地位的措施或不作为（也可以是一个法律）。申请人具有申请权的前提条件是需要说明可能的危害或者损害。联邦争议审查标准主要是基本法关于权限的规定和联邦忠诚这一不成文的基本原则。根据诉求不同，起诉期限也有所不同。比如对于联邦参议院依据基本法第 84 条第 4 款第 1 句作出的决议，只能在 1 个月的期限内提起诉讼；而在《联邦宪法法院法》第 69 条、第 64 条第 2 款规定的情况下，适用的起诉期限是 6 个月。

4．裁判机构争议程序

裁判机构争议程序是指联邦宪法法院对两个最高联邦机构或其各个部门之间就基本法规定的权利和义务所发生的争议进行裁判。基本法第 93 条第 1 款第 1 项规定，可能成为机构争议程序参与人的有“联邦最高权力机关”和“由本基本法和某一联邦最高权力机关通过议事规则授予自有权利”的“其他关系人”。德国最高联邦机构是指联邦总统、联邦议院、联邦参议院和联邦政府，不包括《联邦宪法法院法》第 63 条提到的联邦大会（Bundesversammlung）。而所谓的“其他关系人”是联邦机构的组成部分和内部组成单位。当然，这些组成部分必须依据基本法或联邦议院、联邦参议院议事规程才能被授予独立权力。这些具有独立权力的“组成部分”包括联邦议院和联邦参议院的院长、联邦政府的组成成员、联邦议院的委员会和党团以及议员、议员小组。除此之外，联邦议院议长在议会中自行针对作为宪法机构的议员行使管理与纪律处分的权力，这时他就是“其他关系人”。单个的议员、政党也可能成为机构争议中的“关系人”。机构争议程序的标的是宪法机构之间的争议，即被申请人的措施或者不作为是否违反了基本法的规定和该规定是否承认申请人具有诉请的权利。该措施在法律上必须是重要的，仅仅具有准备性或执行性特征的措施是不能成为机构争议程序的争议标的的。议事规程中的规范在某些条件下也可以成为机构争议程序的标的。

联邦宪法法院的裁决决定由参与案件审理的审判庭成员的多数意见形成。出现票数相等的情况时，不能依据庭长的意见作出最后决定，也不能据此确认某行为违反基本法或其他联邦法。违宪性确认需要超过半数的表决票数。每个法官都可以将其在评议中对裁判或仅对裁判理由提出的不同意见写出意见书，不同意见书应作为裁判之附件。对宣告剥夺基本权利、宣告政党违宪、弹劾联邦总统、弹劾法官这几类案件，必须有该庭法官 2/3 多数同意，才能作出对申请相对人不利的裁判。

典型案（事）例

1．艾尔弗斯案

曾是中央党在国会的代表、普鲁士国家议会成员的艾尔弗斯，1927 年被任命为克雷费尔德（Krefeld）的警长，1933 年，因政治原因被解职。1945 年他被选为门兴格拉德巴赫的市长。

1947年他作为基督教民主联盟的成员，被选为北莱茵—威斯特法伦州的议员。他作为“德国人联盟”领导人，激烈批评联邦政府的政策，特别是，他认为联邦政府的国防政策阻碍了德国统一。在国内外的多次活动和研讨会中，他都公开表达了这些观点。1952年12月12日至19日，艾尔弗斯参加了在维也纳举行的人民代表会议，并宣读了“全体德国人的声明”，此外，他还在巴黎、布达佩斯以及东柏林参加过类似活动。1953年，艾尔弗斯向门兴格拉德巴赫的护照管理局申请延长他的旅行护照的申请被拒绝。拒绝的法律根据是1952年3月4日通过的护照法的第7条第1款a（其规定：“有以下情形，不得签发护照：a持有护照的申请人危害联邦德国的内部或外部的安全，或者联邦德国的特别重大的利益的”）。他的行政申诉在1953年7月4日被驳回。对此他向州行政法院提起行政诉讼，之后又上诉到高等行政法院和联邦行政法院，但都败诉。于是，艾尔弗斯于1956年2月22日向联邦宪法法院提出宪法诉愿。

此案被认为是联邦宪法法院在20世纪50年代所作的几个伟大判决之一。其最重要的意义在于两个方面：首先是将基本法第2条第1款的“一般行为自由”解释为“兜底基本权利”，使基本权利体系具有了一个概括性条款，通过涵盖各种未列举的权利以及对传统的“法律保留”原则在基本法时代的重新解释而大大扩展了基本权利的规范领域；其次，伴随着基本权利规范领域的扩展，这一判决实际上扩展了个人得提起宪法诉愿的事项范围，几乎使得所有争议都有最终转变为宪法争议的可能性。

2. 吕特案

伐依特·哈尔兰（Veit Harlan）是一个在纳粹时期拍反犹电影的导演，声名狼藉。在第二次世界大战后，他又拍摄了一部含有比较强的反犹情绪的影片。而吕特（Lüth）是一个社会活动者，以消除民族仇恨、弥补战争创伤为己任。他对哈尔兰的电影组织群众杯葛和在放映电影的剧院前示威，导致哈尔兰的影片票房收入下降。哈尔兰以吕特触犯了他的公民经济利益权为理由，向汉堡法院提出对吕特的禁制令，汉堡法院判哈尔兰胜。吕特不服，以他的个人言论自由被侵犯为由向宪法法院提出上诉。

最后宪法法院归纳说公民间的宪法赋予的公民权发生冲突时，法庭必须遵循合理平衡的标准来对待。言论自由具有社会性和个人目的性，当二者冲突时，法庭必须在尊重宪法赋予的公民权的前提下进行判决。汉堡法院明显由于疏忽，不能够充分合理地判断背景。因吕特的社会目的性高于哈尔兰的私人财产保护的目的性，所以，判吕特胜。

在德国，1958年的吕特案判决具有里程碑式的意义。在该判决中，宪法法院严肃地申明了这样的观点与态度：基本权利的首要功能虽仍然在于赋予人民对抗公权力不法侵害个人自由的消极防御权利，但基本权利的整体同时也建构出一个客观的价值秩序或体系，且该秩序或体系中的每项权利均体现一个客观规范，并各自蕴涵一个客观价值决定。此案可以说是联邦宪法法院最著名的判决，也是具有奠基性的20世纪50年代的伟大判决之一。吕特案判决对基本权利理论的影响是全方位的，其中最重要的是确立了以基本权利的双重性质（主观权利和客观价值秩序）来阐释基本权利规范内涵的基本框架，开未来无数重要判决之先河；此外，其所开创的“基本权利的第三人效力”理论，使宪法的效力从公法领域辐射到了包括私法在内的一切法领域，是对基本权利的基本观念的根本变革。

3. 药房判决

巴伐利亚州制定了《药房法》，把任何特定社团中的药剂师执照限于一定数量。只有新的药房在商业上可行，且对附近的竞争不造成经济损害，州法才授权颁发新的执照。本案宪法诉愿人原为东德合格药剂师，1955年迁居联邦德国巴伐利亚州，并在特劳恩罗伊特一家药房担任职员。1956年7月，该药剂师向巴伐利亚州政府提出申请在相同地段开设一家新药房，州政府拒绝了其申请。

巴伐利亚州政府认为，该项新设药房申请与保障药品和保障对当地居民需求供给之公共利益不符。因为当地约有居民 6 000 人，为供给此人数的药品需求，现存的一家药房已经足够。另外，由于消费人口有限，新设药房的经济基础无法获得保障，连带使临近药房正常经营的经济基础亦受影响，该项新设药房申请与《药房法》有关规定不相符，故予以拒绝。该药剂师经法定程序提起宪法诉讼，宣称州政府的决定和州法条款侵犯了其职业自由，主张主管部门行政决定所依据的巴伐利亚州《药房法》第 3 条第 1 款之规定，因违反德国基本法第 12 条第 1 项无效。联邦宪法法院在审查的基础上认为，巴伐利亚州《药房法》第 3 条第 1 款对设立药房申请的限制违宪。

此案的重要性在于两个方面：首先是对审查限制基本权利的公权力行为的基准“比例原则”进行了细化，也就是区分基本权利的不同层次来证立不同强度的限制手段；其次，这也伴随着对限制基本权利的理由——公共利益——的区分和细化，其将公共利益区分为一般、重大和非常重大三个层次并详述了标准和内容，影响深远。

宪法条文节选

第 1 条

1. 人的尊严不可侵犯。尊重和保护人的尊严是一切国家权力的义务。

2. 为此，德国人民信奉不可侵犯和不可转让的人权是所有人类社会以及世界和平与正义的基础。

3. 下列基本权利作为直接适用的权利，拘束立法、行政和司法。

第 2 条

1. 在不侵害他人权利，不违背宪法秩序和道德规范的前提下，人人享有自由施展其人格的权利。

2. 人人享有生命和身体不受侵犯的权利。人身自由不可侵犯。只有依据法律才能介入此类权利。

第 3 条

1. 德国人民在法律面前人人平等。

2. 男女平等。国家促进男女事实平等的实现，并致力于消除现存不足。

3. 任何人不得因其性别、血统、种族、语言、出生地和出身、信仰、宗教或政治观点而受歧视或优待。任何人不得因残障而受歧视。

第 4 条

1. 信仰和良心的自由以及信奉宗教和世界观的自由不可侵犯。

2. 不受干扰地从事宗教活动受到保障。

3. 任何人不得被迫违背其良心携带武器服兵役。具体细则由联邦法律予以规定。

第 5 条

1. 人人享有以语言、文字和图画自由发表和传播观点以及不受阻挠地从普遍公开的来源中获取信息的权利。出版自由以及广播和电影的报道自由受到保障。对此不得进行审查。

2. 一般法律的规定、有关青少年保护的法律规定以及个人名誉权构成上述权利的界限。

3. 艺术和科学以及研究和教学是自由的。教学自由不得脱离对宪法的忠诚。

第 6 条

1. 婚姻和家庭受国家秩序的特别保护。

2. 抚养和教育子女是父母的天然权利，也是其首先须承担的义务。国家机构对此类行为予以监督。

…………

5. 立法为非婚生子女创造与婚生子女同等的身心成长条件和社会地位。

第 7 条

1. 全部学校教育事业受到国家监督。

2. 教育权利人对于子女是否参加宗教课程享有决定权……

第 11 条

1. 所有德国人均享有在整个联邦境内自由迁徙的权利。

2. 在缺乏足够的生活基础且会给公众带来特别负担时，或在联邦或州的生存或自由民主的基本秩序面临危险而需要进行防御时，为抵抗瘟疫的危害、自然灾害或特别重大事故，为防止青少年陷入无人照顾的境地或为预防犯罪行为而具有必要性时，可通过法律或依据法律对迁徙自由权予以限制。

第 14 条

1. 财产权和继承权受到保障。内容和限制由法律予以规定。

2. 财产权负有义务。其行使应同时有利于公共福祉。

3. 只有为实现公共福祉才可允许剥夺财产权。

第 18 条

滥用观点表达自由，特别是出版自由以及滥用教学自由，集会自由，结社自由，通信、邮政和电信秘密，财产权和避难权来攻击自由民主的基本秩序的人，丧失相应的基本权利。基本权利的丧失和丧失程度由联邦宪法法院宣布。

第 19 条

1. 依据本基本法规定，如某项基本权利可通过法律或依据法律予以限制，该法律须具有普遍适用效力，而不得仅针对个别情况。此外，该法律须指明引用有关基本权利的具体条款。

2. 任何情况下均不得侵害基本权利的实质内容。

3. 如基本权利依其性质也可适用于法人，则适用于国内法人。

4. 无论何人的权利受到公权力的侵害，均可提起诉讼。如无其他主管法院，可向普通法院提起诉讼……

第 20 条

1. 德意志联邦共和国是民主的和社会的联邦国家。

2. 一切国家权力来源于人民。国家权力由人民通过选举和表决以及通过立法、行政和司法机关来行使。

3. 立法权遵循宪法秩序，行政权和司法权遵循法律和法律规范。

4. 对于任何企图废除这一秩序的人，如不存在其他救济方式，所有德国人均有反抗权。

第 24 条

联邦可通过法律将主权让渡至国际机构。出于维护和平的需要，联邦可加入一种相互的集体安全体系……

第 93 条

1. 联邦宪法法院裁决下列案件：

(1) 联邦最高权力机关或由本基本法和某一联邦最高权力机关通过议事规则授予自有权利的其他关系人就其权利和义务范围发生争议时，要求对本基本法进行解释的；

(2) 就联邦法律或州法律与本基本法在形式上或实体上是否一致产生分歧或疑问时，或者当州法律同联邦其他法律在一致性问题上有分歧或疑问时，联邦政府、州政府或联邦议院 1/4 的议员请求裁判的……

（4a）认为公共权力机关侵犯个人基本权利或侵犯本基本法第20条第4款、第33条、第38条、第101条、第103条和第104条规定的权利时，任何人所提起的违宪申诉……

3. 此外，联邦宪法法院还审理联邦法律指定的其他案件。

第100条

1. 法院认为裁决案件所依据的法律违反宪法时，应中止审理程序……如果该法律违反本基本法，则应征求联邦宪法法院作出的裁判意见。这同样适用于州法律违反本基本法，或州法律与联邦法律相抵触的情形……

第104条

1. 只有依据正式法律，并按照法律中规定的方式，方可限制人身自由。不得在精神上或身体上虐待被拘禁的人员。

2. 只有法官才得就是否准许剥夺自由和剥夺自由的期限作出裁判。

3. 凡因涉嫌犯罪而暂时被拘留的，最迟在拘留后次日提交法官，法官须告知拘留理由，作出审讯并给予受拘留人辩驳的机会。法官须立即颁发说明逮捕理由的逮捕令，否则命令释放。

4. 法官就有关剥夺自由的命令和剥夺自由的期限所作出的任何裁判，均应立即通知被拘留人的亲属或其信任之人。

思考题

1. 基本法自我防护的民主思想对新兴民主国家有何启示？

2. 有人认为既然不能依据社会国原则向国家提出具体请求，该原则就是一项空洞的口号，这种说法正确吗？

3. 基本法规定基本权利直接对立法、行政和司法机关发生效力的意义何在？

4. 联邦宪法法院对基本权利的保护模式进行分类的做法对我国基本权利保护有何启发？

5. 试对照基本法文本对其中各项基本权利的法律保留方式进行归纳整理。

6. 基本法为什么要对联邦宪法法院的职权做开放式的规定？

参考文献

1. 康拉德·黑塞. 联邦德国宪法纲要. 李辉，译. 北京：商务印书馆，2007.

2. 克劳斯·施莱希，斯特凡·科里奥特. 德国联邦宪法法院：地位、程序与裁判. 刘飞，译. 北京：法律出版社，2007.

3. 伯阳. 德国公法导论. 北京：北京大学出版社，2008.

4. 钱端升. 德国的政府. 北京：北京大学出版社，2009.

5. 刘飞. 德国公法权利救济制度. 北京：北京大学出版社，2009.

6. 沃尔夫冈·鲁茨欧. 德国政府与政治. 熊炜，王建，译. 北京：北京大学出版社，2010.

7. 陈新民. 德国公法学基础理论（增订新版）. 北京：法律出版社，2010.

8. 童建挺. 德国联邦制的演变：1949—2009. 北京：中央编译出版社，2010.

9. 张千帆. 法国与德国宪政. 北京：北京大学出版社，2011.

10. 胡锦光. 外国宪法. 北京：法律出版社，2011.

11. 张翔. 德国宪法案例选释·基本权利总论. 北京：法律出版社，2012.

12. 孙谦，韩大元. 世界各国宪法——欧洲卷. 北京：中国检察出版社，2012.

13. 韩大元. 外国宪法. 4版. 北京：中国人民大学出版社，2013.

14. 克里斯托夫·默勒斯. 德国基本法：历史与内容. 赵真，译. 北京：中国法制出版社，2013.

第五章 意大利宪法

意大利位于南欧，在历史上作为欧洲民族及文化的摇篮，曾孕育出罗马文明。意大利在中世纪是教廷的中心，是天主教的圣地。意大利又是文艺复兴的起源地。但是，意大利晚至1870年统一，是西欧诸多资本主义强国中最后一个完成统一的国家，其宪法发展史也折射出意大利从分裂走向统一的曲折历程。在意大利宪法发展史中，从各邦效仿法国制宪到阿尔伯特宪法的出台，再到法西斯统治时期宪法的变异以及第二次世界大战后废除君主制、重新制宪至今的过程，无不反映着意大利从封建制度走向现代民主制度的努力。意大利宪法的特殊之处在于：长期分裂的客观情势造就了意大利宪法独具特色的地方自治制度；与天主教的特殊关系使得政教分离成为现代意大利宪法的最大亮点；在公民权利和义务的体系设置上体现了高度重视人权的要求；强调保护工人权益和社会利益。总之，意大利宪法不仅反映了国家的悠久文化，也体现了第二次世界大战后意大利各方势力相互妥协、携手共建民主国家的努力。

然而，意大利宪法也有其自身局限。首先，有观点认为意大利宪法的规定过于刚性，其中有着与特定历史时期的价值观相联系的时代性缺陷，它们会对目前社会现实发展构成障碍。① 其次，意大利宪法在违宪审查制度中所展现出的“消极的司法积极主义”，使得意大利宪法法院常常会面临既不能对违宪的法律宣布无效，又不能自行修改法律的困境。在严格的分权架构下，宪法法院将其对法律的补充和完善责任全部转移给立法机关，由议会对存在违宪内容的法律作出相应修改，此举有时会付出相当高的时间成本。再次，意大利宪法法院所采取的非正式宣告存在技术方面的重大漏洞，即缺少对议会修改法律的期限的限定，这容易放纵议会，将有损宪法法院的“公民权利守护神”地位。② 最后，虽然宪法法院不进行严格意义上的立法行为，但在实践中它常常会通过附加性判决和替换性判决这两种“创造性的判决”，来“修改”或“替换”法律的内容，这两种判决方式引起了很大的争议，许多人认为宪法法院的这种做法对议会的正常工作形成了严重干扰。③

第一节 意大利宪法发展简史

一、意大利统一前各邦的制宪

（一）拿破仑对意大利各邦宪法的影响

18世纪早期意大利受到启蒙运动思潮的影响，各邦纷纷进行了不同程度的政治经济改革，

① 李修琼. 意大利宪法学发展综述：2008年. 中国宪法年刊，2009.

② 侯宇. 消极的司法积极主义——意大利违宪审查制度之介评. 环球法律评论，2007 (5).

③ 玛丽亚·劳拉·特丽芬. 意大利宪法法院：功能与结构. 宪法与行政法治评论，2007.

更有甚者制定了宪法草案或者颁布了宪法；但是，这些改革的力度均不大。[1] 而到了法国大革命爆发，尤其是1796年拿破仑进军意大利之后，一系列从属于法国的“女儿”共和国建立起来。这些共和国大多按照法国1795年宪法的模式来制定宪法。1801年，拿破仑重返意大利，在里昂、热那亚等地区重建政权，并模仿法国1799年宪法制定宪法。这一时期的宪法特点是强化行政权力，弱化民主，架空议会机构，缺乏授予人民自由的诚意。1804年拿破仑称帝后，意大利改制为王国政体，实际上成为法国的附属国。由此到1815年意大利王国随着拿破仑的失败而解体之前的这段时间里，总体来说，立宪活动无论思想上还是实践上，都带有法国大革命的深刻烙印；但因拿破仑仅仅从军事和服务法国的角度来统治意大利，所以这一阶段制定的意大利宪法与同时期的法国宪法相比，在革命性方面大大逊色，在保守性方面则大大增强。

（二）维也纳会议后意大利的立宪活动

随着维也纳会议对欧洲政治版图的重新划分，意大利各邦重新处于封建势力和奥地利的高压统治之下。但是，拿破仑和法国大革命宣传的革命与自由的理念已经获得了一定影响，激起了意大利人的革命热情和统一愿望。在这一时期，不同阶级和团体纷纷出台不同的宪法方案，并为之四处奔走，主要有烧炭党人、民主派和自由派三大势力。

1. 烧炭党人的立宪方案及活动

烧炭党是意大利历史上第一个资产阶级民族主义组织，其政治纲领是争取立宪，对现存的专制国家进行政治改革，以争取民族独立及意大利的统一。约在1811年至1816年间，烧炭党中的激进分子就制定了具有自己特色的统一的意大利宪法——《亚夫佐尼共和国约法》，这部宪法贯穿了自由、平等的思想以及削弱财富不均等状况的意愿，充满了对古罗马的向往，富有理想主义的色彩。[2] 而更多的烧炭党人将独立与统一的希望寄托于国王，寄托于建立君主立宪制的国家政体，他们相继组织发起了意大利1820—1821年以及1830年的资产阶级革命，宣布采用或模仿1812年西班牙宪法以及1830年法国宪法，但都被奥地利与其他封建势力镇压下去。这两次革命的发动者虽然打出了立宪旗号，但是却缺乏对宪法的真正理解，在实践中存在过度的理想化。

2. 民主派和自由派的立宪方案及其活动

19世纪30年代，意大利统一运动中出现了由两个派别所代表的两条不同的道路：以民主派为代表的，“自下而上”地通过革命实现统一、建立民主共和国的道路；以自由派为代表的，“自上而下”地在萨伏伊王朝旗帜下实现统一，建立君主立宪制的联邦制国家的道路。烧炭党人失败后，一个新的代表资产阶级民主派的革命组织“青年意大利”逐渐兴起，他们主张意大利实行共和制，反对联邦制，认为只有共和制才能保障自由、平等、博爱，有利于国家统一和对付外来侵略。该组织还宣扬，国家的统一必须采取自下而上的方式，通过武装起义或革命战争，解放亚平宁半岛，建立起临时革命政府；然后把政权转让给选举产生的国民会议，由它负责主导意大利的建设。但是，民主派的共和方案在当时的意大利缺乏得以实现的社会基础，因此它的立宪主张无法获得社会大多数的支持，它所领导的立宪活动也多归于失败。

与代表工业资产阶级的民主派不同，自由派代表了农业、银行、商业高利贷的资本家和资产阶级化的贵族的利益。这就决定了他们的立场必然是向君主靠拢，希望通过君主自上而下的改革，来建立君主立宪制的国家。因此，他们反对民主派和空想社会主义的解决方案，提出了自己的方案，代表性的例如竭力论证统治撒丁王国的萨伏伊王室最有资格、最有能力领导意大

① 路易吉·萨尔瓦托雷利. 意大利简史——从史前到当代. 沈珩，祝本雄，译. 北京：商务印书馆，1998：427-436.

② 赵克毅，辛益. 意大利统一史. 开封：河南大学出版社，1987：97.

利实现统一，并主张撒丁国王应当成为全意大利联邦的国王的达杰利奥方案。由于萨伏伊王朝统治下的撒丁王国是意大利各邦国中唯一由意大利人掌权，并且政治经济比较发达，具有一定实力的邦国，因而无论从民众情感，还是从政治经济利益上来说，达杰利奥方案都得到了自由派人士的一致赞同，并在随后的意大利统一运动中发挥了重要作用。

二、阿尔伯特宪法

阿尔伯特宪法（lo Statuto Albertino，又译阿尔贝蒂诺宪法）是1948年在撒丁王国国王阿尔伯特主持下公布的，其正式名称是“1848年意大利宪法”，由前言、81条正文及3条暂行条文总共84条组成。阿尔伯特宪法在体例上模仿1831年比利时宪法，在内容方面大都模仿1830年法国宪法，但是阿尔伯特宪法的前言明确地宣布该宪法是一部以皇权为依据的钦定宪法，宪法的基础源于皇权，宪法的颁布也只是国王的一种恩赐；同时，立法宣告天主教是意大利国教，因此其立法具有极大的保守性，显示出1814年法国宪法的影子。

（一）君主权力

宪法赋予国王极为广泛的权力。宪法规定，国王集国家元首、行政首脑、三军统帅于一身，可以单独统帅军队、宣战、媾和、缔结条约、任免一切官吏、制定法令与案例、赦免、减刑等。此外，国王有权提出法律草案，有权审议议会通过的法案，并只有国王签署才能生效；国王有召集、停止或解散议会的权力，并可以对出版、选举、社会组织以及在枢密院改组上有独断的权力。从中可以看出阿尔伯特宪法明显的君权中心以及钦定宪法属性。

（二）议会、内阁、司法权力

宪法规定了两院制议会。参议院议员由国王任命，人数不定，任期终身；众议院议员由民选产生，但议员必须独立于选区而代表整个国家，因此实际上效忠国王，代表国王利益。从职能来看，立法权重心在众议院，内阁也多以众议院的信任为依据。此外，参议院享有依照国王敕令组织审判叛国罪与危害国家安全罪及审判众议院所弹劾的内阁等高级法院的司法权；众议院则享有弹劾大臣的权力。内阁由国王任命的内阁总理和阁员组成，内阁必须副署国王所签发的法令方能生效。关于司法权，一方面规定了公开审判原则及禁止设立特别法庭原则；另一方面又规定了国王的裁判权，因此司法并未实现独立。

（三）国民的基本权利和义务

宪法第二章虽规定了“国民之权利与义务”，但无论是具体内容还是范围都非常有限。具体来看，该章规定了法律面前人人平等、保障人身自由、住宅不可侵犯、有限制的出版自由、私有财产神圣不可侵犯、保护债权等内容和原则，同时规定了按照财产平等纳税的义务。

（四）对阿尔伯特宪法的评价

由于1848年宪法是撒丁国王为避免1848年革命威胁而被迫制定的宪法，因而其最大特点是保守性，它代表的是封建势力和资产阶级自由派右翼的共同利益。另外，由于它是应付革命危机的产物，从筹划到出台只用了不到一个月的时间，制定过程相当仓促，所以，无论是遣词造句还是结构设计都生搬硬套他国模式，相当粗糙。从用词上看，该宪法多采一般性的原则规定；用语简洁、概括，缺乏明确性。这种特色正暗合“君主立宪”的要求，使国家的统治者有足够自由来运用其权力而不受宪法条文的束缚。同时，该宪法篇幅极其短小，仅84条。篇幅的短小源于许多重要事项并未加以规定，如中央与地方的关系问题，宪法解释、修改的方法及程序问题等。

如果说该宪法于1848年出台时未规定中央与地方的关系，是由于当时该宪法仍为撒丁王国宪法，不存在确定各邦地位问题，那么1861年统一以后对原宪法的全盘照搬则不可不谓一项重大缺陷。从当时的政治实践来看，采取中央集权制，地方自治权力受到约束。而宪法解释、修改方法的缺失则使该宪法缺乏刚性，被宪法学者视为柔性宪法，也就是说，一部为两院通过、国王认可的法律就可以修改宪法，这就为统治者随意释宪修宪大开方便之门。但不可否认的是，撒丁王国在意大利统一运动中所处的核心地位使阿尔伯特宪法为统一后的意大利提供了国家的政治基础。

三、意大利王国的立宪与宪制改革（1861—1948年）

1861年第一届意大利议会宣布建立意大利王国，并最终在1870年以全民公决的形式实现统一。意大利王国在宪法上继续沿用撒丁王国在1848年颁布的阿尔伯特宪法。随后，意大利在宪制层面进行了一系列重大的活动：一是通过《保障法》重新规定了教皇和罗马教廷的特权，确立教会与国家之间的关系，这是对阿尔伯特宪法的重大补充；二是建立中央集权制度，通过中央直接任命的地方专员掌握地方大权，但地方政府在实际上仍享有某种程度的自治；三是推行议会民主制改革，通过一系列改革方案使参议院逐步摆脱国王的实际影响力，在意大利境内适用阿尔伯特选举法，并在1882年修改选举法，扩大了选举权，但实际上能够参与选举的民众范围仍是极为狭小的。

但是脆弱的民主基础在19世纪末期遭遇了议会民主制下的危机。意大利国内的动荡不稳使保守势力活跃起来，他们呼吁对阿尔伯特宪法作严格的字面解释，让国王在任命大臣等方面发挥更为积极的作用，并认为更加独立于议会的政府不仅能够保证秩序，而且可以推进社会和经济改革。1899年，政府向议会提出了一系列关于公共秩序的法案，要求限制出版自由、公共集会自由等，但遭到了议会中的社会党和激进党的反对而无法通过。在这一情况下，政府在国王的支持下公然将其中一些限制出版、集会和结社自由的法案以国王命令的形式公布，无论议会同意与否都将于一个月后生效：这一举动无疑违反了宪法。经过激烈的政治斗争，1900年2月，最高法院宣布该命令无效。一个月后，国王被一名无政府主义者刺杀身亡。尽管意大利最终避免了一场政治危机，但是自由力量的不堪一击在危机中暴露无遗。更为危险的是，意大利反议会民主的思潮并没有随着危机的平息而消失，反而在19世纪末20世纪初愈演愈烈，为第一次世界大战后法西斯的上台提供了思想准备。

第一次世界大战之后，意大利国内的经济生活极为艰窘，政治生活濒于崩溃，政府丧失了对社会的控制力，这就给了墨索里尼领导的法西斯党以可乘之机。在1921年5月15日举行的大选中，墨索里尼领导的法西斯党获得了22个席位。1922年10月27日，墨索里尼在金融资本集团的支持下发动了“进军罗马”的政变，国王维克多·埃曼努埃尔要求墨索里尼组阁。1922年11月3日，墨索里尼政府成立。由于阿尔伯特宪法是一部柔性宪法，任何议会通过简单多数的法令都可以对宪法进行修改，所以墨索里尼上台后，随即破坏民主选举，强行修改选举法，确保议会被法西斯党所垄断；实行一党独裁，解散反对党，进行一党专政；通过制定《法西斯大委员会权力法》等法律架空参、众两院，实行极权统治。与此同时，1929年2月11日，墨索里尼政府与罗马教会签署《拉特兰条约》，为墨索里尼赢得了巨大的声望。但是，墨索里尼的独裁统治在事实上导致了意大利王国宪法所确立的政治体制的土崩瓦解，意大利王国宪法名存实亡。

四、第二次世界大战后意大利宪制的发展

1946年6月2日，已经投降退出第二次世界大战的意大利通过全民公投宣布废除君主制，成立共和国，同日召开制宪会议性质的选举，通过比例选举的方法普选出制宪会议议员。1946年7月开始起草新宪法，于1947年12月27日通过新宪法，并定于1948年1月1日施行。宪

法的签署者包括里科·德尼古拉、阿尔奇德·德加斯佩里、翁贝托·泰拉奇尼。这三位签字人象征着宪法所体现的自由主义、社会主义与天主教民主党这三者之间的妥协。意大利共和国宪法的颁布，标志着意大利进入了共和制的新时期。现行意大利宪法在1948年宪法的基础上，经历了1948年、1953年、1963年（两次）、1967年等数次小规模的修改。

关于意大利现行宪法的基本性质，可以从两个方面加以把握。

首先，在形式上该宪法属于民定宪法。所谓民定宪法，即由人民直接投票（公决）或由人民选举的代表组成的机关（如制宪会议、代议机构）制定和通过的宪法，与由君主自上而下地制定并颁布实施的钦定宪法，以及由君主与国民或者国民的代表机关协商制定的协定宪法相区别。

其次，在内容体例上，该宪法将公民基本权利与义务放在国家机关和权力运作之前，体现出该国在宪制上更侧重于保障人权、限制公权力运行。和1848年宪法试图巩固旧有的制度安排和君主权力相比，意大利1948年宪法在其139个条文之中对社会经济的发展确立了很多纲领性、规划性的指示，试图指导意大利议会在将来的立法活动中更加具体和有针对性地制定法律。①

意大利共和国宪法开篇首创性地列举了一系列基本原则②，学者将其中的特征归纳为以下几方面。③

1. 进步性。作为第二次世界大战后制定的宪法，意大利宪法表现出前所未有的进步性。宪法第1条宣告了人民主权原则，否定了意大利王国宪法所确立的君主政体；宪法第2条则宣告了自由原则，同时强调了对个人及保证个性发展的社团的不可侵犯的权利。第3条确认了法律面前人人平等的原则。民主、自由和平等这三大原则的确定为整部宪法定下了基调。因此，意大利宪法被称为当时西欧最为进步的宪法之一。

2. 妥协性。由于共和国宪法是以共产党、社会党所代表的左派政党和以天主教民主党为代表的右派政党相互合作的产物，因而“妥协精神”被意大利法学界看作是意大利制宪的决定性因素。共和国宪法的基本原则更是天主教民主党、社会党和共产党三大政治力量间斗争与磋商的结晶。三大政党的思想在宪法中体现的程度取决于它们各自实力影响的大小。④

3. 和平性。第11条是意大利共和国宪法的“和平条款”。该条规定意大利拒绝以战争作为侵犯他国人民自由方式和作为解决国际争端的工具；意大利同意为了建立保障国际和平与正义的秩序，在同其他各国平等的条件下，对主权作必要的限制；意大利鼓励和支持抱有此项目的的各种国际组织。作为第二次世界大战中的法西斯国家，意大利在宪法中加入“和平条款”反映了其渴望和平、反对战争的美好愿望和坚定决心。同时，该条款也是对意大利国内法西斯残余势力的一种有力钳制和约束。

4. 理想性。三大政党联合制宪，尤其是意大利共产党的积极参与使该宪法带有某种跨越阶级的理想主义的色彩。共产党人试图通过参与意大利共和国宪法的制定的手段进行一场从根本上改变社会性质的实验。从宪法的基本原则来看，这一点主要表现在对劳动和劳动者权利的杰出作用的肯定。

意大利共和国宪法分为两编、10章，共139条，此外还有附则18条。其基本体例为：

（1）基本原则，共计12条，规定了国家性质、人权保障、社会本位、地方自治、宗教自

① 艾莲娜·马尔法蒂．意大利的法律渊源体系//罗伯特·隆波里，阿尔多·贝特鲁奇，等．意大利法概要．薛军，译．北京：中国法制出版社，2007：8.

② 沈宗灵．比较宪法——对八国宪法的比较研究．北京：北京大学出版社，2002：40.

③ 何勤华，李秀清．意大利法律发达史．北京：法律出版社，2006：66-70.

④ 同③69.

由、国家与天主教的关系等；

（2）第一编："公民的权利和义务"，从第13条到第54条，该编下又划分为公民关系、社会伦理关系、经济关系、政治关系四章；

（3）第二编："共和国的组织"，从第55条到第139条，该编被分为议会，共和国总统，政府，司法机关，区、省、市，宪法的保障六章；

（4）附则是包含18条条文的过渡性决定和最后决定，并对萨伏伊王朝的王室成员及王室财产等问题作出了规定。

第二节　意大利宪法的基本原则

意大利宪法在开篇即列举出基本原则，主要有人民主权、人权保障、平等、劳动权、地方自治、民族平等与保护少数民族、政教分离和宗教自由、促进社会事务发展、和平原则等。

值得注意的是，由于意大利宪法是国内政治势力相互妥协的产物，因而意大利宪法的基本原则设置对此也有所反映。在宪法文本当中，我们除了可以看到普遍意义上对现代民主主义、人权保障理念以及自由平等价值的肯定与追求，更可以看出天主教民主党、社会党、共产党三大政党在共同追求当中的不同侧重之处，而其背后是不同社会力量在对塑造未来意大利政治生活蓝图时的不同愿景。因此我们专门选取人民主权、人权保障、平等、地方自治、政教分离原则加以介绍，展示从基本政治取向到具体政治架构当中三大社会力量的妥协与共治。

一、人民主权原则

意大利宪法第1条即明确规定，意大利是"一个建立在劳动基础上的民主共和国。主权属于人民，人民在宪法所规定的形式和范围内行使主权"。这里即体现了人民主权原则，这是对过去意大利王国君权神授的阿尔伯特宪法的否定，同时也体现了意大利共产党的社会主义理念，即对于劳动权的重视，反映了意大利宪法明显的妥协性。

二、人权保障原则

意大利宪法第2条、第10条明确了保障人权的基本原则，其中第2条规定，共和国无论对个人还是对表现其个性的社团成员，均承认并保障其人权之不可侵犯，并要求履行政治、经济和社会团结方面的不可违背的义务；第10条规定，凡在其本国事实上不能行使意大利宪法所保障的民主自由权的外籍人，根据法定条件，有权在意大利共和国境内获得庇护。外国政治犯不许引渡。明确保障人权原则以及外国人政治避难的效力。

三、平等原则

意大利宪法第3条规定，所有公民，不分性别、种族、语言、宗教、政治观点和个人及社会地位，均享有同等的社会尊严且在法律面前一律平等。这一条规定了传统的平等原则，即形式平等，又称机会平等，这意味着国家必须保证每一个人有凭借自身能力获得成功的同等机会；在资源有限的情形下，每一个人都有同等的机会参与竞争。这种平等观的核心就是"非歧视性对待"和"无区别对待"。为保证机会平等的实现，我们必须设立一个原则——中立。而中立原则意味着在竞争领域必须选取一个中立标准来确定谁能够在竞争中获胜，而中立标准，应根据该领域的本质和目的决定。该条第2款规定，共和国有责任消除一切在经济和社会秩序方面限制公民自由与平等，从而阻碍人类个体的全面发展和有效地参与政治、经济及社会组织一切活动的障碍。这一点与各国追求的增进公共福祉、追求均贫富的观念相一致，并在一定程度上体现了社会主义理念的影响，即重视劳动者的主体地位，追求消除工农、城乡、脑力劳动和体力劳动之间的差异。

四、地方自治原则

地方自治是当前国家地方治理的主要手段，也是传统自由主义在社会治理理论上的主要方面。在第二次世界大战之后，意大利共和国宪法强调地方自治和地方分权，这主要是考虑到过去王国统治下中央集权的弊端，也是顺应自由主义宪法加强地方自治的趋势，同时考虑到了意大利长期自治主义倾向较大的历史与南北经济发展不平衡的实际情况。对此，中央政府下设大区、省、市（镇）三级地方政权机构。大区是具有自主权力和职能的自治单位，享有立法权、财政自治权等。全国共分为 20 个大区，其中西西里、撒丁等 5 个特别区享有的自治权更大。省和市（镇）也是自治单位和地方分权单位，但它们的自治权较小。同时，中央政府对地方政府采取多种控制措施以实现国家的实质统一，包括区议会制定的法规必须由中央政府批准，否则中央政府可以上诉至宪法法院（第 127 条），同时，中央政府在一定条件下可以解散区议会（第 126 条），因此意大利仍然保留了其中央集权的传统。

五、政教分离原则

政教分离是现代民主国家的基本要求（伊斯兰世界除外），是指世俗权力与宗教权威并行不悖，在处理国家事务上世俗权力拥有绝对权威，但在涉及宗教的问题上，教会有其独特的影响。意大利宪法第 7 条规定，国家与天主教会各行其政，独立自主；它们的关系由《拉特兰条约》规定；此条约的修改，若被双方接受，无须经过宪法修改之程序。该条明确了政教分离原则。

在意大利，处理世俗政权与天主教的关系是涉及历史和现实的敏感话题。在意大利统一过程中，教皇国被消灭，1870 年罗马城也被并入意大利，教皇国领十退缩至梵蒂冈。当时的意大利王国政府曾经于 1871 年通过《保障法》来确定政教分离，同时明确教皇与罗马教廷的特权，授予梵蒂冈任命主教的自由，及梵蒂冈治理所及之处治外法权。1929 年，意大利法西斯头子墨索里尼为赢取声望，与教会签订《拉特兰条约》，宣布天主教是意大利的唯一宗教，意大利承认梵蒂冈的独立地位，而条约所确认的诸多教会特权，是政教分离上的一大倒退。在 1948 年制宪的过程中，天主教民主党同意政教分离的原则，但要求将《拉特兰条约》写进宪法，作为国家与天主教关系的基本规范。而共产党为了防止制宪会议出现僵持，作出巨大妥协，同意了天主教民主党的议案，因此当前意大利宪法仍然保留了上述条文。

第三节　公民权利和义务

一、意大利宪法规定的公民基本权利

意大利宪法在这一方面最为突出的地方，是创造性地将公民的基本权利分为公民关系、社会伦理关系、经济关系和政治关系四个方面。参照意大利宪法的体系，现对其公民的基本权利分别介绍如下。

（一）公民关系

公民关系是指关涉公民的人身自由与财产自由的内容，这是自由主义国家最为重视的权利，是不可肆意侵犯的权利。因此，意大利宪法将涉及公民关系的权利内容放在首位，以彰显其重要地位。具体而言，有关的基本权利如下。

1. 人身自由权

广义的人身自由权包括人身、财产、思想自由，是指公民在法律范围内有独立行为而不受他人干涉，不受非法逮捕、拘禁，不被非法剥夺、限制自由及非法搜查身体的自由权利。人身自由不受非法侵犯，是公民最基本的权利，是公民参加各种社会活动和享受其他权利的先决条件。它是公民按照自己的意志和利益进行行动和思维，不受非法约束、控制或妨碍的人格权。狭义的人身自由权仅指人身自由不受侵犯。在意大利宪法中，人身自由权被具体分解为人身自由权、住宅不受侵犯权、迁徙权等内容。

（1）人身自由权：意大利宪法第13条主要针对的是非经正当程序，公民的人身自由不受剥夺或限制，并同时禁止对公民实施酷刑，体现保障人权的基本要求。

（2）住宅不受侵犯权：住宅不受侵犯是指任何机关、团体或者个人，非经法律许可，不得随意侵入、搜查或者查封公民的住宅，这一条也是源自古典自由主义关于人身自由与私权神圣思想的影响。意大利宪法第14条除规定住宅不受侵犯外，还明确规定基于公共利益而需要搜查住宅的，由特别法规定，从而平衡了社会利益与个体利益。

（3）迁徙权：迁徙权是公民的一项基本的人权，世界各文明国家都确认自由迁徙权为一项公民的基本权利，受到宪法的确认和保障。一般地，自由迁徙权是指公民在自己的国家土地之上，有选择居住地和工作地的自由，而不受任何形式侵犯的权利。因此，意大利宪法在第16条当中明确规定了迁徙权的内容。

2. 思想自由权利

思想自由权利包括宗教信仰自由、政治自由与通信自由三部分，此处只讨论宗教信仰自由与通信自由，政治自由将单独讨论。

（1）宗教信仰自由。宗教信仰自由即公民依据内心的信念，自愿地信仰宗教或不信仰宗教的自由。宗教信仰自由作为一种权利体系，主要包括信仰的自由、宗教活动自由、宗教仪式自由、传教自由等。意大利宪法对宗教信仰自由的规定是其一大特色。意大利与梵蒂冈天主教会在历史上的特殊关系，以及《拉特兰条约》中关于天主教的国教规定，都使得处理好天主教与意大利世俗社会之间的关系成为关键。在意大利宪法的原则部分，已经明确了与天主教的关系；在第19条当中也同时贯彻了国家政教分离的传统，有利于保障人权和促进与天主教之间的良好关系。

（2）通信自由。通信自由是指公民的通信自由和通信秘密受法律保护，这是保护公民隐私的重要规定。虽然在意大利宪法第15条中对此加以规定，但根据司法当局的法令可以限制公民的这一权利。

3. 政治自由

在这里，政治自由特指公民表达政治意愿的自由（选举权与被选举权在体例上被划入“政治关系”），包括言论自由、出版自由、结社自由、集会自由。

言论自由，是公民依照法律规定通过语言形式表达和宣传自己的各种思想见解的自由。意大利宪法第21条规定，任何人都有权以口头、书面或其他传播方式，自由地表达其思想。

出版自由，就是公民有依照法律规定，通过语言形式表达和宣传自己的各种思想见解的自由。意大利宪法规定，公民出版无须经过批准，但对于有伤风化或违反法律规定的出版物，意大利宪法同时规定了有关的限制事项，甚至规定“在绝对紧急而司法当局又不可能及时干预的情况下，司法警官可以对定期出版物进行查封，但须立即——最迟不得超过二十四小时——报告司法当局”的内容。这样的规定主要针对的是在社会生活中保守的天主教势力，从而实现国内不同势力的均衡。

结社自由，就是公民有依照法律规定，为一定的宗旨而组织或者参加某种社会团体的自由。这是言论自由的发展和补充。所谓结社，就是公民依照法律规定，为一定的宗旨或目的，组织或参加某种社会团体。但是意大利宪法同时规定，禁止未经登记备案的社团和以军事手段追求政治目的的结社，这一是考虑到便利管理，二是防止法西斯思潮死灰复燃。

集会自由，就是公民依照法律规定聚集在一定场所，研究大家共同关心的问题，并发表意见或举行某种活动的自由。意大利宪法第 17 条明确规定，公民有权和平集会而无须经由事先批准，但在公共场所集会必须事先通知；而同时也规定了“有确切证据证明集会威胁到有关公共安全秩序”之下才能禁止集会。因此一般而言，意大利民众的该项政治权利能够得到较好贯彻。

4. 关于刑事原则的宪法规定

意大利宪法的另一特色，是将涉及可能限制或剥夺人身自由的刑法原则上升为宪法规范，在宪法中规定了以下刑法原则：(1) 罪刑法定主义；(2) 刑事责任个别化原则；(3) 刑罚人道化及其教育目的；(4) 废除死刑原则；(5) 保障贫民之诉讼权与辩护权；(6) 禁止虐待犯人。

5. 税收法定原则

税收法定原则，是指由立法者决定全部税收问题的税法基本原则。具体而言，倘若没有相应法律做前提，国家就不能征税，公民也就没有纳税义务。税收主体须依且仅依法律的规定来征收赋税，纳税主体须依且仅依法律的规定来缴纳税款。税收法定原则作为税法中非常重要的基本原则，肇始于英国，现已为当今世界各国所公认，其基本精神在各国宪法或税法中都有体现。税收法定原则的具体内容包括三部分：税种法定、税收要素法定、程序法定，这些在意大利宪法中都被明确地规定。

（二）社会伦理关系

社会伦理关系涉及婚姻、家庭、妇女权益保护，以及发展科学、文化、受教育的权利等内容。由于受教育权的内容与我国宪法规定的大体一致，在此不赘述，以下重点介绍意大利宪法中具有特色的婚姻、家庭权利以及艺术科学自由的规定。

1. 婚姻、家庭的权利

受天主教传统的影响，意大利在宪法中对婚姻和家庭的保护可圈可点。在宪法当中，除了规定有夫妻平等、保护非婚生子女、保护母亲与未成年人等内容外，还明确规定：(1) 家庭是以婚姻为基础的结合；(2) 保障非婚生子女的地位；(3) 以经济措施和其他手段帮助公民建立家庭和履行家庭义务，对多子女家庭给予特殊照顾；(4) 保护母亲和少年儿童，支持为此目的而设立的各种必要机构。①

2. 艺术科学自由

艺术与科学的自由是指在促进科学与文化艺术发展当中所享有的自由。意大利宪法规定，艺术与科学的自由包括：(1) 发表、讲授的自由，是指在讲授文化知识的时候不设任何禁区，在课堂或其他场合发表学术型的演说内容不受到任何限制。(2) 高等学校自治权。根据意大利宪法规定，高等学校在其章程范围内享有自治权，依据章程开展教学与管理活动；其章程具有一定的法律效力。意大利宪法关于高校自治的权利体现了欧洲自中世纪以来对大学自由的尊重

---

① 这些规定反映并发展了天主教法典中关于婚姻的规定的精神。具体可参见《天主教法典》第四卷第一编第七题。

与其历史传承。

（三）经济关系

意大利宪法深受魏玛宪法的影响，在公民基本权利当中专设一节论述经济关系，包括劳动者的权益、工会组织自由、罢工、对私有财产的限制以及鼓励手工业发展、促进经济发展等内容。这一节带有浓厚的社会主义思想，折射出意大利宪法制宪时共产党和社会党对于意大利宪法的影响。在此，我们选取具有代表性的劳动权、工会组织自由权与罢工权三方面进行介绍。

1. 劳动权

在劳动权之处，意大利宪法具体规定了几个方面的内容：(1) 劳酬一致，即劳动的数量与质量与获得的报酬应该体现比例原则；(2) 最低工资和最高工时，即明确工人的最低工资标准和最高工时标准，保障工人权益，防止资本家对工人的过度盘剥；(3) 同工同酬，是指用人单位对于技术和劳动熟练程度相同的劳动者在从事同种工作时，不分性别、年龄、民族、区域等差别，只要提供相同的劳动量，就获得相同的劳动报酬；(4) 社会保障，是指国家通过立法，积极动员社会各方面资源，保证无收入、低收入以及遭受各种意外灾害的公民能够维持生存，保障劳动者在年老、失业、患病、工伤、生育时的基本生活不受影响，同时根据经济和社会发展状况，逐步增进公共福利水平，提高国民生活质量。

2. 工人组织和社团的组织自由权

工会作为一种社团，享有宪法上的结社自由权，而工会的组织自由权是对此的进一步延伸和强调。意大利宪法第 39 条分三个层次解释了工会组织自由的内容：首先，明确规定工会组织是自由的；其次，除要求工会依民主原则组织以外，不对工会科以任何义务，工会也不对任何国家机关负责；最后，工会作为社团法人之一类，有权代表工人与资方订立集体劳动合同。这样的规定有利于发挥工会在维护工人权益方面的重要作用：明确民主的组织原则，使工会能够代表工人利益；明确集体劳动合同的订立主体，能够在宏观上保证工人权益与劳资双方关系的稳定。

3. 罢工权

罢工权又称“罢工自由”或“团体组合权”，既是私权即争取缔结和改变劳动合同的权利，也是公权即劳动者维护自己劳动权益、表达自己愿望的政治权利，是一种象征性表达权。由于罢工对国家和社会的经济与稳定会产生显著影响，因而罢工一般只能作为维护劳动权益的权利而存在，而且有一定的条件，即不能因政治目的而发起罢工。正因为如此，与对其他权利的规定往往强调“不能限制”不同的是，《经济、社会、文化权利国际公约》第 8 条第 4 项强调的是各国立法可以限制这一权利，强调工人“有权罢工，但应按照各个国家的法律行使这项权利”。意大利宪法当中也体现了这一点，明确了罢工的权利，但同时限制了罢工权的行使前提，即必须在调整罢工权的法律规定范围内行使该权利，不得滥用罢工权。

（四）政治关系

在意大利宪法中，政治关系是指公民参与国家事务的权利，包括选举权、组党权、请愿权、法律提案权、公民公决权、担任公职权。资本主义国家的宪法一般都包含有上述权利，但意大利宪法在公民公决权上展示了其独特之处。因此在这里，我们将对公民公决权进行简要介绍。

在意大利共和国宪法中，公民公决权有三种表现形式：当有 50 万选民或 5 个大区议会要求全部或部分废除某项法律或某项具有法律效力之法令时，得举行公民投票公决，但有关税收和预算、大赦和特赦以及授权批准国际条约的法律除外（第 75 条）；当合并现有的大区或建立至少有 100 万居民的新区时要经当地居民公投（第 132 条）；在修改宪法的法律和其他宪法性法律通过和公布后 3 个月内，如议院 1/5 议员，或 50 万选民，或 5 个大区议会要求举行公民投票公决时，则应提交公决（第138条）。1970年，议会通过了宪法第75条中所规定的进行公民公决的程序之后，公民公决的作用越发凸显。1974年，意大利就离婚法案进行了第七次全民公决。此后，公民公决的应用日益广泛，公众在离婚、公共秩序立法、公共党团财政、堕胎、工资价格指数化、核武器、选举法等诸多重大问题上通过投票公决的方式表达了意见。尤其是20世纪90年代的选举法公决，直接促成了意大利的宪法改革。因此，公民公决已经成为意大利政治生活中公众表达对现行政体的不满以及促进政治改革的重要手段。

除了全民公决之外，意大利宪法保障公民政治权利的另一大特色在于对海外公民政治权利的保障。2000年意大利宪法第48条增加了该条第3款，规定为了议会两院选举而设立一个海外选区，并为了保证海外公民便捷行使选举投票权而允许海外选民以通信方式投票。而在2001年意大利宪法第56、57条也做了相应修改，规定从众议院和参议院中分别拨出一定数额议席分配给海外公民。这一直面大量意大利公民移居海外的现实而作出的修改举措，有利于保障其海外公民政治权利的实现，对我国处理海外华人华侨问题也有一定的启发和借鉴意义。

二、意大利宪法规定的公民基本义务

意大利宪法规定公民的基本义务主要有以下几项。

第一，保卫国家和服兵役的义务。意大利宪法第52条规定："保卫祖国为每个公民的神圣义务。按照法定程序和在法定范围内，服兵役是必须履行的义务。服兵役不得损害公民的劳动地位及其政治权利的行使。武装部队的规章得贯彻共和国的民主精神。"对于每一个公民来说，保卫国家、抵抗侵略是义不容辞的职责，这是任何一个公民都应当履行的法定义务。

第二，纳税的义务。意大利宪法第53条规定："所有人均须根据其纳税能力，负担公共开支。"税收是以实现国家公共财政职能为目的，基于政治权力和法律规定，由政府专门机构向居民和非居民就其财产或特定行为实施强制、非罚与不直接偿还的金钱或实物课征，是国家最主要的一种财政收入形式。国家取得财政收入的手段多种多样，如税收、发行货币、发行国债、收费、罚没等，而税收则由政府征收，取之于民、用之于民。税收具有无偿性、强制性和固定性的形式特征。纳税义务是根据宪法和法律规定，公民必须履行的向国家缴纳一定税款的责任。纳税义务的主要内容是：其一，贯彻纳税平等与公平原则。在意大利宪法中规定，国家需要按照每个公民的能力来使之承担纳税义务，同时确保以累进税率的原则制订纳税制度；其二，落实税收法定原则。纳税涉及对公民财产权的保护，因此要保障税制的统一性和税法制度的完整性。

第三，遵守宪法和法律的义务，尤其是公职人员的率先垂范作用。宪法规定了国家的根本制度和根本任务，是国家的根本法，具有最高的法律效力；法律是经过立法机关制定的、反映民意的规范性文件。因此，遵守宪法和法律，不仅是服从国家法令统一的体现，也是展示自己意志的体现。遵守宪法和法律义务的基本要求是：所有公民和国家机关、武装力量都必须遵守宪法和法律；一切违反宪法和法律的行为必须依法予以追究；全体公民必须以宪法和法律为根本或基本活动规则。

三、意大利宪法关于公民基本权利和义务的规定的特点

从上述对意大利宪法关于公民基本权利和义务的规定的分析来看，可以看出意大利宪法在这一方面有以下特点。

第一，从形式上来看，它将公民的权利和义务分为公民关系、社会伦理关系、经济关系和政治关系四章，从各国宪法的体系编排来看十分独特。

第二，从内容上看，它规定了广泛的公民权利，其条文达42条之多，占整部宪法的1/3，这在各国成文宪法中是不多见的。从具体的规定来看，其在公民权利方面也作出了许多拓展与创新。

1. 强化了对传统人权的保障。在意大利共和国宪法中，人身自由权、住宅不受侵犯权、通信自由权、迁徙权、集会权、结社权、宗教信仰自由、言论自由、出版自由、财产神圣不可侵犯等一般宪法中所保障的基本人权和自由都得到了详尽的规定。另外，罪刑法定主义（第25条第3款），刑事责任个别化原则（第27条第1款），刑罚人道化及其教育目的（第27条第3款），废除死刑原则（第27条第4款），保障贫民之诉讼权与辩护权（第24条第2款、第3款），禁止虐待犯人（第13条第4款），这些当时最为进步的刑事思想也被意大利共和国宪法所吸收，用以保障人权，实为罕见。

2. 重视对公民的经济、文化和社会权利的保障。1919年的德国魏玛宪法是世界上第一部对公民的经济、社会和文化权利作出全面规定的成文宪法，开了现代市民宪法重视对公民社会权保障的先河。第二次世界大战后，各国宪法从福利国家的观点出发，保障社会弱者的各项社会权利，积极限制与该保障相矛盾的强者的活动自由。意大利共和国宪法也顺应这一趋势规定了夫妻平等、保护非婚生子女、保护母亲与未成年人、艺术科学自由、健康权、受教育权等公民权利和原则。在意大利共产党等左翼政党的努力下，共和国宪法还突出强调了劳动权，进一步扩充了宪法基本原则中所提出的劳动权的具体内容，规定劳酬一致、最低工资和最高工时、同工同酬、社会保障等原则和制度；并赋予工人组织工会及罢工等权利。在规定经济权利时，共和国宪法还对私有财产和私人企业进行了限制并且鼓励合作社的发展，赋予工人参加企业管理的权利。共和国宪法所包含的这些内容，都在不同程度上反映了共产党的左翼政党的政治理想，具有进步意义。

3. 加强了对参政权的保障。法西斯的极权统治使意大利人民深刻认识到民主的重要性，因此赋予广大公民更多的参政权利，实现公民对政府的直接监督成为宪法的重要内容。共和国宪法除了规定公民的选举权与被选举权、组织政党权、请愿权、法律提案权等政治权利以外，还规定了公民公决的权利。

4. 通过规定国家义务的方式使公民的各项宪法权利能够获得切实的制度保障也是该宪法的一大特征。如为实现对劳动权的保护，国家负有设置职业训练机构和提供社会保障服务的义务；为保障公民的受教育权，国家负有提供免费的8年义务教育及各项奖学金、家庭津贴的义务；为保障公民的健康权，国家负有提供贫穷者免费医疗的义务等。这些国家义务的设定，充分显示了现代文明国家的服务精神，为公民权利的实现提供了确实而具体的保障。

第四节 国家基本制度

一、国家元首

意大利宪法规定，共和国总统是国家元首和国家统一的象征，是虚位元首。凡年满50岁、享有公民权利和政治权利的公民，均有资格当选总统。总统由众、参两院联席会议以秘密投票方式选举产生，任期7年，可连选连任。其主要职权有：向两院提出咨文；宣布新议院的选举；批准政府提交两院的法律草案；颁布法律，发布具有法律效力的法令；依宪法规定宣布举行公民投票；依法律规定任命国家官员；任命和接受外交代表，必要时经两院事先授权，批准国际条约；统率武装部队，担任最高国防委员会主席，根据两院决议宣布战争状态；在听取两院议长的意见后，解散两院或其中一院。总统担任全国最高司法委员会主席。总统犯罪时，由众、参两院联席会议提出控告，由宪法法院判决。

二、政府首脑

中央政府是国家最高行政机关，其内阁是国家权力的核心，但是意大利的历史表明，内阁深受其政党影响，更迭频繁。政府由内阁总理及各部部长组成，一般都由执政党或政党联盟的议员担任。新政府经总统批准成立后，应在10天内向议会报告施政纲领，取得议会信任。如果议会不予信任，须重新组阁。议会对政府可随时提出不信任的动议，政府也可随时要求议会进行信任投票。如果议会不予信任，政府必须辞职。总理是政府首脑，主持内阁会议，领导整个政务工作，对政府总政策负责。内阁会议由总理、副总理和各部部长组成，是政府的集体议事和决策机构。各部部长对内阁活动负集体责任，并对各主管部门的活动负个人责任。总理和部长在执行职责时犯罪，由众、参两院联席会议决定起诉送交法院惩办。意大利政府没有任期规定，但政府频繁更迭成了第二次世界大战后意大利政局的一个突出特点。

政府各部根据总理及其内阁的总政策执行管理职能。部的设置由总理组阁时确定，第二次世界大战后，每届内阁大体保持在20个部左右，此外还有为管理或处理某些特殊事务而设置的协调部际关系的委员会。

意大利政府设有三个辅助机构：（1）国家经济和劳动委员会，是政府和议会在经济和劳工方面的咨询机构，由经济界、劳工界的代表和专家组成。其主席由总统直接任命，其余79名成员由总理提名，总统任命。（2）国务委员会，是最大的法律—行政咨询机关和行政司法机关，它有权就各种问题向政府提出意见，但不享有法案创制权。国务委员会主席和28名小组委员会主席以及74名其他成员均由内阁会议提名，总统任命。（3）审计院，主要监督政府资金的管理使用，并享有财务方面的行政司法权。

三、议会制度

由众议院和参议院组成。自1963年4月第四届大选起，众议院设630个议席，参议院设315个议席。众议员和参议员由选民直接选举产生。所有年满18岁、享有政治权利的公民都有权参加众议员的选举，众议员当选资格须年满25岁。参加参议员选举的选民必须年满25岁，其中年满40岁者方有当选资格。卸任的共和国总统是终身参议员。总统还有权任命5名在社会、科学、文化、艺术方面有杰出成就的公民为终身参议员。众、参议员均任期5年。在正常情况下，每5年举行一次大选。立法职能由两院集体行使。

两院的职能主要有：审议批准法案、国家预算和决算，监督政府，选举共和国总统，批准政治性国际条约，决定战争状态、大赦和特赦等。议案必须在两院分别通过。单独一院通过的决议无效。必要时可举行两院联席会议。对于重大问题，两院均须独立进行两轮审议和独自作出重复性决议。两轮审议的间隔和两次决议的间隔不得少于3个月。公民投票可以否决任何现行法规。进行公民投票至少要有50万选民或5个大区的议会提出要求。享有众议员选举权者均可参加公民投票。投票人须超过选民半数，表决结果方视为有效。

四、政党制度

意大利实行多党制。天主教民主党是第一大党，但在议会中从未获得多数议席，只能与其他政党联合组成政府。意大利共产党（1991年2月3日更名为左翼民主党）是第二大党，长期处于反对党的地位。因没有一个政党获得议会过半数席位而单独组成政府，故意大利政府更迭频繁。

意大利政党制度的特点是：(1) 天主教民主党和共产党始终是两个最大的政党，前者一直执政，后者则长期在野。(2) 天主教政党和社会主义政党各有其传统的、比较稳定的选民区域。(3) 没有任何一个政党单独取得议会过半数席位，这种情况导致政府很不稳定，仅1944—1990年间，意大利政府即更迭五十余次。(4) 意大利共产党与社会党在许多市（镇）、省和大区，共同组成地方左翼政府。

五、地方自治制度

如前所述，地方自治是西方国家的一个基本制度，而意大利在历史上长期分裂的事实也导致其地方自治制度与其他西方国家的存在明显不同。意大利的自治制度既不是联邦制，又不是严格意义上的中央集权制度，而是介于二者之间，呈现出自身的制度特色。[①] 因此，有必要对意大利的地方自治制度加以具体介绍，以获得更为直观的体悟。

在意大利，地方自治体现在区条例、区立法自主权、区行政自主权、区财政自主权、区政府结构以及国家对区的控制等多个方面。值得注意的是，在意大利国家的20个大区中，西西里、撒丁、特兰提诺—阿尔托—阿迪杰、瓦莱达奥斯坦以及弗留利—威尼斯朱利亚等5个大区由于政治、民族以及经济等原因而享有特别自治权，其余的则享有普通自治权，因此前者被称为特别区，后者则被称为普通区。下面具体介绍意大利地方自治的主要制度。

第一，地方自治的法律依据即各区条例，包括普通区条例与特别区条例。根据宪法第123条的规定，各区有权就其内部组织制定区条例，同时这也成为事实上的各区基本法。在意大利宪法上，特别区比普通区享有更大的自治权，因此从法律位阶来说，特别区条例的法律效力比普通区条例的高，特别区条例属于宪法性法律，而普通区条例属于基本法律。但是从区条例制定的程序来说，国家对特别区的管理与控制较对普通区要严格，因为特别区条例必须经国家议会制定，而普通区条例可以由区议会制定，并由国家议会审查通过。

第二，在地方自治下，各区享有立法自主权，意大利宪法第117条授予各区在行政制度及其组织、公共和社会服务、经济发展以及领土资源的管理和利用等四个方面的立法自治权。同时，地区行使立法自主权的时候，受到以下限制：首先，受到法律保留原则的限制。区议会只能就宪法第7条所规定的事项，在其区域范围内享有立法权，同时无权就涉及私法、程序法、司法制度以及刑法的内容进行立法。其次，在国际义务上，地方必须与中央立法保持一致。再次，在法律体系上，区立法必须与中央保持一致。最后，地方有保障区立法经费的义务，同时不得对各区间人及物的自由流动设置障碍。尽管随着2001年第3号宪法性法律对宪法作出的修改，意大利政府的规范制定权大为缩减[②]，但意大利实际上在涉及地方立法的事项上往往国家立法与地方立法并存，因此各区很少实际运用这些已被大大扩展的立法权，这也从侧面体现了意大利独具特色的中央集权制度。

第三，在地方自治下，各区享有行政自主权，包括区的基本行政职能（意大利宪法第118条第1款）、国家委托各区执行的其他行政职能（意大利宪法第118条第2款）以及法令的发布职能（意大利宪法第117条第3款）。

第四，在地方自治下，各区享有财政自主权。意大利宪法第119条规定，按照关于协调区

① 冷霞．意大利地区自治制度的宪法变革//何勤华．20世纪西方宪政的发展及其变革．北京：法律出版社，2005：387-392.

② 艾莲娜·马尔法蒂．意大利的法律渊源体系//罗伯特·隆波里，阿尔多·贝特鲁奇，等．意大利法概要．薛军，译．北京：中国法制出版社，2007：19.

财政自治权同国家、省、市财政关系的国家法律所规定的方式，并且在所规定的范围内，区享有财政自治权，但是同时各区在税率、税种等方面受到国家立法的严格控制。就财政自主权而言，各普通区的自主权只是一种预算与支出的自主权，而特别区有更为显著的财政自治权。

第五，在地方自治下，各区依据民主选举产生其政府机构。根据意大利宪法第121条，区政府机构、区议会、区执行委员会及区议会主席构成区政府机构。区执行委员会由区议会选举产生，具有广泛的行政职能以及提出议案的权力，但无法律颁布权；特别区的执行委员会权力则更加广泛，其成员拥有独立的行政权，而普通区的行政权则必须集体行使。

然而，意大利的中央集权传统要求国家对各区加以一定的立法、行政和司法控制，通过向各区派驻政府专员来实现国家的控制权，这一点不同于美国、德国的联邦制。具体来说，意大利的政府专员由内阁任命，负责监督国家行政职能，并调整其与区行政职能的关系；而且，政府专员拥有请求宪法法院对区法律进行违宪审查以及要求国家政府解散区议会的权力，因此政府专员的地位相对而言较高。除此之外，意大利宪法还从以下几个方面规定了国家对地方的控制权：首先，根据宪法第125条，国家有权对区行政行为进行控制；其次，意大利宪法对区立法行为也规定了相应的监督制度，即区议案由政府专员送国家审查，中央政府对区的立法权行使初步的检查权；如果认为所提议案合法，并且与国家的社会经济政策相一致，就会送回地方专员处通过，否则就会退回区议会，要求区议会对被认为不合法或不合适的地方进行重新审查；如果该法律没有任何问题，政府专员须在收到通告后的30日内批准，然后由区主席予以颁布，这一点能够充分体现国家对地方的立法控制。除此之外，意大利宪法第126条规定了国家对区议会的控制权，即明确中央政府解散区议会的事由：如果区议会有违反宪法的行为或者严重违法行为，或者对于犯有类似行为或者违法行为的区执行委员会主席，区议会不按照政府要求予以更换时，可以解散区议会；如果区议会由于辞职或者不可能形成多数以致不能履行其职务时，可以解散区议会；由于国家安全的理由，亦可以解散区议会。通过上述方式，意大利宪法既规定了体现民主精神的地方自治制度，同时也兼顾其中央集权的传统，通过国家对区立法、行政的控制来实现中央政令法令的统一。

此后产生的欧共体法律规范，对在各区如何适用相关法令产生了新的情况。由于欧共体成立的时间晚于1948年意大利宪法的颁布施行，意大利宪法并未对其在国内的适用有所规定。对于欧共体法律规范中涉及地方立法权限的内容，国家出于宪法中的地方自治制度，会允许各大区发挥自主性而以各自不同的方式自行落实这些指令。

六、选举制度

总统的选举采用秘密投票方式进行，实行2/3绝对多数代表制。但如果连续三轮投票均未获2/3多数票，第四轮投票获简单多数票即可当选。总统任期届满前30天必须选出新总统；如遇议会解散或议会任期届满前不足3个月，选举须在新议会开会后15天内进行。

国会议员的选举实行比例代表制，各政党和政治组织按所获选票的比例分配议席。为了防止权力过于分散，法律规定了获得议席的最低选票限额。全国有32个众议员选区，按多名选举制选出630名众议员，即一个选区内可选举2名以上众议员。参议院选举以大区为单位，按单名选举制产生315名参议员，即按选区内应选参议员名额划分选举分区，每个分区只选1名参议员。

1992年，在国际局势的剧烈演变下，选举改革委员会再次向宪法法院提议进行参议院选举制度的改革，同时进行的还有地方选举制度的改革。1993年，经过全民公决，意大利的选举制度转变为多数分配制与比例选举制度相结合的混合体。这一选举制度的变化意味着“第一共和国”的结束。积极参与改革的人认为选举制度的变革可以建立界限清晰的在野与执政联盟，改变政党林立的情况，同时可以结束多党合作政府的状态，使各政党的政治责任更为明晰；同时，新的选举制度可以摆脱政党政治的影响，维持政府运作的稳定性，降低政府更迭的频率，也有利于遏制政治腐败，阻止党权凌驾于国家之上。[①] 而实际上，新实施的选举制度使得意大利的政治格局发生了巨大变化，引发了意大利的宪法改革运动。

第五节 宪法法院与违宪审查制度

意大利宪法规定宪法法院作为其宪法监督机关，但意大利的宪法法院与美国联邦最高法院的宪法监督制度存在较大不同，体现了意大利的现实国情。

一、宪法法院的组织

（一）宪法法院的组成

根据意大利宪法第135条的规定，宪法法院由15名法官组成。其中的5名法官由议会的绝对多数产生，分别来自三个最高司法机关：最高法院3名、行政法院1名、审计法院1名。如果未达到绝对多数的要求，将由得票最多的当选。还有5名法官由议会两院以联席会议的形式选出，在第一轮的三次投票中须达到2/3的多数，在其后的投票中须达到3/5的多数。最后5名法官由总统任命。这种任命机制能够平衡各方利益，并尽可能保证法官独立、公正审理，保证法官具有法律专业技能和经验，使各种知识背景、文化层次和社会经验的人士得以进入宪法法院，使该法院拥有意大利其他政治制度所不具备的政治敏锐性。

（二）宪法法院确保法官独立的手段

意大利采取了一系列的措施，保证宪法法院独立、公正审理。这些措施包括：（1）宪法法院法官不得兼任律师等职业，不得参与政治党派；（2）宪法法院法官的任职条件非常苛刻，法官只能来源于普通法院的高级法官、大学教授或从业达20年以上的律师，这样就可以保证只有那些最优秀和最有经验的人才有资格成为法官；并且通过运用这些人的职业感来确保免受外界干扰；（3）审理采取秘密审议方式；（4）除非经全体法官以少数服从多数决定，其他任何机关、组织和个人不得废黜法官；（5）法官的任期和薪金在宪法性法律中得到规定[②]，使得法官的职业尊荣获得保障。

（三）宪法法院的管辖权

意大利宪法法院的管辖权主要包括：（1）对法律、法规的违宪审查；（2）对机关争议、权限争议的审查；（3）对弹劾总统案的审查；（4）对公民复决请求的审查。

（四）宪法法院的审查程序

1. 违宪审查的直接与间接审查

所谓直接审查，是指行政机关就其所执行的法律合宪性问题向宪法法院提出审查。一般来说，直接审查有以下两种方式：第一，中央政府可以就地方法律的合宪性向宪法法院提出审查要求；第二，在国家法律颁布后的较短时间内，地方可就国家法律损害了宪法所赋予的地方自治权而向宪法法院提出审查要求。

而所谓的间接审查，是指普通法院在具体案件审理中，基于当事人的提出而法官认定法律涉嫌违宪时，得依法向宪法法院提出违宪审查的要求。在意大利，任何一名法官以及仲裁员在

① 史志钦. 意大利共产党的演变与意大利的政治变革. 当代世界社会主义问题，1998（2）.

② 例如1953年宪法性法律第1号（1953年第87号法律）。MARY L VOLCANSEK. Constitutional politics in Italy：the Constitutional Court. New York：St. Martin's Press，2000：17-18.

解决具体纠纷时若发现某法律条款有违宪情形，就有义务将此法律提交宪法院予以审查；而在审理案件当中，若法官发现法律违宪时，应当立即将案件提交给宪法法院进行违宪审查。在现实当中，意大利的违宪审查提出多以间接审查的方式来实现。

2. 普通法院法官提出违宪审查的程序

（1）提出违宪审查的前提

一般而言，关于法律是否合宪的审查前提是：第一，被提出违宪的法律是否对本案有着决定性影响。第二，当事人提出的违宪请求是否合理：若不存在法律的合宪性问题，法官必须根据“明显无存在基础”（即事实不存在之意）的理由驳回当事人的审查请求；如果当事人的请求合理，法官必须将相关法律提交宪法法院进行审查。

（2）提起违宪审查的程序

在普通法院法官判定涉及的法律违宪时，他应将此情况告知双方当事人和部长委员会主席（而涉及地方性法律时，则需要告知地方首脑）以及议会两院的议长或地方议会议长。随后，合宪性审查的申请将被提交至宪法法院书记官室，审查是否符合以下受理条件：1）申请人必须是法院；2）被请求审查的法律必须具有立法的效力；3）所提起的宪法争议必须和本案的审理结果有关；4）不存在该宪法争议不被受理的先例；5）可以确定该争议是一个宪法争议；6）由法院书面提请审查。

二、意大利违宪审查制度的基本特点

意大利违宪审查制度的基本特点，有学者以“消极的司法积极主义”来概括，或通过解释法律的方法避免宣告法律无效，或通过判例的方式弥补法律漏洞，或某些紧急情况下采取“暂时合宪性宣告”的方式来避免宣告法律无效，或通过技术性方式宣告法律无效。① 具体来看，意大利违宪审查制度有以下特点。

第一，借助解释法律的方式避免宣布法律无效。这一点与传统的英国违宪审查方式相类似。意大利宪法在第136条中规定，宪法法院可宣布“规范或规则的违宪”来达到违宪审查的目的。在实践当中，宪法法院采用以下两种具体的解释方法以避免宣布整部法律无效：一是通过对法律的解释来化解宪法争议。在意大利，对法律的最终解释权属于上诉法院；在普通法院不能正确解释法律时，宪法法院可对法律作出解释，而且上诉法院有权另作新的解释。二是宪法法院依循被动审查的方式，往往只宣布审查的法律中的某些规范或确认普通法院的法律解释无效，而不排斥法律的其他规范或其他解释，从而使法律的整体效力得以维持，并达到违宪审查的效果。因此，宪法法院进行的“合宪性”解释只是一种个案认定、被动审查的方式，只约束特定案件的特定法官，对其他法官来说，在法律上没有拘束力。但出于遵循先例的原则，普通法院都倾向于遵守宪法法院的解释。同样地，宪法法院会以“警告”的裁决形式向立法机关提出建议，督促立法机关尽快修法，从而进一步体现宪法法院的权威。

第二，通过补充性判决使法律维持其效力。这是指宪法法院有权在宣布法律违宪时通过补充判决的方式使法律符合宪法规定，从而维持法律的效力。但是，宪法法院必须依照“法律预先设定的形式”作出解释、填补漏洞，而不能产生造法的实际效果。如意大利宪法法院的判例认为，在面对多种解决方案而又拥有衡平各方价值判断的自由裁量权时，宪法法院不能通过补充法律漏洞而造法。在具体操作时，宪法法院通常要求提请违宪审查的普通法院指明其所认为合宪性要求的法律的形式是什么；如果普通法院不能指出被审查的法律所遗漏的与其审理的案

① 侯宇．消极的司法积极主义——意大利违宪审查制度之介评．环球法律评论，2007（5）．

件有关的条款，宪法法院将驳回对该法律违宪审查的请求，因此意大利宪法法院在违宪审查的问题上略显保守。

第三，宪法法院有权宣布违宪的法律暂时合宪，但这种情况多是涉及“紧急状态”以及宪法法院担心某些因宣布违宪而使宪法争议高度紧张化的情形。这种措施能够使议会有足够的时间去修改存在合宪瑕疵的法律；如果议会没有按照宪法法院的意图行事，宪法法院将在相当长的时间内有权随时宣布该法律违宪，因此宪法法院在与议会的斗争中就掌握了相当的主动权，同时也能够与议会保持微妙的平衡。

第四，宪法法院有权作出“警告”等非正式违宪宣告来解决议会修法懈怠的问题。这是指如果议会未在合理的期间内对被审查的法律作出必要的修改，宪法法院将径自宣布该法律无效或通过宪法性判决来修改法律，从而迫使议会尽快修改法律，达到合宪要求。

典型案（事）例

1.“侵犯国教罪”被判违宪

意大利普通法院在审理侵犯国教罪的案件时，认为《刑法典》第403条的规定即“以诽谤他人的行为侵害国教者处两年以下有期徒刑；以诽谤天主教部长的行为侵害国教者处一年以上三年以下的有期徒刑；对于以同样的行为侵犯国家承认的其他宗教的行为处一年以下有期徒刑”，违背了宪法的法律平等保护原则和法律面前宗教平等自由原则，因此向宪法法院提出了违宪审查的申请。

2005年宪法法院作出裁决认为，根据宪法第3条“法律面前人人平等”原则以及宪法第8条“宗教平等自由”原则，侵害天主教的犯罪和侵害其他宗教的犯罪应当适用同样的刑罚，《刑法典》第403条中给予的区别对待是“不可容忍的歧视”，因此宣布相关条款无效。

2. 贝卢斯科尼被剥夺豁免权

2009年10月7日，意大利宪法法院作出一项裁定，原先给予总理贝卢斯科尼豁免权、使其被免予起诉的法律违反宪法。

贝卢斯科尼在第三次担任总理的任内通过法律，规定意大利总理、总统以及参、众两院议长在职期间均享有司法豁免权。宪法法院认为，这项法律违背宪法第3条“法律面前人人平等”原则，并且因以常规法律形式而非宪法修正形式获得通过，故属于不规范法律。

由于意大利宪法法院的裁定不得上诉，这项裁决之后启动了数起针对贝氏的重罪指控，包括挪用公款、滥用职权等。

宪法条文节选

第1条

意大利是一个建立在劳动基础上的民主共和国。

主权属于人民，人民在宪法规定的形式和范围内行使主权。

第2条

无论是作为个体还是在表现其个性的社会团体中，共和国均承认并保障其不可侵犯的人权。共和国要求在政治、经济和社会共同体中的根本义务得到履行。

第3条

所有公民，不分性别、种族、语言、宗教、政治观点和个人及社会地位，均享有同等的社会尊严且在法律面前一律平等。

共和国有责任消除一切在经济和社会秩序方面限制公民自由和平等，从而妨碍人类个体的全面发展和有效地参与政治、经济和社会组织一切活动的障碍。

第 4 条

共和国承认所有公民均享有劳动权，并创造条件努力促进该权利的有效实现。

每一个公民都有义务根据其能力和选择从事一项有助于社会物质或精神进步的活动或职务。

第 5 条

共和国是统一且不可分割的。共和国承认并鼓励地方自治；在属于国家的职能范围内实行最广泛的行政地方分权，同时使共和国的立法原则和方式符合地方自治和分权的需要。

第 7 条

国家和天主教会相互分离，在各自领域内行使权利。

他们之间的关系由拉特兰条约（Patti Lateranensi）调整。该条约可在双方同意下进行修改，而无须采用修宪程序。

第 8 条

所有宗教在法律面前均享有平等的自由。

天主教以外的其他宗教，在不违反意大利的法律的前提下，有权依其自己的章程自主组织。

这些宗教同国家之间的关系，根据有关代表之间的协议，由有关法律进行调整。

第 11 条

意大利抵制把战争作为侵犯他国人民自由的方式和解决国际争端的工具。为了建立保障国际和平和正义的秩序，意大利同意，在与其他国家同等条件下，对主权作必要的限制。意大利鼓励并支持以此为宗旨的国际组织。

第 13 条

人身自由不可侵犯。

除非在法律规定的情况下并依法律规定的方式，由司法当局附有理由的指令外，不得对他人进行任何形式的拘留、检查或人身搜查，以及其他任何限制人身自由的行为。

在法律严格规定的必要和紧急的例外情况中，公共安全机构可以采取临时措施，但必须在四十八小时之内通报司法当局，如果该行为在随后的四十八小时之内未获认可，即视为被撤销并丧失任何法律效力。

对不论以何种方式被限制人身自由的人施以的任何肉体和精神上的暴行都必须受到惩罚。

法律规定预防性拘押的最高期限。

第 16 条

除法律基于卫生和安全的理由而规定的基本限制条件外，每一个公民均可在国内任何地方自由居住和迁徙。不得以政治原因对其进行限制。

除非负有法律义务，每一个公民都可以自由地离开或返回共和国领土。

第 17 条

公民有权进行不携带武器的和平聚会。

集会无须事先申请，包括在对公众开放的地方举行的集会。

在公共场所举行的集会必须事先通知当局，而当局仅在有确切证据证明事关公共安全秩序的理由时方可禁止集会。

第 18 条

除为刑法所禁止的目的外，公民有不经许可而自由结社的权利。

秘密集会及那些通过具有武装色彩的组织直接或间接追求政治目的的集会一律被禁止。

第 19 条

任何人都有权以个人或团体等任何形式自由地表达其宗教信仰，进行传教及私下或公开地举行礼拜活动，但不得损害善良风俗。

第 21 条

任何人都有权以口头、书面或任何其他传播形式，自由地表达其思想。

出版无须准许或审查。

第 22 条

任何人不得因政治原因被剥夺法律资格、国籍和姓名。

第 27 条

刑事责任是一种个人责任。

在终局性判决作出之前，被告不得被认为有罪。

刑事处罚不得包含有违人道的内容，且必须以对犯人进行再教育为目的。

除非在战时军事法所规定情况下，不得适用死刑。

第 30 条

抚养、指导和教育子女，包括非婚生子女，是父母的权利和义务。

第 31 条

共和国以经济措施和其他方式帮助家庭的组建及其相关责任的履行，对人口众多的家庭应给予特殊照顾。

共和国保护母亲、儿童和青少年，并支持以为此目的组织的建立。

第 36 条

劳动者有权获得与其劳动的数量和质量相应的报酬，并且此项报酬足以在任何情况下保证劳动者及其家庭维持自由和体面的生活。

工作日的最长时间由法律规定。

劳动者有权享有每周一次和每年一次的带薪休假，且不得放弃。

第 37 条

妇女在劳动中享有同男子同样的权利，且应同工同酬。其工作条件必须允许其履行主要的家庭职能，并保证母亲和儿童获得适当的照顾。

法律规定有酬劳动的最低年龄限制。

法律以特别法规保护未成年人的劳动，且保障其同工同酬的权利。

第 48 条

所有成年的男女公民都是选民。

投票是个人的、平等的、自由的和秘密的。投票权的行使是公民的义务。

第 49 条

为了以民主方式参与国家政治决策，公民有自由组织政党的权利。

第 54 条

所有公民都有义务忠于共和国并遵守宪法和法律。

被授权担任公职的公民有义务严格并忠诚地履行其职责，在法律规定的情况下须进行宣誓。

第 101 条

审判以人民的名义进行。

法官仅服从于法律。

第 102 条

司法职能由根据司法组织条例设立并受其规范的普通法官执行。

不得设立特别法官或专门法官。仅能就特定事项在普通司法机关内设立专业部门，而司法机关以外的有资格的公民可以参加此类部门。

法律规定人民直接参与司法工作的情形和方式。

第 104 条

司法部门构成独立自治的体系，不从属于其他任何权力。

最高司法委员会由共和国总统担任主席。

…………

该委员会选任成员的任期为四年，且不得连续当选。

选任委员在任内不得从事其他职业，也不得担任议会成员或地区议会成员。

第 107 条

法官不得被革职。除非给予最高司法委员会遵照司法组织规范所规定的辩护保障，并附理由而作出的决议，或征得法官同意，法官不得被停职或免职，也不得被调往其他法院任职。

司法部长有权提起纪律惩戒之诉。

法官之间仅因职责的不同而有所区别。

检察官享有司法组织规范为其规定的相应保障。

第 108 条

法律规定有关司法组织和法官的规则。

法律保障特别法院的法官的独立性，同时也保障检察官及参加司法审判的非司法机关人员的独立性。

第 134 条

宪法法院审理：

对国家和大区颁布的有关法律及拥有法律效力的行为的合宪性争议；

国家权力之间，国家和地区间以及地区之间的权限冲突；

根据宪法规定提出对共和国总统的弹劾。

第 136 条

当宪法法院宣布某项法律规范或具有法律效力的行为规范违宪时，从该决定作出之日起，该规范即丧失法律效力。

宪法法院决定宣布并送交议会两院及有关的地区议会，以便他们在认为有必要时可按宪法程序的规定行事。

第 137 条

应有一部宪法性法律规定合宪性判决作出的条件、形式和期限并保障宪法法院法官的独立。

关于宪法法院的组成和功能以及其他必要规范可由普通法律予以规定。

宪法法院的决定不能上诉。

思考题

1. 结合第二次世界大战后意大利宪制改革谈谈宪法的作用。
2. 如何看待第二次世界大战后意大利宪法的妥协性?
3. 请分析意大利地方自治制度及其对我国的启示。
4. 请概括并阐述第二次世界大战后意大利宪法中权利类型的特点。

参考文献

1. 赵克毅，辛益．意大利统一史．开封：河南大学出版社，1987.

2. 伯尔曼．法律与革命——西方法律传统的形成．高鸿钧，等译．北京：中国大百科全书出版社，1993.

3. 史志钦．意大利共产党的演变与意大利的政治变革．当代世界社会主义问题，1998 (2).

4. 路易吉·萨尔瓦托雷利．意大利简史——从史前到当代．沈珩，祝本雄，译．北京：商务印书馆，1998.

5. 沈宗灵．比较宪法——对八国宪法的比较研究．北京：北京大学出版社，2002.

6. 何勤华．20 世纪西方宪政的发展及其变革．北京：法律出版社，2005.

7. 何勤华，李秀清．意大利法律发达史．北京：法律出版社，2006.

8. 罗伯特·隆波里，阿尔多·贝特鲁奇，等．意大利法概要．薛军，译．北京：中国法制出版社，2007.

9. 侯宇．消极的司法积极主义——意大利违宪审查制度之介评．环球法律评论，2007 (5).

10. 孙谦，韩大元．世界各国宪法——欧洲卷．北京：中国检察出版社，2012.

第六章 日本宪法

日本是位于亚洲东部、太平洋西北部的岛屿国家，其国土面积 37.8 万平方千米，人口达 1.27 亿，以大和族为主体民族，通用日本语。日本宪法史及其现行宪法具有鲜明特色，具有学术与实践上的研究意义。作为亚洲第一个制定近代立宪主义宪法的国家，日本的制宪历程以及其中的经验与教训对法治后发型国家的宪法发展具有重要的现实启示价值。日本宪法奉行国民主权与守持“天皇制”，其中蕴涵了宪法制度移植与传统文化保有之间在理论上与现实中的一系列问题。《日本国宪法》中的和平主义原理，为世界宪法与人权的推进提供了新的思考元素。围绕上述内容，本章将重点对《日本国宪法》中国家机构、人权保障以及违宪审查制度这三大方面的相关内容作系统介绍。应该看到，《日本国宪法》具有强行移植外来规则的特点，有其历史原因，对此需要批判与辩证看待。

第一节 日本宪法的历史发展

从历史上看，日本共制定和实施了两部具有近代意义的成文宪法。一部是 1889 年颁布的《大日本帝国宪法》，又称《明治宪法》。它虽是一部“钦定宪法”，但是亚洲第一部具有近代立宪主义意义的正式宪法。另一部则是 1946 年颁布的《日本国宪法》。它是日本的现行宪法，确立了以天皇为国家象征的议会内阁制度，属于“民定宪法”。

一、《明治宪法》

（一）《明治宪法》的制定

19 世纪末，为了对内实现镇压反政府的自由民权运动，对外摆脱西方列强的欺凌、取消德川幕府时期所订立的不平等条约，巩固维新政府的基础，明治天皇先后颁布法令进行了一系列的改革，并于 1876 年向元老院下达了起草宪法的敕谕。随后，伊藤博文等人受命前往欧洲主要是德国考察后认为，普鲁士君主国的宪法符合日本的需要。普鲁士君主国是一次未完成的资产阶级革命的产物，是半封建的容克地主阶级和政治上软弱的资产阶级之间的妥协物。由于两国存在许多共同点，明治宪法大量抄袭了普鲁士宪法的条款。[①] 经赴欧洲考察、聘请外国专家协助起草，于 1888 年形成《明治宪法》的最终草案。1889 年，枢密院通过了该草案的审议，并于同年 2 月正式向日本全体国民公布。1890 年 11 月 29 日，《大日本帝国宪法》在第一届帝

① 由嵘，胡大展．外国法制史．北京：北京大学出版社，1989：266.

国议会召开的当日开始实施。

《明治宪法》是秘密起草的，未由国民选举制宪议员，也未将宪法提交民选机关来审议和批准，是一部典型的钦定宪法。

《大日本帝国宪法》选择天皇专制的君主立宪模式，与明治维新后日本的政治力量对比、历史文化传统、国内国际形势紧密相连。

一方面，虽然维新政权有资产阶级化的倾向，但它更进一步地加强了以天皇为中心的中央政权。其实，明治维新进程中真正发挥作用的是中下级武士阶层和一批封建贵族，他们反对幕府统治，要求把权力重归中央天皇。因此，明治维新绝不是严格意义上的阶级斗争。在某种程度上，这是一次中央政权和地方政权采邑之间的旧式封建斗争。① 同时，日本又是一个有着长期威权政治传统的国家，保证长上的权威，被认为是国家稳定和平发展的基础。于是，日本应当确立对长上的传统义务，尤其是对天皇的传统义务是日本的一大良机。日本能够在其长上的领导下踏实地向前迈进，而且可以使日本避免那些个人主义盛行的国家所面临的问题。② 到了明治时代，天皇就是现代的神和最高权威的化身，维新派人士通过神化天皇使威权政治传统得以延续并进一步发展。③

另一方面，维新政权虽然带有封建色彩，然而外患的深重，尤其是收回“法外治权”的直接动因，促使新政权的改革实际上逐步地壮大了资产阶级力量，而摧垮了封建领主的势力。这使得到长足发展的资产阶级，不满于政府的过分集中，为了维护自身利益，发起了自由民权运动。自由民权运动要求实行资产阶级自由、人权、议会制度等有关的宪法制度，它为人民权利的宪法保障提供了基础。

正是自由民权运动和威权政治的结合，使《明治宪法》一方面确立了以天皇的专权为中心的中央集权体制，另一方面又有限地承认了人民的基本权利。

(二)《明治宪法》的主要内容和特点

上述《明治宪法》制定中的相关背景极大地影响了其主要内容和特点。

1.《明治宪法》的主要内容

日本《明治宪法》共 7 章 76 条。第一章“天皇”共 17 条，确定了天皇在国家中的地位与职权，规定“大日本帝国由‘万世一系’之天皇统治之”（第 1 条），“天皇为国家元首，总揽统治权”（第 4 条）。第二章“臣民的权利义务”，规定臣民享有信教、言论和集会、结社、居住与迁徙等自由权利，非经法律许可“不受逮捕、拘禁、审问、处罚”等，确立了私有财产神圣不可侵犯的原则。臣民的义务主要是纳税和服兵役的义务。第三章“帝国议会”，规定了议会的构成、议员的产生、议事规则等问题。第四章“国务大臣及枢密顾问”，规定国务大臣辅弼天皇，枢密院为天皇的咨议机关。第五章“司法”，确立了司法权由法院以天皇之名，依法律行使，并就审判制度、法官地位做了规定。第六章“会计”，主要对税收、国债征集、皇室经费、国家预算作出规定。第七章“补则”，主要规定宪法的修改问题。

2.《明治宪法》的主要特点

《明治宪法》既有反民主的因素，也有民主的因素。

反民主的因素主要体现在：(1) 天皇总揽统治权。《明治宪法》第 4 条规定，“天皇为国家元首，总揽统治权”。根据这条规定，天皇的权力遍及立法、行政、司法、军事等各方面。

---

① 摩尔．民主与专制的社会起源．拓夫，张东东，等译．北京：华夏出版社，1987：194.

② 这是伊藤博文赴欧考察时，赫伯特·斯宾塞给他的建议。韩大元．亚洲立宪主义研究．北京：中国人民公安大学出版社，1996：82.

③ 项焱．论明治宪法宪政模式选择的内在原因//何勤华．法的移植与法的本土化．北京：法律出版社，2001.

（2）内阁辅弼天皇。《明治宪法》对内阁首相及相关国务大臣构成的内阁规定得极为简单。第55条规定："国务大臣辅弼天皇，负其责任。"这表明，内阁是从属于天皇的行政执行机关，内阁对天皇负责而不对议会负责，内阁的产生与去留以天皇的意志为转移，而不受议会的制约。为表示内阁对天皇负责，天皇颁布法律、敕令时内阁首相或有关大臣应予以副署。（3）议会协赞天皇。尽管资产阶级把设立议会看做是实行新政最重要的标志，但是《明治宪法》所设立的帝国议会，并不是独掌立法权的立法机关。第5条明确规定，"天皇依帝国议会之协赞行使立法权"。也就是说，天皇是立法者，议会只不过是起协赞即承认或同意的作用。另外，议会本身的议事活动也必须遵循天皇的敕令进行，而天皇可根据个人意志发布政令。日本的统治者一方面主张移植西方的立宪主义，另一方面以保存传统文化为由，保留了封建的等级制度，议会只是天皇行使权能的"协赞"机关。① （4）法院以天皇名义司法。在天皇总揽统治权的明治政治制度下，司法权也归属于天皇，法院仅仅被看做秉承天皇的意志执行司法权的机关。（5）军部直属天皇。该宪法规定，天皇统率海陆军，决定其编制。天皇军事权的这种规定，使得在机构上，天皇是通过直属本人领导的军部来行使军事指挥权。宪法中"天皇统率陆海军"、天皇"总揽统治权"等有关条款及其总体精神，导致日本军令机关权力的畸形发展，形成了以天皇为代表的寡头军事专制政治，并在日后最终发展成为法西斯专政。②

民主的因素主要体现在：《明治宪法》采用了一些立宪性质的制度，如形式上的三权分立体制，其中帝国议会议员的民选、裁判所独立司法权的行使等，都对日本的近现代化民主产生了极大的作用。特别是《明治宪法》在第二章中规定了国民的权利与义务，其中列明了一些不受侵犯的人权款项，如第22条"日本臣民于法律规定范围内有居住及迁徙之自由"；第23条"日本臣民非依法律，不受逮捕、监禁、审讯及处罚"；第24条"日本臣民接受法定法官审判之权不得剥夺"；第25条"日本臣民除法律规定的情况之外，未经其许诺不得侵入其住宅及搜索"；第26条"日本臣民除法律规定情况之外，其书信秘密不受侵犯"；第27条"日本臣民之所有权不得侵犯。因公益需要之处分，依法律之规定"；第28条"日本臣民在不妨碍安宁秩序，不违背臣民义务下，有信教之自由"；第29条"日本臣民在法律规定范围内，有言论、著作、印行、集会及结社之自由"等。值得注意的是，关于臣民权利的保护，伊藤博文虽主张它是宪法政治的实质，但同时又说："在本邦，贵族及人民的参政权，乃天皇陛下所赋予，由此宪法首次确定者也，决非贵族及人民之固有权利也。"③

（三）《明治宪法》的施行

《明治宪法》是以神权主义色彩极其浓厚的立宪君主制为基础的，当时的首相伊藤博文认为，搞政治首先要寻找国家的机轴，而日本没有欧洲各国基督教那种"人心归一"的宗教，可以成为机轴者，唯有皇室。④ 后来该宪法受到了自由主义立宪学说的影响，催生并实现了民主政党政治。由此，天皇制在事实上形成了国务大臣对议会负责的原则，发挥了与英国相同的议会君主制的功能。但是，后来由于军部势力的增大及法西斯主义的扩张，《明治宪法》的立宪主义倾向也大为削弱或减弱。由于《明治宪法》的局限性，第二次世界大战战败后的日本，放弃了《明治宪法》，转而制定新的宪法。

---

① 韩大元. 传统文化与亚洲立宪主义的产生——以明治宪法制定过程的文化分析为中心. 比较法研究，1997 (1).

② 孙放，范晓阳. 明治宪法对日本军国主义的影响. 日本研究，2004 (1).

③ 同①.

④ 同①.

二、《日本国宪法》

（一）《日本国宪法》的制定

1945 年 8 月 15 日，日本宣布接受《波茨坦公告》，无条件投降。《波茨坦公告》的主要精神是实现日本的“政治民主化”和“非军事化”，并且表明应“以人民自由表示之意愿确定”第二次世界大战后日本政府的组织形式。这与《明治宪法》的天皇主权格格不入，从而改革宪法制度成为战后日本首先需要解决的重大问题之一。

1945 年 11 月 4 日，盟军最高统帅通知日本政府修改宪法，随后日本币原内阁立即成立了以松本国务大臣为首的宪法调查委员会，并于当年 12 月提出了以不改变天皇总揽统治权为原则的“松本草案”。然而，美国当局认为“松本草案”还不足以说明日本已经汲取了战争的教训。盟军总司令部决定自行起草，当时盟军司令麦克阿瑟就起草宪法提出了三项原则：第一，保留天皇制，但削弱天皇权力，使之受宪法规制。第二，放弃国家的交战权。第三，废除日本的各种封建制度。1946 年盟军总司令部完成宪法草案交付日本政府。

虽然极不情愿，但为保留天皇制，币原内阁最终决定以“麦克阿瑟草案”为基础，制定日方宪草，经与盟军总司令部协调，并向国民公开，在 1946 年 4 月形成正式的《日本国宪法》修正案。随后，由第一届普选制议会选举成立的吉田内阁，依据《明治宪法》第 73 条所规定的修宪程序，将这一草案提交新组成的帝国议会。经议会和枢密院审议通过，1946 年 11 月 3 日《日本国宪法》正式公布，并于 1947 年 5 月 3 日开始实施。

《日本国宪法》虽然依照《明治宪法》的修改程序制定而成，但这种依照只是被“权宜借用”而已，两者间实际仅有形式上的继承性。因为从宪法基本原理和精神上看，《日本国宪法》的国民主权根本改变了《明治宪法》中君主主权的性质。与其强称其为一种“自杀式”的宪法修改，不如将《日本国宪法》视为重新制定。同时可以看到，这一宪法的制定带有强烈的民定宪法之性质。

（二）《日本国宪法》的主要内容

《日本国宪法》全文 103 条，分为序言和 11 章正文。在简短的序言后，依次为天皇、放弃战争、国民的权利与义务、国会、内阁、司法、财政、地方自治、修改宪法、最高法规、补则各章。

其中主要内容有：宪法序言，明确了国民主权、和平主义等原理，表明了实现持久和平的愿望，宣告了遵守国际政治道德准则，反对国家利己主义。第一章规定了在国民主权前提下，“天皇是日本国的象征，是日本国民统合的象征”（宪法第 1 条），“天皇有关国事的一切行为，必须有内阁的建议和承认，由内阁承担责任”（宪法第 3 条）。第二章公开宣布放弃战争，不保存战争力量，不承认国家的交战权。第三章详细规定了国民的基本权利与义务。第四章至第六章分别规定了采用三权分立原则所设置国家机构的地位、权能等方面，主要包括：国会是最高权力机关，是国家唯一立法机关；行政权属于内阁，内阁按照法律规定由内阁总理大臣及其他国务大臣组织，对国会负连带责任；一切司法权属于最高法院及由法律规定设置的各级法院。第七、八章各自规定了国家的财政和地方自治制度。第九章规定了宪法修改的程序和条件。第十章规定了基本人权保障的永久性、宪法规范的最高性、国际条约的普世性等最高规则。第十一章补则对宪法的生效及过渡时期的人事安排、权力行使作出了相关规定。

（三）《日本国宪法》的修改问题

《日本国宪法》有极为严格的修改程序，其中第 96 条规定：“本宪法的修改，必须经各议院全体议员的 2/3 以上赞成，才由国会提议，向国民提案，并得其承认。此种承认，有必要在特别的国民投票或国会规定的选举时所进行的投票中，须获得半数以上的赞成。”

《日本国宪法》自诞生之日起，日本国内就存在争议。随着国际形势的变化，以宪法第9条（和平主义原则条款）为中心的一些宪法问题便逐渐与日本的外交、防卫以及历史认识等问题交织在一起，但是由于上述严格的修宪程序，至今未通过一个宪法修正案。因此，前日本首相安倍晋三的修宪目标经历了由“修改第9条”到“修改第96条”的调整和转换，企图“明修栈道，暗度陈仓”。然而，2019年12月9日，日本临时国会闭幕，与修宪有关的《国民投票法》修正案未获通过。不过，日本执政势力对修改《日本国宪法》的努力仍未终止。前日本首相菅义伟在《日本国宪法》实施74周年纪念日当天，首次表达他对修改宪法的明确意愿，并称“应该将自卫队写入宪法第9条中”。当今世界，中国倡议的经济全球化、构建人类命运共同体是大势所趋，并得到很多国家的支持。日本企图通过修宪来破坏和平主义原则，则明显是一种挑战历史潮流、干扰亚太地区稳定与发展的做法。

第二节　《日本国宪法》的基本原理

一、《日本国宪法》基本原理概述

日本宪法学经典教科书认为，日本国宪法有国民主权、人权尊重以及和平主义这三项基本原理。[①] 失去这三个原理中的任何一个，《日本国宪法》便不复存在。作为制宪依据和价值理念的体现，《日本国宪法》的这三项基本原理，在被认为位于正文之前宣示宪法目的和精神的文字的宪法序言中，被特别地予以表明。

（一）序言中的基本原理

《日本国宪法》的序言宣示了国民拥有制宪权，对确认近代宪法的价值和原理，具有极其重要的意义。

具体而言，《日本国宪法》序言由四段构成。第一段规定有“日本国民决心通过正当选出的国会中的代表而行动”，并指明“兹宣布主权属于国民”。这宣明了国家主权原理以及以此为基础的代表民主制原则。同时“并制定本宪法”，表明基于这些原则确立了国民拥有制定宪法的权力。本段中还写明“确保与各国人民合作而取得的成果和自由带给我们全国的恩惠，不再因政府的行为而再次发生战祸”，前半句明确了基于自由主义的人权尊重之原理，后半句指示了和平主义的原理，这也是《日本国宪法》的目的。本段最后强调这些原理是“普遍性原理”，是“一切宪法、法律、法令和诏敕”不能违反的，即使通过宪法修改的方式也不能改变。

另外，第二段提出了“在和平中生存的权利”，第三段确认了相关各国间自由对等的国际“政治道德法则”，而第四段则宣誓约定了对这些崇高理想的达成。

（二）基本原理相互间的关系

1. 人权与主权的不可分

人权尊重原理和国民主权原理是不可分离的。基本人权在专制政治下得不到保障，对它的尊重是国民主权（广义的民主）以及其中代表民主制度（狭义的民主）的目的。因此，可以说国民主权原理是达成人权保障目的的手段。

2. 人性尊严的基础作用

人是目的而不应作为手段，人的尊严是人权的基础和根源。而国民主权，即国民拥有决定国家政治体制的最终和最高之权威的原理，也只有在所有国民都能作为人而得到尊重之时才能

① 芦部信喜．宪法．3版．高桥和之，增订．林来梵，等译．北京：北京大学出版社，2006：35.

成立。所以，国民主权原理（民主的原理）和人权尊重原理（自由的原理），均源自“人性尊严”这一最基本的理念，两者共同构成了广义的自由民主主义，从而被认为是“人类普遍的原理”。

3. 与和平主义的联系

在没有和平就不能确保人类自由和生存这一意义上而论，和平主义原理与人权尊重、国民主权的原理密切相连。《日本国宪法》中的和平主义宪法原理，更将其范围从国内民主推进到国际和平，这是近代宪法在基本原理上的一次重要发展。

（三）基本原理在序言上的法律效力

序言确定的基本原理，构成宪法的重要部分，因此，可理解为同宪法正文具有同等的法律性质。如序言第一段中对于基本原理“凡与此相反的一切宪法、法律、法令和诏敕，我们均将排除”的规定，是拘束宪法修正权的规范性法条。但是这并不能说明，体现基本原理的宪法序言具有作为裁判规范的性质。一般认为，宪法序言不能直接作为裁判规范，而指出法律法规或相关事件的违宪只能针对宪法正文的具体条款，因为宪法序言具有高度抽象性。

但是，需要注意的是宪法序言的抽象性与正文的具体性可以互为补充。另外，从整体而言，虽然宪法自身规定的非裁判规范内容很多，但这一点并未能改变宪法的法规性质。因而，也不能从这一事实出发否认序言的裁判规范性。例如序言中“在和平中生存的权利”应该说是正文第三章中没有规定的基本人权，而对于侵害这一所谓和平生存权的法律和行为，就不见得不能适用这一序言中的规定作出违宪的判断。

下面将具体分述《日本国宪法》中最具特色的和平主义原理与国民主义原理，而人权尊重原理将在有关基本人权部分的详细讨论中体现。

二、和平主义原理

和平主义的宪法精神首先体现在《日本国宪法》序言里。而对和平主义原理的具体化，主要在《日本国宪法》第二章“放弃战争”得到体现。另外，其他章节也反映了和平主义这一原理或精神。如《日本国宪法》第一章“天皇”，与世界各国的宪法关于一国的元首通常都拥有对外宣布战争等程序上的职权规定相比，天皇不仅没有涉及战争、军队的实体性权力，而且没有与其相关的程序性权力。又如《日本国宪法》第三章“国民的权利与义务”，其中也没有规定国民有服兵役的义务。总之，其他各章如天皇、国民的权利与义务、国会、内阁等都完全没有提及战争和与战争有关的概念。这是从反面确立了和平主义原理。

《日本国宪法》第二章仅有一个条文，即第 9 条，它明确规定了放弃战争和武力、禁止国家保有军队、不承认国家的交战权，也主要基于这一条文，《日本国宪法》又被称为“和平宪法”。

（一）《日本国宪法》第 9 条的制定

1945 年 7 月，日本战败后签订了《波茨坦公告》，按照其精神，要求日本完全实现非军事化和民主化，彻底否定军国主义。为此要求修改当时的《大日本帝国宪法》，以期在日本真正建立起和平、负责任的政府，并为非军事化和民主化提供制度保障。

1946 年 2 月，不满各种宪法草案的盟军最高司令部，决定自己拟定宪法草案并提出制宪三原则。其中第二个原则规定，“废弃作为国家主权权利发动的战争。日本放弃作为解决争端手段的战争以及作为维持自身安全手段的战争。日本的防卫和保护委托给正在左右当今世界的崇高理想。不允许日本拥有陆海空军，不赋予日本军队任何交战权”。这被认为是《日本国宪法》第 9 条的原型。

该原则的产生，在相当程度上是以美国为中心的盟国操作的结果，但也应该看到当时日本方面对和平的希冀，包括日本时任首相币原的和平主义思想和日本民族对战争的深刻反思。后来，日本学界对第9条的解释以及日本政府实际上的一些做法，大大弱化了当初的和平主义原理色彩。

（二）放弃战争的范围

第9条第1款先是表明“日本国民谋求基于正义与秩序的国际和平”这一总体目的，后又申明永远放弃“以国权发动的战争”、“武力威胁”和“武力行使”这三项解决国际争端的手段。

1. 战争或动用武力的含义

“以国权发动的战争”指一般国际法意义上的战争。战争是指通过宣战公告或者最后通牒（一种外交文书，意旨打断为了和平解决纷争而进行的交涉，提出最后的要求，在不接受的情况下则采取战争或使用武力的自由行动）来表明战争的意图，并适用战时国际法的情况。[①]“武力行使”指未经宣告发起的武力，即实质的战争，如“九·一八”事变、中日战争等。“武力威胁”即以武力为要挟，迫使对方接受要求。就《日本国宪法》第9条第1款文本而言，日本将国际法意义上的战争，连同实质意义上的战争和仅作为战争诱因的武力威胁一并放弃。

2. 是否放弃自卫战争

第9条第1款中由于在放弃战争的表述前加上了“作为解决国际争端的手段”的修饰语，因而对于放弃战争的范围产生了两种解释：一种认为“作为解决国际争端的手段”的战争指的是依照国际法作为国家政策手段的战争，是侵略战争；另一种则认为不应拘泥于国际法上的解释，任何战争都是解决国际争端的手段，同时认为第1款是放弃了包括自卫战争在内的一切战争。

由于第2款有“为达成前款之目的”的规定，上述第1款中的争议，必将直接影响对第2款的理解。它同样关系到是否放弃自卫战争，更关系到不保持战争力量（军备武装的废除）的问题。

（三）战争力量的不保持

放弃战争范围的争议极大地影响了对不能被保持的战争力量的解释。简而言之，对战争的界定决定了战争力量的含义。

1. 战争力量的含义

第9条第2款规定“为达成前款之目的，不保持陆海空军及其他战争力量”。对于“战争力量”的理解，日本学界一般加以严格解释。学界通说认为，战争力量指军队及在有事之际可能转化为军队的实力部队。然而，日本政府对此则采用宽松的解释。

从日本政府方面看，在《日本国宪法》制定初期，其对第9条也持“全面放弃战争说”。如日本时任首相吉田茂在国会讨论宪法草案时所作的答辩中谈道：“第9条虽然没有直接否定自卫权，但将作为动用自卫权的战争与交战权都放弃了。”实践中，1945年10月日本解散了本土及海外数以百万的军队，其军事指挥机构如陆军参谋本部、海军军令部等亦随之撤销。可以说，在1947年5月宪法生效之际，日本基本上未保持战争力量。

然而，1950年7月以朝鲜战争爆发为契机，盟军司令部要求日本建立八千人的警察预备队。此举遭到绝大多数法学家的批判。军队与警察力量的区别则成了问题。一般认为，军队是针对外国、保卫国土，而警察是为了维持与确保国内的治安。据此两者的实力与各自的目的应相适宜。这一点完全可以通过人员、编制、预算等判断出来。警察显然不必需要庞大的装备和人员。但是，在此之后的1952年4月，日本成立了海上警备队，同年8月又将警察预备队更

---

① 芦部信喜. 宪法. 3版. 高桥和之，增订. 林来梵，等译. 北京：北京大学出版社，2006：50.

名为保安队，并成立了防卫厅的前身保安厅。1954 年 7 月在保安队的基础上改编成立了拥有陆海空三军的自卫队。根据学界严格的解释，所谓“自卫队”完全符合宪法第 9 条中所不应该保持的“战争力量”之含义。

2. 自卫权问题

政府成立“自卫队”并一再加强武装能力都是以自卫权为依据的。它是自卫队合宪性的支柱。然而，日本是否能够拥有自卫战争的权力本身也存在争议。即便承认所放弃的战争不包括自卫战争，是从对自卫权的限定而言，也仍可能认定日本政府的做法违背了和平主义原理。

所谓自卫权是指对于外国加以的急迫而现实的违法侵害，本国出于防卫而行使必要且具一定限度的权利。自卫权本身具有严格的限制，其合法存在有以下这些条件：(1) 采取自卫行动乃是不得已的方式；(2) 遭到紧迫且不正当的侵害；(3) 自卫措施与受侵害程度相当，即均衡性原则。①

但是，近年来日本自卫队加紧扩充军备，突破了防卫费不超出国民生产总值（GNP）1%的禁区（该规定是 1976 年 11 月由三木内阁决定的，这成为衡量日本是否坚持宪法的和平精神，谨慎对待军备问题，不走军事大国道路的一个量化指标）。② 同时，借日美《安保条约》也突破了近海防御以及向海外派遣自卫队的禁区。这些事实表明日本政府的做法已超出自卫权的界线，而实际拥有一定实力的战争力量。

（四）《安保条约》是否合宪

日美《安保条约》最先是于 1952 年为结束盟国的占领而缔结旧金山和平条约的同时与美国所缔结的，其后为增强防卫义务于 1960 年又缔结了新的《安保条约》。其主要内容有：第一，确立日美相互防卫体制，约定缔约当事国一方受到武力攻击时，双方必须共同应对。第二，承认美国拥有在日本国内配备军队的权力。

允许外国驻军日本是否违反《日本国宪法》第 9 条呢？有肯定的学说支持“外国驻军”，认为这并不抵触和平宪法规范。因为第 9 条第 2 款的目的是以废除军备来保障和平，然而世界上其他国家都拥有军备，且世界现阶段的和平与这些军备的存在有必然的关系，不应无视这种状态。在这个意义上，日本安全保障方式可包括国际性的集体军事保障方式，通过外国驻军加以保障可以视为其中的过渡措施。③

否定说则认为，《安保条约》使日本有被卷入与本国无直接关系的武力纷争旋涡之危险，且美国军队乃相当于《日本国宪法》第 9 条第 2 款所言之战争力量，故而违宪。但是此说在现实案件中被最高法院否认。

（五）日本和平主义原理的修改

从 20 世纪 50 年代初开始，美国出于自身利益的考虑，决定重新武装日本。与此同时，日本国内右翼势力重新抬头，极力主张修改《日本国宪法》第二章（即第 9 条），认为宪法是由美国占领军强加的，日本独立后应重新制定或修改。另外，有一种“国际贡献论”的主张，认为日本应从片面的一国和平主义走向国际和平主义。日本国民为维持恢复国际和平与安全必须率先参加国际社会的和平活动，通过包括提供兵力等所有手段为世界和平做贡献。还有一种“社会变迁论”为此提供理论依据，认为现行宪法中没有有关与国际环境相对应的明确规定，宪法当然也应该随着时代而变迁。④

① 芦部信喜. 宪法. 3 版. 高桥和之，增订. 林来梵，等译. 北京：北京大学出版社，2006：52.

② 管颖，李龙. 日本宪法第九条及其走向. 中国社会科学，2002 (4).

③ 宫泽俊义. 日本国宪法精解. 芦部信喜，修订. 董璠舆，译. 北京：中国民主法制出版社，1990：154.

④ 管颖，吴琪. 日本修宪与宪法第九条问题研究. 中国海洋大学学报，2013 (3).

虽然在日本左翼力量及大量日本国民的努力下，和平主义原则并未被修改，但是自卫队的不断扩充，军费开支的日益加大，联合军事演习的进行，海外派兵的得逞，已在实际上使和平主义原理精神受到了极大的破坏。2003年6月6日，日本参议院全体会议投票表决通过了《应对武力攻击事态法案》、《自卫队法修改案》和《安全保障会议设置法修改案》。根据法案，日本自卫队的军力配置和行动权限得到了大幅增强，成为没有冠以“军队”之名的令人担忧的军事力量。

三、国民主权原理

国民主权原理是近代立宪主义宪法中广泛采用的一项基本原理。作为国家统治的根本原理，国民主权反对君主专制，主张以国民为政治主角治理国家。然而，日本保留的“天皇”这一世袭君主的“象征天皇制”，是《日本国宪法》中的国民主权原理极具特色的地方。

（一）《日本国宪法》中的国民主权

1. 国民主权的两个层面

一般认为，“国民主权”应该从两个层面进行理解：一是权力性的国民主权，指最终决定国家政治问题的权力由国民自己来行使；二是正当性的国民主权，指国家行使权力正当性的最终权威在于国民。看待国民主权，应该结合这两个层面来思考，而不应有所偏重。

同时，也应区别上述两个层面来理解“国民”的概念。它是国民主权中一个重要的问题。在国民主权的权力性方面，一般根据政治契约原理，认为“国民”指的是实际上能够进行政治上意思表示的选举权人；而在国民主权的正当性方面，往往依据自由主义人权观念，提倡国民指的应是全体国民。在国民的范围上，前一层面的理解小于后一层面的理解。

总而言之，国民主权以及国民概念在两个层面上的兼顾，可视为民主主义（多数原则）和自由主义（尊重个体权利）在宪法原理上的结合。

2. 国民主权在《日本国宪法》中的表达

（1）宣示国民主权。以宣言式的条文直接明确地宣布所采用的是国民主权原理。如《日本国宪法》序言第一段中的“兹宣布主权属于国民”；正文第1条中的“主权之所在的全体日本国民的公意”。

除了上述以条文直接的表态外，《日本国宪法》主要通过对具体权力的制度化设计，表达国民主权原理。

（2）权力性的国民主权。国民主权原理源于国民制宪权的思想，其本质在于国民直接行使权力，制定宪法，以此决定国家统治的根本性问题。但是，由于宪法的制定先于宪法文本，因而从宪法文本自身出发，体现宪法制定权归属于国民，只能表达为修宪权归属于国民。修宪权归属国民是制宪权归属国民的制度化表现。所以，《日本国宪法》第96条中规定，最终决定宪法修改问题的国民投票制度与国民主权密不可分。该条文规定，宪法修改最后“向国民提案，并得其承认。此种承认，有必要在特别的国民投票或国会规定的选举时进行的投票中，须获得半数以上的赞成”的程序。

（3）正当性的国民主权。在立宪主义下，一切权力的正当性都来源于宪法的明文赋予，而宪法的正当性来源于制定宪法的全体国民。换言之，正当性意味着“国家权力发动来自国民”。与直接行使修宪权不同，对国家权力的行使与代表民主制有关，在《日本国宪法》中特别体现在相关议会制度的规定上。

（4）其他间接体现国民主权的规定。主权概念中具有“统治权”的含义，而“统治权”在日本被视为立法权、行政权和司法权的统称。因此，权力制衡以及国会、内阁、法院有关权力确立的规定，间接与国民主权相互关联，这是就国家机关而言。就国民而论，相关参政权、请愿权的规定可间接体现国民主权。之所以为间接，是因为其主要从基本权利方面进行保障，更集中于人权尊重原理之中。从性质上，这些权利不同于修改宪法所被直接运用于主权上的权力。

（二）象征天皇制

《日本国宪法》以国民主权原理将天皇权力架空，确立国会、内阁、裁判所（法院），三权分立的国家统治机构模式，并明文保障国民的基本权利。根据此宪法，天皇是日本国家与国民的象征，但只能扮演纯粹仪式上的角色，即所谓的“象征天皇制”。

1.《明治宪法》天皇制与《日本国宪法》天皇制

《日本国宪法》中的象征天皇制并不违背国民主权的原理。虽然延续了“天皇”作为国家机关，但与《明治宪法》的天皇制在性质与权能上大为迥异。

（1）性质不同

在《明治宪法》中，天皇根据天照大神的神敕，其地位神圣不可侵犯。侵犯天皇神圣尊严的行为将依据刑法中的不敬罪严重处罚。然而，战败后，鉴于盟军总司令部和日本国民的意志，裕仁天皇于1946年元旦自行发布《人间宣言》，自我否定“天皇为现世神”，把自己摆在与国民共存、共利益、共休戚的人的地位。[①] 由此，《日本国宪法》则以法律形式的规定，否定天皇的神格性，同时在刑法上废止了侵犯天皇的不敬罪，不再采取将天皇特别地视为神之子孙的态度。

（2）权能不同

在《明治宪法》中，天皇是统治权的总揽者，具有总揽所有国家权力的权能。而在《日本国宪法》下，天皇只从事有关形式性的、礼仪性的“国事行为”，不具有干预国政的权能。

2. 象征天皇制中“国民主权”的体现

经历由绝对君主制到立宪君主制的转变，《日本国宪法》中的象征天皇制构成了国民主权原理的日本特色，相关条文明确体现了这一特色。

《日本国宪法》中，天皇的财产（天皇个人的财产）与皇族的财产（与天皇的财产合称为皇室财产）属于国家。因为第88条规定，“皇室的一切财产属于国家。皇室的一切费用必须列入预算，经国会审议通过”。皇室财产由国会决议是国民主权原理的反映，而为了贯彻这一意旨，第8条另行规定，“授予皇室财产，皇室接受或赐予财产，均须根据国会的决议”，目的在于防范皇室再度集中大规模财产，避免皇室与特定个人或团体建立特别关系而拥有不当的支配力，以此损害主权所在的国民之利益。

第三节　公民的基本人权和义务

一、基本人权

（一）基本人权概述

第二次世界大战后1945年7月的《波茨坦公告》第10项对日本宪法提出了“应确立言论、宗教及思想自由，尊重基本人权”的要求，指示日本宪法尊重国民权利的方向。《日本国宪法》在继第一章“天皇”和第二章“放弃战争”后，遂以第三章“国民的权利与义务”为名主要规定了国民的基本人权。日本宪法对国民保障的“基本人权”是“人类为争取自由经过长年努力的成果”，是“不可侵犯的永久权利”，“全体国民作为个人均受到尊重”（第

① 沈美华. 战后日本象征天皇制的确立及其存续的原因. 山东师范大学学报（人文社会科学版），2003 (1).

97、11、13条）。因此，《日本国宪法》承袭了近代宪法的人权保障思想，以“自由主义的个人主义哲学为基础，即以作为人格的存在之各个人的自律为前提”，将基于个人之存在，人性或称为人的尊严视作人权的根据，并作为整个宪法的逻辑起点，建构了基本人权体系。值得指出的是，《日本国宪法》将自由权和社会权一同视为“人之尊严”性的自然权性质的权利加以保障。

由此观之，基本人权乃是人作为构成社会之自律性质的个人，为确保自由与生存，维护其尊严性，因而作为前提而得到承认的。人为此当然固有一定之必要权利。宪法所规定的“人权”，仅是将宪法之前就已经成立的权利确认为实定法上的权利而已。人权具有固有性、不可侵犯性和普遍性，是人与生俱来的权利，是即使通过法律甚至修改宪法也不能侵犯的权利，被赋予了绝对保障的地位。

（二）基本人权的界限

宪法所规定的基本人权虽然拘束国家的立法、行政和司法权力，并受其保护，但并不意味着人权是没有界限的。作为人权享有之个人，是生活在社会中的个人，必须尊重他人的尊严，不得侵犯他人的权利，因此人权也具有一定的界限。《日本国宪法》第12条规定：“受本宪法保障的国民的自由与权利，国民必须不断地努力保持。同时，国民不得滥用此种自由与权利，而应负起经常用以增进公共福祉的责任。”第13条规定：“国民对于生命、自由以及追求幸福的权利，只要不违反公共福祉，在立法及其他国政上均须受到最大的尊重。”另外《日本国宪法》在第22、29条针对经济自由也规定了根据公共福祉可予以限制。由此可知，基本人权应受到公共福祉的限制，其“公共福祉”成为限制人权的标准而被宪法确定下来。

日本学界从“一元外在制约说”“内在与外在的二元制约说”发展到目前的“一元内在制约说”，承认“公共福祉”是人权限制的一般原理。所谓公共福祉，指的是为了调整人权相互之间矛盾与冲突的实质性公平之原理；这种意义上的公共福祉，与宪法无关，在理论上必然内在于所有的人权；这一原理的作用在于，基于公平保障个人之自由权而为制约提供根据的情形下，只认可必要之最小限度的规制；而在基于实质性的保障社会权而为自由权之制约提供根据时，认可其必要限度的规制。该学说认为，公共福祉是人权限制的内在需要，并且根据不同权利的性质进行不同程度的限制。但公共福祉仍然太过原则和抽象，无法为具体的案件提供明确的判断标准。

实践中日本最高法院在进行违宪审查时，通过判例发展了一些较为实用的判断权利界限的理论。其中较为著名的是“比较衡量论”和“双重基准论”。“比较衡量论”是指对人权进行限制时，将基于限制所可产生的利益，与不限制情形下所可维持的利益加以比较，如果前者高于后者，则可据以限制人权，因此也被称为“个别性比较衡量”。如最高法院曾经审理的博多车站案、全递东京中邮案、“淀号”劫机事件新闻被除去案、教科书检定案等就适用了这一理论。“双重基准论”认为，在人权谱系中，精神自由对于立宪民主政治来说是不可或缺的权利，因此应比经济自由占有更为优越的地位。在对规制人权的法律进行违宪审查时，有关规制经济自由之立法的合理性基准，就不适合适用于有关规制精神自由的立法，而应以更严格的基准来进行审查。于是，就必须根据权利与自由的内容、形态，以及规制的目的、样态等进一步细致地考虑判定基准，如北方期刊案、零售市场距离限制案、药店距离限制案等。

二、概括性基本权

《日本国宪法》第13条规定：“全体国民都作为个人而受到尊重。国民对于生命、自由及追求幸福的权利，只要不违反公共福祉，在立法及其他国政上均须受到最大的尊重。”该条款中的“幸福追求权”被认为是一项包含宪法并列举权利的概括性基本权，是基于第13条前半句“个人均受到尊重”之宪法原则而规定的权利，它与第14条之后的具体性权利之间是一般法与特别法的关系，只有在个别性权利不适用的条件下，才适用“幸福追求权”。基于“人格利益说”，幸福追求权可视为一般行为自由。“幸福追求权”具体可以包含哪些新的权利，依靠什么标准来进行推导或确认，是极其困难的。至今为止，日本最高法院明确认可的权利仅有作为隐私权的肖像权而已。

三、法律面前一律平等

平等和自由被认为是近代宪法人权保障的两大最高目标。平等权作为公民享有的一项基本权利，也具有如概括性基本权相类似的特征，它蕴涵在其他一切人权之中。《日本国宪法》第14条第1款规定了平等权：“全体国民在法律面前一律平等，不因人种、信仰、性别、社会身份或者门第的不同，而在政治、经济以及社会的关系中受到歧视。”“法律面前一律平等”不仅包括了适用法律的平等，还包括法律内容的平等，允许合理的差别对待。日本法院在违宪审查时对立法所采取的区别对待是否符合宪法有关平等的规定，总结了一些实践经验。对第14条第1款后半句所列举的“人种、信仰、性别、社会身份或者门第”采取严格的审查标准，而针对其他事由（例如财产、学历、年龄等）适用“双重标准原则”。涉及精神自由以及与此相关联的问题，如选举权等，适用严格的审查标准，要考察其立法目的是否必要而不可或缺、达成立法目的之手段是否肯定在必要且最小的限度之内；在积极目的上对于经济自由的差别对待，适用较为宽松的审查标准，只要立法目的正当，目的与手段之间有合理的关联性即可。

四、自由权

（一）精神自由

1. 思想和良心自由。《日本国宪法》第19条规定：“思想及良心的自由，不得受到侵犯。”该条中的内涵包括了良心的含义，良心偏重于伦理性，不必将良心自由理解成信仰自由，因为另有第20条来保障信教自由。思想和良心自由仅止于内心，没有表现于外。如果表现于外，则由表达自由、宗教信仰自由等加以保护。所谓思想和良心不受侵犯，指的是无论国民抱有何种国家观、世界观、人生观，只要其存在于内心的领域，就是一种绝对的自由，国家权力不得基于内心的思想而课以不利，或者禁止国民抱有特定的思想，也不容许国家权力强迫其表白，即思想的沉默自由。国家权力对个人内心所抱有的思想进行直接或间接的窥探也是不被允许的。

2. 信教自由。《日本国宪法》第20条第1款前段规定：“任何人的信教自由均受到保障。”这里的信教自由包括信仰自由、宗教行为自由和宗教结社自由。所谓信仰自由，是指个人可自由决定信仰宗教或不信仰宗教，信仰哪一个宗教或变更所信仰的宗教的自由。具体而言，包括公民享有将内在的信仰自由表达到外部的信仰表白之自由，不允许国家强制个人表白信仰或强制个人做违反宗教的事情；公民个人不因信仰或不信仰宗教而接受特别的利益或不利益的自由；父母可以根据自己偏好的宗教来教育子女、让子女入读自己所偏好的宗教学校的自由，以及接受或不接受宗教教育的自由。所谓宗教行为自由，是指有关信仰的事项，个人可单独地或者与他人一道，任意进行诸如设置祭坛、做礼拜或祈祷等宗教上的祝典、仪式、活动以及其他传教行为的自由。《日本国宪法》第20条第2款规定：“不得强制任何人参加宗教上的行为、庆典、仪式或例行活动。”所谓宗教结社的自由，是指以宣传特定宗教，以及共同实行宗教行为为目的，结合成团体的自由。

《日本国宪法》第20条第1款后句规定，“任何宗教团体都不得从国家接受特权或行使政治上的权力”，同时第 3 款规定：“国家及其机构都不得进行宗教教育以及其他任何宗教活动。”这一条款表明了日本信奉“政教分离”原则，国家权力在宗教上的中立性。《日本国宪法》第 89 条还标明了在财政层面上“公款以及其他国家财产，不得为宗教组织或团体使用、提供方便和维持活动之用”。

3. 学问自由。《日本国宪法》第 23 条规定：“学问自由受到保障。”学问自由包括学术研究的自由、学术发表的自由以及教授的自由三个部分。学问自由的核心是以发现、探究真理为目的的研究自由。学术发表的自由是为了保障研究自由。教授的自由过去仅限于大学及其他高等学术研究机构的教授，而对于小学、中学以及高中的教师则不予承认。这种观点的形成与大学自由、大学自治理论密切相关。但现在也承认初等、中等教育机构中具有一定范围内的教授自由。具体可以参见教科书裁判案和旭川学历考试案。因此，国家权力不得弹压、禁止学术研究、发表研究、研究内容等学术活动及其成果，必须承认教育机构中从事学术的研究者的职务上的独立，保障其身份、教育内容和教育行政也应该被保护不受政治的干预。

4. 表达自由。《日本国宪法》第 21 条规定：“保障集会、结社、言论、出版及其他一切的表现自由。不得对言论进行事前审查。通信的秘密不得受到侵犯。”该条确认公民的表达自由，或称为表现自由，即通过各种手段发表思想的自由，包括条文中所载的集会、结社、言论、出版、通信以及绘画、电影、音乐、报纸、杂志等，是作为精神自由的外在表现形式而受到保障。该条款在实践中发展出了包含有知情权、媒体接近权等内容。法院根据表达自由条款进行合宪性审查时，采取了如下重要原则：双重基准理论、禁止事前检查原则、必要最少限度限制原则、明显与即刻的危险原则等。

（二）人身自由

1. 免受奴隶性拘束及苦役的自由。《日本国宪法》第 18 条规定：“任何人都不受任何奴隶性的拘束。同时，除因犯罪而受处罚外，对任何人都不得违反本人意志而使其服苦役。”该条杜绝违反人类尊严、非人道性质的对自由的拘束。所谓“奴隶性的拘束”，是指身体的自由已达到与自由的人格无法并立程度的拘束状态。“违反本人意志而使其服苦役”是指违反本人意思而强制的劳役。《日本劳动基准法》第 5 条规定：“雇主不得通过暴行、胁迫、监禁及其他不当拘束精神或者身体自由的手段，违反工人意志的强制劳动。”

2. 正当程序。《日本国宪法》第 31 条规定：“不经法律规定的程序，不得剥夺任何人的生命或自由，或科以其他刑罚。”该条规定源于美国宪法的正当法律程序（due process of law）条款，强化程序性保障人权的重要性。该条中的正当程序原则，与美国宪法相一致，既包括形式正当，也包括实质正当，具体而言，指的是法律所规定的程序必须是正当的（形式正当）；实体也必须由法律来规定（罪刑法定主义）；法律的实体规定也必须是正当的（实质正当）。实践中对程序的正当主要关注告知和听证，程序的正当不仅包括刑事程序，也包括行政程序。

3. 犯罪嫌疑人的权利。《日本国宪法》第 33、34、35、36 条规定了犯罪嫌疑人免受非法的逮捕、羁押、拘留的自由，以及住所不受侵犯，禁止公务员施行拷问及酷刑的权利。

4. 被告人的权利。《日本国宪法》在第 37、38、39 条为保障被告人的权利，规定了被告人享有公正迅速而公开接受审判的权利，审问证人权、传唤证人权，委托律师权，自我归罪的拒绝（即沉默权），不得作为证据的自白，事后法及双重危险的禁止。

（三）经济自由

1. 选择职业的自由。《日本国宪法》第 22 条第 1 款所规定的选择职业的自由，是指从事自己所选择的职业的自由，其中从事职业自由也称为营业自由。根据上述双重基准原则，经济自由比精神自由应受到较多的规制。根据规制的目的可以分为消极目的规制和积极目的规制。消极目的规制主要是为了防范、消除或缓和对国民生命与健康的危害而科以的规制，又称为

“警察性规制”；而基于福利国家理念，为确保经济的协调发展而进行的规制称为积极目的规制。目前日本采取的规制手段包括登记制、许可制、资格制、特许制、被定为国家垄断的行业。

2. 居住与迁徙自由。《日本国宪法》第 22 条第 1 款还规定了居住和迁徙自由，指的是公民有自由选择自己的住所或居所，进行搬迁的自由，包括旅行的自由。第 22 条第 2 款还规定了“任何人移居国外或脱离国籍的自由”，也属于居住和迁徙自由的内容。该自由与人身自由密切相关，都有摆脱身体拘束的含义。

3. 财产权。《日本国宪法》第 29 条规定：“财产权不受侵犯。财产权的内容应与公共福祉相适应，由法律规定。私有财产在正当的补偿下，可收归公用。”随着社会国家理念的发展，财产权由过去的不可侵犯性之自由权利转变为仍然受到社会拘束的权利。财产权基于公共福祉，可以受到限制。具体在公共目的之使用的情况下，须判明“公共目的”的含义，是否应进行补偿，以及具体补偿的标准。日本法院形成了“特别牺牲说”以及进行“完全补偿”的标准。

五、参政权

参政权是指公民享有参与国家政治管理的权利，主要为选举权和被选举权。《日本国宪法》第 15 条规定：“选举及罢免公务员，为国民固有的权利。一切公务员都是为全体服务，而不是为一部分人服务。关于公务员的选举，由成年人普选保障。在一切选举中，不得侵犯投票的秘密。对于选举人所作的选择，不论在公的或私的方面，均不得追究责任。”该条肯定了参政权在民主国家中的重要意义，是国民“固有的权利”。国家保障成年人参政权的行使，不得有经济上的限制，并应该确立秘密选举、普遍选举、自由选举等原则。

六、社会权

1. 生存权。《日本国宪法》第 25 条第 1 款明确规定：“全体国民都享有维持健康的且在文化意义上最低限度的生活权利。”表明了国民享有生存权，且确认了生存权标准为“维持健康的且在文化意义上最低限度的生活”，包含适度的物质需求和精神需求，是任何国民能过上有人性尊严的生活的最低保障。第 25 条第 2 款则对国家科以义务将生存权进一步细化：“国家必须在生活的一切方面为提高和增进社会福祉、社会保障以及公共卫生而努力”。第 25 条所规定的生存权，虽然对国家科以具体义务，但由于被认为是抽象权利，并不属于具体的请求权，即不能依据该条请求国家具体的生活救助。实践中日本制定了生活保护法、儿童福利法、老人福利法、残疾人福利法等各种社会福利立法，以及国民健康保险法、国民年金法、民生年金保险法、雇佣保险法、老人保健法、看护保险法等各种社会保险立法所构成的社会保障制度，并且包括保健所法、食品卫生法、环境基本法、大气污染防治法等有关公共卫生的制度立法。日本在“朝日诉讼”中确立了法院在违宪审查中可以通过《日本国宪法》第 25 条判定立法是否符合“维持健康的且在文化意义上最低限度的生活”标准。

2. 受教育权。《日本国宪法》第 26 条第 1 款规定：“全体国民，按照法律规定，均享有依其能力所及平等接受教育的权利。”公民享有受教育权是人格发展的重要手段。第 26 条第 2 款规定了受教育者之父母及其他亲权人、国家的责任：“全体国民，按照法律规定，均负有使受其保护的子女接受普通教育的义务。义务教育免费”。但在教育权的归属方面，即对教育内容的参与与决定方面，谁负有权利，存在“国家教育权说”和“国民教育权说”两种针锋相对的学说。

3. 劳动者的权利。《日本国宪法》第27条第1款规定了劳动者享有劳动权，意指有劳动能力的国民有要求国家提供劳动机会的权利，另有学者认为此条还包括有劳动能力者没有获得劳动机会时，可以要求国家给予特殊保护。此条中的劳动权属于社会权，不应认为其具有具体请求权的性质，国家只是负有政治性责任保障国民获得劳动机会。第27条第2款规定“有关工资、劳动时间、休息以及其他劳动条件的基本标准，由法律规定”，表明国家通过立法积极参与劳动的工作条件的保障，以确保劳动者享有最低限度符合人性的生存权。第27条第3款规定：“不得残酷驱使儿童”，这是针对雇主的特别规定，防止虐待、酷使儿童。第28条规定了劳动者享有团结权、集体交涉权以及其他采取集体行动的权利，俗称劳动三权。所谓团结权，就是工会结成权，是劳动者团结起来，与雇佣者处于对等地位的权利；所谓集体交涉权，是指劳动者团体与雇佣方就劳动条件进行交涉的权利；所谓集体行动权，是指劳动者团体为谋求实现其劳动条件而进行团体行动的权利，如怠工、罢工、示威等行为。

七、国务请求权

1. 请愿权。请愿权是历史上国民反对专制君主绝对统治的重要手段。现代社会随着表达自由的广泛认可以及议会制度的发展，虽然请愿权的地位降低，但仍是公民参政的重要手段。《日本国宪法》第16条规定：“任何人对损害的救济，公务员的罢免，法律、命令、规章的制定、废止和修订以及其他有关事项，都有和平请愿的权利，任何人都不得因进行此种请愿而遭受歧视待遇。”这里的请愿指国民向国家或地方公共团体机关，陈述有关国务之希望的行为。对请愿行为，国家负有诚实处理请愿的义务，但不对审理、判定请愿的内容产生法的拘束力。

2. 接受法院裁判权。《日本国宪法》第32条规定：“不得剥夺任何人在法院接受裁判的权利。”所谓接受法院裁判权，是指所有国民均可要求独立于政治权力的公平的司法机关，平等地给予其自由权利的救济，并且不受到这种公平法院之外的机关裁判的权利。

3. 刑事赔偿与赔偿请求权。《日本国宪法》第17条规定：“任何人在由于公务员的不法行为而受到损害时，均可根据法律的规定，向国家或公共团体提出赔偿的要求。”该条赋予国民因国家不当行为受到损害时的国家赔偿请求权。《日本国宪法》第40条规定：“任何人在拘留或拘禁后被判无罪时，得依法律规定向国家请求赔偿。”该条赋予国民因国家正当行使的拘留、拘禁行为，但被判无罪情况下的国家赔偿请求权。

八、公民的基本义务

近代宪法虽以保障人权为核心价值，但国民的基本义务并不就此免除。宪法规定国民义务并非是对国家的全面服从义务，而是以保障人权为基准。

1. 自由与权利之一般义务

《日本国宪法》第12条规定：“受本宪法保障的国民的自由与权利，国民必须不断地努力保持。同时，国民不得滥用此种自由与权利，而应负起经常用以增进公共福祉的责任。”该条规定了国民行使自由与权利的三种义务：不断努力地保持的义务、不得滥用的义务以及增进公共福祉的义务。该条文只具有道德宣示的意义，不得据此要求国民承担具体的义务，并加以制裁。

2. 尊重、拥护宪法的义务

《日本国宪法》第99条规定：“天皇或摄政以及国务大臣、国会议员、法官以及其他公务员均负有尊重和拥护本宪法的义务。”该条规定公务员尊重、拥护宪法的义务，公务员由于职业性质，具有遵守宪法，确保宪法实施的义务。该条仅具有伦理性，对公务员是一种道德责任的要求，不能据此进行具体的惩戒。但立法时可以依据此条款进行公务员遵守宪法，违法进行制裁等相关法律的制定。至于国民是否具有尊重、拥护宪法的义务宪法没有规定，是为了防止国民忠诚宪法制度化所可能对国民带来的风险。

3. 受教育的义务

《日本国宪法》第 26 条第 2 款中规定："全体国民，按照法律规定，均负有使受其保护的子女接受普通教育的义务。"受教育义务的主体是子女的亲权人或监护人，非子女本身。该项义务形式上是对国家负此义务，实质上是对受其保护的子女负有义务，保障其受教育权的实现。该条义务是法律义务，监护人如果违反此项义务要承担相应的法律责任。

4. 劳动义务

《日本国宪法》第 27 条规定了劳动的权利和义务。该项义务不是指国家可以强制有劳动能力的国民进行劳动，否则将构成对宪法所保障的不得进行苦役的权利、职业选择自由等的侵犯。国民通过劳动以维持生活，这对个人和社会、国家均具有重要意义，因此该条在此意义上是一种道德义务的规定。此外，该条还表明对于无正当理由拒绝工作义务的国民，国家没有保障其劳动权和生存权的必要。因此，对于具有劳动能力但拒绝工作者，国家将不得给予其社会给付，此项具有法律意义。

5. 依法纳税的义务

《日本国宪法》第 30 条规定："国民有按照法律规定纳税的义务。"纳税是维持国家财政运转的基础，国民纳税义务为世界各个国家宪法所规定。纳税义务的主体并不限于本国国民，外国人及公司也有纳税义务。该义务含有租税法律主义，以及课税公平原则。

第四节　国家基本制度

一、天皇

（一）天皇制的历史演变

《明治宪法》认为，天皇是与天地共存的，天皇的地位源自万世一系的血统，其渊源来自远古时代的神，因此天皇拥有神敕的权威，神圣不可侵犯，其天皇制度是否妥当，不是合法讨论的对象。由于日本战败投降，国民主权原则确立的同时，天皇主权被否定，天皇的神格和天皇的不朽性（与天地共存性）被消灭，因此天皇制的当否和存废，引起各方讨论。

以日本共产党为代表的民主势力主张彻底废除天皇制，盟国也曾主张这一见解，因为不废除天皇制就不可能彻底废除军事法西斯制度，且天皇应负有不可推卸的战争责任。但日本除共产党以外的其他政党，即保守势力均主张保留天皇制。日本政府在接受《波茨坦公告》时，提出一个附加条件："不包括有损于主权统治者天皇大权的要求"，并在提出这一要求的同时希望对这种谅解的正确与否给予明确答复。之所以如此要求源于日本政府对国民许诺"维护国体"，即维护君主制，保留天皇。这种非常强烈的保留天皇制的主张有着深厚的国民基础。日本民族是一个比较守纪律和顺从的民族，传统上日本天皇以国民保护者的身份出现，受命于天而居于国民与天地之间，是神的化身。因此日本国民对天皇无限敬畏和崇拜的情感，他们不相信也不可能接受天皇要承担战争责任的说法。这种盲目的服从心态导致废除天皇是极其困难的事情。大西洋宪章和《波茨坦公告》回复说，"日本政府之最后形式将依日本人民自由表示之意愿确定之"。1946 年 2 月 23 日向日本政府提交的麦克阿瑟草案最终承认了天皇制。但这与当时政府审议的松本草案的天皇制（天皇依然是统治权的总揽者）有着根本不同，天皇主要具有国家象征作用，所以政府（币原内阁）对此感到非常不满，但在当时国际形势的现实中要求超越这种天皇制，实际上已是不可能的，最后被迫同意。

《明治宪法》和《日本国宪法》都规定了天皇制度，但新旧天皇制度之间存在着根本不同：(1)《明治宪法》以天皇主权或神敕主权为其根本原则，而《日本国宪法》是以国民主权为其根本原则，天皇的地位也以主权者国民的意志为依据。(2)《明治宪法》的天皇是统治权的总揽者，而《日本国宪法》的天皇仅是国家的象征。《明治宪法》第4条规定："天皇为国家元首，总揽统治权。"天皇拥有一切国家权力，并且自己可以任意行使之。(3)《明治宪法》规定天皇是神的子孙，具有神格，因此把天皇的祖先作为神来崇拜的宗教，即神社（为神之道），不仅是天皇一家的宗教，也是国家的宗教，强制全体国民对其进行礼拜。《日本国宪法》采国民主权，天皇本身的神格被否定，所以宗教与国家完全分离。

（二）天皇的地位

1. 天皇的象征地位。《日本国宪法》第1条规定："天皇是日本国的象征，是日本国民统合的象征，其地位以主权之所在的全体日本国民的公意为依据。"因此，天皇的象征地位包括两点：(1) 天皇是日本国的象征；(2) 天皇是日本国民统合的象征。"日本国"着眼于日本国家领土及其他物的因素，而"日本国民统合"着眼于日本人的结合、日本国家的人的因素，二者有细微的差别。

2. 皇位继承。《日本国宪法》第2条规定："皇位世袭，根据国会议决的皇室典范的规定继承之。"皇位继承资格限于属于皇统的男系男子，妇女没有继承资格。皇位的继承顺序是：(1) 皇长子；(2) 皇长孙；(3) 皇长子的其他子孙；(4) 皇次子及其子孙；(5) 其他的皇子孙；(6) 皇兄弟及其子孙；(7) 皇伯叔及其子孙；(8) 如无以上适当人选，则传位于最亲近的皇族，但在一切场合以长辈在先，在同辈内以长者在先。皇嗣如有精神病或者身患不治之症或者有重大事故时，根据皇室会议决议按照上述顺序可以变更继承皇位的顺序。皇位继承的原因只能是天皇驾崩，天皇生前不许退位。天皇未成年、因精神或者身体患病或者有重大事故不能从事有关国事时，可以根据皇室会议的决议，设置摄政。日本现任天皇为德仁天皇，其只育有一女，其弟有两女一男，鉴于男性较为稀少，近年来要求修改继承法，使女性也有继承权的呼声越来越高。

3. 皇族的特权及特别义务。皇族有以下特权：(1) 皇位继承的资格；(2) 摄政资格；(3) 接受敬称的权利；(4) 由国库支付皇族费用的权利；(5) 成为摄政的皇族在任期间不受刑事追诉的权利。皇族除适用法律、命令外，有以下特别义务：(1) 皇族男子的婚姻须经皇室会议议决；(2) 皇族不得收养养子；(3) 皇室财产的转移须经国会议决。

（三）天皇的权能

《日本国宪法》第3条规定："天皇有关国事的一切行为，必须有内阁的建议和承认，由内阁承担责任。"第4条规定："天皇只能行使本宪法所规定的国事行为，并无国政的权能。天皇可根据法律规定，对国事行为进行委任。"由此可知，天皇是宪法上的国家机关，承认可以进行一定的行为，但不能单独进行，一切行动应以内阁的意志为依据。天皇在宪法上所为之行为完全是礼仪的和名义的，天皇这一国家机关是不具有实权的"虚设"的存在，根据内阁的同意制度来加以确保。①

依据《日本国宪法》第7条的规定，天皇根据内阁的建议与承认，可以行使的有关国事行为包括：(1) 公布宪法修正案、法律、政令及条约；(2) 召集国会；(3) 解散众议院；(4) 公

① 宫泽俊义．日本国宪法精解．芦部信喜，修订．董璠舆，译．北京：中国民主法制出版社，1990：51.

告举行国会议员的选举；(5) 认证国务大臣及依法律规定的其他官吏的任免、全权委任状以及大使、公使的国书；(6) 认证大赦、特赦、减刑、免除执行刑罚以及恢复权利；(7) 授予荣誉称号；(8) 认证批准书以及法律规定的其他外交文书；(9) 接受外国大使及公使；(10) 举行仪式。根据《日本国宪法》第 6 条的规定，天皇还享有两项任命权：(1) 根据国会的提名，任命内阁总理大臣；(2) 根据内阁的提名，任命担任最高法院院长的法官。

二、国会

（一）国会的地位

1. 国民的代表机关。《日本国宪法》前言规定："日本国民决心通过正式选出的国会中的代表而行动"；第 43 条第 1 款规定："两议院由选举产生的代表全体国民的议员组成"。因此，国会作为由国民选出的议员组成的代表机关，反映国民的意志，为国民而行动，体现了国民主权原则。通说认为，这里所说的代表，并非指代表机关的行为在法律意义上被视为被代表者（国民）之行为，而是指国民通过代表机关来行动，代表机关被视为反映民意的机关，此乃政治性的含义。具体而言，议员并非选举区或后援团体等选举母体的代表，而是全体国民的代表，因此议员在议会中仅依自己的信念而展开言论、表决，不必受到选举母体的约束，且议员的意思与国民的意思之间是否一致也不是问题①，此为古典的"纯粹代表制"的类型。还有人指出，日本的代表制处于"半代表制"或"社会学的代表制"阶段，强调议会应尽量反映国民的意思。②

2. 国家唯一的立法机关。根据《日本国宪法》第 41 条，国会为"国家唯一的立法机关"，意味着立法权属于国会，且仅属于国会，是对《明治宪法》下立法权属于天皇，由帝国议会协赞之的原则加以明确的否定。

3. 国家权力的最高机关。根据《日本国宪法》第 41 条，国会"是国家权力的最高机关"。这里的"最高机关"乃是政治上的美称，强调国会是由主权者国民直接选任的，借此与国民相连接，并由宪法赋予其立法权等重要权能，使之位于国政中心地位的机关。日本奉行三权分立原则，国会只享有立法权，并没有总揽全盘国政的最高决定权，因此不能在法律意义上理解此处"最高机关"的称谓。也有学者认为，国会属于国家权力的最高机关地位表示在享有权力方面，如果某项权力不能通过宪法确认其归属，那么应推定属于国会。

（二）国会的组织及工作方式

1. 国会的组织

日本国会采两院制，由参议院和众议院组成。众议院有 500 个议席，参议院有 252 个议席。

众参两院设有主持院务工作的议长和副议长各一人。议长、副议长在国会召集时从议员中选举产生，任期与议员相同。依据国会法，议长被赋予以下职权：(1) 定议事日程、付托及复议议案、限制发言时间等整理、指挥议事；(2) 请求国务大臣等出席、质问内阁、上奏决议以及其他对外代表议院的行为；(3) 为保持议院纪律，行使内部警察权；(4) 监督议院事务；(5) 两议院进行议事时的裁决权。两议院议事原则上以过半数决定，当出现"可否同数时，由议长决定"（《日本国宪法》第 56 条第 2 款）。

众参两院均设有委员会，由于院会人数众多且案件增加，专业性强，因而议案的审议由委员会进行。根据国会法，委员会分为常任委员会和特别委员会。目前众议院有 20 个常任委员

① 芦部信喜．宪法．3 版．高桥和之，增订．林来梵，等译．北京：北京大学出版社，2006：256.

② 宋长军．日本国宪法研究．北京：时事出版社，1997：136.

会，参议院有17个常任委员会，包括内阁、地方行政、法务、外交、财政、文教、厚生、农林水产、商工、交通、通信、劳动、建设、安全保障（仅众议院有）、科学技术（仅众议院有）、环境（仅众议院有）、预算、决算、议院运营、惩戒各委员会。特别委员会，是为审查特别有必要的案件或不属于常任委员会所管的特定案件，而随时由各议院设立，委员由议院选任，直至案件在该院议决为止。

此外，各议院还设置了其他机构，包括事务局、法务局、国立国会图书馆以及法官追诉委员会和法官弹劾法院。

在两议院的关系方面：(1) 两议院活动彼此独立，但两院的议决必须一致，否则不发生法律效力。因此每一议院通过的议案必须送交另一议院进行表决。(2) 两院协商会议的召开。当两院对预算、条约的审查和对内阁总理大臣的提名意见不一致时，必须召开两院协议会协商解决。对法案的审查，如果众议院提出请求召开两院协议会时，必须召开，参议院只能在对众议院送来的法案有不同意见时，才可以要求召开，但众议院有权拒绝。(3) 众议院优越。众参两院在修改宪法创议权和国政审查权方面完全平等外，其他权能上众议院拥有优越地位，这种两院制被称为“跛行两院制”。如在法律草案的议决中，众议院通过但参议院不同意，则众议院以出席议员2/3以上的多数再次通过即法律生效；在预算案的议决（预算案必须由众议院提出）、条约批准以及内阁总理大臣提名程序中，召开两院协商会议仍不能取得一致意见，则以众议院的意见为准，等等。(4) 众议院因内阁向天皇请求而被解散，但参议院不解散。其同时闭会，参议院可因内阁请求召开紧急会议，但形成的决议需要下届众议院同意才能生效。

众议院被解散中的解散，指的是使议员在任期届满之前丧失议员资格的行为。根据《日本国宪法》第7条，解散众议院需在内阁的建议与承认下，由天皇行使之，因此内阁拥有实质性的解散众议院的权力。众议院被解散的意义在于，内阁寻求作为主权者的国民对内阁的信赖程度，而由国民进行裁决。内阁解散众议院，必须有合理的理由，依据《日本国宪法》第69条，当众议院通过对内阁的不信任案或否决其信任案时，如果内阁在10日内不解散众议院，那么内阁必须全体辞职。除此之外，因其他事由解散，也必须局限在合理的范围内。不能认为内阁可依单方面考虑或因政党利益而享有自由解散议会的权力。如果众议院被解散，则众议院必须在解散之日起40日内举行大选，并须自选举之日起30日内召集国会。在国会召集时，内阁全体辞职，重新提名总理大臣，组成新内阁。

2. 国会的工作方式

国会仅在被限定的期间才具有活动能力，此期间称为会期。国会在每个会期都是独立存在的，不同会期的国会，被认为不继续，此为会期不继续原则。一般而言，在会期中没有作出决议的案件，下届国会不再继续。会期因国会召集时的原因不同而分为常会、临时会议和特别会议三种。(1) 常会，每年举行一次，通常是在每年1月召集，原则上为150天。(2) 临时会议，是在常会之外产生临时需要而召集的会议。内阁或者任何一院有全体议员1/4以上要求时必须召集，会期由两院一致决议决定。(3) 特别国会，是众议院被解散之日起40天内举行大选，从大选之日起30日内必须召集的国会，主要是为了指定内阁总理大臣。

国会在进行议事时，必须遵循一定的议事规则：(1) 议事公开原则。《日本国宪法》第57条规定：“两议院的会议均为公开会议。但经出席议员2/3以上的多数决议时，得举行秘密会议。两议院分别保存各自的会议记录，除秘密会议记录中认为应特别保密者外，均须公开发表，并公之于众。如有出席议员1/5以上的要求，各议员的表决必须载入会议记录。”议事公开除了会议公开和记录公开外，还包括旁听自由和报道自由。(2) 讨论自由原则。《日本国宪法》第51条规定：“两议院议员在议院中所作的演说、讨论或表决，在院外不被追究责任。”(3) 议事法定人数原则。《日本国宪法》第56条第1款规定：“两议院如无各自全体议员的1/3以上出席，不得开会议事和作出决议。”（4）多数议决原则。《日本国宪法》第56条第2款规定：“两议院进行议事时，除本宪法有特别规定的情形外，须由出席议员的过半数通过表决，赞同票与否决票票数相等时，由议长决定。”但是，针对资格争讼裁判中撤销议员资格、举行秘密会议、开除议员、众议院再次通过被参议院否决的法律草案，要求以出席议员的2/3以上多数通过；而对创议修改宪法，则需要全体议员的2/3以上多数通过。（5）一事不再议原则。对于已由议院议决的同一问题，在同一会期中不再审议。此原则的确立主要是为了确保国会有效率地运作，以及保持国会审议的慎重性与议决的权威性。此项原则虽然没有宪法的明文规定，但却是所有国家议会共同遵守的一般原则。不过此项原则也有例外，如法律草案之再审议（《日本国宪法》第59条第2款）等。

（三）国会的权能

1. 立法权。国会作为唯一的立法机关，其主要权能是制定法律。两议院议员、委员会以及内阁均有权提出法律草案。对于议员提出议案，为防止其滥用，《国会法》规定了必须具有一定数额的议员赞成：在众议院必须具有20名以上的议员赞成，在参议院须有10名以上的议员赞成。法律草案提出后，原则上由议长交给适当的委员会进行审议。法律草案交付委员会后，经提议人或主管大臣或政府委员说明提案理由、回答质疑、讨论、表决后，除法律草案在委员会被决定不交给议院会议外，交给各院会表决。法律草案经两院审议通过后，由主管国务大臣署名，内阁总理大臣连署，再由最后作成决议的议院议长经由内阁上奏天皇，在上奏天皇之日起30日内予以公布。除法律特别规定外，自公布之日起满20日施行。

2. 内阁总理的提名权。内阁总理大臣应由国会在国会议员中议决提名，并应先于其他一切议案，如两院提名不一致，众议院的议决成为国会的议决。国会提名成立后，由众议院议长经由内阁上奏天皇，并由天皇任命。天皇的任命只是形式上行为而已。

3. 财政监督权。依据宪法规定，国家的收入与支出，须以预算的形式经国会审议及议决，此乃沿袭了近代以来国民代表议会控制国家财政为核心的财政立宪主义原则。年度预算由内阁编制后，先交众议院审议。两院具体由预算委员会负责审议。如果众参两院对预算案发生分歧，需召开两院协议会解决，仍无法达成一致，则实行众议院优越原则。国会若拒绝通过预算案或者对决算案作出否决决议，即意味着对内阁的不信任。

4. 条约承认权。《日本国宪法》第73条第3项规定，内阁有权“缔结条约，但必须在事前，或根据情况在事后获得国会的承认”，即承认国会的条约承认权。但对条约的范围，日本学界有争议，政府于1974年表达了国会承认条约的范围及不须经国会承认的范围的见解。

5. 修改宪法的提案权。《日本国宪法》第96条规定：“本宪法的修改，必须经各议院全体议员的2/3以上赞成，才由国会提议，向国民提案，并得其承认。此种承认，有必要在特别的国民投票或国会规定的选举时所进行的投票中，须获得半数以上的赞成。”

6. 对法官的弹劾审判权。国会对法院的法官有弹劾审判的权力，这源于国民有选定、罢免公务员的固有权利。依据《国会法》和《法官弹劾法》的规定，各议院从其议员中选出10名议员组成法官追诉委员会，该委员会以出席委员的2/3以上多数通过时，可提出对法官的追诉或者暂缓追诉决定。由各议院从其议院中选出7名议员组成弹劾法院，审理追诉委员会的追诉决定。弹劾法院将裁定罢免的条件限定为：（1）显著违反职务上之义务，或相当怠惰于职务；（2）其他无论是职务内或职务外，有显失法官威信之不正行为。此罢免条件非常严格，因此过去因弹劾而被罢免追诉的例子虽然不少，但真正被罢免的情况十分少见。①

---

① 阿部照哉，池田政章，初宿正点．宪法——总论篇、统治机构篇：上册．周宗宪，译．北京：中国政法大学出版社，2006：264-265.

（四）议院的权能

1. 两院共有的权能

众参两院的共有权能包括两项：(1) 自律权。国会各议院，关于组织、运作等议院的内部事项，有不受行政权、司法权及其他议院干涉而自主决定的权能。具体包括职员的选任权、议员资格争讼裁判权、逮捕议员的同意及要求释放权、议院规则制定权、议员惩戒权等。(2) 国政调查权。《日本国宪法》第62条规定："两议院得各自进行有关国政的调查，并得为此要求证人出席作证或提出证言及记录。"各议院进行国政调查的范围极广，除了与国政无关的个人私事不能进行调查外，其他都可以纳入其中，这些调查主要是为了国会有效行使立法权。各议院有要求证人出席，提供证言并提出记录的权力，无正当理由证人不得拒绝出席或拒绝提供证言与文书。

2. 众议院的独有权能

众议院独有的权能主要体现为内阁不信任议决权。根据《日本国宪法》第69条的规定，众议院可以通过对内阁的不信任议决案或者否决对内阁的信任议决案，如果众议院未被解散，内阁即须辞职。这种规定源于日本议会内阁制的基本精神，内阁向议会负责，内阁必须取得代表民意的国会下院的信任为存在条件。除此之外，众议院还可以对上届众议院被解散时，应内阁要求参议院召开的紧急会议所采取的措施表明意见。

3. 参议院的独有权能

参议院的独有权能体现为紧急集会权。在众议院被解散时，参议院也自行闭会，此时国会已不存在。为处理在此期间发生的紧急事态，应内阁请求，参议院可以召开紧急集会，临时代行国会的权能。此时总理大臣必须规定集会日期、说明议案并向参议院议长提出书面请求。议长通知各议员必须按照指定日期到参议院集会。参议院只可对内阁提出的事件，或与之有密切关联的事项来行使权能。紧急集会所采取的措施是临时性的，在下届国会开会后10日内，如果得不到众议院的同意，则丧失效力（《日本国宪法》第54条第3款）。

（五）议员

1. 议员的地位。"两议院由选举产生的代表全体国民的议员组成。"（《日本国宪法》第43条第1款）按照此条的规定，赋予国会议员"代表全体国民"的地位，意指：议员并非仅代表特定的阶级、党派或特定地域的居民，而是全体国民的代表；议员在活动时，不受选举人的意思、指令而有所约束，应为全体国民而独立活动。

2. 任期。众议员任期4年（如果众议院被解散，则众议员的任期随之终止），参议员任期6年，每3年改选议员半数。这种不同任期的规定，主要源于议院的功能和定位不同。众议员任期短，且有解散制度，是为了使众议院能够迅速反映舆论，而参议员任期长且半数交替，是为了赋予参议院安定性与继续性。议员的任期，从总选举日或从前任者任期届满日之翌日起算。任期中议员出缺时，补缺议员的任期，是前任者的剩余任期。

3. 议员身份的丧失。议员在以下情况下，根据宪法规定丧失议员身份：(1) 任期届满；(2) 众议员在众议院解散时；(3) 任何人，不得同时为两院议员；(4) 在资格争讼裁判中，依议院的议决判决议员无资格时；(5) 议院惩罚议员，议决将之除名。根据法律规定，还可因下列情况而丧失议员身份：(1) 在有关选举的争讼上，法院判决选举或当选无效，或当选人、选举活动总指挥者、出纳负责人等，因特定选举犯罪而被处刑，以致当选无效时；(2) 议员丧失法律所规定的被选举资格时；(3) 依本人的意愿，得议院的许可而辞职。

4. 议员的选举。根据《公职选举法》的规定，凡年满20周岁的日本国民具有选举权。对被选举人的资格，年满25周岁的国民可以选举为参议员，年满30岁的国民可选举为众议员。但禁治产人在禁治产期间，判处监禁以上刑罚者在刑罚期间，以及因选举犯罪而被处刑罚者在一定期间内均无选举权和被选举权。众议院500个议席中，300名由小选举区[①]选出，200名由比例代表[②]选出；参议院252个议席中，100名由比例代表选出，152名由选举区选出。

5. 议员的权能。议员的权能包括：(1) 临时国会的召集请求权；(2) 提案权；(3) 质问权：议员得质问内阁；(4) 质疑权：议员就目前成为议题的议案，得要求国务大臣、委员长、提议人等说明；(5) 讨论权：议员对于成为议题的议案，得进行赞成与否的讨论；(6) 表决权；(7) 少数意见的报告权：在委员会中被废弃的少数意见，经出席委员1/10以上赞成，少数意见者得向议院提出报告。

6. 议员的特权。(1) 不受逮捕权。"除法律规定的情形外，两议院议员在国会开会期间不受逮捕。开会期前被逮捕的议员，如其所属议院提出要求，必须在开会期间予以释放。"(《日本国宪法》第50条) 不受逮捕权，是为了防止行政权与司法权对议员活动的不当干扰。《国会法》提出两点例外，院外现行犯可以不必经过同意，以及议院有权判断逮捕的理由是否正当。另外，会期前有被逮捕的议员时，有20名以上议员联名，可以向该院议长提出并附有释放理由的请求同意。(2) 言论免责权。"两议院议员在议院中所作的演说、讨论或表决，在院外不被追究责任。"(《日本国宪法》第51条) (3) 职务保障。"两议院议员得按法律规定，自国库接受相当数额的年薪。"(《日本国宪法》第49条) 另外，议员还有被支给旅费、期末津贴、通信费、逗留杂费、议会杂费、调查研究费、退职金等待遇。

三、内阁

(一) 内阁享有行政权

《日本国宪法》第65条规定："行政权属于内阁。"此条是日本权力分立原则下对行政权归属的规定。通说认为，此处的行政权，是从所有国家权力中，除去立法权和司法权之后剩余的权力，此说也被称为"扣除说"或"消除说"。

行政权属于内阁，但这并不意味着所有的行政事务都由内阁自行作出。一般而言，行政权由行政各部门的机关行使，内阁指挥和监督各部门，居于综合调整、总揽全局的地位。但是在第二次世界大战后民主化过程中，基于政治中立的需要，成立了一系列行政委员会，它们独立于内阁活动，不受内阁指挥和监督。对于此种情况是否构成了对《日本国宪法》第65条的违反，一般认为，内阁统揽行政，并未要求内阁对一切行政直接行使指挥监督权，只要从内阁独立出来的机关最终仍受到国会的控制，也可理解为合宪。[③]

(二) 内阁的权能

内阁行使的权能，形式上可以分为三种：(1) 依照《日本国宪法》第73条享有的权能；(2) 第73条所列之外有关一般行政事务的权能；(3) 由宪法其他条文所授权的权能。如

① 小选区是指每一选区应选一名议员的选举制度。当选议员必须获得过半数投票，且票数最多。在此制度下，多数派政党可以赢得选票，获得议员资格，因此也称为多数代表制。这种选举方式的优点在于适合于两大政党执政，防止小党林立，使政局安定；选举花费少；议员与选民关系密切。缺点是少数派政党难以获得议席，产生大量无效选票；多数派政党容易专横；议员的地方代表性强。与此相对的大选区制，是指每一选区应选两名以上议员的选举制度。这种制度使得多数派政党不一定独占议席，少数派政党也可能产生议员。优点在于选区大，可能产生更适合代表国民的议员，缺点是花费大，政局不稳，候选人与选民关系淡薄等。

② 比例代表制是依各政党的得票数，比例分配当选席次的制度，可谓是使议会真正成为民意的代表机关。优点在于使议席与政党得票数成比例，反映少数党意志；缺点在于导致政党林立，政局不安，决定当选人的技术性问题多等。

③ 宫泽俊义. 日本国宪法精解. 芦部信喜，补订. 董璠舆，译. 北京：中国民主法制出版社，1990：283.

果按照内阁享有权能的内容可以分为四种：(1) 关于行政的权能；(2) 与国会关系的权能；(3) 关于司法的权能；(4) 对天皇国事行为的建议与承认权。

1. 有关行政的权能。内阁依据《日本国宪法》第 73 条以及其他条款，除了处理下列行政事务外，还处理其他一般行政事务：(1) 忠实地执行法律，总理国务；(2) 处理外交关系；(3) 缔结条约，但必须在事前，或根据情况在事后获得国会的承认；(4) 按照法律规定的准则，掌管有关官吏的事务；(5) 编制并向国会提出预算；(6) 为实施本宪法及法律的规定而制定政令；但在此种政令中，除法律特别授权的情形外，不得制定罚则；(7) 向国会提出决算；(8) 支出预备费；(9) 向国会及国民报告国家的财政状况。

2. 与国会关系的权能。主要包括：(1) 决定召集临时会议（《日本国宪法》第 53 条）；(2) 解散众议院（《日本国宪法》第 7 条第 3 款、第 69 条）；(3) 要求参议院举行紧急会议（《日本国宪法》第 54 条第 2 款）；(4) 决定法律草案、预算、条约等议案的提出（《日本国宪法》第 72 条）。

3. 关于司法的权能。主要包括：(1) 决定大赦、特赦、减刑、免除刑罚执行及恢复权利（《日本国宪法》第 73 条第 7 项）；(2) 提名担任最高法院院长的法官（《日本国宪法》第 6 条第 2 款）；(3) 任命其他法官（《日本国宪法》第 79 条第 1 款、第 80 条第 1 款）。

4. 对天皇国事行为的建议与承认权。依据《日本国宪法》第 3 条："天皇有关国事的一切行为，必须有内阁的建议和承认，由内阁承担责任。"由此，处理国事行为的实质权力掌握在内阁手中。

（三）内阁的组织

1. 内阁的成立

内阁是由作为首长的内阁总理大臣以及其他国务大臣组成（《日本国宪法》第 66 条第 1 款），人数为 20 人以内。内阁总理大臣以及其他国务大臣，虽然通常既是内阁构成人员，也是各省厅的大臣，但是并不妨碍无任所的大臣的存在。

内阁的成立分为两步：(1) 任命内阁总理大臣。按照《日本国宪法》第 67 条的规定，由国会两院在召开国会时，先于其他一切议案，分别从国会议员中提名和投票选举，众议院与参议院对提名作出不同决议时，根据法律规定举行两院协商会议亦不能得出一致意见时，又在众议院作出提名的决议后，除国会休会期间不计外，在 10 日以内参议院仍不作出提名决议时，即以众议院的决议作为国会决议。(2) 内阁总理大臣组阁。

关于内阁总理大臣及其他国务大臣的资格，《日本国宪法》第 66、68 条规定了两个条件：(1) 内阁总理大臣任命的国务大臣，其中半数以上人员必须在国会议员中选任；(2) 必须是文职人员。此处"文职人员"可能有三种含义：1) 非现役职业军人；2) 未曾是职业军人；3) 既非现役军人又未曾是职业军人。"文职人员"的规定源于《日本国宪法》第 9 条禁止保留军队的和平主义原则，禁止军人执政。那么宪法中的"文职人员"指的是第三种情形，因为第一种情形包括了战前的职业军人。第二种情形虽然成为多数说，但由于自卫队的成立，自卫官也不能成为文职人员的说法十分有力，因此第三种情形的含义较为准确。

2. 内阁总理大臣

内阁总理大臣是内阁的首长。具体包括下列职权：(1) 任命或者罢免其他国务大臣（《日本国宪法》第 68 条）；(2) 代表内阁向国会提出议案，就一般国务及外交关系向国会提出报告，并指挥、监督各行政部门（《日本国宪法》第 72 条）；(3) 以主管国务大臣的身份在法律、政令上署名以及与国务大臣一并连署（《日本国宪法》第 74 条）；(4) 同意对国务大臣的追诉（《日本国宪法》第 75 条）；(5) 发起内阁讨论会议；(6) 裁定主管大臣之间与权限有关的疑义；(7) 中止各行政部门的处分或命令以待内阁处理；等等。

3. 内阁的组织机构

(1) 总理府。主要职能为综合调整政府各部门的政策和措施，掌握不属于其他政府机关及庆典、统计等项事务。总理大臣为总理府首长，另设总理府总务长官，由国务大臣担任。

(2) 内阁直接统辖的行政机关。为执行国家的行政，必须在内阁之下进一步配备行政组织，依据《国家行政组织法》的规定，作为基本国家行政组织的内阁掌理行政事务的机关，除了总理府外，另设法务、财政、教育、厚生、农林水产、通商产业、运输、邮政、劳动、建设、自治等 12 个部。各部在内阁统辖下分别管理各自法定职权范围内的事务，承担国家的重要行政职责。设各部大臣，由国务大臣担任。总理大臣或者副总理大臣有时也兼任某一部大臣。

(3) 独立行政委员会。内阁在总理府和各部还设有作为外局的独立委员会，如公平交易、国家公安、公害等调整（以上为总理府的外局）、司法考试管理、公安审查（以上为法务部的外局）、船员劳动（运输部）、中央劳动（劳工部）等 7 个委员会。此外，另设宫内、总务、北海道开发、防卫、经济企划、科学技术、环境、冲绳开发、国土、防伪设施（以上为总理府的外局）、公安调查（法务部）、国税（财政部）、文化（教育部）、社会保险（厚生部）、食粮、林野、水产（以上为农林水产部的外局）、资源能源、特许、中心企业（以上为通商产业部的外局）、消防（自治部）等 24 个厅。委员会的首长称为委员长，厅的首长称为长官。这些委员会和厅独立于内阁，独立行使职权，委员长及委员的任命经国会两院同意，委员长及委员实行任期制等。

4. 内阁全体辞职

内阁认为其存在已不适当时，可随时提出全体辞职。不过在下述三种情况下必须全体辞职：(1) 众议院通过了不信任决议，或否决了信任案的决议时，10 日内众议院未被解散的情况；(2) 内阁总理缺位，具体包括死亡、丧失总理大臣的资格、辞职；由于生病或者生死不明，属于暂时性的履行职责不能，由副总理大臣代行总理大臣职能。(3) 众议院议员总选举后第一次召集国会时。

内阁全体辞职时应立即通知两议院，以便两议院尽快提名新内阁总理大臣的议决。已经辞职的内阁在新内阁总理大臣产生之前继续执行职务。

（四）内阁的工作方式

内阁是通过内阁会议来行使内阁职权的。内阁会议就是国务大臣的全体会议，因为内阁只能以阁议的方式来行使职权，且内阁对国会负连带责任，所以组成内阁的国务大臣必须一体行动，内阁会议的决议必须全体会员一致通过。即使某个大臣因故未出席阁议，事后也要取得其赞同。一般总理大臣于每周二、五上午在总理大臣官邸举行内阁会议例会，必要时也可随时召开内阁紧急会议。另外，内阁会议的内容，被要求高度保密。

四、司法机关

（一）法院组织体系

《日本国宪法》第 76 条第 1 款规定：“一切司法权属于最高法院及按照法律规定设置的下级法院。”由此，日本法院包括最高法院和下级法院。下级法院则有高等法院、地方法院、家庭法院、简易法院四种。案件一般按照地方法院（或家庭法院）、高等法院、最高法院的顺序，依次进行初审、控告审、上告审，实行三审终审制。一些轻微案件由简易法院进行初审。家庭法院是为了进行家庭案件、少年案件的裁判等而被特意设立的法院，与地方法院居于同等地位，而简易法院则是对小额或轻微的案件进行简易迅速审理的第一审法院。

《日本国宪法》第 76 条第 2 款规定：“不得设置特别法院。行政机关不得作出终审的判决。”因此，日本不得设置除了普通法院以外的其他裁判案件的机构。这主要是排除《明治宪法》时期设立行政法院并由其终局裁决，而普通法院不能针对行政诉讼案件进行管辖的做法。

（二）最高法院

最高法院是日本行使国家司法权的最高机关。它由最高法院院长及 14 名大法官组成。院长是根据内阁的提名由天皇任命的，大法官则是由内阁任命、天皇对之加以认证。根据《日本国宪法》第 79 条，最高法院法官的任命，在其任命后第一次举行的众议院议员大选时交付国民审查，自此经过 10 年之后第一次举行众议院议员大选时再次交付审查，以后准此。投票者以多数通过决议罢免某法官时，此法官即被罢免。但从来没有发生法官经由国民审查而被罢免的情形。

最高法院拥有两方面的权能：(1) 司法终审权。最高法院是民事、刑事、行政案件的终审法院，一切法律上的争讼的上告审都由最高法院进行，有权决定一切法律、命令、规则以及处分是否符合宪法的终审法院。(2) 司法行政权。它包括规则制定权、下级法院的法官提名权、对下级法院以及下级法院任职人员进行监督的司法行政监督权、任免最高法院法官以外的法院职员等。其中，规则制定权是为确保法院的自主性，在司法部门内部强化最高法院的统制权和监督权，以及尊重通晓司法实务的法院的专业化判断。所制定的规则包括法官的内部纪律，处理司法事务有关涉及法院自律权的纯粹内部事项，以及有关诉讼程序、律师等与诉讼相关的事项。

最高法院行使审判权时，由大法庭和小法庭进行。大法庭由全体法官组成，审理违宪案件和与最高法院判例相抵触的案件；小法庭至少由 3 名法官组成，审理对下级法院判决不服的上告案件。

（三）司法独立

《日本国宪法》第 76 条第 3 款规定：“所有法官依良心独立行使职权，只受本宪法及法律的拘束。”此条规定了法官职权独立的原则。法官职权独立是司法独立原则的核心内容，广义上的司法独立还包括司法权独立于立法权和行政权，但司法独立主要是通过法官独立来实现的。(1) 法官依良心行使职权。“良心”应理解为“作为法官的良心”，是一种相对客观的良心，而不是法官个人在宗教、伦理和政治上的意见、信念，不是个人主观的良心。法官应该摒弃除了正当适用法律之外的任何观念，而只根据自己的理智和道德感行使职权。(2) 独立行使职权中的“独立”，表示依照自己的自主判断，不根据其他任何人的指示的意思，排除司法机关外部的指示、司法机关内部的指示、一般国民或大众媒体的影响等有形与无形的外部压力。(3) 法官只受宪法及法律的拘束。法官行使职权只受到宪法及法律的约束，而不受法律以外的任何事物约束。因此，司法独立原则就是指法官审判时，不依照其他任何指示来活动，始终以自己的独立自主的判断来行动的原则。

司法独立原则的实现，除了要求法官依据良心独立行使司法权之外，还要有一系列保障法官独立的制度。《日本国宪法》规定了如下制度：(1) 法官身份保障制度。如果法官的身份得不到保障，那么法官独立是无法实现的。法官因身心障碍不适于执行职务必须经法院决定；法官非经国会正式弹劾不得罢免；最高法院法官非经国民审查多数票赞成不得被罢免；法官的惩戒处分不得由行政机关行使；最高法院法官为终身制，直到法律规定的退休年龄，一般为 70 岁；下级法官的任期为 10 年，可以连任；法官实行高薪制，在任期中不得减薪。(2) 法院自主处理内部事务。包括最高法院对于下级法院法官的提名权和有关诉讼程序、律师、法院内部纪律和司法事务处理事项的规则制定权。这些权力的设置避免了外部机关对法院可能造成的支配或干涉。(3) 避免国会、内阁的不当干涉。如国会对法院的国政调查权不能涉及具体审判案件的调查；国会的追诉委员会不能对正在审理案件的法官进行调查等。(4) 避免国民评判法官审理的具体案件。

（四）审判公开

《日本国宪法》第82条规定："法院的审讯及判决应在公开法庭进行。如经全体法官一致认定审讯可能有碍公共秩序或善良风俗时，审讯可以不公开进行。但涉及政治犯罪、有关出版的犯罪或本宪法第三章所保障的国民权利案件，一般应公开审讯。"为了确保审判的公正，有必要对审判的重要部分予以公开。本条所提及的审判公开：一是审理公开，主要涉及民事诉讼的口头辩论和刑事诉讼的公审过程公开，包括旁听自由和报道的自由。需要提及的是，基于法庭设备或审判秩序的需要，限制旁听人数，要求对庭审录音、录像、速记等必须事先取得法庭许可，并不违反审判公开原则。二是判决书公开，判决在公开的法庭上以口头宣判为原则，但不宣读判决书全文。

审判公开也有例外情形，全体法官一致决定，并有碍公共秩序或善良风俗，审理可以不公开。法院合议组织中的全体法官意思表示一致，可以停止公开。至于有碍公共秩序或善良风俗，应以具体案件而定，如公开进行审理有直接煽起群众骚扰及实行其他犯罪危险，或因猥亵及其他理由从一般风俗的观点来看，有对群众造成显著不快之念的危险等。但不公开只是审理不公开，判决必须公开。[①]

宪法规定了三类案件一般应公开审讯，包括政治犯罪、有关出版犯罪或《日本国宪法》第三章所保障的国民权利案件。关于这三类案件均指刑事犯罪，主要考虑到审判公正，充分尊重和保障诉讼当事人的权利。但关于这三类案件是否都要公开审判，理论上和实践中都存在疑问。

第五节 违宪审查制度

第二次世界大战后，日本在以美国为首的盟军的占领下开始其宪法的修改与制定，因此其违宪审查制度深受美国宪法制度的影响。但是，由于日本的法律制度长期学习欧陆法律传统，加之其东方文化传统要素的影响，因此其违宪审查制度的运行并不理想。本节拟从其制度的建立、主要特征以及其存在的问题等三个方面系统地介绍日本的违宪审查制度。

一、违宪审查制度的建立

《明治宪法》是以普鲁士宪法为蓝本制定的，这部宪法采取的是君主立宪制形式，是一部融合了神权国体观念和立宪主义精神的复合性的宪法。这部宪法并未对违宪审查制度加以规定，但是当时的日本学界对法院的违宪审查权进行了积极的讨论。赞成者和反对者都从神权政体观念和立宪主义原则中寻找自己的论证根据，虽然最终没有落实为具体的制度表现形式，但是在不得违反宪法的立宪思想在这部宪法中得到了承认。《明治宪法》第76条规定了任何法律、规则、命令，不能与宪法相抵触。从其理论和实践来看，《明治宪法》肯定了对法律命令形式上的审查权，但是否定了对法律的实质审查权。

现代日本的违宪审查制度是在《日本国宪法》的基础上建立起来的，两个方面的因素对其构成了重要影响：其一是麦克阿瑟的观念的外力影响，其二是日本本土的法治传统的内力作用。1946年2月12日，《麦克阿瑟草案》的第73条规定，最高法院为终审法院对法律、命令、规则以及官厅的行为是否合宪具有终审权，同时国会具有再审权，当其国会议员2/3赞成时，

① 宫泽俊义．日本国宪法精解．芦部信喜，补订．董璠舆，译．北京：中国民主法制出版社，1990：604-609.

反可推翻。虽然这一草案规定了再审程序，但是总体而言，这个草案接受了美国的附带式的司法审查模式。虽然日本当局并不想接受这一草案，但是迫于盟军压力，最终不得不将其吸收到宪法之中。在《日本国宪法》颁布之前，日本社会也对违宪审查制度进行了充分的讨论，所以对美国式的司法审查模式，日本社会并不陌生。在理论界，实际上也开始向美国司法审查模式的转向，“其实日本在宪法实施以前，法学界即盛行着有关司法审查制度之争论，足见对日本而言，司法审查制度并非完全陌生，换言之，‘外力’只是促使日本违宪审查制度提前确立的因素，并非该制度成立的唯一要素”①。

违宪审查制度在日本的确立有着深厚的法理依据和法律依据。从法理上，日本接受了三权分立的原理，认为普通法院具有违宪审查权，三种权力在宪法之下大致平等。在美国观念的主导下，其宪法“采取了西方三权分立原理，总体上采用议会内阁制，以内阁对国会负连带责任为大前提，但同时也承认法院的违宪审查权”②。另外，尊重人权原理是日本宪法的三大原理之一，由此宪法也应该以相应的制度来实现保障人权的承诺。当基本人权遭到立法、行政侵害之时，就需要法院对其进行救济。从法律上，《日本国宪法》第81条规定：“最高法院为有权决定一切法律、命令、规则以及处分是否符合宪法的终审法院。”通过这条规定，最高法院是行使违宪审查权的最高法院，虽然此条并未提及下级法院是否拥有违宪审查权，但是既然最高法院是违宪审查的终审法院，那么下级法院也可以行使违宪审查权。而违宪审查的具体组织制度也是根据1947年制定的《日本法院组织法》建立起来的。

二、宪法诉讼

根据《日本国宪法》第81条、相关宪法诉讼和宪法判例，日本各级法院都可以行使违宪审查权。其功能主要是保障公民的基本权利和解决国家机关之间的权限争议。通说认为，日本的违宪审查的性质是一种附带审查，只有在具体审理民事、刑事、行政案件过程中，普通法院才可以审理法令的合宪性。日本法院无权对法律、命令、规则等规范性文件进行抽象审查。日本对违宪审查和宪法诉讼概念是混用的，不加区分。一般宪法理论认为，宪法诉讼只是违宪审查的一种方式。

（一）审查主体

根据《日本国宪法》第81条的规定，有关违宪审查事项的终审法院是最高法院，因此最高法院是违宪审查的主体是确定无疑的。虽然宪法并未明确规定下级法院是否为违宪审查主体，但是也并没有否认下级法院拥有违宪审查权。从学理上，下级法院作为违宪审查主体也为大家所接受。并且在实践上，在具体的宪法诉讼案件的审理中也支持了违宪审查的主体应该包括下级法院。需要注意的是，日本属于大陆法系的国家，不接受“先例约束原则”，以此，上级法院作出的判决对下级法院来说没有约束力，即法院的判决不是普通法意义上的判例，不具有法律效力。因此，在上级法院行使了违宪审查权之后，下级法院仍然可以对同样的问题行使违宪审查权。

（二）审查对象

根据日本宪法的规定以及违宪审查的实践，审查对象主要包括法律、命令、规则以及处分。另外，通说认为，条约和立法不作为也可以成为审查对象。

法律指的是由国会制定，并以何年法律第几号明确公布的法律。地方公共团体的条例，因其是地方自治团体制定的，其性质也属于法律之列。而命令，是由内阁制定的政令、各部委制

---

① 陈秀峰．司法审查制度——日本继受美国制度之轨迹．新北：文笙书局股份有限公司，1995：27.

② 芦部信喜．宪法．3版．高桥和之，增订．林来梵，等译．北京：北京大学出版社，2006：252.

定的命令和地方自治团体首长制定的规则等。这里的规则是指由国会参、众议院制定的议院规则，最高法院及下级法院的制定的规则，其特征在于是以本机关的自律性为背景制定的。而处分，是国家机关具体的个别行为的总称，并且日本法院认为，法院的判决也包含在处分这一范畴之中。

关于条约是否可以作为违宪审查的对象，虽然日本宪法中明确将条约视为违宪审查的对象，但是在日本学术界还有争论。一种观点认为，条约可以作为法律或者处分的一种，同时条约的签订是按照宪法规定的程序完成的，因此可以依据宪法对其加以审查。另一种观点认为，条约本身的签订涉及两国或者多国之间的关系，因此法院不应该对其进行违宪审查，但是当条约的实施在手段上可以加以选择之时，可以对实施机关的手段进行违宪审查。从日本违宪审查实践上看，最高法院确立了条约也可以成为审查对象的观点。

另外，立法机关不作为也可以成为违宪审查的对象。因为《日本国宪法》第 41 条规定："国会是国家权力的最高机关，是国家唯一的立法机关。"国会有立法的义务，当国会无正当理由且经过一定期限依然怠于立法的情形出现，也可以对其进行审查，不过要满足相当苛刻的条件：第一，必须予以立法的内容相当明确；第二，事前救济的必要性相当显著；第三，不存在其他的救济手段。[①]

（三）违宪判决的方法与效力

日本宪法诉讼中，违宪判决的方法主要有三种：法令违宪判决、适用违宪判决和运用违宪判决。所谓法令违宪判决，是指当穷尽合宪解释的可能时，法院通过宣告法令本身违宪而判决其无效的方法。这种判决方法主要体现为"文面上无效"的形式。而适用违宪的判决是指虽然法令本身是合宪的，但是其适用于具体案件时是违宪的判决。在日本的宪法诉讼中，通常来说，在言论自由领域的立法采取的是法令违宪判决的方法，而在其他领域则一般采取的是适用违宪判决的方法。而运用违宪判决的方法主要是指法律制度的运用本身违宪，虽然与适用违宪判决的方法十分相似，但二者之间存在着区别。运用违宪判决强调的是宣告法律制度的运用本身违宪，其目的并非救济在案件中遭受不利益的当事人。

日本的违宪审查制度是普通法院行使的附带性审查，因此法院只能在具体审理案件的过程中对法律、法令等的合宪性进行审查。通说认为，日本的违宪审查判决只能在具体案件中判决法律、命令等违宪，而不能撤销该项法律、命令。因此，在判决中，其效力只能及于具体案件中的当事人，即只承认判决的个别效力。即使被认为违宪的法律、命令也不会被撤销，从理论上说，此法律、命令依然是有效的。不过，在实践上，在法律、命令等被判决违宪之后，国会一般会出于对法院的尊重对这些法律、命令等进行修改或废止。如果没有被废止或修改，政府也会启动相关程序对其加以限制，并且检察机关也不会再以被判决违宪的法律为基础进行起诉。由此，虽然日本的违宪审查制度是一种附带性的、只有个别效力的审查模式，但是通过这种方式，在一定程度上达到了抽象审查的效果。

三、问题与改革思路

日本违宪审查制度建立以来，其实践过程中面临着各种问题，其中最重要的是其采取的司法消极主义的态度。司法审查并未充分发挥其在保障人权方面的作用，由此也受到来自各个方面的批判。另一个问题是，日本违宪审查制度在具体运行过程中，其宪法判例的数量相当之少，并且缺乏对权力进行批判的态度，最高法院在违宪判决的论证上也缺乏逻辑上的一贯性。

---

① 芦部信喜. 宪法. 3 版. 高桥和之，增订. 林来梵，等译. 北京：北京大学出版社，2006：337.

针对这些问题，日本理论界和实务界要求对违宪审查制度加以改革的呼声越来越高。其改革思路主要有两种：其一是学习德国建立独立的宪法法院；其二是在现行的体制内加以改革，使最高法院承担实质的“宪法法院”的功能。然而，前者涉及德国的抽象审查的模式对于日本当前的司法状况是否合适，依然争议很大，而且日本宪法是刚性宪法，修改的宪法的难度极大。而后者涉及人事和制度等方面问题，因此牵一发而动全身，依然举步维艰。

典型案（事）例

枥木杀害亲父事件（杀害尊亲属加重刑罚规定违宪案件）

1968年10月5日，女性被告A（当时29岁）将其亲父B（当时53岁）绞杀。到案发之日为止，被害人B已经将被告A囚禁在自家住宅内10天，最终双方发生争执，被告人将被害人杀死。在调查被告A的家庭环境后，日本检察机关发现了令人发指的事实：被告A从14岁起就持续遭受其亲生父亲B的性虐待，作为被迫乱伦的后果，她为自己的父亲生下了5个孩子（其中2个婴儿夭折，另外还有5次流产）。此后，由于医生劝告其如果再怀孕，对身体将有极大伤害，被告接受了节育手术。在长达十几年的煎熬中，被告A之所以未能逃脱魔爪的原因在于她担心同住在一起的妹妹会遇到相同的厄运。在这期间，被告在工作中结交了一位比自己小7岁的恋人，并有了结婚的计划。当被告将希望结婚的想法告诉其父亲时，被暴怒的B殴打并监禁在家中。在饱受了B的凌辱之后，A忍无可忍用和服的腰带将B绞杀。因此，被告在犯罪时处于心神丧失或精神耗弱这一点，成为之后判决的酌情减刑因素。此外，尽管媒体在起初就已经掌握了上述背景，但或许是考虑到被害人B的行为性质过于恶劣，B的这些行为在事后的新闻报道中几乎没有被提及。

旧的日本《刑法》第200条规定：“杀害自己或配偶直系尊亲属的，处死刑或无期徒刑”，比起《刑法》第199条杀害普通人的刑罚（下限为3年有期徒刑）要重得多，该罪名的法定刑只有死刑和无期徒刑两种选择。日本法律规定，即使考虑了法定减刑情节和酌定减刑情节等各种因素，对法定刑最多只能减刑2次，因此其最终宣告刑也不能低于3年零6个月的有期徒刑。这是因为，每次减刑最多只能减少一半原刑期，无期徒刑减刑后只能减至7年有期徒刑以上，而7年有期徒刑再次减刑，最低也将判3年零6个月有期徒刑。另外，根据日本《刑法》第25条，缓刑只能适用于3年以下的有期徒刑或更轻的刑罚，因此杀害尊亲属的事实一旦得到认定，被告将不可能获得缓刑。但如果被告的行为属于杀害普通人的犯罪，则可能处以缓刑。由于被告期望能避免被判实刑，因而辩方请求法官判决《刑法》第200条违反了宪法规定。这个诉讼策略最终导致了这个历史性判决的诞生。而对于合宪性判断，一审法院与二审法院作出了不同的理解。

这种对杀害尊亲属的特别规定，是否违反宪法之下的平等原则（是否相当于因社会身份而实行的不合理的差别对待），就成为问题。担任一审的宇都宫地方法院判定《刑法》第200条违宪，并根据发案前后的客观因素，认定被告的行为是防卫过当，免予处罚。然而，二审的东京高级法院则认为上述法条合宪，在此基础上给予最大限度的减刑，判决3年零6个月的有期徒刑（判决前拘留时间折抵刑期）。作为终审法院，日本最高法院在此前的数起类似案件中，都驳回了主张杀害尊亲属罪违宪的上诉请求，连续作出多个合宪判决。

日本最高法院在本案中最终判决：“被害人对被告实施的侵害应受谴责，而杀害尊亲属罪应加重判罚的法律属于违宪，判定被告犯一般杀人罪，判处2年零6个月有期徒刑，缓期3年执行。”最高法院的判决要旨称：“从一般杀人罪的法定刑应包括杀害尊亲属罪的法定刑这一前提出发，虽然不能说在杀人罪之外另设杀害尊亲属罪的立法属于违宪，但对于杀害尊亲属罪仅仅规定了不能适用缓刑的过重刑罚这一法律规定而言，违反了宪法精神。”本案判决由最高法院15名法官组成的大法庭作出。关于违宪的理由，有8位大法官认为：保护对在亲疏的尊重和报恩这种道义的立法目的上是合理的，只是刑罚的加重程度过于极端，作为达成立法目的的手段并不合理；但另有6位大法官则主张该立法目的本身是违宪的，对于杀害尊亲属的犯罪应加重刑罚的规定，是基于儒教提倡的“亲亲”“尊尊”的社会基本道德而产生的。也有观点认为，该法条体现了封建的家长制度，与提倡民主主义的《日本国宪法》有违背之嫌疑。在旧的家长制度下，长辈对子孙后辈所犯罪行被视为家长惩戒权的一部分，其所受刑罚也相应减轻（近代日本刑法中也有所体现，例如强迫全家人集体自杀的家长自杀未遂时，也属于这种情况）。与此相对，杀害尊亲属的犯罪应加重处罚这一规定本身，就带着明显的不平等性。

在对《刑法》原第200条作出违宪判决的本案结束后，政府方面迅速向国会提出废止“杀害尊亲属罪”的议案，但是当时的唯一执政党自由民主党对于杀害尊亲属罪的废止提出了阻挠，最终未能在立法层面实现。而在法律实务中，本案之后，日本最高检察厅统一发文规定，即使对于杀害尊亲属的犯罪也一律以一般杀人罪（《刑法》第199条）提起控诉，从而在实质上取消了杀害尊亲属罪的适用可能。1995年，随着日本刑法的大幅修改，杀害尊亲属罪与其他尊亲属犯罪加重刑罚的规定一起，终于被正式废除。

宪法条文节选

日本国民决心通过正式选出的国会中的代表而行动，为了我们和我们的子孙，确保与各国人民合作而取得的成果和自由带给我们全国的恩惠，不再因政府的行为而再次发生战祸，兹宣布主权属于国民，并制定本宪法。

日本国民期望永恒、持久的和平，深知决定人类相互关系的崇高理想，信赖爱好和平的各国人民的公正与信义，决心保持我们的安全与生存。我们希望在努力维护和平，从地球上永远消灭专制与隶属、压迫与偏见的国际社会中，占有光荣的地位。我们确认，全世界人民都同等具有免于恐怖和贫困并在和平中生存的权利。

我们相信，任何国家都不得只顾本国而无视他国。政治道德的法则是普遍的法则，遵守这一法则乃是捍卫本国主权并欲同他国建立对等关系的各国的责任。

日本国民誓以国家的名誉，竭尽全力实现这一崇高的理想和目的。

第1条

天皇是日本国的象征，是日本国民统合的象征，其地位以主权之所在的全体日本国民的公意为依据。

第3条

天皇有关国事的一切行为，必须有内阁的建议和承认，由内阁承担责任。

第4条

天皇只能行使本宪法所规定的国事行为，并无国政的权能。

天皇可根据法律规定，对国事行为进行委任。

第9条

日本国民谋求基于正义与秩序的国际和平，永远放弃以国权发动的战争、武力威胁或武力行使作为解决国际争端的手段。

为达成前款之目的，不保持陆海空军及其他战争力量。不承认国家的交战权。

第11条

国民享有的一切基本人权不能受到妨碍。本宪法所保障的国民的基本人权，作为不可侵犯的永久权利，赋予现在以及将来的国民。

第13条

全体国民作为个人均受到尊重。国民对于生命、自由以及追求幸福的权利，只要不违反公共福祉，在立法及其他国政上均须受到最大的尊重。

第 14 条

全体国民在法律面前一律平等，不因人种、信仰、性别、社会身份或者门第的不同，而在政治、经济以及社会的关系中受到歧视。

第 25 条

全体国民都享有维持健康的且在文化意义上最低限度的生活权利。

国家必须在生活的一切方面为提高和增进社会福祉、社会保障以及公共卫生而努力。

第 26 条

全体国民，按照法律规定，均享有依其能力所及平等接受教育的权利。

全体国民，按照法律规定，均负有使受其保护的子女接受普通教育的义务。义务教育免费。

第 29 条

财产权不受侵犯。

财产权的内容应与公共福祉相适合，由法律规定。

私有财产在正当的补偿下，可收归公用。

第 37 条

一切刑事案中，被告人均享有接受法院公正、迅速、公开审判的权利。

刑事被告人享有询问所有证人的充分机会，并有使用公费通过强制性程序为自己寻求证人的权利。

刑事被告人在任何场合都可委托有资格的辩护人。被告人本人不能自行委托辩护人时，由国家提供。

第 38 条

任何人均不得被强制作不利于自己的供述。

以强迫、拷问或威胁所得的口供，或经过非法的长期拘留或拘禁后获得的口供，均不得作为证据。

如果对自己不利的唯一证据是本人口供时，任何人均不得被判有罪或科以刑罚。

第 41 条

国会是国家权力的最高机关，是国家唯一的立法机关。

第 59 条

凡法律草案，除本宪法有特别规定的情况外，经两议院通过后即成为法律。

众议院已经通过而参议院作出不同决议的法律草案，如经众议院出席议员 2/3 以上的多数审议再次通过时，即成为法律。

前款规定并不妨碍众议院根据法律规定提出举行两议院协议会的要求。

参议院接到已由众议院通过的法律草案后，扣除国会休会期间，如在 60 日内不作出决议，众议院可以认为此项法律草案已被参议院否决。

第 65 条

行政权属于内阁。

第 66 条

内阁按照法律规定由其首长内阁总理大臣及其他国务大臣组成之。

内阁总理大臣及其他国务大臣必须是文职人员。

内阁行使行政权，对国会负连带责任。

第 69 条

内阁在众议院通过不信任案或信任案遭到否决时，如 10 日内不解散众议院，必须全体辞职。

第 73 条

内阁除执行一般行政事务外，执行下列各项事务：

一、忠实地执行法律，总理国务；

二、处理外交关系；

三、缔结条约，但必须在事前，或根据情况在事后获得国会的承认；

四、按照法律规定的准则，掌管有关官吏的事务；

五、编制并向国会提出预算；

六、为实施本宪法及法律的规定而制定政令；但在此种政令中，除法律特别授权的情形外，不得制定罚则；

七、决定大赦、特赦、减刑、免除刑罚执行及恢复权利。

第 76 条

一切司法权属于最高法院及按照法律规定设置的下级法院。

不得设置特别法院。行政机关不得作出终审的判决。

所有法官依良心独立行使职权，只受本宪法及法律的拘束。

第 81 条

最高法院为有权决定一切法律、命令、规则以及处分是否符合宪法的终审法院。

第 83 条

处理国家财政的权限，必须根据国会的决议行使。

第 92 条

关于地方公共团体的组织及运营事项，根据地方自治的宗旨，由法律规定。

第 96 条

本宪法的修改，必须经各议院全体议员的 2/3 以上赞成，才由国会提议，向国民提案，并得其承认。此种承认，有必要在特别的国民投票或国会规定的选举时所进行的投票中，须获得半数以上的赞成。

宪法修正案在获得前款的承认后，天皇应立即以国民的名义，将其作为本宪法的一部分予以公布。

第 97 条

本宪法所保障的日本国民的基本人权，是人类为争取自由经过长年努力的成果，此等权利已于过去几经考验，被确信为现在及将来国民不可侵犯的永久权利。

第 98 条

本宪法为国家的最高法，与本宪法条款相抵触的法律、命令、诏敕以及有关国务的其他行为的全部或一部，一律无效。

日本国已缔结的条约及确立的国际法规，必须诚实遵守。

思考题

1. 从制宪过程看《明治宪法》与《日本国宪法》的区别与联系。
2. 国民主权原理是否与天皇制必然矛盾？
3. 从日本的议院内阁制看日本宪法的权力分立原则。

4. 简要分析日本宪法的人权保障精神。

参考文献

1. 宫泽俊义. 日本国宪法精解. 芦部信喜，修订. 董璠舆，译. 北京：中国民主法制出版社，1990.

2. 宋长军. 日本国宪法研究. 北京：时事出版社，1997.

3. 芦部信喜. 宪法. 3 版. 高桥和之，增订. 林来梵，等译. 北京：北京大学出版社，2006.

4. 阿部照哉，池田政章，初宿正点. 宪法——总论篇、统治机构篇. 周宗宪，译. 北京：中国政法大学出版社，2006.

5. 韩大元. 亚洲立宪主义研究. 北京：中国人民公安大学出版社，2008.

6. 孙谦，韩大元. 世界各国宪法——亚洲卷. 北京：中国检察出版社，2012.

7. 韩大元. 外国宪法. 4 版. 北京：中国人民大学出版社，2013.

第七章

韩国宪法

韩国，全称大韩民国，成立于 1948 年 8 月 15 日。韩国位于东北亚朝鲜半岛南部，国土面积 10.026 6 万平方公里，人口 5 000 多万，首都首尔，官方语言为韩语。韩国的第一部宪法于 1948 年通过，宪法先后修改过 9 次，最后一次修改是在 1987 年 10 月 29 日。韩国宪法通过不断修改、完善，确定了比较稳定的政治体制。宪法裁判制度的建立与有效运作，为韩国宪法实施及制度发展提供了较合理的环境与保障机制。本章主要介绍韩国宪法制度的发展、主要内容及实施机制。韩国宪法思想体系具有混合性特征，既反映了韩国传统的宪法思想，也反映了西方的宪法理论与思想。但是各国国家大小、政治体制、发展水平及文化传统均不相同，对于任何国家的宪法发展及实践，均不能简单照搬，在法治建设上，应探索适合自己的法治道路。

第一节　韩国宪法的历史与发展

一、宪法思想的产生

在韩国，近代宪法思想是从西方移植的。最先进入韩国的是德国的法文化，从 1882 年到 1885 年间，旅居朝鲜并曾在德国 Halle 大学研习的摩伦道夫在朝鲜广泛宣传德国法思想。随着西方法律思想的传播，宪法理论作为一种思潮开始影响社会近代化进程。自 1883 年以来，在韩国最初的大众新闻媒体，如《汉城旬报》《独立新闻》《皇城新闻》等报纸上开始刊登宣传西方立宪主义和权利思想的文章。① 当时，这些文章主要介绍了英国的立宪君主制理论。一些启蒙思想家试图以立宪君主制理论将朝鲜的绝对君主制政体改为英国式的立宪君主制。在权利思想方面，最初把“权利”一词译为“不易的通义”，宣传天赋人权论。1910 年韩国沦为日本殖民地以后，为了争取国权，先进的知识分子们极力宣传国家意识和国家思想。在韩国的宪法思想发展过程中，英国、美国、德国、法国、日本等国的宪法理论对韩国宪法思想的形成与发展产生了广泛的影响，其中德国宪法理论和日本宪法理论的影响更为直接和广泛。1895 年建立了法官讲习所，1905 年以后在各种新式学校中开始讲授宪法学。在韩国宪法学发展史上，最早的宪法教科书是俞致衡教授编写的《宪法》。这本书以当时日本东京大学宪法学家穗积八束的宪法讲义为基础，并与韩国传统文化的内容进行合理的整合，反映了当时韩国宪法思想的基本特点。

---

① 韩泰渊，等．韩国宪法史：上．汉城：韩国精神文化研究院，1988：136-137．转引自：韩大元．外国宪法．3 版．北京：中国人民大学出版社，2009：325．

总之，韩国近代宪法思想是在不同宪法文化的冲突中形成和发展的，宪法思想体系具有混合性特征，既反映了韩国传统的宪法思想，也反映了西方的宪法理论与思想。

二、宪法概念的形成

韩国学者们普遍认为，1894 年制定的洪范十四条是韩国宪法史的历史起源，但当时并没有使用“宪法”一词。① 1919 年在上海成立的大韩民国临时政府制定的临时宪章中也没有出现过“宪法”一词。在当代韩国宪法学者的著作中通常把宪法表述为“规定国家统治结构和国民基本权保障的国家基本法”。学者们把宪法概念分为两个层次，即社会学意义的宪法概念和法学意义的宪法概念。前者是一种反映政治事实的宪法，具体分为三种形式：作为事实权力关系的宪法，作为政治统一过程原理的宪法，作为制宪者根本性决断的宪法。后者作为一种体现法律规范的宪法，具体分为固有意义宪法、近代立宪主义宪法与现代福利国家宪法。也有学者把宪法概念分为实质宪法和形式宪法。关于宪法作为国家基本法所具有的特点，尽管学者之间表述各异，但通常包括如下几点：宪法的理念性、宪法的历史性、宪法的规范性、宪法的政治性与宪法的自律性等。同时，学者们强调宪法作为法所具有的性质，力求从法的角度揭示宪法的性质和作用，并以法律属性为基础分析宪法的运行过程。

三、宪法的制定与发展

1945 年 8 月，从 36 年之久的殖民统治下获得独立的韩国国民渴望有一部标志民族独立、自由与正义的自主宪法。由于韩美同盟的政治环境，美国宪法成了韩国宪法重要的参考对象。1948 年 5 月 10 日，韩国举行了宪法史上第一次国会议员总选举，共选出 198 名议员。同年 5 月 31 日开始了国会的组织活动。6 月 3 日，韩国的宪法起草委员会开始起草并讨论宪法草案。韩国宪法起草委员会有意思的一点是，他们讨论了两个草案，一个是作为学者的俞政午提出的草案，另一个则是权承烈草案，前者代表学术前沿，后者代表政府意图。②

1948 年 7 月 12 日结束了三读程序，7 月 17 日由国会议长署名并公布宪法，即“1948 年韩国宪法”。这部宪法也被称为“建国宪法”③。1948 年韩国宪法移植了美国宪法精神和原理，确立了诸如法治、国民主权、自由民主的原则。在政治制度上更是学习美国采用总统制。韩国的违宪审查制度先后移植了美国的司法审查制和德国的宪法法院审查制度，最终几经更改确立了宪法法院审查制度，并受理了近万件宪法诉讼案。自 1948 年制定第一部宪法后，由于政治力量对比关系的急剧变化，曾提出 12 次宪法修改草案，正式修改了 9 次宪法。这是韩国宪法发展史的一个特点——政局频繁更迭导致宪法修订频繁。

1948 年韩国宪法进行了 9 次修订，其中 1960 年、1962 年、1972 年、1980 年和 1987 年的

---

① 崔种库. 韩国的西洋法受容史. 汉城：博英社，1983：294. 转引自：韩大元. 外国宪法. 3 版. 北京：中国人民大学出版社，2009：326.

② 两个草案的共同点是：实行两院制，政府形式采取议院内阁制，赋予大法院以违宪法律审查权。但在国会上进行讨论时，上述草案的内容遭到了主张总统内阁制的国会议长李承晚和美国军政当局的反对。最后，经过各种政治力量的反复较量，确定实行议会一院制和总统制，在政府形式上采取国务院制和国务总理制。另外，成立了专门的宪法委员会。

③ 1948 年宪法是韩国历史上的第一部宪法，规定了国家的基本制度和国民的基本权利与自由，韩国学者们通常把 1948 年宪法称为“建国宪法”。1948 年宪法的主要特点是：在国家机构体系上，采取总统制和一院制国会，赋予总统以广泛的职权；强调国民主权、国际主义与和平主义原理；规定公民的社会经济权利；宪法中专设机经济一章，详细地规定宪法对经济秩序的调整，反映了浓厚的经济社会文化色彩；在宪法保障体制上，规定设立专门行使违宪法律审查权的宪法委员会和行使弹劾权的弹劾裁判所。

5次修订几乎修改了全部条文。1952年在李承晚竞选连任前期，为了直接选举总统和建立两院制，韩国宪法作了第一次修订。1954年，李承晚为了取消宪法中对总统权力的限制条款进行了第二次修宪，以强调资本主义经济发展模式。李承晚的用意遭到了韩国民众广泛的抗议。迫于压力，第二共和国于1960年对宪法进行了面向民主的修订，以便建立政府内阁、两院立法和选举委员会。1960年宪法同时还规定最高法院大法官以及道知事要通过选举产生并保护公民基本权利。1961年朴正熙发动“5·16”军事政变后，1960年修订的宪法被作废。1962年，第三共和国公布了新宪法。该宪法与美国宪法很相像，进行名义上的违宪审查。1972年，朴正熙通过“维新宪法”建立第四共和国。“维新宪法”给予韩国总统无限任期和足够的控制权。1979年朴正熙被杀后，第五共和国在全斗焕的领导下于1980年再次改宪。总统的权限被调整，总统的选举也改为非直接选举，并建立了一院制立法机关和内阁系统。1987年6月，韩国爆发大规模六月民主运动。1987年10月27日韩国国会通过了第六共和国宪法。1988年2月25日卢泰愚上任后，宪法生效。

韩国宪法自1948年制定实施以后，经过了共9次的修改过程。在9次修宪中，有3次修宪使得韩国政体发生重大变化：第四次修宪改总统制为议院内阁制，第五次修宪将议院内阁制重新改为总统制，第九次修宪又将总统中心制改为权力分立、权力制衡的政体，为建立民主政治体制提供了法律保障。9次修宪中，前3次修宪案由国会通过，后6次修宪案则是由国民投票通过的。9次修宪中，有2次属正常修改，即第四次和第九次修宪；1次修宪程序不够完整，即第三次修宪违背修宪程序，实际上是执政的民主党一个政党的修宪；其余6次修宪的目的都不纯正，第一次、第二次、第六次、第七次修宪的目的是实现总统连任，第五次、第八次修宪是军部势力为了夺取最高权力。多次修宪案的起草过程、通过环境存在很多问题，第一次、第四次、第七次、第八次修宪案是在戒严状态中通过的，第二次、第六次修宪是在执政党或总统采取违宪手段的情况下才得以通过的，这类修宪严重阻碍了民主政治的发展，在韩国宪法史上留下了很不光彩的印迹。①

1987年的第九次宪法修改（即第六共和国宪法）就是人民获得胜利而实现民主化的最终标志。这部宪法是第一个在执政党与参与宪法制定的反对党达成协议下谋求社会全面和解的宪法，获得国会一致通过，并在全国的公民投票中得到公众的欢迎。这部宪法最重要的新内容是实行总统直接选举，只能一任，任期5年。为限制总统的专制可能性，这部宪法取消了总统的颁布紧急状态和解散国会的权力，确立了人权的神圣不可侵犯性，保障了多党制的原则，恢复国会审查政府的权力，实行司法独立，规定宪法的任何修正都必须最终由占全体选民一半以上的多数来决定。

四、现行宪法的结构与特点

经过频繁的修改，韩国现行宪法由序言、本文及附则组成，共10章130条。宪法序言作为宪法典的一部分，主要叙述宪法成立的经过和宪法的基本精神。这部宪法在第一章总纲中规定了许多通用的宪法原理，即国民主权、国际和平主义、国际协调主义、文化国际主义等。第二章规定国民的基本权利与基本义务，并对人权保障作了一般性规定。第三章国会，规定国会组成、国会议员的地位、国会职权等。第四章政府，规定总统与政府，对国务总理、国务委员、国务会议、行政各部等作了规定。第五章法院，规定法院组织、地位与权限等。第六章宪法裁判所，规定宪法裁判所的组成、职权与裁判程序等。第七章选举管理，规定选举管理委员

① 韩国宪法修改的资料参见李宝奇．韩国修宪历史及其政治制度变迁研究．延吉：延边大学，2009：1-2.

会的组织与有关选举管理委员会活动程序等。第八章地方自治，规定地方自治团体组织与权限。第九章经济，规定经济秩序的基本原则与有关的经济条款。第十章宪法修改，规定宪法修改主体与具体修改程序。附则共 6 条。

经过七十多年的发展，韩国宪法在社会变迁中不断得到调整，已发展为比较完善的宪法体制。历经这 9 次修正以及对西方宪法原理的借鉴，现行宪法的主要特点[①]表现为：（1）宪法在序言和总纲中强调自由民主的基本秩序与国家统一与和平理念，反映了韩国社会向往福利国家、法制国家、民族主义与国际和平的理想。（2）在人权保障方面，一方面包含了国际公认的人权范围，还增设了社会权；另一方面则重视在程序上对人权的保障，同时也对人权的保障做了合理的限制。（3）在统治结构方面，合理调整了总统的权限，扩大国会的职权，强调立法权、行政权和司法权三权之间的制约与均衡，规定了国会、总统、法院各自的权限范围与活动程序。（4）专设经济一章。这也是韩国立足本国需要的宪法特色。经济一章对于国内经济的良好运行发展作出了相关规定。（5）重视宪法保障制度，如设宪法裁判所，由它统一行使违宪法律审查权。同时，严格规定宪法修改程序，宪法修改案须在国会议决并附国民投票确定。同时规定有关总统任期的延期等修改对修宪当时任职的总统无效，限制人权时不得侵犯人权的本质内容等。（6）宪法体现文化国家原理。宪法第 9 条中规定，继承和发扬传统文化，繁荣民族文化；宪法序言和总统宣誓中也有有关民族文化的内容，通过实行继续教育，提高全民族的文化素质等。

第二节　国民基本权利与义务

近现代意义的宪法最实质的内容在于规范国家权力与保障公民权利。从国家权力与公民权利关系的原理上看，保障人权是宪法的终极目的。在世界上比较有代表性的 132 部成文宪法中，有 101 部宪法均是将集中权利条款规定在宪法原则、国家基本制度或原则之后，国家机构之前。[②] 韩国现行宪法在结构安排上也属于此种情形。第二章“国民的权利和义务”（第 10～39 条）具体规定了韩国国民享有的基本权利与义务。

一、国民的基本权利

经过社会变迁，人权保障已成为韩国国家体制的重要基础。在韩国宪法学界公认的基本权利（基本权）的定义是“在实定宪法上得到保障的权利”，由权利要素、实定要素与宪法要素构成。宪法规定的基本权利反映了人权的基本要求与价值。韩国现行宪法确认了人权基本精神。序言宣称：“使包括政治、经济、社会、文化在内的所有领域内每个人的机会平等；使人人享有自由和权利，承担责任和义务；决心通过致力于国民生活的提升、永久的世界和平和人类共同繁荣，永远确保我们和子孙们的安全、自由和幸福。”

根据韩国现行宪法第二章规定，国民基本权利可分为以下几类。

（一）人的尊严与追求幸福的权利

人类对于人的尊严的重视始于第二次世界大战后。鉴于第二次世界大战中法西斯野蛮践踏人格尊严和无视人的基本生存权，人们深切认识到，人的尊严是一项基本人权。最早将人的尊

---

① 具体参见韩大元. 外国宪法. 3 版. 北京：中国人民大学出版社，2009：328；谭钟毓. 中日韩宪法移植研究. 湘潭：湘潭大学，2012：45-46.

② 张震. 1982 年宪法与人权保障. 北京：法律出版社，2012：26.

严载入宪法的是德国。韩国现行宪法第10条规定，全体国民具有人的尊严和价值，享有追求幸福的权利。国家有义务确认、保障个人拥有的不可侵犯的基本人权。其内容主要包括：宪法秩序中的人的尊严与价值优先于其他主体的价值；在国家与个人关系上，国家是实现个人价值的手段，个人是国家活动的基础与出发点；人的尊严与价值是整个社会共同体遵循的最高价值。韩国学者们通常认为，幸福追求权是包括所有基本人权的综合性人权，其中最基本的是平等权、自由权、生存权与参政权。

（二）平等权

近代宪法上的平等主要追求的是“形式上的平等”。形式上的平等是指国家承认所有的人在法律上一律平等，在法律权利和义务上给以相同的对待，禁止歧视对待。它要求社会应当为每个成员追求自己的利益、自我发展和自我完善提供平等的机会和条件，即人人都享有平等的机会，亦即机会平等。这种平等虽然能够保障人们在自由竞争中机会均等，却不能确定各具体的“人”是否拥有同等的实力，更不能保证自由竞争后的结果能否达到平等。为了克服这一弊病，现代宪法吸收了“实质上的平等”的原理。实质平等是指依据具体情况和实际需要，对特定的人在经济上、社会上、文化上等各个方面与其他人存在着的事实上的差异，采取不同的方式和措施，在实质上为公民提供平等发展的条件，缩小由于形式上的平等造成的差距。因而实质上的平等又被称为条件平等。但值得注意的是，实质上的平等只是对形式上的平等进行修正和补充，不能完全取代形式上的平等，而且实质上的平等并不是绝对平等，不同于结果平等。韩国现行宪法主张，一切国民在法律面前人人平等。在政治、经济、社会与文化的一切领域每个人具有均等的机会。宪法上规定的平等权主要包括：禁止差别对待，任何人在经济、社会、文化生活的所有领域不因性别、宗教、社会身份而受到差别对待；否认社会的特权阶层；荣典的效力只限于接受者本人等。

（三）自由权

1. 人身自由与生活自由

人身自由是公民参加社会活动，享受其他权利的前提条件。韩国现行宪法的规定主要包括：未经法律许可，任何国民都不受逮捕、拘禁、搜查、扣押或审讯；未按照法律和合法程序，不受处罚、保安处分或强制劳役；国民不受刑讯；逮捕、拘禁、搜查或扣押应按正当程序，根据检察官的申请，提供法官签发的令状。国民有在受到逮捕或拘禁时迅速得到辩护人帮助的权利。禁止连坐制，实行无罪推定原则、一事不再罚原则等。令状主义是韩国宪法在人身自由保障方面采取的一项重要制度，在实践中发挥了重要作用。

根据韩国现行宪法规定，国民的生活自由包括：(1) 居住、迁徙的自由；(2) 选择职业的自由；(3) 住宅自由不受侵害，对住宅进行没收或搜查时，须提出依检察官申请由法官签发的令状；(4) 私生活的秘密与自由不受侵犯；(5) 通信秘密不受侵犯。

2. 思想与表达自由

韩国宪法规定国民在精神生活领域享有宪法规定的权利与自由，主要有：(1) 良心自由。(2) 宗教自由。不得设置国教，宗教和政治相分离。(3) 言论、出版自由和集会、结社自由。不得对言论、出版实行许可或审查，不得对集会、结社实行许可；为保障通信、广播的设施基准和新闻的机能实行所需的事项由法律规定。(4) 学术和艺术自由。著作权人、发明家、科技工作者和艺术家的权利由法律保障。

（四）财产权

在诸多人权当中，生命权、自由权和财产权被称为三大基本人权。但在三大基本权利当中，财产权又处于基础性的地位。正是由于财产权重要的地位，世界各国宪法几乎都明确规定了财产权。从最早的《人权宣言》等宪法性文件对财产权的宣告至今已有两百余年的历史，由早期的规定私有财产权神圣不可侵犯到1919年德国《魏玛宪法》规定“财产权伴随着义务。其行使必须同时有益于公共的福利”，财产权保障的理念发生了变化。

韩国现行宪法第23条规定：国民的财产权受到保障，其内容与界限由法律规定。财产权的行使要符合公共福利。根据公共需要而实施的财产权征收、使用或限制及补偿由法律规定，应支付合理的补偿。

（五）参政权

参政权是指国民参与政治生活的权利。韩国现行宪法的规定主要包括：(1) 选举权，即年满19岁的国民依法享有选举公职人员的投票权。[①] 选举对象有总统、国会议员、地方议会议员与地方自治团体首长。(2) 担任公职的权利。韩国现行宪法第25条规定，一切国民依法享有公务担任权。(3) 国民投票权。根据宪法规定，凡是总统提交的案件和宪法修改议案须经国民投票来确定。

（六）请求权

请求权通常指国民要求国家作出特定行为或请求国家保护的一种权利，主要包括：(1) 请愿权。国民依照法律规定享有以书面形式向国家机关请愿的权利。国家负有审查请愿的义务，《请愿法》对请愿的程序、方法等作了具体规定。(2) 裁判请求权。依照宪法和法律的规定，国民享有受法官依法裁判的权利。国民享有迅速接受公开审判的权利；刑事被告人在被判为有罪之前，应推定为无罪。刑事被害人根据法律规定可在有关事件的审判过程中进行陈述。(3) 国家赔偿请求权。刑事嫌疑人或刑事被告人在拘禁后，得到法律规定的不起诉处分或宣布无罪判决的，可依法向国家申请正当赔偿。因公务员履行职务时的不法行为而受到损害的国民可依法向国家或公共团体要求正当赔偿。(4) 犯罪被害者国家救助请求权。因他人的犯罪行为而受到生命、身体侵害的国民，可依法获得国家的救助。1988年7月，为此专门制定了《犯罪被害者救助法》。

（七）社会权

社会权与自由权相对应。从权利分类的角度看，社会权主要指经济社会文化权利。韩国现行宪法规定的社会权主要包括：(1) 受教育权。国民有按能力受教育的权利；义务教育为免费；根据法律规定，教育的自主性、专门性、政治中立性及大学自治受保障；国家大力发展终身教育。(2) 劳动权。国家应运用社会、经济手段，扩大劳动者就业机会，维持适当的工资水平，并依法实行最低工资制；劳动条件的标准，在保障人的尊严的前提下由法律规定；女性的劳动受特殊保护；青少年的劳动受特殊保护等。(3) 劳动者的团结权、团体交涉权和团体行动权。(4) 国民享有人所拥有的生活权。(5) 社会保障和社会福利权。(6) 环境权。国民享有在舒适环境中生活的权利，国家要努力保护环境；国家应通过住宅开发政策等，努力使国民享有舒适的居住条件。

（八）未列举权利

基于人的认识能力的有限性、成文宪法本身的局限性和基本权利内容的发展性，任何国家都不可能在宪法文本中将应当受到保障的基本权利尽数列举，由此而产生所谓宪法未列举权利的问题。任何试图用宪法文本完全列举基本权利的努力，不仅不可能成功，而且可能因为忽视未列举基本权利而带来危害。对未列举基本权利的忽视或否认，不仅将影响宪法列举基本权利的正当性，也将损害人民权利和自由的享有。韩国现行宪法第37条规定，“国民的自由和权利不因宪法没有列举而被忽视”，以根本法的形式肯定了未列举权利的保护。

① 参见《韩国公职选举法》第1条。

二、国民的基本义务

在享有宪法规定的基本权利的同时，国民必须履行宪法上规定的义务。学者们认为，国民的基本义务是指国民基于统治对象和地位而承担的基本责任。韩国宪法为适应20世纪宪法发展中有关生存权范围日益扩大的趋势，除规定传统的义务外，还增加了与政治共同体有关的基本义务。

1. 财产权行使适合公共福利的义务

宪法在认定财产权的社会义务性的基础上，明确规定财产权的行使要适应公共福利的要求。国家以法律对国土的有效利用、土地的所有权转让、占有土地面积等作了必要的规定，这项义务是一种法律义务，不履行则承担相应的责任。韩国现行宪法第23条中规定的财产权具有社会性，因此按照社会公共利益对财产权活动进行限制是必要的，符合社会市场经济发展的要求。

2. 受教育的义务

受教育既是国民的权利，又是国民的义务。韩国现行宪法第31条规定，国民对其所保护的子女负有使其接受初等及法律规定教育的义务。韩国《教育法》规定了6年的初等义务教育和3年的中等义务教育。一切国民都负有使受其保护的子女接受法定初等教育的义务，义务教育为免费教育。关于受教育义务的性质有两种观点：一种意见认为它是伦理义务，另一种意见认为它是法定义务，违反受教育义务者要受罚金等处罚。

3. 劳动的义务

劳动不仅是个人维持生存的基本手段，也是社会得以延续发展的重要途径。韩国现行宪法第32条规定，国民负有劳动的义务。

4. 环境保护义务

环境权对于国民而言既是权利又是义务。韩国现行宪法第35条规定，国民应努力保护环境。环境保护义务包括环境不污染义务、防止公害义务等。在《环境保护法》《海洋污染防止法》《污物清扫法》等法律中具体规定了环境保护的义务内容。

5. 纳税义务

韩国现行宪法第38条规定，国民负有依法纳税的义务。纳税义务要遵守两项原则：一是租税公平主义，因纳税义务对财产权是一种限制，应根据每个国民的实际支付能力，公平、公正地进行；二是租税法律主义，政府不得随意增加税款和税种，只能按照国会确定的法律规定税目与税率。纳税义务主体包括自然人和法人。

6. 保卫国家及服兵役的义务

韩国现行宪法第39条规定：国民有依法保卫国家的义务；任何人不因履行兵役义务而受到不利待遇。服兵役义务必须以法律严格规定，而且不仅仅指提供兵役。《兵役法》中具体规定了有关兵役义务的具体内容。宪法中特别强调，任何人不得因履行兵役义务而受到不公正的待遇。

第三节　国家制度与机构

一、国会

根据韩国现行宪法规定，立法权属于国会。国会由国民通过普遍、平等、直接和无记名投票的方式选举的国会议员组成。国会议员人数有法律规定，应在200名以上。从1948年宪法开始，韩国实行一院制国会，认为一院制符合韩国传统政治文化与国民的心理。国会设议长 1 人，副议长 2 人。

（一）国会的职权

1. 立法权

在韩国，法律的制定通过如下程序：（1）法案的提出。国民议员和政府有权提出法律案。（2）法案的审议。提出法案后，由国会议长把印刷的草案文本分给议员，并向本会议报告，由管辖的常任委员会审议。审议结束后，提交至本会。由审议法案的常任委员会委员长作审查报告。（3）议决程序。在本会议中议决的法案，须由在籍议员过半数出席与出席议员过半数赞成而成立。（4）在本会议中议决的法案，向政府移送，由政府决定是否公布。（5）如政府对法案没有异议，由总统署名，并由国务总理与有关国务委员副署。总统必须在自法案移送之日起 15 日内公布。

国会立法权的范围主要包括四项：宪法修改的提议权、审议权与议决权，法律制定权，对条约的缔结、批准的同意权，国会规则的制定权。

国会的立法权并不是绝对的，其行使存在一定的界限。具体表现在：国会的立法活动不得违背宪法原则，不得制定违背宪法理念的法律，不得滥用立法裁量权，不得违背国际人权法规所确定的基本原则。为了保证立法权的合宪性，韩国宪法对立法权的控制形式作了规定，如认定立法请愿制、在野党的控制、宪法裁判所的违宪法律审查制度等。

2. 财政权

韩国现行宪法第 54 至 59 条及第 99 条中规定的有关财政问题的条款，反映了财政议会主义、财政立宪主义、财政民主主义的理念。

国会的财政权主要包括：（1）预算的审议、确定权。国会有审议和确定预算的权限。政府按照会计年度编制预算案，并于会计年度开始的 90 日之内向国会提出报告，由国会议决。（2）对政府财政行为的同意权与承认权。具体包括对政府国债募集活动的同意权、对预算外契约缔结行为的同意权、对有可能成为财政负担的条约缔结行为的同意权、紧急财政与经济处分的承认权等。（3）决策审查权。政府编制决算书后由监察院进行检查，然后向下一年度国会报告其结果。

3. 监督权

韩国国会虽不同于议院内阁制体制下的国会，其职权受到一定限制，但作为代表民意的机关对政府行为行使广泛的监督权，以保持三权分立体制的平衡。监督权表现在：（1）弹劾追诉权。总统、国务总理、国务委员、政府各部长官、宪法裁判所法官、法官、中央选举管理委员会委员、监察院院长、监察委员及其他法律规定的公务员在执行职务时如违反宪法和法律，则由国会议决弹劾追诉。弹劾总统时，须有国会在籍议员过半数提议经在籍议员 2/3 以上的赞成。弹劾其他对象时，须有国会在籍议员 1/3 以上的发议和在籍议员过半数的赞成。（2）罢免建议权。国会有权向总统建议罢免国务总理或国务委员会的职权，罢免建议须经国会在籍议员 1/3 以上提出，并获国会在籍议员过半数的赞成。关于这种建议权是否具有约束力，学者们解释不一。一般来说，向总统提出的罢免建议案具有一定的法律拘束力，但遇有特殊情况时总统可以不接受。（3）对紧急命令、经济处分的承认权。没有经过国会的同意，总统所作出的处分命令是无效的。（4）戒严解除要求权。经国会在籍议员过半数赞成，提出解除戒严要求时，总统必须解除戒严。（5）总统发布宣战布告、向国外派遣军队时须得到国会的同意。（6）总统行使一般赦免时须得到国会的同意。

4. 人事任命同意权

国会对国家机关组成人员的任命行使广泛的同意权，主要包括：（1）在总统的直接选举中，如果最高得票者为 2 人时，由在国会在籍议员过半数出席的会议上获多数票者为当选者。(2) 宪法裁判所法官的部分选出权。宪法裁判所 9 名法官中 3 人由国会选出。(3) 国务总理任命的同意权。宪法规定，国务总理经国会同意由总统任命。(4) 大法院院长、宪法裁判所所长、监察院院长经国会同意后由总统任命。中央选举管理委员会 9 名委员中，国会有权选出 3 名委员。

5. 国政调查权

国会的国政调查权是国会发挥其监督作用的重要形式。宪法规定，国会有权监察国政并对特定的国政事项进行调查，同时有权要求有关当事人提供必要的文书以及要求证人出席，陈述意见。国政调查的范围包括立法、行政、司法、国会内部自律事项等。国会组织的国政调查委员会应将调查结果以书面形式向国会报告，并以本会议决处理调查结果。

6. 自律权

国会对有关的组织、活动及内部事项有权自主地作出处理。自律权内容包括：(1) 规则制定权。在不与宪法和法律相抵触的范围内有权对议事制定规则。(2) 议事程序的自律权。国会自主地规定集会、开会与休会程序。(3) 有权维护院内秩序。(4) 国会内部活动的组织权。国会有权选举议长、副议长、各种委员会的委员等。为了尊重自律权，《国会法》规定，对国会议员的资格审查和惩戒不得向法院提起诉讼。

(二) 国会议员

国会议员是国民利益的代表。在代表利益的性质上，有政治代表说和法的代表说两种意见。多数学者认为，议员是代表或反映国民利益的政治代表，就其代表性质而言不具有委托的功能。在现代政党政治体制下，议员大部分属于特定政党，因此议员通常成为政党的代表。在一般情况下，议员的活动受政党的支配，但政党的利益与国家利益发生冲突时，应维护国家利益。韩国现行宪法第 46 条规定，国会议员以国家利益为先，按照良心履行职务。

国会议员经选举而产生，任期为 4 年。议员资格的丧失基于以下几种情况：任期届满、辞职、退职、除名等。

1. 议员的权利

(1) 不受逮捕特权。韩国现行宪法第 44 条规定，除现行犯，国会议员不在会期中未经国会同意而被逮捕或拘禁。国会议员在会期前被逮捕或拘禁的，除现行犯外，如有国会的要求，应在会期中释放。(2) 言论免责权。韩国现行宪法第 45 条规定，国会议员在国会上的发言和表决，在国会外不得被追究责任。关于言论免责权的性质，有两种学说：第一种学说认为，发言、表决的自由虽是免责特权的一种，但它只意味着议员的责任免除；第二种学说认为，发言、表决自由是议员的责任免除的特权。多数学者认为，言论免责权实际上是指责任免除特权，在院内发言中即使有犯罪行为，其责任也是可以被免除的。(3) 提议权。国会议员有权向国会提出议案。经国会议员 10 人以上赞成，可以提出议案。国会议员有权提出法案、宪法修改案，行使弹劾追诉发议权、议案发议权。但对预算案、条约案则没有发议权。(4) 质询权。国会议员有权向政府提出质询，有关机关必须作出答复。(5) 讨论权。对提出议题是否成为议案有权参加讨论。讨论之前应向议长通知反对或赞成意见。(6) 表决权。议员有权参加本会议、委员会的表决，表决自由受到宪法的特别保障。(7) 国会召集要求权。经在籍议员 1/4 以上赞成，有权要求召开国会的临时会议。

2. 议员的义务

(1) 廉政和不得兼职义务。韩国现行宪法第 46 条规定，国会议员有廉政义务，不得滥用其职权牟取私利。如果违反这一义务可能受惩戒处分。(2) 国家利益优先义务。国会议员在行使议员权利时，应将国家利益置于优先地位，按照法律和自己的良心履行职责，不受其他指示与命令的约束。

此外，议员必须出席国会本会议和委员会，遵守有关议事的规则和法令，遵守会场秩序，不得侮辱他人。议员不履行上述义务时，国会可以作出惩戒处分，议员的惩戒处分不得成为宪法诉讼的对象。

二、总统

在韩国七十多年的发展过程中，总统的地位问题一直是国家政治生活中的焦点。9 次宪法修改都在不同程度上涉及总统制的调整问题。

韩国现行宪法第 66 条对总统的地位作出规定：总统是国家元首，对外代表国家，总统负有维护国家独立、领土完整、国家存续与宪法的义务；总统对祖国的和平统一负有忠实的义务；行政权属于以总统为首的政府。

根据韩国现行宪法第 67 条的规定，总统由国民以普遍、平等、直接和无记名投票的方式选举产生。直接选举制是韩国总统制的重要特点，是韩国社会走向民主化的重要标志之一。1980 年宪法曾采取过类似美国的总统选举制，即选民先选出选举人团，然后由选举人团以无记名投票方式选举总统。学者们认为，这种间接选举方式不利于全面地反映多数选民的意志，存在不少非民主的因素。为了反映 1987 年 6 月的政治民主化运动的成果，现行宪法确立了总统的直接选举制。当选为总统的资格是：具有国会议员的被选举权，年满 40 周岁。

韩国现行宪法第 69 条规定了总统就职宣誓制度："我庄严地向国民宣誓，我将忠实地履行总统的职责，遵守宪法，保卫国家，为祖国的和平统一、增进国民的自由和福利、繁荣民族文化而努力。"总统任期 5 年，不得连任。这是认真总结韩国宪法史的经验，为防止长期执政而采取的措施。宪法第 128 条还特别规定，为延长总统任期或变更连任的宪法修改，对该项提案出台时在任的总统不具有效力。

（一）总统的职权

韩国现行宪法中规定的政府形式实际上是以总统为中心的体制，即以总统为国家权力的中心，既不同于议院内阁制体制，又不同于美国式的总统制。韩国的总统制中包含着一定的议院内阁制因素。为了体现总统在国家政治生活的中心地位，宪法规定了总统享有的广泛职权。总统职权涉及立法、行政、军事、外交等方面，概括起来有以下几种。

1. 有关立法方面的权限

总统在立法方面享有广泛的职权，实际行使部分立法权。根据韩国的权力组织结构，国会并非立法权的唯一主体，总统、政府在一定范围内也行使立法方面的权限。具体职权有：（1）法案提出权。韩国现行宪法规定，国会议员和政府均有权提出法案。经国务会议审议后，作为政府最高首脑的总统有权向国会提出法案。总统的法案提出权从一个侧面反映了韩国总统制的特点。在韩国，政府形式是总统制和议院内阁制因素的结合，明确了总统的法案提出权。（2）法律公布权。在国会上议决的法案移送至政府之日起 15 日内由总统公布法律。（3）法案否决权。韩国现行宪法规定，法案经国会决议后，移送至政府。总统若对法案有异议时，应在 15 日内写出异议书退回国会，要求再议。如果国会经在籍议员过半数出席和出席议员 2/3 以上的赞成再次通过该法案时，法案则成为法律。如得不到法律规定的充足票数时，法案则成为废案。总统行使法案否决权须符合如下要件：认为法案违反宪法，不可能执行；法案的内容违反国家利益；对政府或总统作了不正当的政治攻击。在作出上述判断的基础上，经国务会议审议后，总统在 15 日之内向国会退回法案。（4）行政立法权。总统有权制定总统令，包括委任命令和执行命令。总统在法律规定的范围内，对受委任的事项发布总统令。

2. 行政权

总统作为行政机关的最高首脑，行使广泛的行政权，主要有：(1) 享有执行行政权的最高决定权和最高指挥权，在法律规定的范围内对执行作出最终决定，并指挥、监督行政机关所属的公务员。(2) 法律执行权。总统公布和执行国会制定的法律，并依法制定委任命令和执行命令。(3) 代表国家缔结和批准条约，任命驻外大使、公使、领事。经国务会议审议，有权宣战和媾和。当然，主要的外交活动须得到国会的同意。

3. 军事权

韩国现行宪法第 74 条规定，总统在宪法和法律规定的范围内统率军队。总统的军队统率权中包括军队指挥权、军队内部编制权、教育与规制权等。因此，总统实际上是军队最高统帅。总统的军事权受一定程度的限制，如有关军事的重要事项应接受国家安全保障会议咨询和经国务会议的审议，向国外派兵须事先得到国会的同意等。

4. 紧急权

韩国现行宪法第 72 条规定，总统认为有必要时，对有关外交、国防、统一或其他国家安危的重要政策交付国民投票。第 76 条规定，当出现内忧外患、自然灾害或重大财政经济危机时，为了国家的安全保障或维持公共秩序，总统认为有必要采取紧急措施且无法等到国会集会时，有权在最小范围内作出必要的财政、经济上的处分或发布与此相关的具有法律效力的命令。在有关国家安危的重大交战状态中，为了保卫国家，总统认为有必要采取紧急措施且国会不可能集会时，可发布具有法律效力的命令。第 77 条规定，当国家处于非常状态时，根据法律规定的程序，总统有权宣布戒严。

5. 人事任命权

韩国的三权分立体制是以总统为核心而形成的，总统享有任命高级官员的广泛的职权。主要有：(1) 经国会同意后，任命国务总理，由总理提请，任命国务委员；由总理提请，从国务委员中任命行政各部长官。(2) 有权任命包括宪法裁判所所长在内的 9 名裁判官。9 名裁判官中由总统直接任命 3 名，其余 6 人是从形式上任命由国会选出和大法院院长指定的候选人。(3) 经国会同意，任命大法院院长，由大法院院长提请任命大法院大法官。(4) 经国会同意，任命监察院院长，由监察院院长提请任命监察委员。(5) 有权任命中央选举管理委员会 9 名委员中的 3 名。韩国实行多党制，作为执政党总裁的总统或总统所属政党提出的候选人一般在国会能够顺利通过。从这种意义上说，国会的同意实际上是一种形式的程序。

6. 司法权领域的权限

总统在司法领域行使违宪政党解散提议权，即如果特定政党的目的与活动违反民主秩序时，总统经国务会议审议后有权向宪法裁判所提出解散政党的建议。根据韩国现行宪法第 29 条第 1 款规定，总统有权依法发布赦免、减刑及复权的命令。

以上是韩国总统的主要职权。此外，总统还有其他方面的职权，如荣典授予权、临时国会召开要求权等。

(二) 总统行使职权的方式与控制手段

1. 行使职权的方式

从宪法规定看，总统在具体行使职权时，须根据行使权力的性质和内容，采取适当的形式。主要有以下形式：(1) 遵循文书主义原则，即总统在国家行为和法律行为上应采取文书的形式，否则没有法律效力。(2) 实行副署制度，即总统行使权力的文书需要由国务总理或有关国务委员副署。如果总理或国务委员拒绝副署，总统可解除其职务。(3) 咨询制度。总统对某些重大问题行使权力时，一般事先得到有关咨询机构的咨询。目前主要的咨询机构有：国家元老咨询会议、民主和平统一咨询会议、国民经济咨询会议、国家安全保障会议等。(4) 经国务会议的审议。韩国现行宪法第89条具体列举了须经国务会议审议的事项，如国政的基本计划和政府的一般政策、宣战、媾和及其他重要的对外政策、宪法修改案、国民投票案等。(5) 经国会的同意或承认。总统在行使职权时，有些国政行为须经国会的同意或承认，如外交权、人事任命权等。

2. 对总统权力的限制形式

学者们普遍认为，对拥有广泛职权的总统的活动进行限制是防止权力滥用、维护三权分立体制的重要措施。除了上述总统行使权力时须采取的几种形式以外，总统职权还受以下限制：(1) 国民通过舆论和抵抗权的行使控制总统职权，比如总统提出的宪法修改案以国民投票确定等。(2) 政党的控制，尤其是在野党对总统的不正当行为可进行必要的限制。(3) 国会利用其职权对总统权力进行有效限制，如国政调查权、质询权、弹劾权等。(4) 总统作出的命令与行政处分受法院的控制。(5) 宪法裁判所通过违宪审查、宪法诉愿审判等形式控制总统的权限。

三、政府机构

(一) 国务总理与国务委员

韩国的政府形式是总统制，同时规定以国务总理制度作为一种补充。从宪法的规定看，国务总理协助总统，根据总统命令统辖政府各部，实际是仅次于总统的第二位行政机关首脑。在韩国宪法体制下，设国务总理制的主要原因有：为了维护政局的稳定与提高行政效率；辅佐总统；因宪法上没有规定副总统制，当总统不能履行职权时，由总理代理。

1. 国务总理任免

国务总理经国会同意由总统任命。经在籍议员过半数出席与出席议员过半数的赞成，由国会作出同意的议决。通过国会同意的意义在于，尊重作为民意机关的国会，保持立法权与行政权之间的平衡，以国会的信任为基础依法行政。国务总理实行文官制，即现役军人不得任命为总理。另外，根据宪法和《国会法》的规定，国务总理与国务委员可以兼任国会议员。总统有权罢免国务总理职务，国会可以提出罢免总理职务的建议。

2. 国务总理的权限与义务

国务总理权限主要包括：(1) 总统职权代理权。因总统缺位或因事故不能履行职务时，总理有优先的职权代理权。(2) 国务委员及政府各部长官的任命提请权和国务委员罢免建议权。总统对国务委员、政府各部长官的任命须以总理的提请为条件。(3) 副署权。总统进行国政行为时，采取文书形式，总理对一切文书有权副署。(4) 审议权。国务总理作为国务会议的副议长，对属于政府权限范围的重要政策有审议的权限。(5) 对政府各部的统辖权。对政府各部的活动进行监督和调整。(6) 总理令发布权。根据法律和总统委任可发布总理令，包括委任命令、职权命令和行政命令。

国务总理的主要义务有：出席国会、答辩义务；对国会负政治责任；作为总统的辅佐机关，应履行副署义务。

3. 国务委员

国务委员是国务会议的组成部分，有权审议重要政策，同时作为总统的辅佐机关，有辅佐总统的权限与义务。

国务委员经国务总理提请，由总统任命，其人数为15人以上30人以下，现役军人不得被任命为国务委员。国务委员的主要权限是：要求召开国务会议；通过议长向国会提出议案；出席国务会议并发言；参与重要政策的制定；副署权等。

（二）国务会议

国务会议是审议有关属于政府权限范围重要政策的审议机关。它由总统、国务总理和15人至30人的国务委员组成，由总统任国务会议议长，国务总理任副议长。总理和国务委员作为国务会议的组成人员，享有行政的最高政策审议权。

国务会议的审议程序主要是：(1) 国务会议由总统召集，采取议决形式。《国务会议规程》第6条规定，经组成人员过半数出席和出席议员2/3以上赞成可作出决议。(2) 审议事项。宪法上规定的国务会议的审议事项包括：国政的基本计划和政府的一般政策；宣战、媾和及其他重要的对外政策；宪法修改案、国民投票案、条约案、法律案及总统令案、预算案、决算案、国有财产处分的基本计划，可能造成国家负担的合同及其他财政的重要事项；总统的紧急命令、紧急财政处分、命令、戒严及其解除；有关军事的重要事项；要求召开国会临时会议；荣典授予；赦免、减刑和复权；政府各部门的权限划定；有关政府案的权限委托或有关分配的基本计划；国政处理状况的评价、分析；政府各部重要政策的确立与调整；政党解散的提请；向政府提出或交付的有关政府政策的请愿审查；任命检察总长、联合参谋总长、各军参谋总长、国立大学总长、大使及其他法律规定的公务员及国营企业管理者；其他由总统、国务总理及国务委员提出的事项。

（三）政府各部

政府各部是在总统和国务总理的统辖下依法管理行政事务的中央行政机关。政府各部长官必须是国务委员，经总理提请由总统任命。各部长官管理所辖行政事务，有权制定、公布部令。根据《政府组织法》的规定，目前设有外交通商部、财政经济部、法务部、国防部、教育人力资源部、文化旅游部、农林部、情报通信部、女性家族部、统一部、行政自治部等。各部设长官1人和次官2人。《政府组织法》中具体规定了政府各部的活动原则、职权范围等。

（四）监察院

监察院由包括院长在内的监察委员5人至11人组成。监察院院长经国会同意由总统任命；经院长提请，由总统任命监察委员，任期均为4年。监察院的主要权限是：决算及会计检查的报告权；职务监察权；惩戒处分要求权；法令、制度、行政的改善要求权；监察院规则制定权等。

四、法院与检察机关

法院作为宪法上规定的司法机关，统一行使司法权，除法律上有特别规定以外，有关司法的权限原则上由法院行使。韩国现行宪法第103条规定，法官根据宪法、法律和良心独立审判，这一规定实际上确定了法院处于一种政治中立地位，通常不介入政治领域。但从法官的任命程序和法院的预算编制权看，法院的政治中立性只是一种司法原则，在具体运作过程中不可能保持完全的政治中立。

司法独立是韩国司法机关活动的基本原则。为保证司法独立原则，韩国宪法和其他法律作了如下规定：(1) 法院独立。主要表现在：法院独立于立法机关，国会不能干预裁判过程；法院独立于行政机关，法院不受行政机关干预；大法院有权制定规则，自主地处理内部事务。(2) 法官独立。宪法对此作了两个方面的规定：一是法官依照宪法和法律的规定，依照良心独立进行审判；二是法官身份的独立，法官的资格与任期由法律明文规定。除大法院院长和大法官由总统任命外，其他法官经大法官会议同意，由大法院院长任命。为了保障法官的身份，宪法规定，除非有特别事由，法官在任期内不受免职。《法院组织法》规定，法官不得兼任其他公职，禁止参加政治活动和以营利为目的的活动。

韩国裁判原则上采取三审制，民事事件和刑事事件采取地方法院合议部——高等法院——

大法院三审制。但行政诉讼采取二审制，如一审是高等法院，则二审是大法院。有关选举诉讼事件则采取一审制。

（一）法院组织体制

韩国现行宪法第 101 条第 2 款规定，法院由作为最高法院的大法院和各级法院组成。各级法院又分为高等法院、专利法院、地方法院、家庭法院、行政法院与军事法院等。

1. 大法院

大法院是最高法院，由大法院院长和大法官组成。根据《法院组织法》的规定，大法院有包括大法院院长在内的 14 名大法官。大法院院长任期为 6 年，不得连任；大法官的任期为 6 年，可依法连任。大法院内部设大法院全员合议体及若干部，另根据实际需要设特别部。大法院的部由大法官 3 人组成，审判活动大部分在部里进行，意见一致时可作出审判。另外，大法院设大法官会议，由大法院全体大法官组成，大法院院长任议长。大法院主要管辖：上告审；命令、规则的违宪、违法与否的最终审查；违宪法律审判的提请；选举诉讼等。

为了处理大法院的业务，大法院设以下附设机构：法院行政处；公务员教育院；司法研修院；司法政策咨询委员会；法院图书馆和裁判研究官等。

2. 高等法院

高等法院由法官组成，设高等法院院长。院长处理法院的司法行政事务，指挥、监督所属公务员。法院内设民事部、刑事部及特别部。主要管辖的事项有：地方法院合议部第一审判决或家庭法院合议部第一审判决的抗诉案件；地方法院合议部或家庭法院合议部第一审作出决定、命令的抗告案件；其他法律规定的由高等法院管辖的事项。

3. 专利法院

专利法院由法官组成，设专利法院院长。法院内设若干部，主要管辖的事项有：《专利法》第 186 条第 1 款和《商标法》第 86 条第 2 款规定的第一审案件；其他法律中规定的属于专利法院管辖的案件。

4. 地方法院

地方法院由法官组成，设地方法院院长。院长须有 10 年以上法律工作经验。地方法院根据需要设专门审理民事案件的民事地方法院和专门审理刑事案件的刑事地方法院。

5. 家庭法院

家庭法院审理有关家庭纠纷和青少年保护的案件，《家事审判法》中规定的乙类和丙类审判案件等。

6. 行政法院

根据新修改的《法院组织法》，新设行政法院。设行政法院院长，具体管理法院内部的司法行政事务，指挥、监督所属公务员。行政法院主要管辖的事项有：行政诉讼法规定的行政事件；其他法律规定的属于行政法院管辖的第一审案件。

7. 军事法院

军事法院是根据宪法第 110 条的规定而设置的特别法院，包括高等军事法院和普通军事法院。

（二）法院的职权

法院的职权主要有：（1）对争讼的裁判权。对民事诉讼、刑事诉讼、行政诉讼、选举诉讼等进行审理。（2）命令、规则审查权。在具体审理案件时，审查命令、规则的效力，当认定没有效力时，可拒绝适用该命令和规则。（3）违宪法律审判提请权。当法律的违宪与否成为裁判的前提时，法院有权向宪法裁判所提请，要求宪法裁判所作出违宪判断。宪法裁判所拥有违宪法律审查权。（4）有权维持法庭秩序。

（三）检察机关

韩国的检察机关是行使检察权的国家机关。检察机关分大检察厅、高等检察厅、地方检察厅与支厅，并相应地设立检察总长、高等检察长、检察长及检察官。大检察厅设检察总长，统一管辖检察事务，并指挥、监督检察厅的公务员。任期为2年，不得连任。

检察官作为公益的代表者主要行使如下职权：犯罪搜查，提起公诉；在犯罪搜查中对司法警察官吏的指挥、监督权；裁判执行的指挥、监督权；以国家为当事人或参加人的诉讼或行政诉讼的指挥、监督权；等等。

检察机关在行使职权过程中具有准司法机关的性质，属于法务部管辖，组织体系上受法务部的直接领导，但其职权行使要遵循合法性与合目的性原则，享有相当于法官的待遇。具体表现在：检察官享有相当于法官的身份保障；法务部长官只对检察官进行一般性的指挥、监督；检察总长实行任期制等。检察机关作为准司法机关，在法治目标的实现过程中发挥着重要作用，主要有：通过搜查、起诉等活动维护法制的统一与尊严，维护宪法秩序，保障国民的人权；通过检察权的统一行使，消除腐败，实现社会公正价值。

（四）韩国的司法改革①

20世纪90年代初，韩国作为一个后起的法治国家开始强力推进司法改革。二十多年来，韩国法院积极回应民众要求及全球化挑战，广泛借鉴国外司法制度，在司法体制、诉讼制度、法学教育等方面进行了诸多有益探索。针对近年来司法改革存在的问题，2009年8月大法院根据《法院组织法》第25条设立了司法政策咨询委员会，该委员会直接对大法院院长负责，下设一个由20名法官、教授等法律专家组成的研究团队，该研究团队重点探讨了以下问题：调整一审法院和上诉法院的职能，以实现终审法院职能的正常化；法官人事制度方面，根据上诉法院职能的调整，改变高等法院法官的任免资格，探索引进美式法科大学院后的法官任命方法；起草《法庭安全秩序法案》以及研讨大法院院长提出的其他议题。2009年末，该委员会向大法院院长提交了第一份建议书。三十年来韩国司法改革的历程中，国家建立的各种委员会一直是主导者，决定着改革的措施和进度。值得注意的是，法学教育作为司法运作的基石，成为韩国司法改革的重要议题。此外，虽然韩国国内对国民参审制度、法学教育改革等存在较大争议，但是大陆法系与英美法系制度之间的融合已经成为一个不争的事实。

第四节　宪法裁判制度

1988年后，韩国建立了统一的宪法裁判制度。宪法裁判所是保障宪法实施的专门机构，是独立的宪法裁判机关。1988年5月，韩国制定了《宪法裁判所法》，具体规定了宪法裁判所的组织、活动原则与权限等。韩国是亚洲国家中唯一一个尝试过不同违宪审查模式的国家。1948年宪法采用司法审查制度；1960年曾设立宪法裁判所；1972年宪法和1980年宪法曾规定设立宪法委员会；1962年曾实行普通法院行使违宪审查权的体制等。1988年实行的宪法裁判所制度是韩国在总结本国宪制历程和借鉴国外合理经验基础上建立的制度，在实践中发挥了积极的作用。

一、宪法裁判所的组织

根据韩国现行宪法和《宪法裁判所法》的规定，宪法裁判所由9名裁判官组成，由总统任

① 亓晓鹏. 韩国司法改革的历程. 人民法院报，2011-01-14.

命。其中，3 人由国会选出，3 人由大法院院长提名，3 人由总统直接任命。根据《国会法》和《宪法裁判所法》的规定，宪法裁判官由总统任命前须经国会的人事听证。采用这种产生方式是为了保证三权之间的平衡与合作，使国家权力的运行具有合理性。裁判官的资格要求是：年满 40 岁，从事下列各项中的一项事业 15 年以上者：（1）法官、检察官、律师；（2）具有律师资格的人在国家机关、国家公营企业体、政府投资机关等其他法人中从事法律业务者；（3）具有律师资格的人在公认的大学中具有法学助理教授以上的职称者。属于下列任何一项中的人不能被任命为裁判官：根据其他法令不能被任用为公务员者；被判处徒刑以上刑罚者；因弹劾被罢免后未到 5 年者。

裁判官任期 6 年，依法可以连任，退休年龄为 65 岁，但宪法裁判所所长的退休年龄是 70 岁。裁判官的身份受法律保障，主要有：（1）裁判官除被弹劾或判处徒刑以上刑罚外，不得被罢免；（2）裁判官不得加入政党或参与政治，保持政治中立；（3）常任裁判官的待遇相当于大法官，所长的待遇相当于大法院院长；（4）裁判官根据宪法和法律，依良心独立审判。

宪法裁判所的组织体系包括：（1）宪法裁判所所长。宪法裁判所所长经国会同意由总统任命，代表裁判所管理宪法裁判所事务，指挥、监督所属公务员，在作出宪法裁判所的决定时行使表决权。（2）裁判官会议。裁判官会议由全体裁判官组成，所长为议长。裁判官会议经 7 人以上裁判官出席与出席人员的过半数的赞成才能作出决议。裁判官会议讨论的主要事项是：有关宪法裁判所规则的制定与修改；预算要求、预算费支出与决策的事项；事务处长的任免提请与宪法研究官及 3 级以上公务员任免事项；其他需要由所长附议的事项等。（3）宪法研究官。宪法研究官按照宪法裁判所所长的命令，从事案件审理、审判的调查与研究。宪法研究官须符合下列条件之一：具有法官、检察官、律师资格，在公认的大学法律系担任助理教授以上职称；在国会、政府或法院等国家机关作为 4 级以上的公务员从事法律工作 5 年以上。宪法研究官经裁判官会议议决由所长任命。宪法研究官不能参与裁判，但在一定程度上影响宪法裁判官的裁判活动。（4）宪法裁判所事务处。为处理宪法裁判所内的行政事务，设事务处。事务处长按照所长的指挥，管理事务处的事务，指挥、监督所属公务员。

二、宪法裁判所的职权

《宪法裁判所法》第 2 条规定，宪法裁判所行使下列职权：根据法院的提请，进行法律的违宪与否审判、弹劾审判、政党解散审判、国家机关权限争议审判、宪法诉愿审判。

（一）违宪法律审判权

违宪法律审判权是宪法裁判所的主要职权，是宪法裁判所发挥功能的基本形式。韩国现行宪法规定，命令与规则的违宪审查由大法院管辖，而法律的违宪审查由宪法裁判所管辖。

违宪法律审判先由法院或当事人向宪法裁判所提请。当法律的违宪与否成为裁判的前提时，审理该事件的法官依据职权或当事人的申请，向宪法裁判所提出违宪审查提请。提请以后，应停止该事件的审理，等待宪法裁判所的决定。违宪审查的对象包括法律（形式意义的法律）、紧急命令、条约。紧急命令具有与法律同等的效力；经国会同意而批准的条约与国内法具有同等的效力，所以一般情况下可以成为违宪审查的对象。违宪审查的具体方式包括：（1）违宪法律的审理原则上采取书面审理形式。但宪法裁判所认为有必要时，可听取当事人、利害关系人及其他证人对审理方式的意见。（2）该诉讼事件的当事人及法务部长官向宪法裁判所提出法律是否违宪的意见书。（3）宪法裁判所作出法律的违宪决定时，须经 9 名裁判官中 6 名以上裁判官的赞成。（4）宪法裁判所只对被提请的法律或法律条款的违宪与否作出决定。不过，当因对法律条款的违宪决定导致不能实施全部法律时，可对全部法律作出违宪决定。违宪决定书应附理由和裁判官的意见。（5）宪法裁判所自决定之日起 14 日内将决定书正本送达提请法院，提请法院如果不是大法院时，须经过大法院。

违宪决定应登载在官报上，其效力拘束法院及其他国家机关和地方自治团体。被决定为违宪的法律或法律条款，自作出决定之日起失去效力。但是，有关刑罚的法律或条款具有溯及力。对依据违宪法律而作出的有罪判决可提出再审要求。也就是说，违宪决定具有一般效力，有的学者称之为“客观的规范控制”。

（二）弹劾审判权

根据韩国现行宪法规定，依国会在籍议员 1/3 以上发议，经在籍议员过半数的赞成，可弹劾罢免高级国家公务员。弹劾审判先由国会司法委员会委员长任追诉委员，并把追诉议决书正本向宪法裁判所提出。宪法裁判所根据申请或职权可调查证据，可传唤被追诉者。弹劾审判依据正义与衡平原理进行，采取口头辩论形式。有弹劾审判请求时，宪法裁判所可宣告罢免被请求人公职的决定。弹劾决定须经 9 名裁判官中 6 名以上裁判官的赞成。罢免被请求人公职的决定，并不意味着免除其民事或刑事责任，而且被罢免者自作出罢免决定之日起 5 年内不得担任公务员职务。韩国宪法法院的弹劾审判权对韩国的宪法建设具有深刻而特殊的意义。以卢武铉总统弹劾案为标志，韩国开始尝试结束以往通过各种政治风波完成统治人物更迭的方式。宪法法院的地位和作用因独立审判权的运用得到了大大的强化。这一方面教育了全体国民，使拥有政治热情的韩国民众接受宪法政治理性的熏陶；另一方面可以实现对议会监督权的再制约，使得议会所代表的多数优势与宪法法院所代表的精英优势形成良好的结合。[①] 2017 年 3 月对朴槿惠总统弹劾案的审判则是韩国宪法法院成熟运用弹劾审判权的标志。

（三）违宪政党解散审判权

当政党的目的或活动违背民主的基本秩序时，经国务会议审议，政府可向宪法裁判所提起政党解散审判请求。政党解散审判的请求中要记载要求解散政党的名称与请求解散的理由。宪法裁判所接受政府请求后，采取口头辩论形式审理。自接受请求之日起，宪法裁判所可以根据请求人的申请或职权，停止被请求人活动至最终作出宣告。政党解散的决定应向被请求人、国会、政府及中央选举管理委员会送达。政党解散审理的具体程序援用《民事诉讼法》的规定。作出政党的解散决定，须经宪法裁判所 6 名以上裁判官的赞成。宪法裁判所作出解散政党的决定时，必须解散该政党并且不能重新组织类似的政党。政党解散决定由中央选举管理委员会根据《政党法》的规定执行。被解散的政党党员自政党解散之日起失去党员资格，政党也失去政党资格。

（四）权限争议审判权

宪法裁判所有权审理国家机关间、国家机关与地方自治团体间以及地方自治团体相互间发生的权限争议。当有关机关间因权限问题发生争议时，该国家机关或地方自治团体可向宪法裁判所提出权限争议审判请求。权限争议审判应从知道事由之日起 60 天以内提起请求。请求书中要记载：请求人或代理人名称；被请求机关名称；成为审判对象的被请求机关的处分或不作为；请求理由及其他事项。权限争议审判以口头辩论形式进行。其程序援用《民事诉讼法》和《行政诉讼法》。自接受请求之日起，宪法裁判所根据职权或请求人的申请，可以停止作为审判对象的被请求机关处分的效力。通过审理认定被请求机关的处分或不作为已侵害请求人的权限时，可以作出取消或确认其无效的决定。权限争议审判以裁判官过半数赞成而通过。有关权限争议的决定拘束一切国家机关和地方自治团体。

（五）宪法诉愿的审判权

宪法诉愿是指因公权力的滥用使国民的基本权利受侵害时，该国民向宪法裁判所提请审判

① 宋永华. 韩国宪法法院制度研究. 上海：上海三联书店，2012：134.

的救济手段，是宪法保障制度的重要内容。韩国现行宪法首次规定了宪法诉愿制度。《宪法裁判所法》第68条规定，因公权力的行使或不行使，宪法上保障的基本权利受侵害者除通过法院裁判外可向宪法裁判所请求宪法诉愿审判。

1. 宪法诉愿主体。宪法诉愿是保障人权的特殊的权利救济手段。凡是因公权力的行使或不行使致使宪法上保障的权利受侵害的国民都有权提起宪法诉愿。这里包括自然人和法人，没有权利能力的社团在一定范围内也有权提起宪法诉愿。

2. 宪法诉愿要件。分为实质要件和程序要件。实质要件包括：宪法上保障的权利直接地、现实地受到侵害；如其他法律上有救济手段，先按其他法律手段救济，已穷尽时方可提起宪法诉愿；具有诉的利益，即存在权利保障的必要性。程序要件包括：具备请求形式；选定具有律师资格的代理人；在请求期限内提起。

3. 宪法诉愿的对象。宪法诉愿的对象有一定的限制，并不是所有违宪的公权力活动都能够成为宪法诉愿对象。法院的判决不得成为宪法诉愿的对象。但对司法机关的决定可以提起诉愿请求。2007年修改《刑事诉讼法》以前，对检察机关的不起诉决定可以提起宪法诉愿，但这一体制加重了宪法裁判所的负担，对不起诉决定的宪法诉愿占全部受理案件的60%。为了减轻宪法裁判所的负担，修改后的《刑事诉讼法》对告发人的裁定申请权进行了一定的限制，取消了告发人对不起诉决定的宪法诉愿权。当法律的违宪与否审判请求被驳回时，提出申请的当事人可以提起宪法诉愿审判请求。

4. 宪法诉愿有严格的请求期限。宪法诉愿应从知道事由之日起60天内，自存在事由之日起180天内提起请求。需要先通过其他法律规定的救济程序的，应从接到最终决定通知之日起30天内请求。请求书中要记载：请求人与代理人；被侵害的权利；成为侵害原因的公权力的行使或不行使；请求理由及其他必要的事项。

5. 宪法诉愿的审判程序。宪法诉愿审判实行书面审理原则和代理人诉讼原则。当宪法诉愿请求者无力选任代理人时，可向宪法裁判所请求为其选定代理人。国选代理人由国库支付报酬。宪法诉愿由3名裁判官组成的指定裁判部事先具体审查。通过审查可作出两种决定：一种是驳回审判请求，即经指定裁判部裁判官的一致意见，可驳回宪法诉愿的审判请求；另一种是作出宪法诉愿认容决定，即经审查，认定公权力的行使或不行使侵犯了国民的宪法权利时，经裁判官6人以上赞成，可作出取消公权力行使或确认公权力不行使的违宪性的决定。

6. 宪法诉愿认容决定的效力。宪法诉愿认容决定拘束一切国家机关和地方自治团体，作出违宪行为的被请求人必须根据认容决定，作出新的处分。另外，为了防止宪法诉愿请求权的滥用，宪法诉愿审判的请求人须依照《宪法裁判所法》的规定缴纳部分保证金。

三、宪法裁判的一般程序

宪法裁判所审理案件时设裁判长和代理人。宪法裁判所所长为裁判长，由其维持审判厅的秩序与指挥辩论。裁判部由全体裁判官组成，具体负责审理案件。在各种形式的审理中设代理人，如果政府为当事人时，由法务部长官为代理人；其他国家机关或地方自治团体通常选定具有律师资格的所属职员为其代理人。

宪法裁判所的审理始于向宪法裁判所提交请求书。但是，违宪法律审判应附法院提请书，弹劾审判应附国会追诉议决书正本。弹劾审判、政党解散审判及权限争议审判以口头辩论形式进行，违宪法律审判和宪法诉愿审判以书面审理形式进行。

宪法裁判所的审理与决定的宣告应公开，但因国家安全需要不宜公开时可以不公开审理，审判的评议不得公开。宪法裁判所对违宪与否的提请书、弹劾追诉议决书、政党解散、机关争讼、宪法诉愿审判，自受理请求书之日起180天内宣告终局决定。

四、宪法裁判所的作用与局限

宪法裁判所制度为民主政治的实现与基本权的保护提供了制度性解决途径，在实现民主政治的过程中发挥了重要的作用。宪法裁判所自开始发挥违宪审查功能的 1988 年 9 月 1 日起至 2010 年 5 月 31 日止，共接收了 19 101 件案件，其中审理了 18 377 件案件。[①] 特别是最近几年，韩国宪法裁判所并不满足于现状，审理了首都转移、总统弹劾、国家保安法的废止、良心性兵役拒绝等与国家发展方向有重大关联的案件，提高了宪法裁判所的声誉。甚至 2007 年还出现了国家总统向宪法裁判所提请宪法诉愿以求保障自己的基本权的情况，使宪法裁判所的权威在韩国不可撼动。韩国宪法裁判所一次次意义重大的司法积极主义的实践，促进了韩国法治主义的扩张。从制度运行的背景分析，韩国的民主政治改革、民众权利意识的兴起以及法律界人士的积极态度等均是其主要原因。

虽然韩国宪法裁判所制度取得了巨大的成功，但是在实施过程中存在以下几个问题：第一，违宪法律审查的二元构造隐藏着法律效力上冲突的可能性。在现行制度下对法律的违宪审查权与对命令、规则、处分的违宪审查权由宪法裁判所与大法院分掌，这可能会出现上下位法合宪性的不统一。第二，宪法裁判所裁判官的组成存在问题。从宪法裁判所的性质与功能上看，宪法裁判所的裁判官需要得到最大的独立性。但现有的裁判官的任命规定导致执政党对宪法裁判的影响力过大。第三，宪法诉愿的增加导致宪法裁判所的业务量过多。韩国现行宪法裁判所设置以来，审判请求案件日益增多，其中宪法诉愿占全体案件的 96%，仅 2009 年一年就达到 1 439 件之多。让宪法裁判所 9 名裁判官审理如此多的案件，其负担不言而喻，这将会导致审理案件的质量下降。另外，宪法的适用应当遵循较为严格的“司法克制”原则，对个案进行过多的宪法判断对宪法的权威性和社会的稳定性均有损害。

典型案（事）例

1. 事先审议电影制度与表现自由

（韩国宪法裁判所 1996 年 10 月 14 日判决，93 宪甲 13）

请求人 A 在上演电影《梦的国家》时被控违反了《电影法》第 12 条第 1 款的规定，事先没有经过公演伦理委员会的审查。A 被起诉后在汉城地方法院审理期间向审理本案的法院提起该条款违宪的提请，其申请被驳回后依照《宪法裁判所法》向宪法裁判所提起宪法诉愿审判诉讼。

本案的审判对象是《电影法》第 12 条、第 13 条。第 12 条规定：“（1）电影（包括预告片）在上演之前须经根据《公演法》设置的公演伦理委员会的审查。（2）没有经过第 1 款规定的审查不得放映电影……”第 13 条规定：“（1）公演伦理委员会或者广播审议委员会根据第 12 条第 1 款或者第 4 款的规定审查时，如有下列情形之一不得对电影作出审查通过的决定。但认为如删除有关部分可上演时，删除有关部分后可作出审议通过决定。1）违背宪法基本秩序或有损国家权威时；2）有损害公序良俗或造成社会秩序紊乱的可能性时；3）有损害国家间友谊的可能性时；4）有损害国民精神的可能性时……”

本案的争议点主要在于：事先审查的制度是否违反宪法规定的表现自由；公演伦理委员会的性质及委员会检阅行为的合宪与否。

宪法裁判所于 1996 年 10 月 14 日作出判决，认定《电影法》第 12 条第 1 款和第 2 款，以

---

① 详见蔡永浩．韩国违宪审查制度发展历程及其对我国的启示．延边大学学报（社会科学版），2010（5）．

及第 13 条第 1 款中规定的公演伦理委员会审查部分违反宪法（违宪）。

电影是人类意思表示的一种手段。电影的制作及上演受到宪法保障，同时它既是发表研究成果的形式，也是艺术表现的手段。因此，电影的制作及上演受规定学术、艺术自由的宪法第 22 条第 1 款的保障。宪法明确禁止对言论、出版的许可和检阅，即使对言论、出版自由的限制也不得采用检阅的手段。检阅是指行政权作为主体以预防的手段审查、选择发表以前的思想、意见的内容，是一种禁止发表未经许可内容的制度。为了得到许可一般要求提交发表作品。行政权作为主体对此进行事先审查，禁止发表未经许可的内容。

宪法第 21 条第 2 款禁止的检阅只包括事先检阅，不具有事后审查或检阅的性质，也就是除事先审查之外其他审查形式不包括在检阅之内。检阅禁止的原则并不意味着不能采取事后的司法规制，依据司法程序禁止电影上演的措施（如侵害名誉或知识产权的假处分）或者后果实际相同的刑罚决定，也并不意味着禁止对电影的所有事先审查。由于电影是以观众为对象的表现形式，影像媒体本身又具有特殊性，上演后通常产生很大的冲击或刺激，一旦普及于观众生活中就没有有效规制的方法。因此，在上演或普及电影以前有必要审查规制，由审议机关最终决定是否上演的判断相当于检阅，但为了事先防止因电影上演后可能出现的违反实定法的可能性和在流通阶段防止对青少年产生不良影响，事先审查等级不属于事先检阅。对未经等级审查而上演电影的行政制裁并不属于检阅，这里所讲的上演禁止不是审议的结果，而是总体上体现等级审查的措施。《电影法》第 12 条第 1 款、第 2 款、第 13 条第 1 款的有关规定赋予公演伦理委员会事先审查电影的权力，规定未经事先审查的电影不得上演。该法规定的对电影的审议制的内容是审议机关事先审查电影的内容，对不符合审议标准的电影禁止上演，对未经审查而放映的行为给予刑事处罚。这种规定明显采用了事先检阅制度。

本案的焦点并不涉及作为电影审议机关的公演伦理委员会的性质问题。宪法上的检阅禁止原则只限于检阅依据行政权进行，那么公演伦理委员会是否行使行政权？虽然检阅是由非行政机关的独立委员会进行，但如果行政权作为主体建立检阅程序并对检阅机关的构成产生持续的影响时，实质上检阅机关就是行政机关。虽然公演伦理委员会是由民间人士组织的自律机关，但《电影法》上规定了对电影的事先许可制度，而且行政权对公演伦理委员会的构成产生持续影响，此时它仍是体现行政权的检阅机关。尽管在审议活动中该委员会是保持独立性的审议机关，但在判断该机关性质时这并不是考虑的重要因素，因为独立性保障仅仅是审议程序与结果保持公正性与客观性的前提。

2. 死刑制度是否违宪

（韩国宪法裁判所 1996 年 11 月 28 日判决，92 宪戊 108）

请求人 A 因犯杀人和强奸罪在第一审和第二审中被判死刑，在向法院提出上告的同时以规定死刑的《刑法》第 250 条第 1 款、第 41 条第 1 款、规定死刑执行方法的《刑法》第 66 条，规定刑场的《行刑法》第 57 条第 1 款的规定违宪为由向大法院提起违宪与否审判申请，该申请被大法院驳回请求人 A 根据《宪法裁判所法》第 68 条第 2 款的规定向宪法提起了宪法诉愿审判请求。

本案的审判对象是：《刑法》第 250 条、第 41 条、第 66 条，《行刑法》第 57 条。《刑法》第 250 条规定杀人者判死刑、无期徒刑或 5 年以上徒刑；第 41 条规定刑罚种类包括死刑；第 66 条规定死刑在刑务所内以绞刑的方式执行。《行刑法》第 57 条第 1 款规定死刑在监狱内的刑场执行。

本案的争议点主要集中在：《刑法》第 66 条、《行刑法》第 57 条第 1 款能否成为裁判的前提；死刑制度本身是否违反宪法规定；宪法保护的生命权与死刑制度是否矛盾；死刑制度是否剥夺人的尊严和价值。

宪法裁判所于1996年11月28日作出判决，认定《刑法》第41条第1款、第250条第1款不违反宪法（合宪判决）。

宪法裁判所在判决中首先认定，《刑法》第66条、《行刑法》第57条第1款的规定，只是表明死刑这种刑罚执行的方法与场所，是否违宪对诉讼事件的裁判内容及效力并不产生法律影响，因此这一部分的请求缺乏裁判的前提性。

人的生命是十分宝贵的，它是有尊严的人类存在的根源，有些生命权虽然没有具体规定在宪法典之中，但它作为人类生存本能和存在目的的基础，是一种自然法上的权利，构成宪法规定的基本权的前提。生命权作为绝对的基本权，从理念上不能成为法律保留的对象，但从现实的层面看，生命权实际上成为法律保留的对象，即对人的生命不宜作出社会科学的或法的评价，但为了生命权成为宪法上的基本权，并从法律上揭示其意义时，它不能成为超越规范的永久妥当的权利。在现实生活中，没有正当理由否定他人的生命或者损害重大公共利益时，国家法律有必要揭示他人生命和公共利益优先保护的基准，此时生命权虽然从理念上具有绝对的价值，但对生命权不得不作出法律评价，生命权本身成为宪法第37条第2款规定的一般法律保留的对象。

宪法对剥夺作为人的存在根源的生命的死刑没有作出具体的肯定或否定的规定，但宪法第12条第1款一切国民不依法律和正当程序不受处罚、保安处分或强制奴役的规定、第110条第4款非常戒严下的军事裁判在法律规定的范围内可实行单审，但宣告死刑除外的规定看，其至少从字面解释上以间接的形式规定了依照法律适用作为刑罚的死刑。一切人的生命作为自然的存在具有同等的价值。当同等价值之间出现冲突或出现重大公共利益的损害时，有保障国民生命、财产义务的国家必须优先保护一种生命或公共利益。对否定人的生命的犯罪行为的非法效果，在限定的范围内实施死刑是出于人对死的本能的恐惧，是因与犯罪的报应要求相结合的“必要恶”而不得已选择的方法，现在仍有其合理的功能。在这种意义上死刑制度并不违反宪法规定的比例原则，是国家宪法本身预想的刑罚的一种，至少现在并不违反国家的宪法秩序。

从韩国的文化水平和社会现实看，完全废除作为刑罚的死刑是不妥当的，死刑制度不违反现行的宪法秩序。但死刑这种刑罚的确具有国家以法的名义剥夺人的生命的“制度杀人”的属性，在韩国刑事法律中比较广泛地以法定刑规定了死刑条款，与行为的非法之间是否保持了合理的比例关系是需要探讨的问题。虽然作为法定刑的死刑是妥当的，但宣告死刑时必须慎重。我们可以暂时不作违宪或合宪的讨论，但死刑作为刑罚是否有继续存在的必要性的问题是值得关注的。当一个国家文化得到高度发展时，剥夺生命的死刑有可能失去其预防犯罪的必要性，或者国民的感情已达到这种水平时死刑制度的废除是自然的，在这种情况下死刑作为刑罚制度继续存在必然违反宪法。

从死刑制度具有的公益上的目的和社会机能的合理性以及宪法的规定看，死刑制度本身并不违反宪法第37条第2款的规定。但规定死刑刑罚的个别刑事法条款在其构成要件行为的不法程度与行为者责任之间显失平衡时，死刑可能被评价为违背人的尊严的残酷的刑罚，或者超越达到刑罚目的所必要的限度时，可能会违反宪法解释上的比例原则，是一种违宪的刑罚。《刑法》第250条第1款的规定在行为的不法程度与行为者责任之间不存在显失平衡的问题。

对此判决两位法官提出了违宪意见。他们认为，宪法第10条确认的人的尊严与价值是宪法最高价值，不得以其他规定加以限制，是最重要的价值判断。即使是罪大恶极的人也仍然是具有人的尊严与价值的人类存在，不得为满足社会的复仇心理或犯罪预防的目的而采用非人道的刑罚制度。作为刑罚的死刑不同于自由刑，受到死刑判决的人没有改过自新的道德自由，实际上是把个人当作实现国家或社会全体利益的单纯的手段或对象，侵害了死刑犯作为人的尊严与价值，同时侵犯了宣告死刑的法官和基于职务不得已执行死刑命令的参与者的良心自由。从宪法第 110 条第 4 款但书中不能自然推导出宪法上有可以规定死刑制度的根据。即使像多数人所主张的那样，找出间接的根据，但因死刑制度本身不违宪，所以上述的宪法规定也是一种违宪的规定。从理论上看，宪法规范之间并不具有同等的价值，存在着一定的价值序列，在宪法制定或修改中也有可能出现违反宪法根本价值的宪法规范。对此，宪法法院能否作出违宪判决是值得怀疑的。即使宪法审判没有纠正其违宪规范的功能，至少也不能赋予违宪规范以积极的意义，否则无法实现宪法的根本价值。人的生命权是自然法上的权利，是不能剥夺的，不能成为宪法第 37 条第 2 款基本权限制的法律保留对象。死刑制度是侵害生命权本质内容的生命权的限制，违反宪法第 37 条第 2 款但书的规定。

3. 朴槿惠弹劾案

2016 年 12 月 9 日，韩国国会以 234 票赞成、56 票反对的结果，表决通过针对总统朴槿惠的弹劾动议案。朴槿惠由此成为韩国史上第二名被国会弹劾的总统。

弹劾案提交韩国宪法法院审理后，法院首先根据弹劾理由来判断被诉人（朴槿惠）在执行公务方面的违法性，认为其在是否滥用职权干涉公职人员的任免侵害公务员制度、是否侵犯舆论自由以及在世越号事件中是否违反了生命权保护义务和诚实履行总统权力义务三方面均不足以成为弹劾总统的事实依据；而在关于被诉人允许崔顺实干涉国政及滥用职权的事实方面则认为其构成了违宪违法的弹劾理由。宪法法院认为，宪法规定，公务员“是全体国民的奉献者”，阐明了公务员的义务是实现公共利益，这项义务在《国家公务员法》和《公职人员道德法》等法律中都有具体条例。被诉人为了帮助实现崔顺实追求私利而滥用总统地位及职权的行为，并非公正地履行职务，违反了宪法、《国家公务员法》和《公职人员道德法》等法律。被诉人成立 Mir 和 Ksports 财团、直接或间接地帮助崔顺实干涉国政等行为，不仅侵犯了企业的财产权，还侵害了企业的自主经营。此外，因被诉人的指示或者放纵导致的众多机密文件被泄露给崔顺实的行为，违反了《国家公务员法》中严守国家机密的义务。

最后，基于以上法律和事实，所有法官一致决定，罢免被诉人朴槿惠总统。

本案的关键在于：朴槿惠的违法违宪为是否足以成为其被罢免的重要条件？

2004 年 5 月，总统卢武铉被国会弹劾，但被宪法法院认定其行为确实违反法律，但情节未达“重大违法行为”的弹劾程度。法官 9 人中有 6 人投下反对票，最终否定了该次弹劾案。卢武铉复职。

而在 2017 年 3 月，韩国宪法法院认定，与前总统卢武铉弹劾案相比，朴槿惠在“彻底隐瞒了崔顺实干涉国政的事实，否认相关指控，以及回避检察院调查”等方面均“没有表现将不会再做出违法行为的维护宪法的意志”。其“违宪违法行为使国民对其失去信任，从维护宪法方面，法院可以认定其有严重的违法行为。被诉人的违法行为在维护宪法秩序方面影响恶劣，破坏性大。罢免被诉人起到的维护宪法的作用将是极其有效的”。随后，罢免决定得到全体一致通过，朴槿惠成为韩国历史上第一位由宪法法院通过弹劾案罢免的总统。

宪法条文节选

第 1 条

①大韩民国是民主共和国。

②大韩民国的主权在于国民，一切权力来自国民。

第 10 条

全体国民具有人的尊严和价值，享有追求幸福的权利。国家有义务确认、保障个人拥有的不可侵犯的基本人权。

第 11 条

①国民在法律面前人人平等，不因性别、宗教、社会地位而在政治、经济、社会、文化生活的所有领域受到差别对待。

②社会特殊阶级制度不予认可，并不得以任何形式创设。

③勋章等荣誉称号仅对获得者有效，不得行使任何特权。

第 14 条

国民享有居住、迁徙的自由。

第 23 条

①国民的财产权受到保障，其内容与界限由法律规定。

②财产权的行使要符合公共福利。

③根据公共需要而实施的财产权征收、使用或限制及补偿由法律规定，应支付合理的补偿。

第 31 条

①国民有按能力受教育的权利。

②国民对其所保护的子女负有使其接受初等及法律规定教育的义务。

③义务教育为免费。

④根据法律的规定，教育的自主性、专门性、政治中立性及大学自治受到保障。

⑤国家大力发展终身教育。

⑥包括学校教育、终身教育的教育制度、教育活动、教育财政及教师地位等有关基本事项，由法律规定。

第 32 条

①国民享有劳动的权利。国家应运用社会、经济手段，扩大劳动者就业机会，维持适当的工资水平，并依法实行最低工资制。

②国民负有劳动的义务。国家按民主原则，由法律规定劳动义务的内容和条件。

③劳动条件的标准，在保障人的尊严的前提下由法律规定。

④女性的劳动受到特殊保护，在就业、工资和劳动条件方面免受不当的差别待遇。

⑤青少年的劳动受特殊保护。

⑥国家有功者、残疾军警人员和烈属依法优先取得劳动就业机会。

第 34 条

①国民享有人所拥有的生活权。

②国家有义务努力加强社会保障和社会福利。

③国家努力提高女性的福利和权益。

④国家有义务实施旨在提高老人和青少年福利的政策。

⑤身体残疾人和因疾病、年老及其他事由而丧失生活能力的国民，依法受国家保护。

⑥国家应努力预防灾害，并努力保护国民免受灾害危害。

第 35 条

①国民享有在舒适环境中生活的权利，国家和国民要努力保护环境。

②环境权的内容和行使由法律规定。

③国家应通过住宅开发政策等，努力使国民享有舒适的居住条件。

第 37 条

①国民的自由和权利不因宪法没有列举而被忽视。

②国民的所有自由和权利，在为保障国家安全、维持秩序或公共福利所需时可由法律作出

限制，但不得侵犯自由和权利的本质内容。

第 40 条

立法权属于国会。

第 43 条

国会议员不得兼任法律规定的职务。

第 65 条

①总统、国务总理、国务委员、政府各部长官、宪法裁判所法官、法官、中央选举管理委员会委员、监察院院长、监察委员及其他法律规定的公务员，在履行职务中违反宪法或法律时，国会可议决弹劾追诉。

②第①款规定的弹劾追诉应有国会全体议员的 1/3 以上提议，其并经全体议员过半数赞成。但对于总统的弹劾追诉应有国会全体议员过半数提议和全体议员的 2/3 以上赞成。

③受到弹劾追诉议决者，停止行使权限直至弹劾审判。

④弹劾决定仅限于罢免公职，民事或刑事责任并不因此免除。

第 66 条

①总统是国家元首，对外代表国家。

②总统负有维护国家独立、领土完整、国家存续和宪法的义务。

③总统对祖国的和平统一负有忠实的义务。

④行政权属于以总统为首的政府。

第 69 条

总统就职时宣誓如下："我庄严地向国民宣誓，我将忠实地履行总统的职责，遵守宪法，保卫国家，为祖国的和平统一、增进国民的自由和福利、繁荣民族文化而努力。"

第 83 条

总统不得兼任国务总理、国务委员、政府各部长官及其他法律规定的公私职务。

第 86 条

①国务总理经国会同意，由总统任命。

②国务总理协助总统，根据总统命令统辖政府各部。

③军人未退出现役的，不得被任命为国务总理。

第 101 条

①司法权属于由法官组成的法院。

②法院由作为最高法院的大法院和各级法院组成。

③法官资格有法律规定。

第 111 条

①宪法裁判所管辖下列事项：

1. 法院提请的法律是否违宪的审判；

2. 弹劾案的审判；

3. 政党解散的审判；

4. 政府机关之间、国家机关和地方自治团体之间及地方自治团体之间权限争议的审判；

5. 法律规定的有关宪法诉愿的审判。

②宪法裁判所由具有法官资格的 9 名裁判官组成，裁判官由总统任命。

③第②款规定的裁判官中，3 人从国会选出的人选中任命，3 人从大法院院长提名的人选中任命。

④宪法裁判所所长经国会同意，由总统从裁判官中任命。

第 112 条

①宪法裁判所裁判官任期 6 年，可按法律规定连任。

②宪法裁判所裁判官不得加入政党或参与政治。

③宪法裁判所裁判官非因弹劾或受监禁以上的刑罚，不受罢免。

第 113 条

①宪法裁判所作出的法律违宪决定、弹劾决定、政党解散决定或宪法诉愿认可决定，应经 6 人以上裁判官的赞成。

②宪法裁判所在不与法律相抵触的范围内可制定有关审判程序、内部运行和有关事务处理的规则。

③宪法裁判所的组织、运行及其他必要事项由法律规定。

第 128 条

①宪法修改由国会全体议员过半数或总统提议。

②为延长总统任期或变更连任的宪法修改，对该项提案出台时在任的总统不具有效力。

思考题

1. 韩国宪法中国民基本权利的主要内容与特点。
2. 韩国国会制度及其在韩国宪法制度中的作用。
3. 韩国总统制的特点，并与其他国家的总统制进行比较。
4. 韩国的司法制度及对我国司法制度发展的借鉴意义。
5. 韩国的宪法裁判制度及其作用。

参考文献

1. 韩大元，莫纪宏. 外国宪法事例. 北京：中国人民大学出版社，2005.
2. 蔡永浩. 韩国违宪审查制度发展历程及其对我国的启示. 延边大学学报（社会科学版），2010（5）.
3. 亓晓鹏. 韩国司法改革的历程. 人民法院报，2011-01-14.
4. 宋永华. 韩国宪法法院制度研究. 上海：上海三联书店，2012.
5. 谭钟毓. 中日韩宪法移植研究. 湘潭：湘潭大学，2012.
6. 孙谦，韩大元. 世界各国宪法——亚洲卷. 北京：中国检察出版社，2012.
7. 韩大元. 外国宪法. 4 版. 北京：中国人民大学出版社，2013.
8. 李宝奇. 韩国修宪历史及其政治制度变迁研究. 北京：中国政法大学出版社，2013.

第八章
印度宪法

印度是世界上人口第二多的国家，人口总数占世界总人口的近五分之一。印度民族和种族众多，其中印度斯坦族占印度总人口的约一半，是印度最大的民族。印度各个民族都拥有各自的语言，仅宪法承认的官方语言就有 22 种之多。印度也是一个多宗教的国家。印度共和国宪法于 1949 年 11 月由印度制宪议会通过，1950 年 1 月 26 日（印度独立日）生效。至 2021 年已经修正 104 次，共 22 编（今为 26 编）395 条（今为 448 条），8 个附表（今为 12 个附表），5 个附录（今为 4 个附录），共计 10 余万字。权利保留原则是印度宪法根植于人民主权、基本人权、权力制约与法治这四大公理性原则基础上的特有原则。印度宪法规定的公民基本权利大致可分为平等权、自由权和其他基本权利三类，确立的国家基本制度包括议会内阁制度、联邦制度和潘查亚特制度。印度宪法第 32、226 条规定之宪法救济权是印度违宪审查制度存在的前提，司法机关基于此以强有力的审查机制来保障印度公民的基本权利。

综合来看，印度宪法有其自身局限：其一，印度宪法的内容规定过于细致，所呈现出的“篇幅较长、条目繁多、规定详细”① 风格，与现代宪法在内容上所具有的根本性、宏观性特点不够契合。其二，印度宪法的修改程序不够严格。印度宪法第 368 条规定，议会两院中之任何一院提出议案都可以作为修正宪法过程的起点。该议案在议会各院审议时，如有议员总数的 2/3 多数出席并参加表决，且获得议员总数半数以上投票通过，经总统批准后，即可对宪法进行修改。该类修宪程序较之大多数国家的门槛较低、相对简单，使得印度宪法修改频繁、修正案林立，在一定程度上不利于保持宪法的形式稳定性。其三，尽管印度宪法承认了宗教、语言、种姓和阶级的多样性，但没有对民族做出明确界分，宪法表述中以少数（minority）与多数（majority）来淡化民族名称与民族差异，往往会诱发“表列部族”之外的其他少数民族之间的纷争。其四，印度宪法引入美国的司法审查制度，在一定程度上触发了印度高等法院和议会之间的权力冲突。印度高等法院可以对经过严格复杂程序通过的宪法修正案进行司法审查，并在实践中以司法解释形式发展出了“不能违反公民基本权利”和“不能修改宪法基本框架”两项基本原则。

第一节　印度宪法的历史发展

一、前制宪时期

古印度孔雀帝国、笈多王朝、戒日王朝、莫卧儿王朝的政治制度是人类政治制度史的重要

---

① 常士訚，等. 比较政治制度. 天津：天津人民出版社，2013：186.

组成部分。伴随印度殖民地时代的到来，东印度公司及英国政府、国会所确立的总督加参事会管理模式成为印度施行议会内阁制度的最初原型。印度宪法的直接根源是前制宪时期以1935年《印度政府法》为代表的一系列宪法性文件。

（一）东印度公司直接治理时代

1600年至1773年堪称东印度公司直接治理时代，英国政府和国会基本不直接干预东印度公司在印度的事务，英王只是通过颁发具特别公司法性质之《特许状》授予其贸易特权及其他准政府的权力，如立法、司法和行政执法权力。1600年第一部《特许状》授予东印度公司贸易垄断权的同时，也授予公司制定法律、条例的权力，并且授权其可以根据法律、条例对被告人判处罚金或监禁的刑罚。1609年、1615年、1623年和1635年《特许状》分别延续了该授权模式。但1661年《特许状》则尝试改组公司治理结构，授权公司任命总督和其他官员管理印度的据点，授权公司可对公司职员行使民事和刑事司法管辖权，而将英国法律引入印度。其后1668年至1726年的多部《特许状》则推动印度按英国法律重组殖民据点的行政、司法机构，并设立市长法院。

（二）英国国会与东印度公司共同治理时代

伴随1773年《管理法》的颁布，标志着英国国会与东印度公司共同治理时代的到来。基于该法，英国国会开始直接干预印度事务。该法设总督和4名参事管理3个据点的行政事务，任期5年，由英王任命。总督参事会可以制定法律，但需要在最高法院登记。1774年3月26日英王根据《管理法》发布许可命令在加尔各答设立孟加拉最高法院。最高法院由1名首席法官和3名法官组成，均由国王任命。1773年《管理法》首次在印度引入联邦式总督与省督分权。1784年英国国会通过《英国和东印度公司事务管理改善法》。该法规定在英国设立由6人组成的议会监督局对东印度公司进行管理（2人来自内阁、4人来自枢密院），其中1人为主席（后成为管理东印度公司的部长）。政治和外交权力转移给监督局，其他权力仍保留给董事会，但监督局可以通过董事会给公司下达指示和命令。该法规定马德拉斯和孟买隶属于孟加拉总督，进一步实现对印度的集中统一管理。1786年《管理法》修改了参事会集体表决的模式，并授予总督否决参事会决议的权力，同时规定总督兼任总司令。1793年《特许状法》将东印度公司贸易垄断权延长20年，并取消马德拉斯总督和孟买总督，以孟加拉总督作为3个据点的总督，实现东印度公司管理的集权化，但马德拉斯和孟买仍由自己的参事会管理并可制定法律。

1813年《特许状法》继续延长东印度公司贸易垄断权20年，但仅限于对茶叶的垄断，其他贸易垄断特权则被取消，同时在法律上确立英王对印度的直接统治。1833年《特许状法》则进一步取消东印度公司的贸易职能，仅留政治和行政管理职能，将孟加拉总督改名为印度总督，使之成为印度名正言顺的统治者。取消马德拉斯和孟买参事会的立法权（仅在紧急情况下可以制定或修改法律），所有立法由印度总督及其参事会负责。该法专门增加了1名负责立法工作的法律委员，并授权设立第一届法律委员会调查执法和司法情况，立法和行政工作开始适当分立。1853年《特许状法》没有明确规定东印度公司贸易垄断权的具体延长时间，而是规定由英王自由决定。该法专门设立一个立法委员会负责法律草案起草工作，分别由总督、总司令、行政会议成员4人、省代表4人、最高法院首席法官和最高法院其他1名法官共计12人组成，立法委员会可以讨论行政会议的决策，议会制度自此逐步引入。

（三）英王治理时代

1858年《印度政府法》宣布英王接管东印度公司的所有财产与责任，标志英王治理时代的到来。英王任命印度国务秘书负责具体事务，印度国务秘书则由15人组成的印度委员会协助其开展各项具体事务（8名委员由英王任命、7名委员由原东印度公司董事会选举产生），印度国务秘书向英国国会负责。但真正统治印度的是总督及总督之下的行政委员会。印度总督和各省省督由英王直接任命，总督之下的委员会则由印度国务秘书任命。该法推行完全中央集权的殖民政府模式：各省通过省督或副省督实行管理，总督则向印度国务秘书负责，印度人民的意见则基本不予考虑。1861 年《印度委员会法》规定行政委员会除由政府官员组成外，还必须有非官方人士。立法起草和咨询等工作由立法委员会承担，成员为 6 至 12 人，且一半以上为非官方人士，但实际权力仍完全掌握在总督手里。总督可以提出议案、否决议案或者将其提交至英王考虑，总督还可以直接制定总督令，其法律效力与法律相同。该法设计之政府事务在不同行政会议成员之间的权力分工奠定了印度内阁政府的基础。1892 年《印度委员会法》在一定程度上扩大了民主基础，该法规定非政府官员的立法委员由孟加拉商会任命，各省非政府官员的立法委员由地方团体推荐任命，立法委员会可以对财政收支问题提出质疑。1909 年《印度委员会法》扩大了非政府官员的民选委员名额，规定立法委员会可以对除军事、外交等事项外的所有公共事务提出质询。1915 年《印度政府法》就前述四部立法进行了归结。

1919 年《印度政府法》是对 1915 年《印度政府法》的修改，并进行了如下改革：(1) 制定《授权条例》，将中央政府的地方性权力下放给省，包括地方性征税权。(2) 建立“双头政治”的省政府。转移事项（Transferred Subjects）由省督在部长协助下履行，同时向省立法委员会负责；保留事项（Reserved Subjects）则由省督在行政委员会的协助下实施，无须向省立法委员会负责。(3) 中央立法机关由原来一院制的帝国委员会改为上下两院制。上院称国务委员会，下院称立法大会，除拨款投票由立法大会专有之外，其余权力两者相同。国务委员会（上院）由 60 人组成，其中 34 人选举产生、26 人由总督任命产生，任期 5 年；立法大会（下院）由 145 人组成，其中 105 人选举产生、40 人由总督任命产生，任期 3 年。(4) 总督仍然保有真正的实权。所有的行政事务由总督在行政委员会的协助下执行，无须向选举产生的中央立法机关负责。中央立法机关只能针对无关紧要的事项制定法律，但总督仍对中央立法机关制定的法律享有否决权。总督可以制定总督令，效力与中央立法机关通过的法律相同。省督由总督任命，同样享有特定的权力。

1935 年《印度政府法》仍采议会内阁制模式，中央立法机关仍为两院制，但下院改为间接选举产生的联邦会议，上院仍为直接选举产生的国务委员会。该法规定总督可自行决定外交、防务、基督教事务和部落事务，无须向联邦会议负责；转移事项则由总督在 10 名部长组成之部长委员会的建议下执行，并向中央立法机关负责。总督可以否决法律案，英王也有权否决中央立法机关的法律案；总督可以限制任何事项在联邦会议的讨论，某些法律案的提出必须事先经过总督的同意；在中央立法机关休会时，总督可以制定效力与法律相同的总督令。地方的议会内阁制与中央基本相同，但实行完全的责任政府，省督在执行任何事务时皆需考虑部长委员会的意见，且向省立法机关负责。共有 6 个省的立法机关采取两院制，分别称为立法会（下院）和立法院（上院）；其余省则实行一院制，称为立法会。该法仍授权省督可以在任何时候将属于部长委员会的权力收归己有，并将立法事项分为三类：联邦立法事项（Federal List）、省立法事项（Provincial List）、联邦和省共享事项（Concurrent List）。未列举之剩余立法事项则由总督自行决定归联邦或省。该法还授权各王公邦自由选择是否加入联邦，若不愿加入则可以自己制定宪法，但为了保持特权，直到独立都没有任何王公邦加入联邦。

二、制宪时期

1949 年通过的印度宪法是印度宪制时代的开端，共 22 编（今为 26 编）395 条（今为 448

条），8个附表（今为12个附表），5个附录（今为4个附录），共计10余万字。[①] 印度制宪会议从1946年12月9日开始，历时165天，共召开11次会议。由各邦立法会选举和王公邦推选产生的210名制宪会议成员参加了第一次制宪会议，会议选举拉金德拉·帕拉萨德担任制宪会议主席，B. R. 安贝德卡为宪法起草委员会主席，B. N. 劳为制宪会议顾问。

第一次制宪会议召开后，尼赫鲁于1946年12月13日提出了制定宪法的《目标决议》（Objectives Resolution），包括八项内容：（1）制宪会议庄严宣布印度为主权共和国，并为此制定宪法。（2）英属印度、王公邦以及其他自愿加入独立印度的领土组成联邦。（3）上述领土，不管是在现有的辖区内或由制宪会议确定或将来由宪法确定的辖区内，都构成联邦的自治单位，除由联邦享有的权力之外，包括剩余权力在内的所有权力由联邦单位享有。（4）独立的印度及其构成单位的所有权力来自人民。（5）确保印度人民：社会、经济和政治公正；地位、机会和法律面前人人平等；除根据法律和公共秩序作出限制外，享有思想、表达、信仰、良心、崇拜、职业、集会和行动的自由。（6）充分保护少数民族、落后地区和部落、受压迫人民以及其他落后阶层的权利。（7）维护共和国境内的团结，根据正义原则和文明国家的法律，印度共和国的领土、领海和领空的主权权利受到保护。（8）这片古老的国度有权利也有光荣的义务为促进世界和平和人类幸福而奋斗。制宪会议于1947年1月22日通过了该《目标决议》，其中（1）、（2）、（4）和（5）项内容直接成为印度宪法序言的一部分。

制宪会议工作主要分为五个阶段：第一阶段，各专门委员会向制宪会议提交有关基本问题的报告。第二阶段，首席顾问B. N. 劳根据各专门委员会的报告以及对其他国家宪法的借鉴，向起草委员会提交最初的宪法草案（专家稿）。第三阶段（1948年2月21日～1948年11月4日），宪法起草委员会修改宪法初稿，于1948年2月21日向制宪会议提交宪法草案第一稿，并向社会公布，听取社会意见。经修改，宪法起草委员会于1948年11月4日向制宪会议提交草案第二稿。第四阶段（1948年11月4日～1949年11月26日）制宪会议审议草案第二稿。第五阶段（1949年11月26日）表决通过宪法草案第三稿，总统签署宪法草案，最终形成宪法。宪法于1950年1月26日生效，原制宪会议主席帕拉萨德同日被选为印度总统，每年的1月26日则成为印度的“共和日”。

三、修宪时期

印度宪法第368条就修宪事宜作了系统规定：其一，绝大多数条款的修改可由联邦国会任何一院以“法律案”的形式提出，如有全体议员总数的2/3出席且参加表决，并获得议员总数一半以上投票通过，修正案经总统批准即成为正式的宪法修正案。其二，涉及联邦制度内容的条款（第54、55、73、162、241、279A条，第五编第四章，第六编第五章，第十一编第一章，附表7，邦在联邦国会中的代表，第368条本身的修改），除联邦国会提议、两院分别通过外，还需要半数以上邦立法机构批准。其三，部分条款（第2、3、11、59、73、75、97、125、133、135、137、148、158、171、221、343条）可授权联邦国会依照普通的立法程序修改宪法，即经联邦国会任何一院提议，分别经过两院全体议员过半数通过且与会议员过半数通过（或两院联席会议全体议员过半数通过且与会议员过半数通过），即可由总统批准。印度宪法从1951年第一次修正以来，至2021年已经修正104次[②]，平均每年修正1.48次，修改较为频繁。大致可分为尼赫鲁时代（1951—1964年）、英迪拉·甘地时代（1964—1984年）和政治

① 周小明. 印度宪法及其晚近变迁. 上海：华东政法大学，2013.

② https：//www. indiacode. nic. in/.

多元化时代（1984年至今）三个阶段[1]，尼赫鲁时代共修宪17次、英迪拉·甘地时代共修宪30次、政治多元化时代至2021年共修宪57次。

第二节　印度宪法的特有原则

权利保留原则是印度宪法根植于人民主权、基本人权、权力制约与法治这四大公理性原则基础上的特有原则。印度宪法在序言中明确规定："印度独立民主的共和国保障一切公民享有自由、公正和平等的权利"，该宪法是世界各国宪法中对"平等"最为强调的一部。[2] 其在第三编"基本权利"和第四编"国家政策指导原则"中规定有关"平等"的权利和政策的同时，也特别设定了权利保留原则。权利保留原则主要体现于印度宪法的下列条款：（1）第三编"基本权利"第15条第4款：本条与第29条第2款之规定，不妨碍议会为在社会和教育方面落后的任何阶层的公民，以及表列种姓的进步制定特别条款。第29条第2款：由国家维持或接受国库津贴的教育机构，不得根据宗教、种族、种姓、语言等理由拒绝任何公民入学。（2）第三编"基本权利"第16条第4款：本条规定不妨碍议会作出规定为某些落后的公民阶层保留若干公职位置，如果国家认为他们在国家公务部门中未得到适当代表的话。（3）第四编"国家政策指导原则"第46条：增进表列种姓、表列部落和其他落后阶层的教育和经济利益——国家应特别注意增进人民中落后阶层之教育与经济利益，特别是"表列部落"和"表列种姓"的教育和经济利益，并应保护他们不受社会之不公待遇与一切形式之剥削。（4）第330条：下院应为"表列种姓"和"表列部落"保留议席……第332条：邦立法会议应为"表列种姓"和"表列部落"保留议席……上述条款分别确立了权利保留原则的主要内容：禁止歧视；公职受聘机会平等；受教育权平等；有关保留制度的指导性规定；下院应为"表列种姓"和"表列部落"保留议席；邦立法会议应为"表列种姓"和"表列部落"保留议席。综上所述，印度宪法的权利保留原则即指在立法机构、政府部门和公共机构以及所有由政府资助的公共或私立教育机构为表列种姓、表列部落以及落后阶层等社会弱势群体在代表席位、就业和升学方面保留一定比例名额的原则。[3]

一、权利保留原则的实施对象

（一）表列种姓、表列部落

表列种姓由一些被孤立且非常贫困的群体所组成，其属于印度教种姓制度中的"不可接触者"。虽然印度宪法取消了"贱民制"并禁止歧视，但是"不可接触者"仍旧被排除于四大种姓之外，处在最卑贱、最低贱的地位。表列种姓受到的限制主要有9项：（1）不能享受洁净的婆罗门所提供的服务；（2）不能享受为印度教徒提供服务的理发师、挑水工、裁缝师等所提供的服务；（3）接近或接触高等种姓就会给他们造成污染；（4）印度教徒不能从其手里接水饮用；（5）被禁止使用如道路、渡船、水井或学校等一系列公共设施；（6）被禁止使用庙宇（礼拜地）；（7）在平常社会交往中，被具有同等教育背景的高等种姓所歧视；（8）仅仅因为无知、缺乏教育或贫困而被压迫，但是他们的无知、缺乏教育或贫困是出于社会功能的缺乏；（9）因职业而遭压迫，同时该职业的选择是出于社会功能的缺乏。该9项标准剥夺

① 周小明．印度宪法及其晚近变迁．上海：华东政法大学，2013．

② 一之．《印度宪法》中有关"平等"的条文试析．南亚研究季刊，1996（2）．

③ 贺永红．印度的"落后阶层"保留制度．中国人大，2010（15）．

了表列种姓各种经济、社会、政治、文化机会，使其遭受不公平待遇，因而他们常年维持在严重偏低的生活水准，以上皆体现了表列种姓的“不可接触”特征，宪法相关规定见于附表。印度宪法第366条第23款规定：“‘表’，指本宪法的附表。”第24款规定：“‘表列种姓’，指根据第341条规定，被本宪法视为‘表列种姓’之世袭种姓、种族或部落，或它们的若干部分和支系。”

表列部落是一些各自具有不同特征、不同文化的部落集合，相对于其他人而言，他们不仅在文化上截然不同，而且在空间上也存在隔离现象，互相甚少往来。表列部落往往住在偏远落后的地区，很少有其他人进入，这些地区也被称为部落地区。在多数情况下，这些部落的社会、文化、经济生活长期独立于种姓制度之外，往往也被视为与“不可接触者”一样的不洁群体，甚至其与主流社会的亲疏关系还不如表列种姓。界定表列部落的标准主要有三项：(1) 部落血统；(2) 原始的生活方式以及居住于偏远并较少与外界联系的地方；(3) 在各方面普遍比较落后。宪法相关规定见于附表第366条第25款“表列部落”，指根据第342条规定，被本宪法视为“表列部落”的部落或部族社区，或它们的若干部分和支系。

（二）落后阶层

印度宪法中的落后阶层主要出自宪法第15条第4款规定之“在社会和教育方面落后的任何阶层的公民”和第16条第4款规定之“某些落后的公民阶层”。但落后阶层的具体内涵从未有过统一界定，各种定义大致可分为七种：(1) 被压迫阶级、不可接触者群体、表列种姓的同义词；(2) 由不可接触者、土著民和山地部落、不道德部落等所组成；(3) 由所有需要特殊对待的群体所组成，即在 (2) 类定义的基础上再加上“低等社会阶层中不属于不可接触者的那部分团体”；(4) 由所有需要特殊对待的印度教徒所组成，不包括部落民；(5) 由所有需要特殊对待的群体所组成，但不包括不可接触者；(6) 由低等社会阶层中不属于不可接触者的那部分团体所组成；(7) 由除高等或者发达团体外的所有社会团体所组成。印度宪法相关规定更接近于第 (3)、(6) 种定义。

二、权利保留原则的适用

印度宪法通过其特色的“表列种姓”和“表列部落”制度，一方面在宪法正文中明确废除贱民制度，另一方面以列表的形式，将历史上那些长期受到压迫的种姓和部落通过附表形式写进宪法[①]，明确规定在立法机构、政府部门和公共机构，以及所有由政府资助的公共或私立教育机构，为表列种姓、表列部落以及落后阶层等社会弱势群体在代表席位、就业和升学方面保留一定比例名额。如印度宪法第330条规定，“在人民院中为表列种姓和表列部落保留席位”；第332条规定，“在各邦的立法会议中为表列种姓和表列部落保留席位”。但是权利保留原则的具体适用是分阶段进行的。1950—1990年期间，保留原则的适用对象主要是表列种姓和表列部落。从1990年开始，保留原则的适用对象才真正扩张至落后阶层，其具体适用效果也存在一定争议。就“如何定义落后阶层”的探索实践曾多次进行，各邦就适用落后阶层保留原则也有各种尝试。[②]

当前印度宪法保留原则主要适用于表列种姓和表列部落，大致可分为三类：其一，在政府部门和公共机构为其保留工作名额。在不影响行政部门效率的前提下，在各级行政机构中为表列种姓和表列部落分别保留15%和7.5%的工作岗位。印度政府作为全印度最大的雇主，掌握了全印度60%左右的工作岗位，因此该类保留原则适用给表列种姓和表列部落带来了较明显

① 蒋龑．建设一个怎样的新印度？——印度立宪宪法观辨析．清华法学，2020 (1)．

② 许钗玲．论《印度宪法》中的保留制度．上海：华东政法大学出版社，2012．

的现实效益。其二，在高等教育机构中为其保留入学名额。联邦政府和各邦政府在所有接受公共经费资助的高等教育机构中分别为表列种姓和表列部落保留15%和7.5%的入学名额，同时降低入学标准，以保证他们能顺利入学。且各邦政府还可以根据表列种姓和表列部落人口占各邦总人口数比例的不同来调整具体入学名额比例。其三，在联邦和邦立法机构、村潘查亚特等机构中为其保留一定比例的席位。在村潘查亚特这样的具体执行机构中适用一定比例的席位保留，更有助于各种针对弱势群体的福利政策得到切实实施。制宪之初规定适用席位保留的期限为10年，1959年第8修正案将保留期限延长至20年，其后印度国会每隔10年为其再延长保留期限10年。

第三节　公民基本权利

印度宪法在第一编“联邦及其领土”、第二编“公民”之后，于联邦政府、邦政府、地方政府以及联邦制度之前规定了第三编“基本权利”，以凸显公民基本权利的更高宪法地位，并以第四编“国家政策指导原则”单独规定了公民的社会权利。印度宪法规定的公民基本权利大致可分为三类：平等权（第14～18条）；自由权（第19～22条）；其他基本权利，包括免受剥削的权利（第23～24条）、宗教自由权（第25～28条）、文化教育权（第29～31条）。其规定的社会权利虽然较为详尽，但在第36、37条中明文规定其不受司法直接保护，更多地设定为一种国家应予贯彻之原则。具体如下：促进社会福利和平等（第38条）、司法公正和司法援助（第39A条）、组织村民自治（第40条）、工作和受教育的权利（第41条）、优化工作条件和优待产妇（第42条）、提高劳动者待遇（第43条）、促进工人参与工厂管理（第43A条）、国家努力统一民法典（第44条）、向不满6岁的儿童提供幼儿教育（第45条）、提高表列种姓、表列部落及其他落后阶层的生活水平（第46条）、提高公共卫生水平及禁止饮用除药用以外的有害健康的饮料和药物（第47条）、促进农业和禁止屠宰农业用牛（第48条）、保护环境、森林和野生动物（第48A条）、促进司法独立（第50条）和促进国际和平（第51条）。①

独立后的印度在宪法制定中，对权利非常重视，专门设立了基本权利起草分委员会（Fundamental Rights Sub-Committee）。在讨论宪法权利部分，虽然制宪者们在技术处理上有分歧，但在原则问题上没有分歧。制宪者们将权利区分为基本权利和其他宪法性权利，前者如平等权，后者如选举权。② 制宪之初，印度宪法没有设定公民基本义务，后于1976年第42修正案新增第4A编“基本义务”，但只有第51A条而设定了11项义务：（1）遵守宪法，尊重它的思想和规定，尊敬国旗和国歌。（2）珍视和遵循我们为争取自由而进行民族斗争中激发出的崇高理想。（3）维护印度主权、统一和领土完整。（4）保卫国家，受到召唤时为国家服役。（5）促进在印度全体人民中提倡超越宗教、语言、地区和派别差别的和谐和兄弟般的友爱精神；摒弃有损妇女尊严的习惯。（6）珍视和保存我们多元文化的丰富遗产。（7）保护和改善自然环境，包括森林、湖泊、河流、野生生物，爱护动物。（8）发展科学精神、人道主义和钻研改革精神。（9）保护公共财产，摒弃暴力。（10）在个人和集体活动中争取优秀成绩，使国家不断在更高的水平上奋斗进取，创立功业。（11）父母和监护人应为6至14周岁儿童提供受教育

① MAHENDRA P SINGH，柳建龙．印度宪法上基本权利的体系、范畴及其实现．公法研究：第8辑．杭州：浙江大学出版社，2010.

② 张文娟．印度种姓特留权制度的宪法设计及运行挑战．清华法学，2020（1）.

机会。

一、平等权

（一）平等权的一般保护与禁止歧视

印度宪法第14条规定的“国家不得拒绝给予任何人在印度境内的法律面前的平等或者法律上之平等保护”即确立了平等权的一般保护原则。保障平等权实现的主体是国家，国家之保障义务可分为消极性的“国家不得拒绝给予任何人法律上之平等”和积极性的“国家给予法律上之平等保护”。基于印度高等法院和最高法院之解释，可将平等权的内涵具体界分为以下方面：(1) 法律的平等保护不等于绝对的平等；(2) 立法机构有权对人群进行区分而实施不同的法律保护，法院无权干涉；(3) 立法机构的区分必须建立在可以理解的区别之上；(4) 这种区别与立法需要达到的目的之间必须有合理的联系；(5) 可基于地理的不同、时间的不同和职业性质的不同进行立法区分；(6) 平等保护既适用于实体法也适用于程序法。但印度宪法也明确规定国家元首、邦元首享有司法管辖豁免权作为平等权的适用例外。该豁免权具体包括以下内容：总统和邦长行使职权的行为不受司法管辖；在总统和邦长任职期间不得对其提出任何刑事指控；除非两个月前将书面通知送达总统、邦长或其办公处所，否则在总统和邦长的任职期间不得在任何法院对其提起要求民事赔偿的民事诉讼。印度宪法第15条则在此基础上进一步强调了禁止宗教、种族、种姓、性别、出生地的歧视，同时特别规定对妇女儿童、落后公民阶层、表列种姓和表列部落的依法特别保护不构成歧视。

（二）获得公职的机会平等

印度宪法第16条规定了公民获得公职的机会平等。其中第1、2款规定了该权利的内涵，即任何公民对政府职位的聘任享有平等机会，任何公民不得因其宗教、种族、种姓、性别、家世、出生地点、住所等7项原因而受歧视；第3、4、5款规定了法律可以作出的例外限制。例外限制大致包括以下方面：(1) 对于邦和地方机关的特定公务员，联邦国会法律可以设定居住期限条件（第16条第3款，为1956年第7修正案所修改）；(2) 对落后公民阶层（Backward Class of Citizen）的公职保留（第16条第4款）；(3) 对表列种姓和表列部落的职位保留及其晋升的优先考虑（第16条第4A款，为1995年第77修正案和2001年第85修正案所修改）；(4) 与宗教有关的职位保留给相关宗教界人士（第16条第5款）。

（三）废止不可接触制度

印度宪法第17条规定废除“贱民制”即不可接触制度，并禁止以任何形式实行“贱民制”，凭借“贱民制”而剥夺他人权利的行为属于犯罪行为，应依法惩处。在此基础上，于1955年通过了《不可接触犯罪法》，1976年将其更名为《民权保护法》，该法律明确列举下列与贱民制度有关的行为构成犯罪行为：(1) 阻止他人进入公共场所，如医院、诊所、学校等；(2) 阻止他人进入公共宗教场所；(3) 限制任何人进入商店、饭店、酒店、公共娱乐场所或者限制他人使用水库、水龙头、其他水源、道路和火葬场等场所；(4) 侮辱表列种姓人员；(5) 直接或间接地宣扬不可接触制度；(6) 从历史、哲学、宗教或传统的角度论证不可接触制度的正当性。这些犯罪行为需承担的法律责任主要包括：判处1至2年有期徒刑；被判“实施不可接触罪”的人不得被选为联邦或邦立法机构议员。在“实施不可接触”诉讼中，实行举证责任倒置，被告必须证明自己没有实施该行为。“但是，这里值得注意的是，《宪法》第17条废除的是‘贱民制’，而非整个种姓制度。种姓制度意外地以‘表列种姓和部落’这一印度宪法特有的制度得以部分保留。可能令制宪者们始料未及的是，这种旨在对历史上受压迫人民和部落特殊照顾的政策，恰恰是以被公民观念所明确反对的种姓制度为前提的。”①

（四）废除衔级和衔称

印度宪法第18条规定：非军事或学术性质之任何衔称，不得由国家授予。印度公民不得接受外国授予的衔称。担任领取收益或享有信任之国家职务的外籍人士，未经总统同意不得接受外国授予的任何衔称。担任领取收益或享有信任之国家职务者，未经总统同意不得同时接受任何种类的外国礼品、薪酬或公职职务。该规定中废除的衔级不包含军事衔级和学术衔级，对学术和军事有贡献者仍可授予衔级和衔称。且废除衔级只针对国家，个人或团体如大学等仍可以授予衔级和衔称，国家也可以授予为社会服务做出突出贡献的人以衔级。1954年印度政府设立了四个国家奖章：巴拉特·拉特纳（Bharat Ratna）、帕德玛·微博哈森（Padma Vibhushan）、帕特玛·布森（Padma Bhushan）和帕特玛·斯瑞（Padma Shri）。巴拉特·拉特纳（Bharat Ratna）奖章是奖励在艺术、文学、科学和公共服务有特殊贡献的人，其他三个奖章则奖励在其他任何公共服务领域有突出贡献的人，包括政府公务中做出杰出贡献的人。

二、自由权

印度宪法规定自由权内容的为第19～22条，共5条。第19条规定了最核心的6项自由权，第20条规定了不得自证其罪等涉及刑法的自由权，第21条规定了未经法律授权不得被剥夺人身自由的正当程序内容，第22条规定了预防性拘留制度。其中，第21A条是2002年第86修正案所增加的，规定了传统社会权范畴中的受教育权，即：“6～14岁的儿童接受义务教育是公民的基本权利”，规定“政府根据法律向满6周岁不满14周岁的儿童提供免费义务教育”。

（一）自由权的内容

制宪之初，印度宪法第19条将自由权的内容具体列明为7项：言论自由、和平集会自由、结社和组织工会自由、迁徙自由、居住自由、财产权自由、择业自由。其中财产权自由被1978年第44修正案所取消，则还存有6项自由。其一，言论自由，即一切公民皆享有言论和表达自由（第19条第1款第1项）。既包括发表口头和书面言论的自由，也包括发表其他表达意见（如升国旗、投票、获取信息等）的自由。印度宪法没有单独规定出版自由，而是将其置于言论自由中来设定，则言论自由的限制同样适用于出版自由。但下述限制媒体的行为是违法的：限制报纸的发行量或者通过政府赞助而使报业失去独立性；将某一媒体做特别的限制，如限制其发行量或限制其选择媒体的形式；对某一媒体征收过多的税以限制其发行量。其二，和平集会自由、结社和组织工会自由，即一切公民皆可和平而无武装之集合、皆享有结社或建立工会的权利（第19条第1款第2、3项）。政府可以基于以下原因制定法律来限制和平集会自由、结社和组织工会自由：和平和不能非法持有武器；印度的主权和领土完整；公共秩序；道德。其三，迁徙自由、居住自由，即一切公民皆可在印度领土内自由迁徙、皆可在印度领土内的任何地方居住与定居（第19条第1款第4、5项）。迁徙自由与居住自由的内涵在一定范围内是重合的。实现该类自由必须受公共利益和保护表列种姓、表列部落的限制。其四，择业自由，即一切公民皆有权从事任何专业、职业、贸易或事业（第19条第1款第7项）。国家可依法就择业自由作如下限定：出于公共利益的需要而限制择业权利；对特定职业制定从业标准；国家控制某些行业而全部或部分排除公民参与该行业。

（二）自由权的保障

印度宪法第20条规定了公民享有自由权关涉判罪方面的保障。其一，不得制定溯及既往

① 蒋龑．建设一个怎样的新印度？——印度立宪宪法观辨析．清华法学，2020（1）．

的刑法（第20条第1款）。任何人若未违犯有效法律的被控行为，不得判以任何罪名；而且所判刑罚不得重于当时有效法律对其所做的处罚。即不得制定溯及既往的刑法以惩罚犯罪嫌疑人和被告人，否则该法律对行为当时的人来说是不公平的。其二，不遭受双重刑罚的危险（第20条第2款）。任何人不得因同一罪行受重复指控与处罚。但仅指对同一犯罪行为在法院被起诉两次以上，如果同一行为一次受行政机关处罚，另一次受法院的刑罚处罚，则不被认为是遭受双重处罚。另若犯罪既未被判有罪，也未被判无罪而遭受第二次审判不被认为是遭受双重指控。其三，不得自证其罪（第20条第3款）。即不得强迫被告自证其罪。印度最高法院的解释扩张了不得自证其罪的范围，既包括口头证言也包括书证，但是控方对被告人实施医学检查、获得被告人的指纹或签名式样并不违反不得自证其罪的宪法规则；另外不得自证其罪的规则不适用于民事诉讼程序，且该规则只在正式指控的时候才适用，被告在接受普通的询问时不得要求该规则的保护。

印度宪法第21条规定了公民享有自由权的法律保留原则，即只有依法律的授权并经法定程序才可以剥夺公民的生命和人身自由。印度最高法院通过对宪法第21条的自由解释，扩张了公民享有个人自由权的范围。个人自由权的具体内容主要包括：不被强迫劳动的权利；生存权；环境权；人身保险权；健康权；获得食物、水、教育、医疗和居住的权利；罪犯获得生活必需品的权利；及时、公正和公开审判的权利；妇女尊严权；隐私权；赴海外的权利；被单独监禁的权利；不被拷手铐的权利；接受法律援助的权利；不得被延迟执行裁决的权利；不受监禁虐待的权利；不被在公众场合接受绞刑的权利；工人有获得健康和医疗帮助的权利；接受医生帮助的权利；社会公正和经济权利；不受噪声污染的权利；名誉权；家庭养老的权利；有尊严地殡葬的权利；获得信息的权利；听证的权利；对有罪判决上诉的权利。

印度宪法第22条规定了公民应免受任意逮捕的保障。任何被捕的人必须被告知被捕的情况，且有权获得自己选择的律师辩护的权利。任何被逮捕和被监禁的人必须在24小时内（不含从被捕地点至治安法官的路程中的时间）被移交给最近的治安法官，未经治安法官的允许，其拘留时间不得超过上述的24小时。但当时的敌国侨民和依据预防性拘留制度所逮捕或拘留的人员除外。预防性拘留是指没有足够证据证明被拘留人有罪，但又认为必须对其拘留以防止社会危害的一种措施。宪法就预防性拘留也予以了限制：预防性拘留在一般情况下的最长期限是3个月（1978年第44修正案修改）；经高等法院法官或有相同资格的人组成的咨询委员会（1978年第44修正案修改）的报告，对其预防性拘留可以超过3个月，但不能超过议会规定的最长期限；拘留机关必须立即告知被预防性拘留的人拘留的理由并使其有陈述的机会（但拘留当局可以不向其透露有可能妨害公共利益的信息）。印度联邦和各邦就预防性拘留制度皆可立法。中央的立法根据是宪法附表7中央立法项目第9项：中央可以基于国防、外交和国家安全制定预防性拘留的法律。邦的立法根据是宪法附表7共同立法事项第3项：邦可以基于公共秩序、生活必需品的供给制定预防性拘留法律。

三、其他基本权利

（一）免受剥削的权利

印度宪法第23条规定禁止人口买卖、强迫佃农为地主无偿劳动和其他形式的强迫劳动，违反该规定的行为是犯罪行为，应依法处罚。但不禁止国家出于公共目的而实施强迫劳动，且该强迫强劳动不得因宗教、种族、种姓和阶级而有任何歧视。第24条规定禁止雇佣不满14周岁的儿童在工厂、矿场中工作或从事其他危险工作。这两条赋予了公民一定程度免受剥削的权利。基于此，印度国会专门制定了《不道德人口贩卖防止法》以打击和惩罚拐卖妇女和未成年少女从事卖淫的违法犯罪活动，制定了《童工禁止与管理法》具体规范童工问题。印度宪法并不完全禁止童工，而是禁止童工从事与其年龄不符和有害身心健康的工作。针对雇佣童工从事有害儿童身心健康的工作问题，最高法院曾受理多起非由受害人提起的公益诉讼。且基于印度宪法第四编“国家政策指导原则”第 39 条关于国家有义务改善工作条件和保护儿童的规定，邦政府需采取相应的措施保障实现儿童合法权益。此外，司法机关也通过判例扩大解释将罪犯包括在上述基本权利的保护中，认为罪犯可以被强迫劳动但必须给付其合理工资，相应的工资标准应由邦政府的专门委员会来确定。

（二）宗教自由权

印度宪法在序言中明确规定“印度人民庄严宣誓印度为主权的、社会主义的、世俗的和民主的共和国”，第 25～28 条分别规定了良心与宗教自由权、宗教机构管理宗教事务的自由、不被强迫缴纳宗教税的自由和学生不得被强迫学习宗教课程的自由。主要内容包括：其一，印度是世俗国家，不设国教。政府不得以发展和保持宗教和宗教机构而向公民征税（第 27 条）；政府设立的教育机构不得开设宗教课程（第 28 条第 1 款）；非政府的教育机构可以组织宗教教育，但必须经本人或其监护人同意（第 28 条第 3 款）。其二，可以基于法定的理由对宗教信仰自由实施限制。政府可基于公共秩序、道德和健康的原因限制宗教活动（第 25 条第 1 款）；国家可基于经济、财务、政治和其他与宗教有关但与良心自由没有真正关系的世俗活动的原因制定管理和限制规则（第 25 条第 2 款第 1 项）；基于社会福利、社会改革和使印度教机构成为公众性的宗教机构而作出的限制（第 25 条第 2 款第 2 项）。其三，宗教团体和教派的权利。宗教团体可以组成宗教机构、开展宗教活动、拥有动产和不动产以及根据法律管理财产（第 26 条）。其四，印度宪法的其他相关条文也保证印度人民的宗教信仰自由。通过平等权保护宗教信仰自由，进入公共场所不得有所歧视（第 15 条第 2 款）、政府在聘用公务员时不得因宗教原因而有所区别（第 16 条第 2 款）；通过少数民族文化教育权保护宗教信仰自由，在政府资助的教育机构入学不得因宗教等原因而被歧视（第 29 条第 2 款）；不得因宗教原因被剥夺选举权和被选举权（第 325 条）。

（三）文化教育权

印度宪法中的文化教育权并非传统社会权范畴中的文化教育权，更多的是一种强调少数民族保持其文化特性的权利。其第 29 条第 1 款规定：“任何居住在印度境内或者其部分地区的公民、其地方独特的方言、文字或者文化者均有权保存之。”第 2 款规定：“国家运营的或者接受国家资助的教育机构不得以宗教、种族、种姓、语言为由拒绝录取任何公民。”第 30 条规定了少数民族建立和管理教育机构的权利。第 1 款规定：“少数民族，无论是基于语言或者宗教所形成，均有权建立和运营他们所选择的教育机构。”第 1A 款（1978 年第 44 修正案增加）规定：“在制定法律强制征收第 1 款所指的少数民族所建立和管理的教育机构的财产时，国家应确保前述征收此类财产的法律所确定或者决定的补偿金额不会限制或者克减该款所保障的权利。”第 2 款规定：“在给予教育机构援助时，国家不得因该教育机构由少数民族管理而歧视之，无论该少数民族是基于宗教或者语言而形成。”这两条规定的文化教育权具体内容包括：保持其语言、文字和文化的权利；公平入学的权利；建立少数民族教育机构的权利；少数民族学校在被征收时获得公平补偿的权利；少数民族学校受政府公平资助的权利，且列明了“民族”的 6 项基本要素：语言、文字、文化、宗教、种族、种姓。

第四节　国家基本制度

一、议会内阁制度

印度的议会内阁制度是英国议会内阁制惯例之宪法成文化改造的结果，基本沿袭了英国议会内阁制的框架结构。议会行使立法权，由议会多数党组成政府执行法律；总统是国家元首和名义上的政府首脑；司法机关独立行使司法权。印度宪法第五编“联邦”详细规定了联邦政府的具体组织和职能，共分五章：第一章“行政机关”，包括总统和副总统、部长会议、印度检察长、政务的执行等内容；第二章“国会”，包括总则、议会官员、议员资格的丧失、国会及议员的职权、特权和豁免、立法程序、财政事项程序、程序规则等内容；第三章“总统的立法权”；第四章“联邦司法机关”，包括最高法院设置与权限、法官薪俸与任命、法院规程、最高法院与其他机关相互关系等内容；第五章“印度审计长”，包括审计长设置与权限、审计报告等内容。[①]

（一）总统

印度宪法第五编“联邦”第一章“行政机关”第52～73条详细规定了总统的地位、职权、选举产生程序、任期和弹劾程序等。总统是国家元首和名义上的政府首脑，统帅全国武装力量，但真正的行政权则由总理为首的内阁或部长会议行使。此点在兰姆·加瓦亚诉旁遮普邦案（Ral Sshib Ram Jawaya Kapur vs State of Punjab）和拉奥诉英迪拉案（U. N. R. Rao vs Indira Gandhi）的法院判决意见中得到一致确认。1976年第42宪法修正案则就此进一步予以了明文规定，即在第74条第1款中加入：“设立以总理为首而组成的内阁，以赞襄总统、便其垂询，总统应遵照其建议行使其职权。”但1978年第44宪法修正案又增加了一项总统的“实权”，即在第74条第1款加入：“但是总统得一般性地或者特别地要求内阁重新考量其建议，但其应遵照内阁经重新考量后提交的建议采取行动。”即总统有权要求内阁重新考虑有关事项，如果内阁仍坚持原意见，则总统必须依建议行事。但若出现没有任何政党获得过半数席位或政府不受议会过半数信任而垮台的非常状况，总统也可获得实权即任命他认为合适的人担任临时总理。

总统任期5年，可以连选连任。由议会两院中之当选议员和各邦立法会议议员中之当选议员组成的选举团选举产生。凡年满35岁具有被选为下院议员资格的印度公民都可以被选为总统。副总统为上院当然议长，任期5年，可以连选连任。凡年满35岁具有被选为上院议员资格的印度公民都可以被选为副总统。在总统因死亡、辞职、免职或其他原因缺位时或者因出国、疾病或其他原因不能履行职务时，由副总统代行总统职务，直到新总统选出继任为止。副总统的任职条件与总统相同，但选举程序稍有不同，副总统由联邦国会两院议员组成的选举人团秘密投票选举产生。总统、副总统皆不得担任联邦国会两院和邦议会议员且不得担任任何有薪水的公职（但担任印度总统副总统、邦长、联邦和邦部长不认为是担任有薪水的公职）。除受弹劾之外，总统对其履职行为不向任何法院负责；总统免受任何刑事指控；任何法院不得向总统签发拘捕令；除非在两个月前将载明诉讼性质、案由、当事人姓名、地址和案件概况的书面通知预先递交总统，否则不得对总统提起民事诉讼。

（二）部长会议

印度宪法第五编“联邦”第一章“行政机关”第74、75条就部长会议作了规定。第74条第1款规定：“设立以总理为首而组成的内阁，以赞襄总统、便其垂询，总统应遵照其建议行使其职权。”此款明文确认了国家元首统而不治的英国宪法惯例。第75条规定了议会内阁制的具体内容。其中第1款规定：“总理由总统任命；其他部长由总统根据总理的建议任命。”第3款规定：“内阁集体向下院负责。”第5款规定：“任何部长连续6个月非议会任何一院议员的，在该6个月期限届满之日终止其部长职务。”第3款和第5款强调内阁成员必须是国会（两院

① MAHENDRA P SINGH，SURYA DEVA，柳建龙. 印度宪法：于多样性中统一的典范. 河南省政法管理干部学院学报，2009（5）.

其中之一院）议员，并向下院负集体责任；第1款则确立了总理负责制，总理可以任意更换部长。部长经总理提名，总统任命，组成部长会议行使行政权。

印度宪法直至2003年第91宪法修正案才规定了部长会议的人数，包括总理在内的内阁部长人数不得超过下院全部议员的15%（第75条第1A款），即不超过82人（下院议员人数不超过550人）。部长分为三类，分别是内阁部长、部长和副部长。内阁部长是内阁会议成员，决策一般由内阁会议作出；部长则仅经邀请参加特定的内阁会议。部长又分为一般部长和独立责任部长，前者可直接和内阁部长联系，后者则只负责一个部的工作，不与内阁部长联系。副部长不参加内阁会议。部长（包括副部长）必须是国会两院任一院的议员，如果不是议员而担任部长必须在6个月内选为议员，否则不得继续担任部长。

印度宪法规定之名义上的政治权力中心是以总统名义行使所有行政职责的部长会议，但事实上的权力中心却是在宪法文本中只字未提的内阁。总理是部长会议的首脑，负责召集内阁会议，作出行政决策。若总理在党内地位崇高，而该党在议会中又获得过半数席位，总理则既领导行政机关、又掌控议会立法而成为真正意义的权力核心。在责任形式上，部长仅集体对下院负责，无须对上院负责。以内阁为核心的部长会议须获得下院全体议员过半数信任，否则必须集体辞职。部长个人即使对政府决议有异议，对外仍必须支持政府的决议，否则必须辞职。除所有部长集体向议会负责之外，部长个人需向作为行政首脑的总理负个人责任。总统在总理的建议之下可以免除部长职务，一般情形则是总理要求部长“自愿”主动辞职。

（三）联邦国会

印度联邦国会为两院制，分别是代表普通选民的下院（House of People）和代表邦的上院（Council of States）。印度宪法第五编“联邦”第二章“国会”第79～111条从总则、国会官员、事务的执行、议会及议员的职权、特权和豁免这几个方面详细规定了联邦两院的组成与职权。

1. 组成

由总统从在文学、科学、艺术和社会服务领域有丰富知识的人中任命12名上院议员（第80条第3款），其余不超过238名的上院议员由各邦和设立法会的中央直辖区立法会选举产生。宪法附表4还详细规定了各邦的代表人数（根据各邦人口比例产生，且根据全国人口普查结果而变化），人口最少的果阿邦、那加兰邦、曼尼普尔邦、特里普拉邦、梅加拉亚邦、锡金邦、米佐拉姆邦和本地治里中央直辖区均为1名代表，而人口第一大省北方邦的代表名额为31名。上院自成立起，永久存续，但每2年更换1/3的议员。凡年满30周岁的印度公民，经过向选举委员会宣誓，均有资格被选为上院议员。

下院则由年满18周岁（1988年第61修正案之前是21周岁）的选民直接选举产生，其中不超过530名代表从各邦选区直接选举产生，不超过20名代表从中央直辖区选举产生（1973年第31修正案将中央直辖区的代表名额从25名改为现在的20名），各邦分配代表与其人口之间的比例应尽可能相同，邦内各选区的代表名额与其所在选区人口比例也应尽可能相同（第81条第2款）。下院任期除被提前解散外均为5年。但在紧急状态期间，下院每次可延长不超过1年的任期，在紧急状态结束后6个月内必须终止本届下院。凡年满25周岁的印度公民，经过向选举委员会宣誓，均有资格被选为下院议员。“印度的两级议会民主制让全国性政党和地方性政党都有较大的活动空间，在发挥地方政党和各邦议会的积极性、因地制宜治理各邦、让各邦内部矛盾在各邦内部最大程度化解的同时，又以联邦议会和全国性政党的统摄功能，保证中央对地方的控制，维护府际关系均衡，促进国家整合。在议会民主制框架下，多样性与同一性在印度实现了较好结合。”①

① 程亚文．央地关系、议会政治与国家建构——现代印度的产生．学术界，2018（8）．

2. 职权

其一，监督权。不信任权是其核心，总理和其领导的部长一旦不受半数以上的议会议员信任就必须辞职或者请求总统解散议会重新举行大选。如果执政党本身在议会中不过半数，而是联合其他政党组建政府，则该不信任权引发之监督将更为频繁。议会下设委员会在立法时可对某些法律提供咨询性意见，议会休会期间则发挥日常监督政府的作用。印度下院下设涉及财政问题的常设委员会有公共账目委员会、预算委员会和国营企业委员会，其他常设委员会有个人法案与决议委员会、请假委员会、特权委员会和图书馆委员会、妇女权益委员会、表列种姓和表列部落福利委员会等 17 个，联系政府各部的常设委员会则有农业委员会和国防委员会等 16 个。其中的图书馆委员会、妇女权益委员会、表列种姓和表列部落福利委员会是下院和上院共设的联合委员会。上院也设立了事务咨询委员会等 12 个常设委员会和其他一些联系政府各部的委员会。

其二，立法权。非财政法案可以在联邦国会两院任意一院首先提出，该院通过后转给另一院，另一院若通过则该法律案送交总统批准。若另一院拒绝通过，或者修正后转回提出立法动议的一院但初始动议院对修正内容不予通过，或另一院在 6 个月内不处理该法律案，则总统可以召开两院联席会议表决该法案。两院通过法律的程序皆为三读通过：一读为提出法律案阶段，政府或者国会议员个人可以介绍法律案的整体内容；二读为逐条讨论和修改阶段；三读为表决通过阶段，在该阶段只能就是否通过该法律案提出意见而不得对具体条文提反对意见。议会通过的所有法律必须提交总统批准，总统可以批准也可以拒绝，也可以附修改意见送还议会重新考虑。若法律案被总统批准则该法律案成为法律；若总统否决了该法律案，则该法律案成为废案；若被总统送回议会重新考虑的法律案被议会再次过半数通过，则总统必须签署同意。

其三，财政权。印度宪法所涉财政法案有三种：纯粹的财政法案（Money Bill）（第 110 条第 1 款有详细界定）；涉及第 110 条第 1 款中一项或多项内容但也涉及其他事项的财政法案（Financial Bill）；涉及开支的其他法案（Bill Involving Expenditure）。上述三种法案都只能经总统提议在下院首先提出立法动议，上院不得首先提出。对于纯财政法案，下院通过之后，提交给上院表决，上院一般会通过该财政法案。如果拒绝或者附加修改意见退回下院或者接到该财政法案之日起 14 天内不予处理，则视为该纯财政法案被通过，即可提交给总统批准。总统对于纯财政法案只有同意或者否决的权利，无权将该法案退回议会重新考虑，实际上总理根本不可能建议总统否决纯财政法案，因为这意味着政府不被议会信任而须集体辞职。对于涉及财政问题的财政法案与涉及开支的其他法案只能经总统向下院首先提出动议，其余程序与普通法律案通过程序相同，即下院通过后，送交上院表决，若两院有分歧，可以召开两院联席会议表决（纯财政法案则不得召开两院联席会议通过）。印度联邦政府的开支分为印度统一基金开支和国会年度批准开支。前者实际上为经常性开支，宪法对该项目有明确规定（第 112 条第 3 款），包括总统、副总统和其他重要官员的薪水以及法院的行政开支等，上述经常性开支可以在议会讨论，但不得进行投票表决。后者则需议会讨论表决，每年总统向国会两院提交年度预算报告（第 112 条第 1 款），经国会两院讨论后，下院对年度开支进行表决，下院可以否决、同意或者减少，但不得增加预算开支（第 113 条第 2 款）。下院通过预算之后，政府提出拨款法案（Appropriation Bill），并经两院通过，而后总统签署该法案，该拨款法案即成为效力与普通法律相同的法律。预算和拨款法案若未被下院通过，则政府可能面临下台的危险。

二、联邦制度

印度宪法第 1 条规定："印度为联邦制。各邦及其领土如附表一所示。印度领土包括：一、各邦领土；二、附表一所列的联邦直辖领土；三、其他可能并入的/领土。"该规定在事实上确立了一种有印度特色的准联邦制度。首先，该制度下无论事权或财权，联邦政府的权力皆大于邦和中央直辖区政府的权力。其次，基于紧急状态条款，联邦政府若认为邦无法维持宪法秩序，则可由联邦接管邦政府而实行总统直接治理。总统直接治理下的邦类似中央直辖区，而近乎单一制下的中央与地方关系。最后，基于1992年第73、74修正案所详细规定之乡村潘查亚特和市镇自治委员会制度，而在联邦、邦和地方自治单位之间于事实上形成了一种三层分权机制。①

（一）邦与中央直辖区概况

印度联邦政府在成立新邦和改变邦界限等方面有完全的自主权，基于人口、语言等原因，邦的数量一直在增加，邦的边界也经常变化。制宪之初印度共有28个邦，分为9个A邦（独立之前的省）、8个B邦（王公邦）、10个C邦（中央直辖区）和1个D邦（安达曼·尼科巴群岛）。1956年《邦重组法》和宪法第7修正案取消了A、B、C、D邦的区分，将B邦或并入他邦或转立为A邦，C邦和D邦成为中央直辖区由中央派行政专员直接进行管理。重组后印度邦一级的行政区划则变为邦和中央直辖区两种，共有14个邦和6个中央直辖区。而后，上世纪60年代新成立4个邦和1个中央直辖区、70年代新成立5个邦、80年代新成立3个邦，本世纪新成立3个邦，至2021年共计28个邦（2014年安得拉邦重组法案通过，成立泰伦迦纳邦）和8个中央直辖区。②

（二）联邦和邦之间的权限划分

印度的立法权分别属于联邦和邦两级议会。联邦和邦之间是一种典型的联邦制式分权，权限划分以印度宪法详细列举之联邦立法事项、邦立法事项、共享立法事项所确立的立法权限划分为核心，进而展开皆属法律适用之行政执法、司法权限划分。

1. 立法权限划分

印度宪法第十一编“联邦与邦关系”第一章“立法关系”第245～255条规定了联邦与邦在立法权限划分上的基本原则，即联邦与邦立法权明确列举、未列举之剩余权归联邦，联邦立法高于邦立法，联邦国会在特定条件下可就属于邦立法事项进行立法等原则。基于此，宪法附表7详细列举了联邦立法事项（Union List）、邦立法事项（State List）和共享立法事项（Concurrent List）。三类立法事项合计213项，其间的重叠与冲突则由印度最高法院来具体解释。其一，联邦立法事项。制宪之初共97项，陆续修宪后现为100项。大致可分为12类：（1）国防与外交；（2）与国防、外交和安全有关的预防性侦查；（3）联邦交通通信；（4）联邦财产；（5）联邦金融管制；（6）联邦经济管理；（7）文化教育；（8）联邦公务员；（9）选举及联邦国会的管理；（10）司法机关组织与管辖；（11）联邦税费；（12）未列举之剩余权。其二，邦立法事项。制宪之初共66项，陆续修宪后现为61项。大致可分为12类：（1）非使用军队之公共秩序维护；（2）司法程序与司法行政管理；（3）邦及邦以下地方政府组织与选举；（4）公共卫生与社会福利；（5）图书馆和文物古迹；（6）邦内交通；（7）农牧渔业与土地；（8）邦内工商业；（9）邦财产；（10）酒类管理；（11）娱乐业；（12）邦内公债税费。其三，共享立法事项。制宪之初共47项，陆续修宪后现为52项。大致可分为9类：（1）基础性实体法与程序法；（2）社会公共事务管理；（3）森林、动物和鸟类保护；（4）工会和劳资纠

---

① MAHENDRA P SINGH，SURYA DEVA，柳建龙. 印度宪法：于多样性中统一的典范. 河南省政法管理干部学院学报，2009（5）.

② 中方对于印度政府新成立的两个中央直属区表示坚决反对。中国外交部在当天的例行记者会上，对印度政府成立的所谓“查谟和克什米尔中央直辖区”和“拉达克中央直辖区”，将部分中国领土划入印行政管辖范围，表示强烈不满和坚决反对。印度新版政治地图将印巴争议地区划归己有。巴方：非法且无效.（2019-11-05）. https://baijiahao.baidu.com/s? id=1649327005043973251&wfr=spider&for=pc.

纷；(5) 教育；(6) 经济与社会规划；(7) 特定交通管理；(8) 特定税费；(9) 特定职业、财产、调查统计管理与管辖。

2. 行政执法、司法权限划分

印度通过统一的公务员制度建立了一体化行政执法系统。全国统一的公务员既可在联邦任职也可在邦任职，仅联邦政府可解职在邦任职的公务员，但邦政府可以给予公务员纪律处分。公务员基于“谁立法，谁执法”原则而分别履行相应职务。共享立法事项主要由邦来执法，除非宪法和联邦国会立法另有规定。在财政紧急状态期间，联邦有权要求邦遵守有关财经规定（第360条第3款），可以要求邦公务人员减少薪水。联邦经邦同意或者邦经联邦同意，分别可将各自执法权委托给对方行使（第258、258A条）。

印度只设立了一套司法体系，即下级法院（地区法院）、高等法院和最高法院。邦法律、联邦法律皆在该司法体系内适用。最高法院和高等法院的法官由总统任命，薪水由宪法或联邦法律规定，最高法院的所有事项都归联邦立法管辖。但邦的司法行政人员则由邦政府和邦高等法院共同管辖（第229条），邦高等法院经费由邦国库支付。邦地方法院法官由邦长任命，经费和司法行政人员也由邦管辖。最高法院拥有广泛的司法管辖权，包括原始管辖权、上诉管辖权和咨询性管辖权。这些广泛的司法管辖权成为最高法院进一步扩张其管辖范围的基础。① 最高法院是真正意义的联邦法院，邦高等法院属于联邦和邦共管法院，下级法院（地区法院）则完全是邦法院。

（三）联邦和中央直辖区之间的权限划分

联邦和中央直辖区之间是一种典型的单一制式分权。除本地治里和首都德里直辖区外，其余中央直辖区既无议会也无部长会议，皆由中央派出行政专员治理。中央直辖区所涉宪法附表7列明之联邦立法事项、邦立法事项和共享立法事项皆可由联邦国会或联邦国会授权联邦行政机关来立法，联邦与中央直辖区之间不存在立法权限划分问题。适用于其他邦的法律可直接适用于中央直辖区，还可通过总统条例、总统和联邦行政机关的行政指示对中央直辖区进行管理。总统条例的效力与国会就中央直辖区专门立法的效力相同，总统条例甚至还可修改该立法。联邦国会可以通过法律规定将其他邦高等法院的管辖权延伸到中央直辖区（第241条第1款）。

本地治里直辖区和首都德里直辖区较为特殊，可设立民选议会和部长会议。其议会可对宪法附表7中的邦立法事项、共享立法事项进行立法，但联邦国会仍可在这两个直辖区对任何事项进行立法且效力高于直辖区议会相关立法的效力。若直辖区议会通过的法律经印度总统批准，则其效力高于联邦国会就该直辖区相关事项立法的效力，但联邦国会也有权修改或废止经总统批准的直辖区议会立法。行政专员由总统任命，是直辖区首脑。直辖区组成部长会议处理行政事务，首席部长也由总统任命。部长会议任期与总统任期相同且对直辖区议会集体负责。行政专员与首席部长产生意见分歧时由总统最终决定，若行政专员认为情况紧急也可先行发布临时措施。特殊情况下总统也可接管行政专员、民选议会和部长会议的权力，直接实施总统治理。

三、潘查亚特制度

潘查亚特（Panchayat）之潘查（Pancha）为印地语五人的意思，亚特（Yat）为治理的意思，潘查亚特的意思即为五人长老会，是印度古代农村的自治机构。② 印度宪法1992年第73

① 程洁. 司法能动主义与人权保障——印度故事. 清华法学，2020 (1).

② 巴昭军. 印度潘查亚特制度——地方制度重建的因素与过程. 武汉：华中师范大学，2007.

修正案增加了第九编“潘查亚特”，对印度长期推行的乡村自治制度进行了宪法确认。“鉴于潘查亚特定位于‘地方自治政府组织’，它被视为与印度的民主、分权与发展紧密相连，自然被人们当作印度当前最为重要的一项政治改革内容加以期待。”① 现代意义的潘查亚特是由若干人组成的乡村自治委员会，在印度多数邦分为县、乡、村三级，分别设立民选的县议会、乡潘查亚特委员会和村潘查亚特作为本地区的权力机关。县议会处在潘查亚特组织体系的顶层，在大多数邦只是一个规划和协调性机关，具体乡村开发工作由乡潘查亚特委员会和村潘查亚特负责。村潘查亚特是基层地方自治组织，负责村落范围内的乡村管理和发展工作。乡潘查亚特委员会是联结村潘查亚特和县议会的纽带，负责具体组织乡村开发计划的实施。

（一）潘查亚特的组织和权限

1. 村潘查亚特的组织和权限

村潘查亚特在一个或几个自然村的基础上建成，一般代表1 000～3 000名选民。村潘查亚特成员最少有5人、最多为37人，通常情况下7～19人。村潘查亚特区域内依照人口数量划分为若干选区；每个选区由18岁以上的选民通过直接选举选出1名代表，绝大多数邦皆以秘密投票方式进行选举。除指定成员外，所有村潘查亚特成员都要通过村民直接选举。社会地位很低的阶层的代表，尤其是表列种姓、表列部落及妇女的人数由法律规定，并由他们各自推选产生，这类代表人数约占村潘查亚特成员总数的1/3。未担任政府的有薪职位、未被法院判过刑的注册选民均有当选为村潘查亚特成员的资格。村潘查亚特的任期各邦不同，3～5年不等。作为潘查亚特等级体系中基层单位的村潘查亚特，其具体管辖范围由各邦自行规定、标准不一。村潘查亚特主席是村潘查亚特的政治首长，副主席是其副手，在主席因故缺位或不能履行职责时，代行其职务。在大多数邦，主席和副主席均由村内18岁以上的成年选民直接选举产生，任期与村潘查亚特其他成员的任期相同。也有个别邦的主席由被选举的村潘查亚特成员在自己内部选举产生，如果有2/3的村潘查亚特成员提出不信任案，主席就要被免职。

村民大会是村的最高权力机关，也是村潘查亚特的权力来源，它由村潘查亚特管辖区域内全体有选举权的成年人组成，每年至少举行两次会议。村民大会主要职权包括：审议每年村潘查亚特的账目报表和审计报告；审议上一年的行政管理报告；提出开征新税和增加旧税的议案；审议本村的其他重大事务。村潘查亚特的财政来源可分为三类：（1）政府来源：政府依法征收并返还给村潘查亚特的税费收入（如土地税、教育税、印花税提成、娱乐税提成以及附加费）；政府的财政补助金和奖励金等。（2）自身来源：依法自征的税费收入（如房屋税、职业税、汽车税、农业税、土地附加费、地方税和供水、照相、维修下水道的特别税）；村潘查亚特进行有偿服务的收入。（3）其他来源：上级潘查亚特给予的捐款、赠款、投资、贷款及公众的募捐。以上财政来源除了政府来源具有充分保障外，其他的财政收入都不稳定，而且数量有限。

村潘查亚特主席的主要职权包括：（1）召集村潘查亚特会议，每月至少召集1次，若连续3个月没有召集会议，则自动失去其职位；（2）召集村民大会；（3）阅读村潘查亚特保管的全部文件和记录；（4）对执行村潘查亚特决议的行政官员行使行政上的控制权；（5）对外代表村潘查亚特，有义务出席乡潘查亚特的全体会议。

2. 乡潘查亚特的组织和权限

在村潘查亚特之上是乡潘查亚特，乡潘查亚特是执行地方开发职能的主要力量。乡一般由20～50个村组成，人口3万～10万。乡潘查亚特的人数20～50人左右，任期各邦规定不尽相同，3～5年不等。乡潘查亚特的辖区面积在各邦并不相同，每一个乡潘查亚特也是一个法人

① 王红生．90年代以来印度的潘查亚特制度建设与政治改革．南亚研究，2009（2）．

组织。乡潘查亚特一般由下列人员组成：(1) 各村潘查亚特主席；(2) 本乡选出的联邦国会和邦立法会议议员；(3) 乡初级合作农业开发银行主席；(4) 乡中央合作银行主席；(5) 乡初级合作商场协会主任；(6) 妇女、表列种姓、表列部落、宗教或语言上的少数民族的代表。一般妇女代表 2 名，表列种姓和表列部落的代表 3 名；宗教或语言上的少数民族的代表 1 名。但各邦的乡潘查亚特构成并不统一，大致可分为普选代表和指定代表两类。普选代表包括当然成员、直选成员及非直选成员；指定代表包括妇女代表、低种姓代表、山地部落代表、特殊利益集团的代表、社团成员和政府成员。乡潘查亚特主席是乡潘查亚特的政治负责人，副主席是其助手。联邦和邦立法机关的议员及其候选人没有资格竞选主席职位。主席和副主席在多数邦通过本乡范围内的成年选民直接选举产生，直选产生的主席，乡潘查亚特的委员不能通过对他的不信任案；在少数邦，主席也可由乡潘查亚特的委员互选产生，互选产生的主席，乡潘查亚特的委员们可以通过对他的不信任案将其罢免；在个别邦，主席也可由村民大会或由投票人组成的选举团选举产生，主席的任期与其他委员的任期相同。乡潘查亚特成员全体会议每 3 个月举行 1 次。每个成员均有权在会上对乡潘查亚特的活动发表意见。乡潘查亚特的大部分重要事务由其依法设立的规划、农业、教育、社会福利、工业和金融等常设委员会处理。每个常设委员会的人数相等，等于乡潘查亚特成员的总数除以常设委员会的数目。乡潘查亚特主席是金融委员会的当然主任，其他委员会的主任由各委员会成员选出。

乡潘查亚特的主要职权包括：(1) 履行有关农业、畜牧业、渔业、保健、农村卫生设施、教育、通信、棉花工业、妇女福利、紧急救济、收集统计资料和制定自助计划等广泛的开发职能。(2) 办理财政金融和行政管理方面的事务。其中财政金融方面的事务包括：通过预算；决定向村潘查亚特的拨款；决定开征税收；审查监督村潘查亚特的预算执行情况；决定财政开支的项目和手段等。(3) 有权查阅有关本乡事务的档案材料。

乡潘查亚特的主要财政来源包括：(1) 乡村开发拨款。乡村开发资金由中央政府拨给，数目各乡不同，取决于各自所处的开发阶段。印度的乡村开发计划包括发展农业、养殖业、灌溉、基础教育、社会教育、通讯、乡村手工业以及住宅建筑。(2) 政府各部门的拨款。此项拨款的目的是帮助县评议会完成政府各部门负责的单项职能，如农业、动物养殖、灌溉和教育等。各邦在单项职能拨款的数目不一，但都要求专款专用。(3) 各种税费收入。

乡潘查亚特主席主要职权包括：(1) 负责召集和主持乡潘查亚特的会议；(2) 对乡长的行政控制权；(3) 可以阅读乡潘查亚特的全部文件；(4) 在紧急状态下，可以指挥乡潘查亚特的任何工作，副主席在得到主席随时给予的书面授权时也可享有这些权力。

3. 县议会的组织和权限

县一般包括 8～10 个乡，县议会在多数邦是负责监督和协调的机关，作为乡潘查亚特与邦政府之间的纽带而发挥作用。县议会是潘查亚特组织体系的顶层，其在各邦发挥的作用不尽相同，大致可分为三类：(1) 纯粹的监督协调；(2) 实施行政管理并将乡潘查亚特作为其派出机构；(3) 兼有监督协调与行政管理。各邦县议会成员的任期也不一样，3～5 年不等。县议会由当然成员和增选成员组成。当然成员主要包括：所有乡潘查亚特主席、本县产生的联邦国会和邦立法会议的议员、县合作中心银行主席、县合作市场协会主席、直选成员；增选成员主要包括：妇女代表、表列种姓和表列部落代表、热心乡村开发事业者的代表、公共机构组织的代表、官方代表。县议会议长是县议会的政治负责人，副议长是其副手，由本县选民直接选举产生。此外，个别邦会特别规定将一定数量的议长、副议长职位保留给表列种姓和表列部落。各邦县议会议长任期也不一样，主要有 3 年、4 年、5 年三种。议长主持县议会会议并安排其议决事项，有权监督下属官员的工作，阅读县议会所有文件。议长还是县潘查亚特主权选拔委员会的当然主席，该委员会负责招收所有其他层面农村地方政府的工作人员。副议长行使议长不在时通过书面文件授予他的权力。县议会全体会议由议长主持，每3个月开会1次，审查乡潘查亚特的工作情况。县的主要行政官员应列席会议，汇报工作并提供有关信息。县议会设数个常设委员会，成员由全体大会选举产生。委员会的数量、名称、职责大致与乡潘查亚特的常设委员会相同，但县议会每个常设委员会的成员数目比乡潘查亚特的略多一些。议长是所有常设委员会的当然成员。议长和副议长还分别是财政委员会和开发委员会的当然主席。其他委员会的主席由委员会成员选出。

县议会在监督协调方面的主要职权包括：(1) 审查、批准本县乡潘查亚特的预算；(2) 协调、完善各乡提出的发展计划；(3) 保证全县共同的或两个以上乡的发展计划、工程等工作的执行；(4) 将联邦和邦政府的拨款分配至各乡潘查亚特；(5) 就本县内的开发活动、乡潘查亚特之间的工作分配、邦政府对县发布的法令和行政命令的执行等事项提供咨询意见；(6) 收集它认为必需的资料，出版有关地方政府活动情况的统计资料和其他情报、信息。

县议会在行政管理方面的主要职权包括：(1) 设置和维修中小学校、医院、诊所、初级健康中心、儿童福利中心；(2) 建造和维修道路、公园、路灯、供排水系统、小型灌溉工程；(3) 发展地方工业和艺术；(4) 与其他地区开展行政合作；(5) 设置和管理农村广播系统。

县议会的财政来源主要为政府拨款，依其地位不同拨款数量不一，监督协调职权更重的拨款较少，行政管理职权更重的拨款较多。

（二）潘查亚特的功能

1. 村潘查亚特的功能

村潘查亚特处于潘查亚特体系的最底层，其功能尽管在名称或分类上有所差异，但在各邦仍大体相同。(1) 内务方面主要包括：挖掘、修理及维护公共水井、池塘与蓄水池，以供应村内用水；建设并维护公共街道、公共厕所、排水设备、道路桥梁；村庄街道和其他公共场所的照明；维持环境卫生，预防并严禁乱倒垃圾；对出生、死亡和结婚进行登记；管理和控制各类建筑，包括文娱室、商店、小吃店和其他娱乐场所。(2) 福利事业方面主要包括：组织强制实施防止各种传染病的公共卫生预防措施；组建、管理并规范公共市场和交易；管理、运营村庄公共土地、公共建筑，以及招待所、公共山道、野营地、运动场、俱乐部、体育馆、图书馆、阅览室、屠宰场、粮仓等公共公用场所；管理、调节公共渡船、农业工业展览及公共节日。(3) 发展项目方面主要包括：促进家庭手工业；促进合作耕种经营；改良各种家畜的喂养与照料；制备堆肥及混合肥料；建设并维护农田小水利渠道工程；安排并分配各类改良种子。

2. 乡潘查亚特的功能

乡潘查亚特处于潘查亚特体系的中间层，其主要扮演执行角色并有责任执行由印度政府拟定的社区发展计划。乡潘查亚特对区段实施行政管理并贯彻与村潘查亚特、合作社、志愿组织以及农村人民相关的各种社区发展计划。乡潘查亚特的功能主要在于发展各类项目，包括农业、畜牧业、渔业、林业、小规模工业、健康、农村卫生、通讯、社会教育、合作化、家庭。(1) 内务功能主要包括：供给饮用水；建设并维护公共厕所、街道照明；划定、维护火葬或土葬场所；维护公共建筑、古典及历史纪念物；修建和保养公共道路；提供医疗和健康服务。(2) 发展功能主要包括：增加并分配各种改良的种子；分配化肥、发展地方肥料来源；垦荒并对农业地进行水土维护；广泛引进生物工程种植；提供信用和其他便利以促进农田水利发展；引进牲畜、家禽等的育种改良；维护便捷兽医门诊部；建设、维护和修造村庄之间道路、排水沟和桥梁；扩大门诊所、产院和初级保健中心；开展环境卫生和公共保健运动，防止流行病；建设和维修初级与基础教育、扩大妇女教育；建设信息中心、公共会堂和娱乐中心，开展运动会、娱乐及文化活动。(3) 行政功能主要包括：牲畜屠宰管理；突发性灾难救济；规范并控制非机动车的交易；征集并编纂统计资料；人事行政、办公室管理；生育、死亡、结婚登记；检查度量衡；管理、检查市场、公共公园、花园、果园、农场；组织乡潘查亚特交易会、博览会等。

3. 县议会的功能

县议会处于潘查亚特体系的最高层，其纯粹是一个咨询和协调组织，而没有任何行政功能。各邦设定的县议会功能主要是监督、咨询和协调。(1) 监督功能主要包括：乡潘查亚特的所有决议案副本应及时送到县议会，县议会应检查这些议案是否越权或是否符合法规；县议会在各乡潘查亚特之间分配由邦政府给予的特别补助金；可以从乡和村潘查亚特索取任何资料、报告、记录和财务报表；检查县所提出的所有农业和生产计划、雇用工作人员和其他目标，看其是否得到合理贯彻。(2) 咨询功能主要包括：对乡潘查亚特提出建议，促其实施高效管理并有效地制订和执行发展计划；对于有关本地区发展活动的所有事务以及特别是邦政府对县议会所发布的法规或行政命令的执行情况提供咨询；就本县村和乡潘查亚特之间履行工作职责的分配情况向邦政府提供咨询。(3) 协调功能主要包括：协调乡和村潘查亚特的各项活动；协调、统一各乡潘查亚特提出的发展计划。

第五节　违宪审查制度

印度宪法第 32、226 条规定之宪法救济权是印度违宪审查制度存在的前提，司法机关基于此以强有力的审查机制来保障公民基本权利。印度法院既可以审查行政行为和法律是否合宪，还可以审查宪法修正案是否合宪。

一、宪法救济权

印度宪法第 32 条和第 226 条分别将宪法救济权赋予最高法院和邦高等法院。[①] 第 32 条规定：应保障通过适当程序赋予促请最高法院实施“基本权利”编所规定权利之权利；最高法院有权发布指示、命令或包括人身保护令、履行令、禁制令、调卷令、调查令在内的令状，以合适程序实施“基本权利”编所规定的权利；在不损害前款授予最高法院权力的情况下，联邦国会可以通过法律授予任何其他法院在其管辖权范围内行使前款规定的最高法院所享有之权力；除非本宪法另有规定，本条保障的权利不得被停止实施。第 226 条授予高等法院行使宪法救济权的方式与最高法院大体相同。印度宪法设定的宪法救济权主要具有以下特征：以宪法救济权为前提的违宪审查制度不能通过修宪而被修改；立法不能限制或取消宪法救济权；最高法院可自由裁量是否发布令状；一般要求申请者自己的权利受到侵犯才可以申请宪法救济，但在人身保护令的申请上可扩张至与被非法限制人身自由的人不是完全陌生的人；最高法院对基本权利的保护措施不受程序技术的限制。此外，行使宪法救济权基本不受时效期间的限制，具体由最高法院根据权利人要求保护之权利的性质、基本权利受侵犯后经过的时间等因素来决定是否保护权利人的基本权利。

（一）启动基本权利救济程序的限制性条件

1. 原告、被告的条件

其一，原告。启动最高法院宪法救济程序时，原告无须证明其没有其他基本权利救济途

---

① MAHENDRA P SINGH，柳建龙．印度宪法上基本权利的体系、范畴及其实现//公法研究：第 8 辑．杭州：浙江大学出版社，2010.

径，也无须证明其已经穷尽了所有的其他基本权利救济手段，而只需证明其受损基本权利没有得到适当的救济即可。此外，虽然基本权利没有被侵犯，但除了启动宪法第32条再无其他途径可实现救济的，也可启动最高法院宪法救济程序。其二，被告。一般仅限于政府，不包括教育研究与培训政府委员会和合作银行。但若私人或私人团体侵犯公民基本权利，最高法院也可将之确定为被告。

2. 一事不再理原则对适用宪法救济权利的限制

若某一令状申请被法院拒绝，当事人不得以相同的事实和理由重新根据宪法第32条规定申请基本权利的保护，但人身保护令除外。若在最高法院申请令状被拒绝，也不得以相同事实和理由在高等法院申请相同的令状；若在高等法院申请权利救济被拒绝，也不能重复地在最高法院申请权利救济，但被高等法院驳回的案件可以上诉至最高法院。若司法机关侵犯公民基本权利，原告则不得启动第32条要求司法审查，而只能逐级上诉至最高法院。准司法机构的裁决侵犯公民基本权利时，若该机构没有管辖权，则可要求最高法院审查该裁决；若该司法机构有管辖权，只是因法律或事实问题的裁决错误而侵犯基本权利，则最高法院不得审查该裁决。

（二）最高法院救济基本权利的方式

1. 发布令状

根据宪法第32条和第226条之规定，最高法院和高等法院皆可发布令状以保护基本权利。但最高法院只针对侵犯公民基本权利时签发令状，而高等法院针对基本权利、非基本权利受侵犯皆可签发令状。此外，最高法院可以向任何印度境内的人签发令状，但高等法院只能向居住在本辖区境内或者案件发生在该高等法院辖区内的人签发令状。令状可分为五种：其一，人身保护令。该令状主要针对政府，但也不排除针对私人。若行政机关没有法律的授权或者没有按照法定程序而剥夺和限制人身自由，则最高法院或高等法院可以签发人身保护令，要求行政机关释放被关押的人。若行政机关有法律的授权却越权行使，则最高法院和高等法院也可以签发人身保护令。但下列情况除外：该案件不在法院的管辖区内；因刑事犯罪而被法院拘押的；因藐视法庭或藐视议会而被拘押的。其二，履行令。该令状意在其他法律救济方式无法实现救济时，命令接受命令的人履行公法或准公法。就非基本权利的救济而言，该特权令救济属于法院的自由裁量权；但就基本权利的救济而言，因最高法院和高等法院有职责保护基本权利，则法院没有自由裁量的余地。此外，该命令可以针对履行公务的个人，也可以针对政府本身，还可以命令下级法院履行法定义务。其三，禁制令。该令状即指最高法院或高等法院签发的禁止下级法院继续其超越职权的程序的命令。禁制令既针对下级司法机关超越职权，也针对下级法院根据违宪的法律作出的司法行为，但不得针对公务人员或行政机关。其四，调卷令。该令状即指上级法院签发的废止下级法院或法庭的违法的裁决的命令。在原则上调卷令仅针对司法机关，但在特定情形下也可针对行政机关（如行政机关剥夺了当事人要求听证的权利）。签发调卷令的条件是：有司法机关或准司法机关裁决纠纷，影响公民权利的行为；该司法机关超越职权或者违反自然正义原则或者有明显的错误。其五，调查令。该令状即指法院发出的查询某公务人员占有该公职的合法性的命令，如果发现其不合法，法院则撤销该被违法任命的公务员。签发调查令的条件：公务机构是宪法或制定法本身设立的机构；该公务员不是另一个机构聘用的；任命该公务员违反宪法或制定法。

2. 其他救济方式

其一，发布普遍性规则。宪法第32、141、142、144条规定：最高法院发布的普遍性规则可约束所有印度法院；最高法院行使其司法管辖权时，为了充分公平处理任何未决诉讼或案件，可以发布在印度全国予以执行的必要法令或命令，具体执行办法由议会以法律予以规定；所有行政和司法机构有协助最高法院的义务。基于此，最高法院可发布指示要求联邦政府或者邦政府履行特定的法律义务，且最高法院发布的规则与法律具有同等效力，若不遵守可构成藐视法庭罪。其二，接受总统咨询。宪法第 143 条规定：如果总统认为有关事实和法律问题需要咨询最高法院，则最高法院可以在适宜时举行听证会议之后作出回答，当然其中也包括对某法律或行政行为或司法行为是否违宪的回答，但最高法院也可以拒绝答复总统。

二、审查机制

印度宪法以司法审查实现之基本权利救济是最广义的违宪审查，即法院对所有立法行为、行政行为和法院判决的合法性、合宪性进行审查。该审查机制是以美国式违宪审查为模板而构建的，司法机关可于宪法框架内判决国会立法违宪而无效，且司法审查的范围远宽于美国，法院的权力也较美国联邦法院的更大。“值得关注的是，印度最高法院对平等权的合宪性审查，不同于美国最高法院的全席裁判制，其经常由独任法官，或两位法官、三位法官组成的审判庭做出裁决，只有在少数情况下，才会由五名以上法官组成审判庭进行裁决。”[①] 由于宪法权力结构和印度政党制度的特殊性，总理不仅能够控制内阁，还可通过影响其所属的政党来操控议会，甚至可能通过对最高法院法官和高等法院法官的任命与调职来干涉法院。权力越大，其制约亦应有相应比例的增长，否则会导致分权失衡而造成独裁。就此而言，最高法院司法审查权的扩张实际上也是宪法上分权制衡原则的客观要求。[②]

该审查机制具有以下主要特点：其一，印度最高法院在违宪审查中起核心作用。印度只有一套司法体系（最高法院、高等法院、地区法院），故最高法院不仅是联邦的最高法院也是邦的最高法院。最高法院和高等法院都有救济宪法基本权利的权力，但最高法院的判例属于全国通行的法律，能够起到极为重要的法律纠错和造法功能，在违宪审查中起核心作用。宪法虽然规定可以赋予任何法院救济基本权利的职能，但至今立法都没有赋予地区法院此项职权。其二，印度法院特别是最高法院享有极为广泛的司法审查权力。最高法院和高等法院不但可以通过一般具体案件实施违宪审查，同时可以发布令状在救济基本权利、非基本权利的同时实施违宪审查。此外最高法院可通过任何适当的途径启动基本权利救济和司法审查程序，还享有出具法律意见的权力。其三，没有将违宪审查作为一个独立的诉讼形式。印度宪法没有设定独立的违宪审查程序，而是将违宪审查寓于基本权利救济和其他诉讼中，违宪审查也不是专门为救济基本权利而设计。虽然宪法第 32、226 条专为违宪审查设计了基本权利、非基本权利救济程序，但大部分违宪审查是在民事诉讼和刑事诉讼中因当事人提出有关法律违宪而启动的，故违宪审查诉讼完全是按照民事诉讼或刑事诉讼模式进行的。

典型案（事）例

1. 凯瑟万达·巴拉提诉喀拉拉邦案

凯瑟万达·巴拉提诉喀拉拉邦案（Kesavananda Bharati Sripadagalvaru vs State of Kerala）是印度违宪审查机制确立的标志。印度最高法院在该案中提出了成熟的宪法基本结构理论，即宪法修正案如果违反共和制、联邦制和司法审查等宪法最重要制度则无效。[③] 该案的起因是 1970 年喀拉拉邦卡萨拉沟德地区安德那村的印度教神父凯瑟万达·巴拉提因其宗教财产受到喀拉拉邦政府有关土地改革法的侵犯，遂起诉喀拉拉邦政府，最后上诉到印度最高法院，上诉

① 张文娟．印度种姓特留权制度的宪法设计及运行挑战．清华法学，2020（1）．

② 柳建龙，韩大元．宪法修正案的合宪性审查：以印度为中心．法学家，2009（1）．

③ 周小明．论基本权利的宪法救济与违宪审查：以印度宪法相关制度为视角．延边大学学报（社会科学版），2013（3）．

人诉称喀拉拉邦的有关土地改革法以及该土地改革法所依据的宪法条文（宪法第 24、25、29 修正案所修改的条文）全部违宪无效。

印度最高法院于 1973 年 4 月 24 日以 7∶6 的微弱优势作出如下判决：(1) 推翻 1967 年高来克·纳斯案（Golak Nath）关于宪法基本权利不得被修改的判决；(2) 判决 1971 年第 24 修正案有效（该修正案增加了第 13 条第 4 款），规定本条不适用于根据第 368 条作出的修正案，即规定宪法修正案不是普通法律，不会因违反宪法而无效；(3) 判决认为宪法第 368 条并没有规定宪法修正案可以修改宪法任何内容，即宪法基本结构不得被修改；(4) 判决 1971 年宪法第 25 修正案第 2 条第 1 款和第 2 款有效（该修正案修正了第 31 条强制征收的内容而修改了赔偿标准），同时判决该修正案第 3 条前半段有效，但后半段“所有实施国家政策指导原则的法律不受司法审查”的内容无效；(5) 判决 1972 年第 29 修正案有效（该修正案在宪法附表 9 中增加两部喀拉拉邦土地改革法，使之不受司法审查）。基于此案，印度最高法院为司法机关稳固地夺得了宪法没有明文赋予之审查宪法修正案的权力。

2. 印度最高法院禁止政府驱逐小贩

在 2010 年印度举办的英联邦运动会开幕前，新德里发动了一场大规模的驱逐行动。在这次驱逐中，一名小贩被警察逮捕，在被关押期间遭到虐待，最终导致其心脏病发身亡。这一事件引起了大规模的抗议。从 2009 年 3 月到 2010 年 5 月，阿宾德·辛格领导的印度全国街头小贩联合会方面与新德里有关当局举行了一系列接触，举行了 12 次会议，希望能够合理解决新德里的街头小贩问题，但是没有取得任何结果。基于此，印度全国街头小贩联合会将新德里市政府告上最高法院。

2010 年 10 月 20 日印度最高法院正式作出裁决，禁止政府基于各种行政决策，剥夺街头小贩诚实经营的权利。这份由最高法官甘古利起草的判决书包括如下内容：街头叫卖是印度宪法所保障的基本权利。同行人的自由行路权一样，街头摊贩的谋生权利同样需要保障，政府需要保障两者间的平衡。只有在法律的框架下，通过合理的规范，才能使这两种相互冲突的权利达成平衡。目前的确存在着一些妨碍小贩基本权利的行政规划和政策，但即便如此，小贩们诚实经营的自由和尊严也不可剥夺。不能因为路边摊贩贫穷、无组织，就让他们应享有的这些基本权利处于混乱状态，也不能用不断变化的行政规划来决定他们的基本权利。要求印度政府于 2011 年 6 月 30 日前，通过一部法律以规范路边摊贩以及他们的基本权利。

3. 博迈诉印度联邦案

博迈诉印度联邦（SOMAPPA RAYAPPA BOMMAI VS UNION OF INDIA）案在一定程度上改变了印度紧急状态制度与联邦制度的历史。印度最高法院在审理该案时指示，印度宪法第 356 条只能作为解决问题的最终手段，并且从正面和负面两个角度细致罗列了“无法依据宪法运行”的标准。该案起因于 1989 年卡纳塔克邦邦长向总统报告，称政府已经不受立法会信任，需要解散政府和对该邦实行总统治理，首席部长博迈要求召开立法会，以投票决定邦政府是否受议会信任，但遭拒绝。总统根据报告发出治理公告后，邦长随即解散邦政府。博迈不服总统与邦长的行为，将印度联邦政府起诉到卡纳塔克邦高等法院，被驳回后上诉到印度最高法院。

该案件的最主要争议是：(1) 总统行为和部长会议对总统的建议是否能被司法审查。最高法院认为，第 356 条原来的第 5 款“总统据以发布总统治理公告的理由具有最终性和决定性，不得以任何理由被司法审查”（1975 年《第 38 宪法修正案》所增加），但被 1978 年的《第 44 宪法修正案》删除，因此法院有权对总统发布总统治理的根据实施司法审查。对于《宪法》第 74 条第 2 款规定“总统和部长是否向总统提出建议，或提出何种建议不受法院审查”。最高法院认为，虽然法院无权审查总理和部长向总统提出的建议的具体内容，但是法院有权审查提出这些建议的基本根据，若这些建议是恶意的或者是毫无根据的，则法院有权对其司法审查，而且可以判决其违宪；(2) 总统宣布总统治理的权力是否为无限的。最高法院认为，总统的权力不是无限的，虽然《宪法》条文本身规定的实施总统治理的条件是“邦无法根据《宪法》运行”，但对该条的含义，总统无权作任意解释，必须有确实的根据；(3) 法院可否命令恢复被解散的议会和暂停中止新的邦议会选举。最高法院认为，法院有权发布命令恢复被解散的邦立法会，有权暂时中止新的邦议会选举。基于此案，邦紧急状态的宣布和总统治理开始被纳入司法审查范围，一定程度上改变了紧急状态制度与联邦制度的历史。

宪法条文节选

第 1 条　联邦的名称及领土

1. 印度，即婆罗多，应为联邦制。

2. 其邦和直辖领由附表一作出规定。

3. 印度的领土应包括：

(1) 各邦的领土；

(2) 附表一所规定的联邦直辖领；及

(3) 其他可能并入的领土。

第 5 条　宪法施行时的国籍

在本宪法施行之时，任何人定居于印度境内且——

(1) 出生于印度境内的；或者

(2) 父母一方出生于印度境内的；或者

(3) 截至本宪法生效时经常居住于印度境内 5 年以上的，为印度公民。

第 20 条　对犯罪定罪的保护

(1) 任何人不得被定罪，但违反当时有效的法律的行为被指控为犯罪的除外，也不得受到的惩罚要比根据当时有效的法律可能受到的惩罚大犯罪行为。

(2) 任何人不得因同一罪行被检控及惩罚超过一次。

(3) 任何被控犯任何罪行的人，不得被强迫作针对他本人的证人。

第 32 条　为实施本编赋予的权利的救济

1. 保障向最高法院就执行本篇所赋权利提起适当诉讼的权利。

2. 最高法院有权发布对于实施本编所赋予的权利而言适当的指令、命令，或者包括人身保护令、执行令、禁制令、质询令及调卷令在内的令状。

3. 在不影响第 1 款和第 2 款赋予最高法院的权利的前提下，议会得以法律授权任何其他法院在各该院管辖的地域范围内行使应由最高法院依据第 2 款行使的全部或者部分权力。

4. 除本宪法另有规定外，不得中止本条保障的权利。

第 39 条　国家应遵循的某些方针、政策

国家尤其应使其政策致力于保障——

(1) 男女公民平等地获得足够的生活资料的权利；

(2) 社区物质资源的所有权和管理应以最有利于公共福祉的方式进行分配；

(3) 经济制度的运行不至于造成财富和生产资料的集中而损害公共利益；

(4) 男女同工同酬；

(5) 不得滥用男女工人、年幼的儿童的健康和体力，公民不得因经济上的需要而被迫从事与其年龄和体力不相适应的职业；

(6) 应给予儿童以机会和便利以使其得以健康、自由和有尊严地成长，保护儿童和青少年免受剥削以及道德和物质上的遗弃。

第 41 条　在某些情况下，公民有获得工作、受教育和公共援助的权利。——

国家应在其经济能力和发展的局限性，为保障工作权、就业权作出有效规定在失业、老年、疾病和残疾以及其他情况下提供教育和公共援助不应得的匮乏。

第 60 条　总统的誓言或者声明

总统或者代行或者暂行总统职权者，在其就任之前，应在印度首席大法官的面前，在印度首席大法官缺席的情形下则在最高法院最资深的法官面前，以如下形式做出宣誓或者声明：

“本人……以神的名义起誓/庄严声明：本人将忠实地履行总统的职责（暂行总统的职责），尽本人所能维护、保护并保卫宪法和法律，本人将为印度人民服务并致力于他们的福祉。”

第 102 条　议员资格的丧失

1. 凡有下列情形的，无当选及充任议会任何一议院议员的资格：

（1）在印度政府或各邦政府担任任何有报酬的职务者，该职务为议会以法律宣告不影响其议员资格的除外；

（2）经有权法院宣告为精神不健全者；

（3）未清偿债务之破产者；

（4）非印度公民、自愿取得外国国籍者或承诺效忠于外国者；

（5）议会或者议会以法律剥夺其议员资格者；

释：不得认为担任联邦和邦部长乃是本条所谓的“在印度政府或者各邦政府担任任何有报酬的职务者”。

2. 如果其议员资格因附表十的规定而丧失者，则丧失议会任一议院议员的资格。

第 199 条　“财政法案”的定义

1. 包含涉及下列一项或者多项事项的法案才为本章所指的“财政法案”：

（1）税收的征收、废止、豁免、变更或者规制；

（2）关于邦政府的借款、提供担保的规定，或者邦政府所承担或者将承担的金融债务的法律的修正；

（3）邦统一基金或印度应急基金的保管以及该两项基金的收支；

（4）邦统一基金的拨付；

（5）任何由邦统一基金支付的开支的申请或者任何此类支出数额的增加等；

（6）邦统一基金和邦公共账目的收入或此类账目的保管和拨付；

（7）任何与第（1）项至第（6）项所列举的事项相关的事项。

2. 不得认为规定罚金、罚款和其他财产罚或者许可费用或者服务费用的征缴的法案，或者地方当局或者其他地方机构关于税收的征收、废止、豁免、变更或者规制的法案为财政法案。

3. 如果就一项在邦立法机关提出的法案是否财政法案存在疑问则该邦立法会议长的决定为最终决定。

4. 所有依第 198 条规定移送立法委员会审议、依第 200 条呈交总督签署的财政法案应由下院议长本人签署的证明书，证明其为财政法案。

第 251 条　议会根据第 249 条和第 250 条制定的法律和邦立法机关制定的法律之间的冲突

不得以第 249 和第 250 条限制邦立法机关根据本宪法而享有的立法权，但是如果邦立法机关制定的法律与议会行使前述两条之一的权力所制定的法律相冲突，无论后者制定在前或者在后，均应优先使用；邦立法机关制定的中与议会制定的法律相冲突的部分，在议会制定的法律施行期间，不产生效力。

第 309 条 联邦和邦公务员的聘用和任职条件

在本宪法规定的范围内，有权立法机关得以法律调整与联邦或者邦德事务有关的公共职务和岗位的聘任及公务员的任职条件。

但是，在本条规定的有权立法机关的法律或者根据此类法律对公共职务和岗位的聘任和任职条件作出规定前，总统或者其就与联邦事务有关的公共职务和岗位而任命的人，邦总督或者其就与邦事务有关的公共职务和岗位而任命的人，有权制定条例调整各该职务和岗位的聘任及公务员的任职条件。该条例在前述法律规定的范围内有效。

第 326 条 下院和邦立法会的选举应建立在成人普选权的基础之上

下院和邦立法会选举应建立在成人普选权的基础之上，即凡在有权的立法机关所制定的法律规定的登记之日年满十八岁且未被根据本宪法或者有权的立法机关所制定的法律以非居民、智障、犯罪或者腐败或者违法行为而被剥夺资格的印度公民，均有权登记为相应选区的选民。

第 343 条 联邦官方语言

1. 联邦官方语言为以梵文字母书写的印地语。联邦官方语言中使用的数字应为国际形式的印度数字。

2. 无论第 1 款做何规定，因英语是本宪法施行前的联邦官方语言，所以自本宪法施行之日起的 15 年以内，其继续作为联邦官方语言使用。在前述期限内，总统得以总统令授权在英语之外使用印地语作为联邦官方语言，以及在国际形势的印度数字之外使用梵文数字。

3. 无论本条作何规定，议会得以法律规定，在上述 15 年期限届满之后，将——

（1）英语

（2）梵文数字

用于法律规定的用途。

第 363 条 禁止法院介入部分条约、协议以及其他而引发的争议

无论本宪法做何规定，在与第 143 条规定不抵触的前提下，最高法院或者其他法院对本宪法实施前印度土邦首领与印度自治领政府或其前任政府缔结的、本宪法实施后继续有效的条约、协定、盟约、约定、特许契约（Sanad）及其他类似文件的条款引起的纠纷，均无司法管辖权，对本宪法中有关上述条约、协定、盟约、约定、特许契约和其他类似文件的条款产生的权利或义务的有关纠纷，最高法院和其他法院也无管辖权。

在本条中“印度土邦”系指在本宪法施行之前为英联邦国王或印度自治领政府承认为一邦的领土；“首领”包括在本宪法实施前为英联邦国王承认为一邦首领的王公、酋长或者其他人员。

第 368 条 议会修正本宪法的权力及程序

1. 无论本宪法其他有何规定，议会得根据本条规定的程序行使其修宪权，以添附、修改或者废除的方式对本宪法的规定进行修正。

2. 对于本宪法的修正得在议会两院之一以旨在修正宪法的法律案提起。当该法律案由两院以各院所有议员 2/3 以上多数出席和投票，且以该院所有议员的多数批准后，应呈总统批准，总统应批准。由此，宪法依该法律案的规定进行修正。但其目的在于对如下规定进行修正：

（1）第 54 条、55 条、73 条、162 条或 279A 条；

（2）或者第五编第四章、第六编第五章或者第十一编第一章；

（3）或者附表七的任一清单；

（4）或者议会中的邦的代表；

（5）或者本条的规定，

则在送交总统批准之前，亦需由 1/2 以上邦立法机关以决议的形式予以批准。

3. 宪法第 13 条的规定不适用于本条所指称的修正案。

4. 无论是在 1976 年宪法第 42 修正案第 55 条生效之前或者生效之后，已经制定的或者将要制定的宪法修正案，但凡是根据本条规定而制定的，均不得以任何理由向法院提出质疑。

5. 为消除疑虑，兹宣布议会根据本条规定而行使修宪权，以添附、修改或者废除的方式对本宪法的规定进行修正，其权力并无限制。①

思考题

1. 1946 年《目标决议》对于印度宪法的意义。
2. 结合印度宪法的实施现状，谈一谈印度宪法权利保留原则在应然与实然上的反差。
3. 印度宪法确立之公民自由权的基本内涵与传统意义的公民自由权的区别在哪里？
4. 印度总统在印度议会内阁制中扮演何种角色？
5. 印度潘查亚特制度与我国基层群众自治制度的异同点在哪里？
6. 评价印度的违宪审查制度，并与美国式司法审查制度相比较。

参考文献

1. 印度宪法. 郭登皞，等译. 北京：世界知识出版社，1951.
2. 陈峰君. 印度社会述论. 北京：中国社会科学出版社，1991.
3. 林良光. 印度政治制度研究. 北京：北京大学出版社，1995.
4. 林承节. 印度近现代史. 北京：北京大学出版社，1995.
5. 陈峰君. 东亚与印度：亚洲两种现代化模式. 北京：经济科学出版社，2000.
6. 杨翠柏，等. 印度政治与法律. 成都：巴蜀书社，2004.
7. 曹小冰. 印度特色的政党和政党政治. 北京：当代世界出版社，2005.
8. 吴展. 印度宪法基本原则的理论研究. 南亚研究季刊，2006（1）.
9. 宋天佑. 印度政治与经济研究. 昆明：云南民族出版社，2009.
10. MAHENDRA P SINGH，SURYA DEVA，柳建龙. 印度宪法：于多样性中统一的典范. 河南省政法管理干部学院学报，2009（5）.
11. MAHENDRA P SINGH，柳建龙. 印度宪法上基本权利的体系、范畴及其实现//公法研究：第 8 辑. 杭州：浙江大学出版社，2010.
12. 柳建龙. 宪法修正案的合宪性审查 以印度为中心. 北京：法律出版社，2010.
13. 王红生. 论印度的民主. 北京：社会科学文献出版社，2011.
14. 孙谦，韩大元. 世界各国宪法——亚洲卷. 北京：中国检察出版社，2012.
15. 周小明. 印度宪法及其晚近变迁. 上海：华东政法大学，2013.
16. 孙谦，韩大元. 宪法实施的保障. 北京：中国检察出版社，2013.
17. 胡建淼. 世界宪法法院制度研究. 北京：中国法制出版社，2013.
18. 蒋龑. 正当程序条款的不同命运——美国宪法和印度制宪会议旧事. 华东政法大学学报，2016（3）.

① 第 4 款与第 5 款的内容于 1980 年被印度最高法院宣告违宪。

19. 马塞尔·森. 法哲学与社会哲学：关于欧洲、北美、印度和中国的法哲学与社会哲学史研究. 刘毅，高媛，译. 北京：中国政法大学出版社，2016.

20. 俞可平. 世界主要政党规章制度文献. 印度. 北京：中央编译出版社，2016.

21. 朱昌利. 当代印度. 昆明：云南大学出版社，2016.

22. 程亚文. 央地关系、议会政治与国家建构——现代印度的产生. 学术界，2018（8）.

23. 吴晓黎. 从印度的视角观照印度“民族问题”：官方范畴与制度框架的历史形成. 民族研究，2019（3）.

24. 李来孺. 印度编纂民法典的宪法目标为何未能实现?. 清华法学，2020（1）.

25. 蒋龑. 建设一个怎样的新印度？——印度立宪宪法观辨析. 清华法学，2020（1）.

26. 张文娟. 印度种姓特留权制度的宪法设计及运行挑战. 清华法学，2020（1）.

27. 程洁. 司法能动主义与人权保障——印度故事. 清华法学，2020（1）.

图书在版编目（CIP）数据

外国宪法 / 张震，刘泽刚主编. --3版. --北京：中国人民大学出版社，2022.3

21世纪普通高等教育法学系列教材

ISBN 978-7-300-30304-8

Ⅰ. ①外… Ⅱ. ①张…②刘… Ⅲ. ①宪法-国外-高等学校-教材 Ⅳ. ①D911

中国版本图书馆CIP数据核字（2022）第024346号

21世纪普通高等教育法学系列教材

外国宪法（第三版）

主编 张 震 刘泽刚

Waiguo Xianfa

出版发行	中国人民大学出版社		
社 址	北京中关村大街31号	邮政编码	100080
电 话	010－62511242（总编室）		010－62511770（质管部）
	010－82501766（邮购部）		010－62514148（门市部）
	010－62515195（发行公司）		010－62515275（盗版举报）
网 址	http://www.crup.com.cn		
经 销	新华书店		
印 刷	北京昌联印刷有限公司	版 次	2014年9月第1版
开 本	787 mm×1092 mm 1/16		2022年3月第3版
印 张	15 插页1	印 次	2023年6月第2次印刷
字 数	401 000	定 价	38.00元

《　　　　　　》※任课教师调查问卷

为了能更好地为您提供优秀的教材及良好的服务，也为了进一步提高我社法学教材出版的质量，希望您能协助我们完成本次小问卷，完成后您可以在我社网站中选择与您教学相关的 1 本教材作为今后的备选教材，我们会及时为您邮寄送达！如果您不方便邮寄，也可以申请加入我社的**法学教师 QQ 群：83961183（申请时请注明法学教师）**，然后下载本问卷填写，并发往我们指定的邮箱（cruplaw@163.com）。

邮寄地址：北京市海淀区中关村大街 31 号中国人民大学出版社 806 室收

邮　　编：100080

再次感谢您在百忙中抽出时间为我们填写这份调查问卷，您的举手之劳，将使我们获益匪浅！

基本信息及联系方式：※

姓名：________ 性别：________ 课程：________

任教学校：________ 院系（所）：________

邮寄地址：________ 邮编：________

电话（办公）：________ 手机：________ 电子邮件：________

调查问卷：※

1. 您认为图书的哪类特性对您使用教材最有影响力？（　　）（可多选，按重要性排序）

   A. 各级规划教材、获奖教材　　B. 知名作者教材

   C. 完善的配套资源　　D. 自编教材

   E. 行政命令

2. 在教材配套资源中，您最需要哪些？（　　）（可多选，按重要性排序）

   A. 电子教案　　B. 教学案例

   C. 教学视频　　D. 配套习题、模拟试卷

3. 您对于本书的评价如何？（　　）

   A. 该书目前仍符合教学要求，表现不错将继续采用。

   B. 该书的配套资源需要改进，才会继续使用。

   C. 该书需要在内容或实例更新再版后才能满足我的教学，才会继续使用。

   D. 该书与同类教材差距很大，不准备继续采用了。

4. 从您的教学出发，谈谈对本书的改进建议：________

____

____

选题征集：如果您有好的选题或出版需求，欢迎您联系我们：

联系人：黄　强　联系电话：010-62515955

索取样书：书名：________

书号：________

备注：※ 为必填项。